실무중심

노인장기요양보험관리

JN431684

실무중심

노인장기요양보험관리

김회창 저

보무각

학습교재집필에 자문과 도움을 주신 분

김순덕 • 유린원광노인요양원 원장
채현숙 • 하나케어센터 부원장
박종훈 • 늘봄노인주·야간보호센터 센터장
이소진 • 현대요양보호사학원 원장
김승현 • 연세대학교 문과대학 외래강사
조형래 • 전 평택박애병원 행정원장
신민규 • 신창의료재단 분당H병원 / H요양원 행정부원장
육성수 • 순천의료재단 정병원 / 스카이빌요양원 행정부원장
서현석 • 남기세병원 행정부장
전현구 • 참조은병원 경영지원 본부장
고유희 • 연세요양보호사 학원 전임교수

실무중심

노인장기요양보험관리

초판발행 2022년 1월 12일
초판인쇄 2022년 1월 10일

지은이 김회창
펴낸이 이호동
발행처 보무각
블로그 http://bomungak.blog.me/
e-mail bomungak@naver.com
주소 서울시 서초구 바우뫼로7길 8
등록번호 302-2003-00085
전화 02) 468-0457
팩스 02) 468-0458

값 27,000원

ISBN 978-89-6220-428-5 93510

• 잘못된 책은 교환해 드립니다.
• 본서의 무단 전재나 복제를 금합니다.

머리말

우리나라는 경제발전과 더불어 보건의료의 발달로 인한 평균수명의 연장, 출산율의 급격히 저하와 인구의 급속한 고령화에 따른 사회변화로 새로운 복지수요를 충족하기 위한 것이 장기요양보험이다. 따라서 노인장기요양보험제도는 고령이나 노인성 질병 등의 사유로 일상생활을 혼자서 수행하기 어려운 노인등에게 제공하는 신체활동 또는 가사활동 지원 등의 장기요양급여에 관한 사항을 규정하여 노후의 건강증진 및 생활안정을 도모하고 그 가족의 부담을 덜어줌으로써 국민의 삶의 질을 향상하도록 함을 목적으로 2008년 시행된 이래 많은 발전을 해오고 있다. 우리나라의 2020년 의료보장 적용인구 중 만 65세 이상 인구는 848만명으로 전체인구대비 약16.1%를 차지하고 있으며 고령사회에 진입하였고, 2025년에는 인구의 20%인 초고령사회로 진입할 것으로 예상되기 때문에 장기요양보험관리의 중요성이 더욱 인식될 것으로 본다.

우리나라는 세계에서 가장 빠른 고령화가 진행되고 있으나 고령사회와 관련 전문인력 양성 및 교육은 부족한 상황으로 전문인력 양성을 통해 건강한 고령사회의 대응 기반을 마련할 필요성이 제기된다.

장기요양보험관리는 요양급여기준에 의한 수급자의 자격관리와 산정지침에 의하여 비용을 청구함으로써 운영의 효율성을 제고하는데 있다. 따라서 합리적인 직무수행을 위해서는 관련 법령을 준수하고 요양급여기준과 요양급여비용 산정지침에 의한 전문지식을 습득하여 수급자의 자격관리와 제공한 행위에 대한 누락이 없도록 관리되어야 한다. 또한 오늘날 장기요양보험관리는 의료정책의 변화, 수가(비용)산정의 복잡화, 장기요양 환경의 급격한 변화, 수급자의 기대수준 향상 등으로 최신 관리기법에 의한 지속적인 서비스의 질 향상이 요구되고있기 때문에 보다 체계적인 운영과 관리가 필요하다.

본 교재는 교육부에서 현재 국가사업으로 추진하여 시행 중인 국가직무능력표준(National Competency Standard : NCS)을 기반으로 한 요양시설 현장에서 직무를 효율적으로 수행하기 위하여 요구되는 지식 · 기술 · 소양 · 태도 등의 내용을 업무 수준별로 체계화하여 직무를 성공적으로 수행할 수 있도록 하는데 역점을 두어 집필하였다. 또한 해당 업무수행을 위한 필요지식을 습득 후 수행준거를 체계적으로 학습할 수 있도록 현장 실무위주로 집필하였다.

그리고 본인은 그동안 여러 의료기관의 경영진단 컨설팅 연구원으로 참여해오면서 습득한

전문지식을 토대로 수급자의 자격관리 및 민원방지와 제공행위에 대한 청구누락을 방지하고 수익증대에 도움이 되도록 주요사항을 삽입하였다.

본 저자는 그동안 의료기관에서 약 30년 동안 병원관리에 대한 실무경험과 강의경험을 바탕으로 장기요양보험을 수강하는 학생들이 쉽게 이해를 하고 전문지식을 습득하여 졸업 후 요양시설에서 직무수행과 실무에 활용 할 수 있도록 교재를 집필하였다. 또한 노인요양시설을 운영하는 관리자 및 요양시설에 종사하는 직원들과 장기요양보험 전문학원에서 직무교재로 활용할 수 있도록 해당법령 및 운영과 관리사례 등을 보완하여 집필하였다.

본 교재의 순서는 NCS 학술모듈개발에 의한 단원을 10단원으로 분류하여 맨 먼저 제1장은 장기요양보험제도, 제2장 장기요양 인정신청 및 등급판정, 제3장 장기요양보험 급여종류 및 자격관리, 제4장 장기요양보험 급여기준 및 비용 산정, 제5장 장기요양기관지정 및 현지조사, 제6장 장기요양비용 청구 및 심사, 제7장 권리구제, 제8장 장기요양기관 평가 제9장 노인성질환관리, 제10장 요양기관 분류 및 고객관리로 구분하여 필요지식과 수행내용 및 수행준거 등으로 구성하였다. 특히 장기요양보험의 급여관리 및 요양비청구 부문이 요양시설관리에 미치는 중요성을 인식하여 단원 중에서도 보다 상세하게 이해가 쉽도록 서술하였다.

또한 본 교재는 장기요양보험관리의 전문성과 요양급여기준 및 요양비용 청구의 효율성 제고를 위하여 한 학기 수업 후 다음 학기에 실무 및 실습교육에 적극 활용할 수 있도록 각 부문별로 실무사례를 삽입하여 교재를 집필하였다. 특히 최신법령과 보험급여기준 및 고시내용을 참고하여 교재집필에 활용하였으며, 요양보호사 및 노인복지사 등 자격시험 대비를 할 수 있도록 하였다. 아무쪼록 이 책을 이용하시는 분들께서는 장기요양보험관리에 많은 도움이 되기를 바라며, 이 책의 편집을 계기로 미진한 부분은 매년 수정 보완하여 훌륭한 교재가 될 수 있도록 노력해 나가려고 한다.

그리고 교재집필에 자문과 도움을 주신 유림원광노인요양원 김순덕 원장님과 하나케어센터 채현숙 부원장님, 늘봄노인 주 · 야간센터 박종훈 센터장님, 현대요양보호사교육원 이소진 원장님, 교재집필에 도움을 주신 여러 요양시설 관리자님 및 NCS 학습모듈개발 연구에 같이 참여한 각 대학 교수님께 감사드리며, 이 교재의 출판을 위해 성심성의를 다해주신 이호동 사장님과 보문각 출판사 직원들에게 감사의 말씀을 전한다.

저자 김회창 드림

차 례

Contents

제 1 장

노인장기요양보험제도

1-1 노인장기요양보험제도

학습목표

1 | 우리나라의 노인장기요양보험제도에 대하여 알 수 있다.
2 | 노인장기요양보험과 건강보험의 특징과 차이점을 알 수 있다.

1. 노인장기요양보험의 개념

1) 개요

현대 국가는 복지국가를 표방하고 있으며, 우리나라는 경제발전과 더불어 보건의료의 발달로 인한 평균수명의 연장, 자녀에 대한 가치관의 변화, 보육 및 교육문제 등으로 출산율이 급격히 저하되고 인구의 급속한 고령화에 따른 사회변화로 새로운 복지수요를 충족하기 위한 것이 장기요양보험이다. 따라서 노인장기요양보험제도(老人長期療養保險制度)는 고령이나 노인성 질병 등의 사유로 일상생활을 혼자서 수행하기 어려운 노인에게 제공하는 신체활동 또는 가사활동 지원 등의 장기요양급여에 관한 사항을 규정하여 노후의 건강증진 및 생활안정을 도모하고 그 가족의 부담을 덜어줌으로써 국민의 삶의 질을 향상하도록 도입되었다.

특히 인구의 고령화에 따른 노인성질환 및 노화 등으로 거동이 불편한 사람에 대하여 신체활동이나 일상 가사활동을 지속적으로 지원해주는 문제가 사회적 이슈(issue)로 부각되고, 고령화의 진전과 함께 핵가족화, 여성의 경제활동 참여가 증가하면서 종래 가족의 부담으로 인식되던 장기요양문제가 이제 더 이상 개인이나 가계의 부담으로 머물지 않고 이에 대한 사회적 · 국가적 책무가 강조되고 있다.

2) 의의

현대 사회를 살아가는 노인들이 노후 준비를 하지 못한 채 노년을 맞아 가족 구성원들이 갈등과 함께 노인 부양에 대한 부담을 도외시하는 경향이 증가하고 있으며, 이로 인한 노인의 부양이 가족만의 문제가 아니라 국가와 사회가 나서서 해결해야 할 문제로 대두된 것이다. 장기요양보험제도는 이에 대비하여 모든 노인을 대상으로 하는 보편적인 정책으로서 노인의 사회적인 문제화를 대비하고 국가적 차원에서 복지 서비스를 다양화 하는 정책이라고

할 수 있다. 따라서 장기요양보험은 고령이나 노인성질병 등으로 인하여 일상생활을 혼자 수행하기 어려운 노인에게 신체활동 또는 가사지원 등의 일환으로 장기요양급여를 제공하는 것이다.

3) 목적

고령이나 노인성 질병 등의 사유로 일상생활을 혼자서 수행하기 어려운 노인등에게 제공하는 신체활동 또는 가사활동 지원 등의 장기요양급여에 관한 사항을 규정하여 노후의 건강증진 및 생활안정을 도모하고 그 가족의 부담을 덜어줌으로써 국민의 삶의 질을 향상하도록 함을 목적으로 한다(노인장기요양보험법 제1조). The Long-term Care Insurance regulates items on long-term care benefit, which supports the physical activity or housework for the elderly who have difficulty taking care of themselves due to old age or geriatric diseases. It aims at promoting senior citizens' health and life stabilization as well as improving the quality of people's lives by mitigating the burden of care on family members. (Article 1 of the Act on Long-Term Care Insurance for Senior Citizens)

4) 도입의 필요성

장기요양보험제도의 도입의 필요성은 인구의 급속한 고령화와 가족의 부양의식의 변화 및 저출산 및 여성의 사회활동 참여로 가족 수발의 한계, 노인수발 비용의 과중한 부담 등으로 도입이 필요성이 제기되었다.

그림 1-1 도입의 필요성

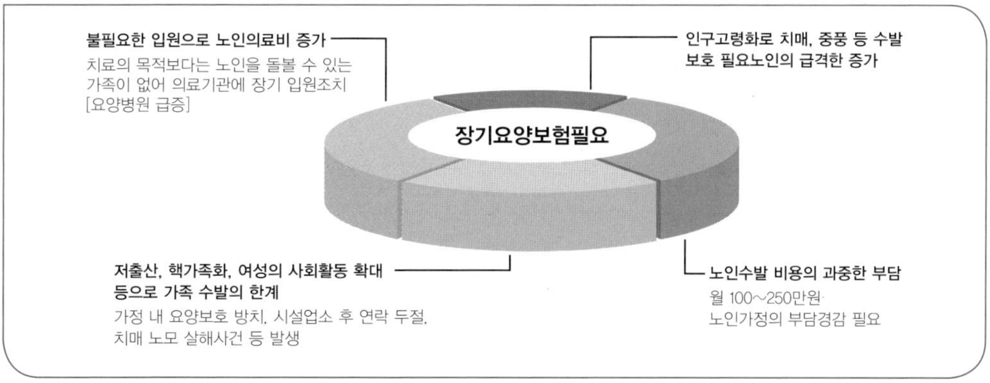

5) 의료보장 적용인구

2020년 말 현재 전 국민의 97%인 5,287만 명이 국민건강보험제도의 적용을 받고 있으며, 나머지 3%인 144만 명이 기초생활보장 대상자 등으로 의료급여제도에 편입되어 있다.

건강보험의 가입자는 직장가입자 및 지역가입자로 구분되며 모든 사업장의 근로자 및 사용자와 공무원 및 교직원은 직장가입자가 되며, 직장가입자 및 그 피부양자를 제외한 농어촌 주민, 도시 자영업자 등은 지역가입자로 되어 있다. 그 중 65세 이상 의료보장 적용인구는 848만 명으로 전체인구대비 약 16.1%를 차지하고 있다.

표 1-1 의료보장 적용인구 (단위: 천명)

구 분		2013	2014	2015	2016	2017	2018	2019	2020
의료보장		51,448	51,757	52,034	52,273	52,427	52,557	52,880	52,871
건강보험	소계	49,989	50,316	50,490	50,763	50,941	51,072	51,391	51,345
	직장	35,006	35,602	36,225	36,675	36,899	36,990	37,227	37,150
	지역	14,984	14,715	14,265	14,089	14,042	14,082	14,164	14,195
의료급여		125	122	118	112	110	95	96	91
기초수급		1,334	1,318	1,425	1,398	1,376	1,390	1,393	1,435

자료출처 : 2021 보건복지통계연보

그림 1-2 연도별 65세 이상 의료보장 적용인구 추이

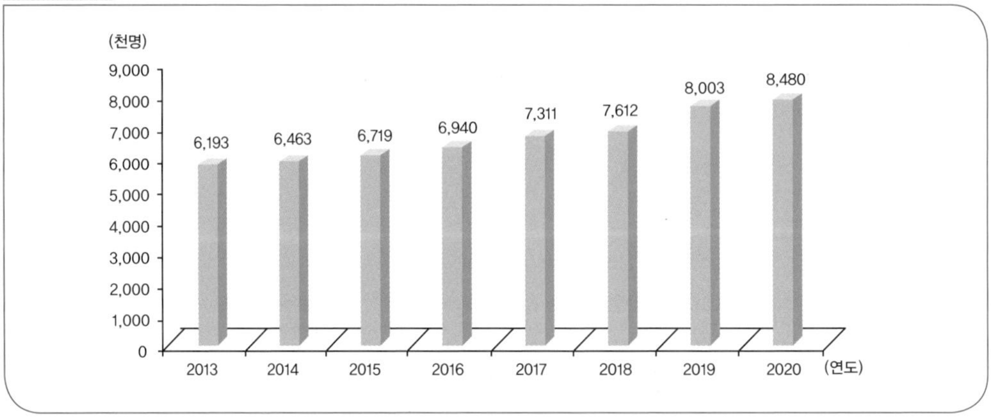

우리나라는 세계에서 가장 빠른 고령화가 진행되고 있으며 2025년에는 전체인구의 20%인 초고령사회로 진입할 것으로 예상된다. 반면 고령사회 관련 전문인력 양성 및 교육은 부족한 상황으로 노인요양에 대한 전문인력 양성을 통해 건강한 고령사회의 대응 기반을 마련이 필요하다.

▣ UN의 고령사회 분류 기준

고령화를 판단하는 기준은 일반적으로 UN이 정한 기준으로 노년인구를 세 유형으로 분류하여 한 국가의 총인구 중 65세 이상 노인인구비중이 7%이상인 국가를 고령화사회(Aging Society)라고 하고, 14%이상인 국가를 고령사회(Aged Society), 20%이상인 국가를 초고령사회(Super-Aged Society)라고 하고 있다.

6) 실시배경 및 방식

장기요양보험제도는 상기와 같은 사회 환경의 변화와 이에 대처하기 위하여 이미 선진 각국에서는 사회보험방식 및 조세방식으로 그 재원을 마련하여 장기요양보장제도를 도입하여 운영하고 있으며, 선진국의 운영사례는 아래와 같다.

표 1-2 선진국 운영사례

구분	사회보험방식	조세방식
국가	한국(+조세), 독일, 헝가리, 일본(+조세), 스위스(+조세), 미국(Medicare),네덜란드, 룩셈부르크	오스트레일리아,오스트리아,캐나다,아일랜드, 뉴질랜드, 노르웨이, 폴란드, 스페인, 스웨덴, 영국, 미국(Medicaid)

7) 변천과정 및 연혁

2001년 8월 고령화 시대에 대비하여 노인요양보장제도 도입을 발표하였고, 2004년에 노인요양보장제도의 시행 준비 체계가 구축되었다. 이후 2005년부터 2008년까지는 시범 사업이 실시되었으며, 2007년 4월 「노인요양보험법」이 제정되었다. 2008년 7월부터 「노인요양보험법」을 근간으로 노인장기요양보험 제도가 시행되어 보험료 부과 및 급여 제공이 개시되었다.

표 1-3 노인장기요양보험의 발전과정 및 주요 연혁

년 월	내 용
2001.08.15	고령화시대에 대비,「노인요양보장제도」도입 발표
2003.03	「공적노인요양보장추진기획단」설치, 운영
2004.03	「공적노인요양보장제도실행위원회」구성, 운영
2005.07	1차 시범사업실시(6개 시.구.군 65세 이상 기초생활보장 수급노인)
2006.04	2차 시범사업실시(8개 시.군.구 65세 이상 노인 대상)
2007.04.02	노인장기요양보험법 제정 및 공포

2007.05	3차 시범사업실시(13개 시.군.구 65세 이상 노인 대상)
2008.07.01	노인장기요양보험제도 시행(보험료 부과 및 급여개시)
2009.3	외국인 근로자 장기요양보험가입자 제외제도 도입
2009.5	농어촌지역거주 수급자 본인일부부담금 감경 도임
2010.03	장기요양기관장 의무 및 공단 장기요양기관 설치 근거 신설
2013.08	장기요양기관의 운영질서 확립 및 관리 강화
2014.07	노인장기요양 등급체계 개편: 3등급체계에서 5등급체계 전환
2018.01	인지지원등급 신설
2018.08	노인장기요양 본인일부부담금 감경대상자 확대(중산층까지)
2019.12	장기요양기관 지정제 · 지정갱신제 시행

8) 노인장기요양보험제도

노인장기요양보험제도는 고령화로 인해 사회적으로 비중이 커진 노인요양을 국가적 차원에서 감당함으로써 가족들의 부양 부담을 줄이고 노인들의 자립을 지원하기 위해 도입되었으며, 2007년 4월 제정된 노인장기요양법에 의해 2008년 7월부터 시행되었다.

(1) 장기요양급여 유형에는 재가급여와 시설급여, 특별현금급여로 구분되고 있다. 재가급여에는 방문요양, 방문목욕, 방문간호, 주야간 보호, 단기보호 등이 있으며, 시설급여는 장기요양기관이 운영하는 노인의료 복지시설 등에 장기간 입소하여 심신기능을 유지 · 향상시키기 위한 교육 및 훈련을 받는 것이며, 특별현금급여는 가족요양비, 특례요양비, 요양병원간병비가 있다.

(2) 수급자의 비용부담은 재가급여는 비용의 15%, 시설급여는 비용의 20%는 이용자가 부담을 하며, 식사재료비, 이.미용비, 상급침실이용료 차액 등 비급여는 수급자가 전액 부담 한다.

(3) 장기요양 신청은 고령으로 인해 일상생활을 영위하기 힘든 65세 이상의 노인이나 중풍 · 치매 · 파킨슨병 등 노인성 질환을 가진 65세 미만의 노인이 신청할 수 있으며, 장기요양을 인정받기 위해서는 장기요양인정신청서를 국민건강보험공단에 제출해야 한다. 등급판정은 신청자의 심신상태에 따라 장기요양인 점수를 산정하며, 요양 1~5등급 및 인지등급 판정을 받을 경우 장기요양급여 서비스를 받을 수 있다. 신청접수는 장기요양보험 운영센터와 시 · 군 · 구 읍사무소, 면사무소 및 동주민센터에서 이루어진다.

그림 1-3 노인장기요양보험 캠페인

표 1-4 노인성 질병의 종류(제2조 관련)

구분	질병명	질병코드
한국표준 질병 · 사인분류	가. 알츠하이머병에서의 치매	F00*
	나. 혈관성 치매	F01
	다. 달리 분류된 기타 질환에서의 치매	F02*
	라. 상세불명의 치매	F03
	마. 알츠하이머병	G30
	바. 지주막하출혈	I60
	사. 뇌내출혈	I61
	아. 기타 비외상성 두개내출혈	I62
	자. 뇌경색증	I63
	차. 출혈 또는 경색증으로 명시되지 않은 뇌졸중	I64
	카. 뇌경색증을 유발하지 않은 뇌전동맥의 폐쇄 및 협착	I65
	타. 뇌경색증을 유발하지 않은 대뇌동맥의 폐쇄 및 협착	I66
	파. 기타 뇌혈관질환	I67
	하. 달리 분류된 질환에서의 뇌혈관장애	I68*
	거. 뇌혈관질환의 후유증	I69
	너. 파킨슨병	G20
	더. 이차성 파킨슨증	G21
	러. 달리 분류된 질환에서의 파킨슨증	G22*
	머. 기저핵의 기타 퇴행성 질환	G23
	버. 중풍후유증	U23.4
	서. 진전(震顫)	R25.1

㈜ 질병명 및 질병코드는 「통계법」 제22조에 따라 고시된 한국표준질병 · 사인분류에 따른다.

2. 노인장기요양보험의 주요특징

우리나라의 노인장기요양보험제도는 건강보험제도와는 별개의 제도로 도입 · 운영되고 있으며, 제도운영의 효율성을 도모하기 위하여 보험자 및 관리운영기관을 국민건강보험공단으로 일원화하고 있다. 또한 국고지원이 가미(加味)된 사회보험방식을 채택하고 있다.

1) 건강보험제도와 별도 운영

장기요양보험제도를 건강보험제도와 분리 운영하는 경우 노인 등에 대한 요양필요성 부각이 비교적 용이하여 새로운 제도 도입에 용이하며, 건강보험 재정에 구속되지 않아 장기요양급여 운영, 장기요양제도의 특성을 살릴 수 있도록 「국민건강보험법」과는 별도로 「노인장기요양보험법」을 제정하였다.

국민건강보험제도와의 차이점
국민건강보험은 질환의 진단, 입원 및 외래 치료, 재활치료 등을 목적으로 주로 병.의원 및 약국에서 제공하는 서비스를 보험급여대상으로 하는 반면, 노인장기요양보험은 치매, 중풍의 노화 및 노인성 질환 등으로 인하여 혼자 힘으로 일상생활을 영위하기 어려운 대상자에게 요양시설이나 재가 장기요양기관을 통해 신체활동 또는 가사지원 등의 서비스를 제공하는 제도이다.

2) 사회보험방식을 기본으로 한 국고지원 부가방식

우리나라 장기요양보장제도는 사회보험방식을 근간으로 일부는 공적부조방식을 가미한 형태로 설계 · 운영되고 있다. 국민건강보험법의 적용을 받는 건강보험가입자의 장기요양보험료 [건강보험료액 × 장기요양보험료률(%)] + 국가 및 지방자치단체 부담(장기요양보험료 예상수입액의 20% + 공적부조의 적용을 받는 의료급여수급권자의 장기요양급여비용)으로 운영되고 있다.

3) 보험자 및 관리운영기관의 일원화

우리나라 장기요양보험제도는 이를 관리 · 운영할 기관을 별도로 설치하지 않고 「국민건강보험법」에 의하여 설립된 기존의 국민건강보험공단을 관리운영기관으로 하고 있다. 이는 도입과 정착을 원활하기 위하여 건강보험과 독립적인 형태로 설계하되, 그 운영에 있어서는 효율성 제고를 위하여 별도로 관리운영기관을 설치하지 않고 국민건강보험공단이 이를 함께 수행하도록 하고 있다.

4) 노인중심의 급여

우리나라 장기요양보험제도는 65세 이상의 노인 또는 65세 미만의 자로서 치매 · 뇌혈관성 질환 등 노인성질병을 가진 자 중 6개월 이상 동안 혼자서 일상생활을 수행하기 어렵다고 인정되는 자를 그 수급대상자로 하고 있다. 여기에는 65세 미만자의 노인성질병이 없는 일반적인 장애인은 제외되고 있다.

5) 노인장기요양보험 운영체계

노인장기요양보험 운영체계는 다음과 같이 운영되고 있다.

1단계 (인정신청)	○ 65세 이상 노인 또는 65세 미만의 노인성 질병을 가진 자로서 혼자서 일상생활이 어려운 자가 공단에 장기요양인정 신청

▼

2단계 (등급판정)	○ 장기요양등급판정위원회에서 심의 및 판정 • 공단직원이 조사한 인정조사 결과 및 의사소견서 등을 참고하여 심신상태 및 장기요양이 필요한 정도 등 등급판정기준에 따라 등급판정

▼

3단계 (장기요양 급여 이용)	○ 장기요양 등급을 받은 자에게 장기요양 인정서 및 표준장기요양이용계획서 작성 · 송부 • 수급자는 표준장기요양이용계획서를 고려하여 희망에 따라 장기요양기관을 선택하여 장기요양급여 계약을 체결하고 수급자의 가정에서 또는 요양시설에 입소하여 장기요양급여를 받을 수 있음

▼

4단계 (비용청구 및 지급)	○ 수급자에게 장기요양급여를 제공한 장기요양기관은 공단에 비용 청구 • 공단부담금(급여비용 중 본인일부부담금 및 비급여대상 금액 제외) 지급

▼

5단계 (이용지원)	○ 장기요양급여에 관한 일반사항, 이용절차 및 방법 등을 안내하고 장기요양기관 정보제공 등 수급자를 위한 이용지원을 지속적으로 실시

자료: 국민건강보험공단(노인장기요양보험) 홈페이지

3. 노인장기요양보험법 및 노인복지법 소개

1) 노인장기요양보험법

(1) 목적

이 법은 고령이나 노인성 질병 등의 사유로 일상생활을 혼자서 수행하기 어려운 노인등에게 제공하는 신체활동 또는 가사활동 지원 등의 장기요양급여에 관한 사항을 규정하여 노후의 건강증진 및 생활안정을 도모하고 그 가족의 부담을 덜어줌으로써 국민의 삶의 질을 향상하도록 함을 목적으로 한다.

(2) 제정 동기

의료 기술의 발달과 경제 성장으로 인한 급속한 고령화의 진행으로 노인 인구의 증가와 더불어 노인성 질병이 증가함으로써 변화된 가족 구조로는 노인 부양이 어려운 실정에 이르렀다. 따라서 인구의 고령화 문제가 사회적 위험으로 간주되어 복지 행정 차원에서 보다 적극적인 개입의 필요성이 인식되어 정부가 노인장기요양보험 제도를 도입하게 되었다. 노인장기요양보험 제도는 일상생활을 혼자서 수행하기 어려운 노인들에게 신체 활동 또는 가사 활동 지원 등의 장기 요양 급여를 제공하여 노후의 건강 증진 및 생활 안정을 도모하고 그 가족의 부담을 덜어주어 국민의 삶의 질 향상을 도모하기 위해 제정되었다.

(3) 주요 내용

노인장기요양보험법은 노인들의 건강 증진 및 생활 안정을 위해 2007년 4월에 제정(법률 제 8403호)되고 2008년 7월 1일부터 시행되었다. 가족이 감당하던 노인 요양을 국가 차원에서 대신하는 법적 기초가 되었고, 건강보험료에 요양보험료를 포함시켜 사회적 방식의 재원을 마련했다는 데 의의가 있다. 장기요양보험의 가입자는 국민건강보험법의 가입자와 동일하고, 대상은 65세 이상 노인이거나 65세 미만의 노인성 질환자이다. 총 12장 70조와 부칙으로 구성되어 있다.

제1장은 총칙으로 법의 목적 및 용어의 정의, 장기요양급여 제공의 원칙 등에 대한 규정, 제2장은 장기요양보험료의 징수 및 산정, 제3장은 장기요양인정을 신청할 수 있는 자격 및 신청 방법, 등급 판정, 제4장은 장기요양급여의 종류 및 가족요양비 등에 관해서 다루고 있다. 제5장은 장기요양급여의 제공시기 및 한도액, 제6장은 장기요양기관의 지정 및 시설 ·

인력, 제7장은 재가 및 시설 급여비용의 청구 및 지급, 제8장은 장기요양보험률 등을 심의할 보건복지부 소속 장기요양위원회의 설치 및 기능 등에 관한 규정을 포함하고 있다. 제9장은 관리운영기관으로 국민건강보험공단에 관한 규정, 제10장은 장기요양인정 · 장기요양등급 · 장기요양급여 · 부당이득 · 장기요양급여비용 또는 장기요양보험료 등에 관한 이의신청 및 심사청구에 관한 규정이다. 제11장은 국가의 부담 등을 다룬 보칙, 제12장은 장기요양급여의 제공 거부나 부정 수급자에 대한 벌칙 및 양벌 규정을 담고 있다.

(4) 용어의 정의

① "노인 등"이란 65세 이상의 노인 또는 65세 미만의 자로서 치매 · 뇌혈관성질환 등 대통령령으로 정하는 노인성 질병을 가진 자를 말한다.

② "장기요양급여"란 제15조제2항에 따라 6개월 이상 동안 혼자서 일상생활을 수행하기 어렵다고 인정되는 자에게 신체활동 · 가사활동의 지원 또는 간병 등의 서비스나 이에 갈음하여 지급하는 현금 등을 말한다.

③ "장기요양사업"이란 장기요양보험료, 국가 및 지방자치단체의 부담금 등을 재원으로 하여 노인 등에게 장기요양급여를 제공하는 사업을 말한다.

④ "장기요양기관"이란 제31조에 따라 지정을 받은 기관 또는 제32조에 따라 지정의제된 재가장기요양기관으로서 장기요양급여를 제공하는 기관을 말한다.

⑤ "장기요양요원"이란 장기요양기관에 소속되어 노인 등의 신체활동 또는 가사활동 지원 등의 업무를 수행하는 자를 말한다.

(5) 장기요양요원과 요양보호사

① 장기요양요원

장기요양요원이란 「노인장기요양보험법 시행령」 제11조에 따라 장기요양기관에 소속되어 장기요양보험 수급자를 대상으로 신체 · 인지활동 및 일상생활 지원 등의 업무를 수행하는 자로 요양보호사, 간호사, 간호조무사 및 치과위생사 등을 말하며 자격이 없는 장기요양요원은 서비스를 제공할 수 없다.

장기요양급여 종류별 장기요양요원의 범위

① 방문요양에 관한 재가급여 업무를 하는 장기요양요원은 「노인복지법」 제39조의2에 따른 요양보호사 중 1급 또는 2급 자격을 가진 자로 한다.

② 방문목욕에 관한 재가급여 업무를 하는 장기요양요원은 「노인복지법」 제39조의2에 따른 요양보호사 중 1급 자격을 가진 자로 한다.

③ 방문간호의 재가급여 업무를 하는 장기요양요원은 다음 각 목의 어느 하나에 해당하는 자로 한다.
가. 「의료법」제2조에 따른 간호사로서 2년 이상의 간호업무경력이 있는 자
나. 「의료법」제80조에 따른 간호조무사로서 3년 이상의 간호보조업무경력이 있고, 보건복지부장관이 지정하는 교육기관에서 소정의 교육을 이수한 자
다. 「의료기사 등에 관한 법률」 제2조에 따른 치과위생사

② 요양보호사

일정 기간 교육을 이수하고 시험에 합격하여 국가자격(1급, 2급)을 취득한 자로서 장기요양기관에 소속되어 수급자가 건강하고 편안한 노후를 보낼 수 있도록 신체 및 인지활동, 일상생활 지원 등의 서비스를 제공하는 전문 인력을 말한다.

2) 노인복지법

(1) 개요

노인복지법(老人福祉法)은 노인의 심신의 건강을 유지하고, 노후 생활안정을 위해 필요한 조치를 강구함으로써 노인의 보건복지 증진에 기여하기 위해 제정된 법률이다. 제1장 총칙, 제3장 보건 · 복지 조치, 제4장 노인복지시설의 설치 · 운영, 제5장 비용, 제6장 보칙, 제7장 벌칙 등 전문 62조와 부칙으로 이루어져 있다. 1981년 6월 5일 법률 제3453호로 제정되었다.

(2) 목적

이 법은 노인의 질환을 사전예방 또는 조기발견하고 질환상태에 따른 적절한 치료 · 요양으로 심신의 건강을 유지하고, 노후의 생활안정을 위하여 필요한 조치를 강구함으로써 노인의 보건복지증진에 기여함을 목적으로 한다.

(3) 노인의료복지시설(법34조)

① 노인요양시설 : 치매 · 중풍 등 노인성질환 등으로 심신에 상당한 장애가 발생하여 도움을 필요로 하는 노인을 입소시켜 급식 · 요양과 그 밖에 일상생활에 필요한 편의를 제공함을 목적으로 하는 시설을 말한다.

② 노인요양공동생활가정 : 치매 · 중풍 등 노인성질환 등으로 심신에 상당한 장애가 발생하여 도움을 필요로 하는 노인에게 가정과 같은 주거여건과 급식 · 요양, 그 밖에 일상생활에 필요한 편의를 제공함을 목적으로 하는 시설을 말한다.

4. 장기요양보험의 기본원칙

(1) 장기요양급여는 노인 등이 자신의 의사와 능력에 따라 최대한 자립적으로 일상생활을 수행할 수 있도록 제공하여야 한다.

(2) 장기요양급여는 노인 등의 심신상태 · 생활환경과 노인등 및 그 가족의 욕구 · 선택을 종합적으로 고려하여 필요한 범위 안에서 이를 적정하게 제공하여야 한다.

(3) 장기요양급여는 노인등이 가족과 함께 생활하면서 가정에서 장기요양을 받는 재가급여를 우선적으로 제공하여야 한다.

(4) 장기요양급여는 노인등의 심신상태나 건강 등이 악화되지 아니하도록 의료서비스와 연계하여 이를 제공하여야 한다.

5. 장기요양보험 재원 및 보험료

1) 재원조달

노인장기요양보험에 소요되는 재원(財源)은 장기요양보험료와 국가 및 지방자치단체 부담 그리고 장기요양급여 이용자가 부담하는 본인일부부담금으로 운영된다.

2) 장기요양보험료의 징수 및 보험료

(1) 장기요양보험료 징수

국민건강보험공단은 장기요양사업에 사용되는 비용에 충당하기 위하여 장기요양보험료를 징수하며, 장기요양보험료는 「국민건강보험법」 제69조에 따른 보험료(건강보험료)와 통합하여 징수한다. 또한 국민건강보험공단은 장기요양보험료와 건강보험료를 구분하여 고지하여야 하며,통합 징수한 장기요양보험료와 건강보험료를 각각의 독립회계로 관리하여야 한다.

(2) 장기요양보험료의 산정

장기요양보험료는 「국민건강보험법」 제69조제4항 및 제5항에 따라 산정한 보험료액에서 같은 법 제74조 또는 제75조에 따라 경감 또는 면제되는 비용을 공제한 금액에 장기요양보험료율을 곱하여 산정한 금액으로 하며, 장기요양보험료율은 제45조에 따른 장기요양위원회의 심의를 거쳐 대통령령으로 정하도록 되어있다. 장기요양보험료율은 법 제9조제1항에 따른 장기요양보험료율은 1만분의 1,152로 하고 있다.

보험료 산정방법 : 건강보험료 × 장기요양보험료율

(3) 장기요양보험료(법 제8조 및 9조)

장기요양보험 가입자는 건강보험 가입자와 동일하며, 장기요양보험료는 건강보험료액에 장기요양보험료율을 곱하여 부과 징수한다. 건강보험공단은 건강보험료와 장기요양보험료를 통합 징수하되 이를 구분하여 고지한다. 장기요양보험 가입가가 지역가입자인 경우 100% 본인이 부담하지만, 직장가입자인 경우 그 사용자와 국가 · 지방자치단체 · 사립학교가 아래와 같이 부담한다.

▣ **장기요양보험료**

① 건강보험료액의 11.52%(2021년 장기요양보험료율 기준)에 해당하는 금액(보험료율은 장기요양위원회의 심의를 거쳐 대통령령으로 정함)

② 장기요양보험료는 건강보험료와 통합하여 징수

대상	보험료(징수)
근로자인 직장가입자와 그 사용자	각각 50% 분담
공무원 · 교직원인 직장가입자와 소속 국가 · 지방자치단체 · 사립학교	각각 50%분담(사립학교의 경우 당해 학교가 30%, 국가가 20% 분담)

▶ 2020년 장기요양 보험료 징수율은 97.8%(직장 98.2%, 지역 95.6%)임.

표 1-5 연도별 장기요양보험료 부과액 및 1인당 월 평균 보험료 추이

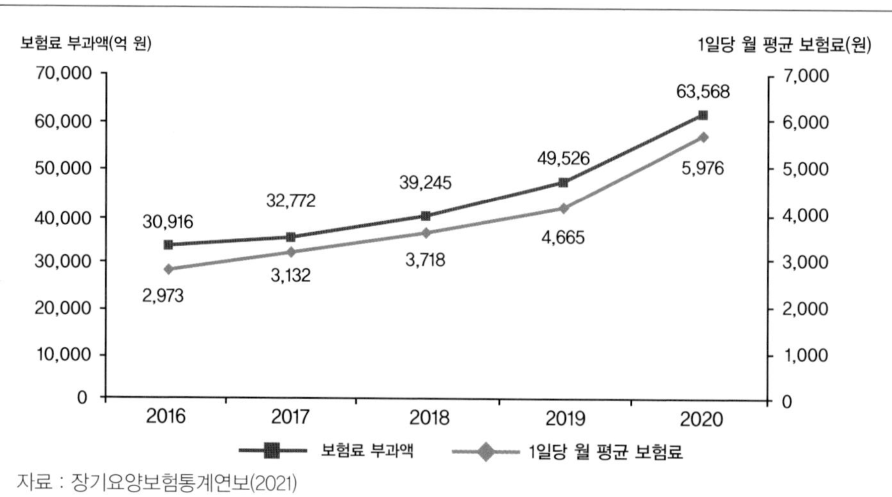

자료 : 장기요양보험통계연보(2021)

3) 국가 및 지방자치단체의 부담(법 제58조)

국가는 매년 예산의 범위 안에서 당해 연도 장기요양보험료 예상수입액의 100분의 20에 상당하는 금액을 공단에 지원하며,국가와 지방자치단체는 대통령령으로 정하는 바에 따라 의료급여수급권자의 장기요양급여비용, 의사소견서 발급비용, 방문간호지시서 발급비용 중 공단이 부담하여야 할 비용(제40조제1항 단서 및 제3항 제1호에 따라 면제 및 감경됨으로 인하여 공단이 부담하게 되는 비용을 포함한다) 및 관리운영비의 전액을 부담하고 있다.

① 국고 지원금 : 국가는 매년 예산의 범위 안에서 당해 연도 장기요양보험료 예상 수입액의 100분의 20에 상당하는 금액을 공단에 지원한다.

② 국가 및 지방자치단체 부담 : 국가와 지방자치단체는 의료급여수급권자에 대한 장기요양급여비용, 의사소견서 발급비용, 방문간호지시서 발급비용 중 공단이 부담해야 할 비용 및 관리운영비의 전액을 부담한다.

1 국가의 부담

① 국가는 매년 예산의 범위 안에서 당해 연도 장기요양보험료 예상수입액의 100분의 20에 상당하는 금액을 공단에 지원한다.

② 국가와 지방자치단체는 대통령령으로 정하는 바에 따라 의료급여수급권자의 장기요양급여비용, 의사소견서 발급비용, 방문간호지시서 발급비용 중 공단이 부담하여야 할 비용(제40조제1항 단서 및 제3항제1호에 따라 면제 및 감경됨으로 인하여 공단이 부담하게 되는 비용을 포함) 및 관리운영비의 전액을 부담한다.

③ 지방자치단체가 부담하는 금액은 보건복지부령으로 정하는 바에 따라 특별시 · 광역시 · 특별자치시 · 도 · 특별자치도와 시 · 군 · 구가 분담한다.

2 국가와 지방자치단체의 부담

① 법 제58조제2항에 따른 의료급여수급권자에 대한 국가와 지방자치단체의 비용 부담은 다음 각 호의 기준에 따른다.

1의2. 「의료급여법」 제3조제1항제1호에 따른 의료급여를 받는 사람에 대한 비용: 지방자치단체가 부담한다.

2. 「의료급여법」 제3조제1항제1호외의 규정에 따른 의료급여를 받는 사람에 대한 비용: 다음 각 목의 구분에 따라 부담한다.

가. 국가 부담분: 「보조금 관리에 관한 법률 시행령」 별표 1의 기초생활보장수급자 의료급여 기준보조율에 따른 금액

나. 지방자치단체 부담분: 가목에 따른 국가 부담분 외의 금액

② 특별시장 · 광역시장 · 특별자치시장 · 도지사 · 특별자치도지사는 제1항에 따른 비용을 부담하기 위하여 보건복지부장관이 정하는 추정 급여비용을 공단에 지급하여야 한다.

6. 본인일부부담금 및 부당이득 징수

1) 본인일부부담금(법 제40조)

(1) 일반 수급자

수급대상자가 실제 요양서비스를 받은 시점에서 장기요양기관에 본인일부부담금을 납부한다.

- 재가급여 : 당해 장기요양급여비용의 100분의 15%를 부담한다.
- 시설급여 : 당해 장기요양급여비용의 100분의 20%를 부담한다.

(2) 국민기초생활수급권자 및 의료급여수급권자

- 국민기초생활보장법에 의한 수급자는 전액 면제된다.
- 의료급여수급권자, 소득 · 재산 등 보건복지부장관이 정하여 고시하는 일정금액 이하인 자는 본인일부부담금을 40~60% 경감하고 있다.

2) 부당이득의 징수

(1) 국민건강보험공단은 장기요양급여를 받은 자 또는 장기요양급여비용을 받은 자가 다음 각 호의 어느 하나에 해당하는 경우 그 장기요양급여 또는 장기요양급여비용에 상당하는 금액을 징수한다.

① 제15조제5항에 따른 등급판정 결과 같은 조 제4항 각 호의 어느 하나에 해당하는 것으로 확인된 경우

② 제28조의 월 한도액 범위를 초과하여 장기요양급여를 받은 경우

③ 제29조 또는 제30조에 따라 장기요양급여의 제한 등을 받을 자가 장기요양급여를 받은 경우

④ 제37조제1항제4호 · 제3항제3호에 따른 거짓이나 그 밖의 부정한 방법으로 재가

및 시설 급여비용을 청구하여 이를 지급받은 경우

⑤ 그 밖에 이 법상의 원인 없이 공단으로부터 장기요양급여를 받거나 장기요양급여 비용을 지급받은 경우

(2) 국민건강보험공단은 제1항의 경우 거짓 보고 또는 증명에 의하거나 거짓 진단에 따라 장기요양급여가 제공된 때 거짓의 행위에 관여한 자에 대하여 장기요양급여를 받은 자와 연대하여 제1항에 따른 징수금을 납부하게 할 수 있다.

(3) 공단은 제1항의 경우 거짓이나 그 밖의 부정한 방법으로 장기요양급여를 받은 자와 같은 세대에 속한 자에 대하여 거짓이나 그 밖의 부정한 방법으로 장기요양급여를 받은 자와 연대하여 제1항에 따른 징수금을 납부하게 할 수 있다.

(4) 공단은 제1항의 경우 장기요양기관이 수급자로부터 거짓이나 그 밖의 부정한 방법으로 장기요양급여비용을 받은 때 해당 장기요양기관으로부터 이를 징수하여 수급자에게 지체 없이 지급하여야 한다. 이 경우 공단은 수급자에게 지급하여야 하는 금액을 그 수급자가 납부하여야 하는 장기요양보험료등과 상계할 수 있다.

3) 구상권

구상권(求償權)이란 타인을 위하여 채무를 변제해준 사람이 채무당사자에게 반환을 청구할 수 있는 권리로서 국민건강보험공단은 제3자의 행위로 인한 장기요양급여의 제공사유가 발생하여 수급자에게 장기요양급여를 행한 때 그 급여에 사용된 비용의 한도 안에서 그 제3자에 대한 손해배상의 권리를 얻는다. 또한 국민건강보험공단은 장기요양급여를 받은 자가 제3자로부터 이미 손해배상을 받은 때 그 손해배상액의 한도 안에서 장기요양급여를 행하지 아니한다.

7. 국민건강보험과 노인장기요양보험의 차이점

1) 국민건강보험과 노인장기요양보험

국민건강보험(國民健康保險, National Health Insurance)은 질환의 진단, 입원, 외래 치료, 재활 등을 목적으로 주로 병원이나 약국에서 제공하는 서비스를 급여대상으로 하는 반면에 노인장기요양보험(老人長期療養保險)은 고령이나 노인성질병 등으로, 혼자 힘으로는

일상생활을 영위하기 어려운 분들에게 요양시설이나 재가기관을 통해 신체활동과 가사활동을 지원하는 서비스라는 차이가 있다. 또한 장기요양보험은 65세 이상의 노인 또는 65세 미만이지만 치매나 뇌혈관성 질환과 같은 노인성질병을 가진 분들 중에서 6개월 이상 혼자서 일상생활을 수행하기 어렵다고 인정되는 분들을 그 수급대상으로 하고 있다. 따라서 장기요양보험제도는 신체적 · 정신적 기능장애를 기준으로 수발 비용을 지급하며, 주로 비의료적 서비스로 구성되어 있다는 점에서 질병치료를 목적으로 하는 건강보험과 차이가 있다.

2) 요양원과 요양병원의 차이점

요양원은 노인장기요양보험이 적용되고, 요양병원은 국민건강보험이 적용된다. 따라서 이용 실비적인 측면에서 상이한 부분이 많으나 요양병원의 경우 치료와 요양을 주된목적으로 운영되는 반면, 노인요양원은 요양과 케어(Care)를 주목적으로 하고 있다.

또한 요양병원의 경우 누구나 필요에 따라 이용하실 수 있는 반면, 노인요양원은 공단에 등급신청을 하여 등급판정을 받으신 후 이용이 가능한 점이 있다. 기능적인 측면을 살펴보면 요양원은 생활시설로서 수급자(어르신)를 보호하는 돌봄서비스 기능을 하고 요양병원은 치료와 보호기능을 동시에 가지고 있다.

3) 요양원과 요양병원

(1) 요양원

요양원(療襄院 : nursing home)은 노인복지법과 장기요양보험법을 적용을 받으며, 65세 이상 또는 노인성질환을 가진 노인이 아프거나 자신을 스스로 돌보지 못하는 사람들에게 요양을 받는 곳으로(입소)하는 곳으로 의료서비스보다는 노인의 수발 제공을 목적으로 하고 있다. 엄격한 의미로는 요양원은 의료기관이라기보다는 '돌봄 서비스의 성격을 가진 생활시설을 의미한다.

(2) 요양병원

요양병원(療養病院)은 의사 또는 한의사가 의료를 행하는 곳으로 요양환자 30인 이상을 수용할 수 있는 시설을 갖추고, 의료서비스 제공을 목적으로 개설된 의료기관을 말하며 의료법과 건강보험법을 적용을 받는다. 또한 일반 병원과 달리 의사 및 간호사의 법정 배치기준 완화와 사회복지사나 물리치료사를 추가 배치토록 한 것이 특징이다. 또한 요양병원은 전염성질환자 및 정신질환자는 이용할 수 없으며 전문병원이나 급성기질환 병원을 이용해야 한다.

4) 의료수가 적용 및 본인부담

(1) 의료수가 적용

요양원은 장기요양보험수가를 적용 받고 요양병원은 건강보험수가를 적용 받는다. 이용자 입장에서 보면 요양원은 보호를 목적으로 하고 요양병원은 치료를 목적으로 하고 있다. 요양원은 국민건강보험공단의 장기요양보험 등급판정 수급자(만 65세 이상의 노인)가 주로 이용하실 수 있으며, 등급별 월 한도를 적용 받는다. 그러나 요양병원은 건강보험공단의 건강보험 수가가 적용되며, 등급판정을 안 받으셔도 이용할 수 있다.

(2) 의사근무 및 진료기능

요양원은 의사가 상근 근무를 하지 않고 수급자를 관리 보호(케어) 하는 곳이지만, 요양병원은 의사가 상근근무를 하고 있으며, 응급의료행위가 가능하다.

간병사와 요양보호사의 차이는 간병사는 일정한 교육을 받으면 간병사가 되지만, 요양보호사는 일정기간의 교육(실습포함)을 이수하고 국가자격시험을 취득하여야 한다.

요양원은 요양보호사가 상근하여 간병을 담당하지만 요양병원은 간병사(요양보호사 포함)들이 주로 위탁으로 요양병원과 계약을 맺어 간병을 담당하고 있다.

(3) 식사재료비 본인부담

식사는 요양원은 전액 본인이 부담(식사재료비)을 하고 있으며, 요양병원은 보험에서 본인이 50%을 부담하고 보험자(공단)가 50%부담한다.

(4) 비용 본인부담

요양원의 경우 노인장기요양보험법에 의거 장기요양등급을 받으신 분은 본인부담금액은 재가급여의 경우 15%를, 시설급여의 경우 20%를 수급자가 부담하며, 요양병원의 경우 장기요양등급, 나이 등에 상관이 없이 정액수가에 의한 본인부담은 20%를 적용하고 있다.

수행 Tip!

• 노인장기요양보험법을 이해하고 국민건강보험공단(노인장기요양보험) 홈페이지를 검색하여 관련 자료를 수집 활용한다.

1-2 관리운영체계 및 사업실적

학습 목표

1 | 장기요양보험의 관리운영체계와 수행업무에 대하여 알 수 있다.
2 | 장기요양보험의 국가사업실적과 현황에 대하여 알 수 있다.

1. 관리운영기관 · 운영체계

1) 관리운영기관 및 수행업무

(1) 보건복지부

보건복지부는 장기요양보험사업 관장과 장기요양기본계획 수립 조정 등을 담당하고 있다.

(2) 국민건강보험공단(보험자)

「노인장기요양보험법」 제48조에 명시되어 있으며, 관리운영기관은 국민건강보험공단으로서 다음과 같은 업무를 관장한다.

① 장기요양보험가입자 및 그 피부양자와 의료급여수급권자의 자격관리
② 장기요양보험료의 부과 · 징수와 재정운영 · 신청인에 대한 조사
③ 등급판정위원회의 운영 및 장기요양등급 판정
④ 장기요양인정서의 작성 및 표준장기요양이용계획서의 제공
⑤ 장기요양급여의 관리 및 평가
⑥ 수급자에 대한 정보제공 · 안내 · 상담 등 장기요양급여 관련 이용지원에 관한 사항
⑦ 재가 및 시설 급여비용의 심사 및 지급과 특별현금급여의 지급
⑧ 장기요양급여 제공내용 확인
⑨ 장기요양사업에 관한 조사 · 연구 및 홍보
⑩ 노인성질환예방사업
⑪ 이 법에 따른 부당이득금의 부과 · 징수 등
⑫ 장기요양급여의 제공기준을 개발하고 장기요양 급여 비용의 적정성을 검토하기 위한 장기요양 기관의 설치 및 운영
⑬ 그 밖에 장기요양사업과 관련하여 보건복지부장관이 위탁한 업무 등이다.

(3) 장기요양기관 : 장기요양급여 제공

① 노인복지법 및 노인장기요양보험법 에 의거 설치 및 지정

② 수급자와 계약을 체결하고 장기요양 급여를 제공

③ 수급자에게 제공한 장기요양급여에 대한 비용은 공단에 청구 등이다.

(4) 지방자치단체

① 장기요양기본계획에 따른 세부시행계획 수립 · 시행

② 노인성질환예방사업

③ 장기요양기관 설치 및 지정 권한 등이 있다.

그림 1-5 관리운영기관 및 운영체계

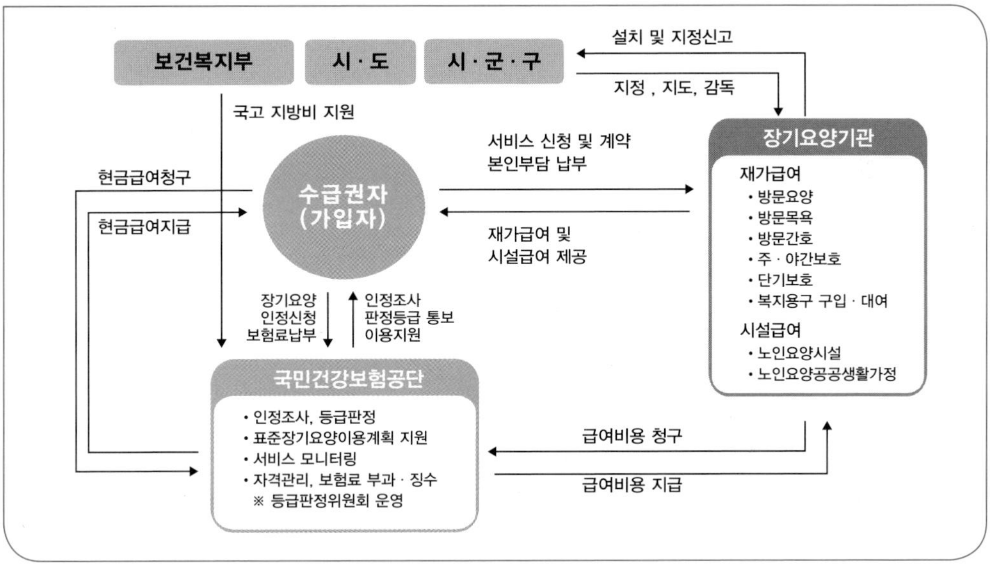

2) 장기요양위원회

「노인장기요양보험법」 제45조에 명시되어 있으며, 설치기능과 구성 및 운영사항은 아래와 같다.

(1) 설치 및 기능

보건복지부장관 소속 심의기구이며, 기능은 장기요양보험료율, 가족요양비, 특례요양비, 요양병원간병비의 지급기준, 재가 및 시설 급여비용 등을 심의한다.

(2) 구성

위원장 1인과 부위원장 1인을 포함한 16인 이상 22인 이하의 위원으로 구성되며, 구성위

원(각 대표 동수로 구성)은 적용대상자 대표(근로자단체, 사용자단체, 시민단체, 노인단체, 농어업인 단체, 자영자단체)와 장기요양시설 등 대표(장기요양시설 또는 의료계) 및 공익대표(학계/연구계, 고위공무원단 소속 공무원, 공단 추천자)로 구성된다.

(3) 운영

- 장기요양위원회 회의는 구성원 과반수의 출석으로 개의하고 출석인원 과반수의 찬성으로 의결한다.
- 장기요양위원회의 효율적 운영을 위하여 분야별로 실무위원회를 둘 수 있다.

그림 1-6 장기요양보험 관리운영기관

3) 장기요양 심사위원회

(1) 설치근거

우리 위원회는 「노인장기요양보험법」 제55조제3항 및 동법 시행령 제23조의 규정에 따라 2008. 4. 17 설치되어 이의신청 사건을 신속 · 공정하게 처리하고 이의신청에 대한 결정 업무를 효율적으로 수행하여 국민건강보험공단의 위법 · 부당한 처분으로부터 국민의 권리를 보호하고 행정의 적정한 운영을 기하는데 이바지하고 있다.

(2) 성격

법령규정상 장기요양심사위원회의 위원장은 소관 상임이사가 되고 국민건강보험공단에 설치되나, 장기요양심사위원회는 서로 대립되는 신청인과 피신청인(공단)의 당사자 관계에서 벗어난 별도의 중립적이고 객관적인 비상설 심리기구이다.

(3) 구성

위원회는 위원장 1명을 포함한 50명 이내의 위원으로 구성되어 있으며 위원장은 공단의 장기요양사업을 담당하는 상임이사가 되고, 위원은 다음 각 호에 해당하는 자 중에서 공단의 이사장이 임명 또는 위촉한다.

① 「의료법」에 따른 의사 · 치과의사 · 한의사나 업무경력 10년 이상인 간호사
② 「사회복지사업법」에 따른 사회복지사로서 업무경력 10년 이상인 자
③ 노인장기요양보험 업무를 담당하고 있는 공단의 임직원
④ 그 밖에 법학 및 장기요양에 관한 학식과 경험이 풍부한 자

4) 장기요양요원지원센터

(1) 장기요양요원지원센터의 설치

① 지방자치단체는 장기요양요원의 권리를 보호하기 위하여 장기요양요원지원센터를 설치 · 운영할 수 있다.
② 장기요양요원지원센터는 다음 각 호의 업무를 수행한다.
㉠ 장기요양요원의 권리 침해에 관한 상담 및 지원
㉡ 장기요양요원의 역량강화를 위한 교육지원
㉢ 장기요양요원에 대한 건강검진 등 건강관리를 위한 사업
㉣ 그 밖에 장기요양요원의 업무 등에 필요하여 대통령령으로 정하는 사항
③ 장기요양요원지원센터의 설치 · 운영 등에 필요한 사항은 보건복지부령으로 정하는 바에 따라 해당 지방자치단체의 조례로 정한다.

(2) 장기요양위원회의 심의사항

법 제45조제4호에서 "대통령령으로 정하는 주요 사항"이란 다음 각 호의 사항을 말한다.
① 의사소견서 발급비용의 기준
② 방문간호지시서 발급비용의 기준
③ 법 제28조에 따른 월 한도액의 결정
④ 그 밖에 장기요양급여에 관한 사항으로서 보건복지부장관이 회의에 부치는 사항

(3) 장기요양요원지원센터의 업무

법 제47조의2제2항제4호에서 "대통령령으로 정하는 사항"이란 다음 각 호의 사항을 말한다.
① 장기요양요원에 대한 취업 관련 정보의 제공 및 상담
② 장기요양요원에 대한 사회적 인식 개선을 위한 사업
③ 그 밖에 장기요양요원의 권리 보호와 관련하여 해당 지방자치단체의 조례로 정하는 사항

5) 등급판정위원회의 설치 및 운영

(1) 등급판정위원회의 설치

① 장기요양인정 및 장기요양등급판정 등을 심의하기 위하여 공단에 장기요양등급판정위원회를 둔다.

② 등급판정위원회는 특별자치시 · 특별자치도 · 시 · 군 · 구 단위로 설치한다. 다만, 인구수 등을 고려하여 하나의 특별자치시 · 특별자치도 · 시 · 군 · 구에 2 이상의 등급판정위원회를 설치하거나 2 이상의 특별자치시 · 특별자치도 · 시 · 군 · 구를 통합하여 하나의 등급판정위원회를 설치할 수 있다.

③ 등급판정위원회는 위원장 1인을 포함하여 15인의 위원으로 구성한다.

④ 등급판정위원회 위원은 다음 각 호의 자 중에서 공단 이사장이 위촉한다. 이 경우 특별자치시장 · 특별자치도지사 · 시장 · 군수 · 구청장이 추천한 위원은 7인, 의사 또는 한의사가 1인 이상 각각 포함되어야 한다.

1. 「의료법」에 따른 의료인
2. 「사회복지사업법」에 따른 사회복지사
3. 특별자치시 · 특별자치도 · 시 · 군 · 구 소속 공무원
4. 그 밖에 법학 또는 장기요양에 관한 학식과 경험이 풍부한 자

⑤ 등급판정위원회 위원의 임기는 3년으로 한다. 다만, 공무원인 위원의 임기는 재임기간으로 한다.

(2) 등급판정위원회의 운영

① 등급판정위원회 위원장은 위원 중에서 특별자치시장 · 특별자치도지사 · 시장 · 군수 · 구청장이 위촉한다. 이 경우 제52조제2항 단서에 따라 2 이상의 특별자치시 · 특별자치도 · 시 · 군 · 구를 통합하여 하나의 등급판정위원회를 설치하는 때 해당 특별자치시장 · 특별자치도지사 · 시장 · 군수 · 구청장이 공동으로 위촉한다.

② 등급판정위원회 회의는 구성원 과반수의 출석으로 개의하고 출석위원 과반수의 찬성으로 의결한다.

2. 장기요양보험 사업실적

1) 적용대상

건강보험 가입자는 장기요양보험의 가입자가 되며(법 제7조제3항). 이는 건강보험의 적용에서와 같이 법률상 가입이 강제적용 된다. 또한 공공부조의 영역에 속하는 의료급여 수급권자의 경우 건강보험과 장기요양보험의 가입자에서는 제외되지만, 국가 및 지방자치단체의 부담으로 장기요양보험의 적용대상으로 하고 있다(법 제12조).

2) 장기요양인정

장기요양보험 가입자 및 그 피부양자나 의료급여수급권자 누구나 장기요양급여를 받을 수 있는 것은 아니다. 일정한 절차에 따라 장기요양급여를 받을 수 있는 권리(수급권)가 부여되는데 이를 장기요양인정이라고 한다. 장기요양인정절차는 먼저 국민건강보험공단에 장기요양인정신청으로부터 출발하여 공단직원의 방문에 의한 인정조사와 등급판정위원회의 등급판정 그리고 장기요양인정서와 표준장기요양이용계획서의 작성 및 송부로 이루어진다.

※ 장기요양인정 신청자격 : 장기요양보험 가입자 및 그 피부양자 또는 의료급여수급권자 중 65세 이상의 노인 또는 65세 미만자로서 치매, 뇌혈관성 질환 등 노인성 질병을 가진 자

3) 장기요양인정 사업실적

(1) 장기요양인정

노인장기요양보험 통계연보 발간에 의하면 2020년 기준, 장기요양보험 누적 신청자 수 1,183,434명으로 총 인정자는 857,984명(노인인구의 10.1%)이며, 인정률 85.2% 이며, 인정자는 2019년 대비 11.1%, 2018년 대비 27.9% 증가하였다.

표 1-7 장기요양보험 신청 인정현황 (단위 : 명)

구 분	2016	2017	2018	2019	2020
노인인구 (65세이상)	6,940,396	7,310,835	7,611,770	8,003,418	8,480,208
신청자	848,829	923,543	1,009,209	1,113,093	1,183,434

판정자 (등급내+등급외)	681,006	749,809	831,512	929,003	1,007,423
인정자 (판정 대비 인정률)	519,850 (76.3%)	585,287 (78.1%)	670,810 (80.7%)	772,206 (83.1%)	857,984 (85.2%)
노인인구 대비 인정률	7.5%	8.0%	8.8%	9.6%	10.1%

※ 전체 의료보장인구(사망자 제외)

(2) 인정등급별 인원

인정등급별 인원은 2020년 기준, 장기요양보험 인정자 수 857,984명으로 일반 423,677명, 감경 286,369명, 의료급여 10,112명, 기초수급 137,826명이었다.

등급은 1등급 43,040명, 2등급 86,998명, 3등급 238,697명, 4등급 378,126명, 5등급 91,960명, 인지지원등급 19,163명으로 나타났다. 인정등급별 인원 중 4등급 인정자가 전체의 44.1%로 가장 많고, 3등급 〉 5등급 〉 2등급 〉 1등급 〉 인지지원등급 순으로 나타났다.

표 1-8 인정등급별 인원 (단위 : 명)

구분	2018	2019	2020						
			계	1등급	2등급	3등급	4등급	5등급	인지지원 등급
인정자 계	670,810	772,206	857,984	43,040	86,998	238,697	378,126	91,960	19,163
일반	327,455	376,440	423,677	21,517	41,984	117,762	184,491	47,398	10,525
감경	230,664	265,244	286,369	14,153	30,898	82,899	123,787	29,099	5,533
의료급여	8,038	9,221	10,112	490	1,005	2,860	4,526	1,049	182
기초수급	104,653	121,301	137,826	6,880	13,111	35,176	65,322	14,414	2,923

자료 : 장기요양보험통계연보(2021)

(3) 장기요양보험 급여실적

급여실적은 2020년 기준, 연간 총 급여비 9조 8,248억 원(지급기준)으로 공단부담금은 2020년 88,827억 원이었으며, 1인당 월평균 급여비는 1,315,195원(공단부담금 1,189,071원)으로 2019년 대비 2.4% 증가하였다.

표 1-9 장기요양보험 급여실적

구분	2016	2017	2018	2019	2020	전년대비 증감률
급여이용수급자(명)	520,043	578,867	648,792	732,181	807,067	10.2
급여제공일수(만일)	10,997	12,292	13,593	15,434	17,333	12.3
요양급여비총액(억원)	50,052	57,600	70,670	85,653	98,248	14.7
공단부담금(억원)	44,177	50,937	62,992	77,363	88,827	14.8
공단부담률(%)	88.3	88.4	89.1	90.3	90.4	0.1
급여이용수급자 1인당 월평균 급여비(원)	1,067,761	1,103,129	1,208,942	1,284,256	1,315,195	2.4
급여이용수급자 1인당 월평균 공단부담금(원)	942,415	975,496	1,077,291	1,159,922	1,189,071	2.5

자료 : 장기요양보험통계연보(2021)

(4) 급여유형별 공단부담금 현황

2020년 총 장기요양 급여비용 중 공단부담금은 8조 8,827억원으로 2019년 대비 14.8% 증가하였으며, 유형별 공단부담금 현황은 2019년 대비 재가급여 19.7%, 시설급여 8.5% 증가하였다.

세부 유형별로는 주야간보호가 21.8%, 방문요양이 19.3%, 방문간호가 18.1% 순으로 증가율이 높았다.

표 1-10 유형별 공단부담금 현황 (단위: 억 원, %)

구 분	2016		2017		2018		2019		2020	
	금액	비율	금액	비율	금액	비율	금액	비율	금액	비율
장기요양 급여비 계	44,177	–	50,937	–	62,992	–	77,363	–	88,827	–
재가급여	21,795	100.0	26,417	100.0	34,344	100.0	43,702	100.0	52,302	100.0
– 방문요양	16,076	73.8	18,916	71.6	24,364	70.9	30,071	68.8	35,889	68.6
– 방문목욕	754	3.5	892	3.4	1,003	2.9	1,162	2.7	1,362	2.6
– 방문간호	96	0.4	132	0.5	177	0.5	221	0.5	261	0.5
– 주야간보호	3,608	16.6	5,119	19.4	7,361	21.4	10,444	23.9	12,726	24.3
– 단기보호	136	0.6	134	0.5	123	0.4	112	0.3	88	0.2
– 복지용구	1,125	5.2	1,223	4.6	1,315	3.8	1,692	3.9	1,976	3.8
시설급여	22,382	100.0	24,520	100.0	28,648	100.0	33,661	100.0	36,525	100.0
– 노인요양시설(현행법)	19,844	88.7	21,971	89.6	25,879	90.3	30,634	91.0	33,416	91.5
– 노인요양공동생활가정	2,538	11.3	2,549	10.4	2,769	9.7	3,027	9.0	3,109	8.5

(5) 장기요양기관 및 인력 현황

① 장기요양기관

2020년 기준, 장기요양기관 수 25,384개소로, 이 중 재가 요양기관 19,621개소(77.3%), 시설 요양기관 5,763개소(22.7%)로 나타났다. 또한 장기요양기관 수는 2019년 대비 재가기관 1.1% 증가, 시설기관 4.0% 증가하였다.

② 인력

인력은 2020년 기준, 요양보호사 450,970명, 사회복지사 30,268명, 간호사 3,504명, 간호조무사 13,221명 등으로 나타났으며, 2019년 대비 요양보호사 1.4% 증가, 사회복지사 14.7% 증가, 간호사 5.8% 증가, 간호조무사 9.7% 증가하였다.

표 1-11 장기요양기관 인력 현황 (단위 : 명)

구 분	2016	2017	2018	2019	2020	점유율	증감률(전년대비)
계	344,242	377,184	421,326	492,132	503,983	100.0	2.4
사회복지사	14,682	18,535	22,305	26,395	30,268	6.0	14.7
의사(촉탁포함)	1,683	2,198	2,210	2,358	2,312	0.5	−2.0
간호사	2,675	2,791	2,999	3,312	3,504	0.7	5.8
간호조무사	9,080	9,845	10,726	12,054	13,221	2.6	9.7
치과위생사	5	7	10	7	14	0.0	100.0
물리(작업)치료사	1,974	2,024	2,122	2,350	2,558	0.5	8.9
요양보호사	313,013	340,624	379,822	444,525	450,970	89.5	1.4
영양사	1,130	1,160	1,132	1,131	1,136	0.2	0.4

자료출처: 장기요양보험통계연보(2021)

4) 향후 계획

(1) 성과

제도 시행 초기인 2008년도에는 대상자 수가 전체 노인인구의 약 4% 수준인 21만 명 정도였으나, 장기요양서비스에 대한 인지도 및 만족도 증가로 신청자 및 인정자가 지속적으로 증가하여 2020년 12월 말 현재 전체 노인인구의 10.1%인 85만 8천여 명이 제도의 혜택을 보게 됨으로써 제도 시행 이후 지속적으로 증가하고 있다.

또한, 2020년 12월 현재 장기요양기관 중 입소시설은 5,762개소, 재가기관은 19,621개소(기관기호 기준)가 운영 중에 있다.

(2) 향후 계획

고령화 사회로 진입하면서 급격히 증가된 수급자 수로 인해 장기요양보험 재정은 2016년 432억 원의 당기수지 적자가 발생한 이래 2019년 6,602억 원으로 적자 규모가 크게 확대되었다.

이러한 재정적자 문제에 대응하여 장기 요양위원회의 결정에 따라 불필요한 재정 누수를 막기 위해 도입 목적의 달성 여부, 급여 간 형평성, 중복 지출 여부 등을 점검하고 일부 가산 항목을 축소 또는 폐지를 추진할 예정이며, 국고지원금의 안정적 확보, 보험료율 조정 등을 추진해 나갈 계획이다(2021년 보건복지백서).

수행 Tip!

- 장기요양보험 관리운영기관인 보건복지부와 건강보험공단의 홈페이지를 검색하여 참고한다.

제2장

장기요양 인정신청 및 등급판정

2-1 장기요양 인정 신청

학습 목표

1 | 장기요양보험의 인정신청 기준에 의한 신청을 할 수 있다.
2 | 장기요양의 신청에 대한 조사내용 및 방법을 알 수 있다.

1. 장기요양 인정 신청

1)장기요양인정 및 장기요양급여의 신청

(1) 장기요양보험사업

장기요양보험사업은 보건복지부장관이 관장을 하며, 장기요양보험사업의 보험자는 국민건강보험공단이 담당한다. 또한 장기요양보험의 가입자는「국민건강보험법」제5조 및 제109조에 따른 가입자로 한다. 그러나 국민건강보험공단은「외국인근로자의 고용 등에 관한 법률」에 따른 외국인근로자 등 대통령령으로 정하는 외국인이 신청하는 경우 보건복지부령으로 정하는 바에 따라 장기요양보험가입자에서 제외할 수 있다.

(2) 장기요양인정의 신청

장기요양인정을 신청하는 자(신청인)는 공단에 보건복지부령으로 정하는 바에 따라 장기요양인정신청서에 의사 또는 한의사가 발급하는 의사소견서를 첨부하여 제출하여야 한다. 다만, 의사소견서는 등급판정위원회에 자료를 제출하기 전까지 제출할 수 있다. 그리고 거동이 현저하게 불편하거나 도서 · 벽지 지역에 거주하여 의료기관을 방문하기 어려운 자 등 대통령령으로 정하는 자는 의사소견서를 제출하지 아니할 수 있다.

(3) 장기요양인정의 신청자격

장기요양인정을 신청할 수 있는 자는 노인 등으로서 ① 장기요양보험가입자 또는 그 피부양자 ②「의료급여법」제3조제1항에 따른 수급권자(의료급여수급권자) 중 어느 하나에 해당하는 자격을 갖추어야 한다. 장기요양인정의 신청자격은 아래와 같다.

장기요양인정의 신청자격
① 자격 : 장기요양보험가입자 및 그 피부양자, 의료급여수급권자 ② 대상 : 만 65세 이상 또는 만 65세 미만으로 노인성 질병을 가진 자이다. * 노인성질병 : 치매, 뇌혈관성질환, 파킨슨 병 등 대통령령으로 정하는 질병 * 장애인 활동지원 급여를 이용 중이거나 이용을 희망하는 경우 장기요양등급이 인정되면 장애인 활동지원 신청 또는 급여가 제한된다.

그림 2-1 장기요양보험 서비스 이용절차

재신청 제도
장기요양인정을 받지 못한 경우에는 장기요양인정을 다시 신청할 수 있으며, 최초 신청할 때와 동일한 절차를 거쳐 30일 이내에 결과를 통보 받을 수 있다.

장기요양보험의 수급대상 및 적용대상은 다음과 같다.

그림 2-2 수급대상 및 적용대상

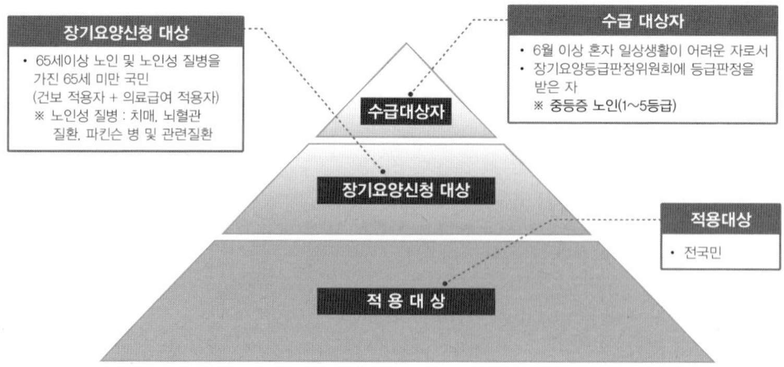

자료출처: 한국요양보호협회 홈페이지

(4) 장기요양보험 인정신청절차 및 이용절차

① 장기요양보험의 인정신청절차는 다음과 같다.

그림 2-3 장기요양보험 인정신청절차

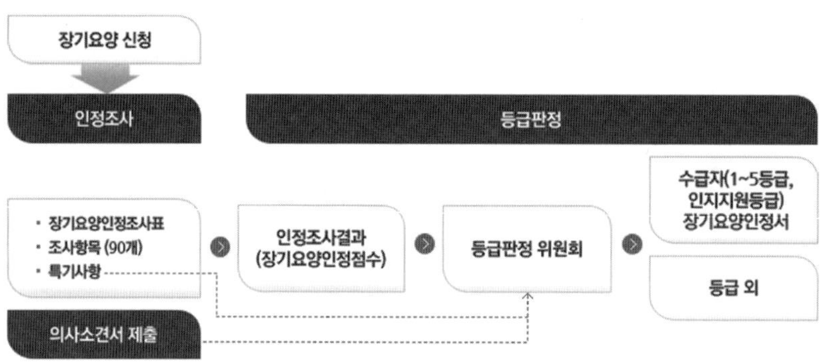

② 장기요양인정 및 이용절차는 다음과 같다.

그림 2-4 장기요양인정 및 이용절차

(5) 신청의 종류

신청의 종류와 신청사유 및 신청시기, 제출서류는 다음과 같다.

표 2-1 신청의 종류

종류	신청 사유	신청 시기	제출 서류
인정신청	장기요양인정신청을 처음 하는 경우	신청자격을 가진 자가 장기요양 급여를 받고자 하는 경우	• 장기요양 • 인정신청서 • 의사소견서
갱신신청	장기요양인정 유효기간 종료가 예정된 경우	유효기간 종료 90일전부터 30일전	• 장기요양인정 • 갱신신청서 • 의사소견서
등급변경 신청	장기요양급여를 받고 있는 동안 신체적 · 정신적 상태의 변화가 있는 경우	변경사유 발생 시	• 장기요양등급 • 변경신청서 • 의사소견서
급여종류 · 내용변경 신청	급여종류 · 내용변경을 희망하는 경우	급여종류 · 내용변경 사유 발생시	• 장기요양 급여종류 · 내용 변경신청서 • 사실확인서(제출 필요시)
이의신청	통보받은 장기요양인정등급에 이의가 있을 경우	처분이 있은 날로부터 90일 이내	• 이의신청서

(6) 장기요양인정 신청 및 의사소견서 제출

장기요양인정을 신청하려는 자(신청인)는 장기요양인정신청서(별지 제1호의2서식)에 의사 또는 한의사의 소견서를 첨부하여 제출하여야 한다. 또한 신청인은 의사 또는 한의사의 의사소견서를 국민건강보험공단이 장기요양등급판정위원회에 자료를 제출하기 전까지 제출할 수 있다. 다만, 신청인이 65세 미만인 자로서 신청시에 의사소견서를 제출하지 아니하는 경우에는 「노인장기요양보험법 시행령」 제2조에 따른 노인성 질병을 확인할 수 있는 진단서 등의 증명서류를 장기요양인정신청서에 첨부하여야 한다. 따라서 신청서를 제출받은 공단은 신청인이 신청자격을 갖추었는지를 확인하고, 조사를 한 후 신청인이 신청시에 의사소견서를 첨부하지 아니한 경우에는 다음 각 호의 구분에 따라 필요한 조치를 하여야 한다.

① 각 호의 어느 하나에 해당하는 자 : 의사소견서를 제출하지 아니하여도 됨을 신청인에게 통보하여야 한다.

② 제1호에 해당하지 아니하는 자

가. 최초로 장기요양인정을 신청하는 자나 장기요양인정의 갱신 신청을 하는 자 : 의사소견서 발급의뢰서(별지 제3호서식)를 신청인에게 발부하여야 한다.

나. 가목에 해당하지 아니하는 자 : 의사소견서 발급비용을 전액 본인이 부담하여야 함을 통보하여야 한다.

의사소견서 발급의뢰서를 받은 자는 그 발급의뢰서를 의료기관(「지역보건법」에 따른 보건소 · 보건의료원 및 보건지소를 포함)에 제출하고, 의사소견서를 의료기관으로부터 발급받아 공단에 제출하여야 한다.

(7) 의사소견서 제출 제외자

장기요양인정을 신청하는 자 중 의사소견서를 제출하지 아니하여도 되는 자는

① 신청인의 심신상태나 거동상태 등이 보건복지부령으로 정하는 기준에 따라 현저하게 불편한 자로서 조사 결과 공단 소속 직원이 이를 확인한 자

② 보건복지부장관이 정하여 고시하는 도서 · 벽지 지역에 거주하는 자이다.

(장기요양 1등급 또는 장기요양 2등급을 받을 것으로 예상되는 자로서 보건복지부장관이 정하여 고시하는 거동불편자에 해당하는 자는 의사소견서를 제출하지 아니함)

■ 노인장기요양보험법 시행규칙 [별지 제1호의2서식] 〈개정 2021. 1. 18.〉

[ ] 장기요양인정 신청서
[ ] 장기요양인정 갱신신청서
[ ] 장기요양등급 변경신청서
[ ] 장기요양 급여종류 · 내용 변경신청서

※ 3쪽의 작성방법 및 유의사항을 읽고 작성하시고, 어두운 란은 신청인이 적지 않습니다. (3쪽 중 1쪽)

접수번호		접수일시		처리기간	30일

신청인(수급자)	①성명	②주민등록번호
	③주민등록지	
	④실제 거주지 ※ 주민등록지와 동일한 경우에는 적지 않습니다.	
	⑤전화번호(또는 휴대전화번호)	
대리인	⑥성명	⑦주민등록번호
	⑧주소	
	⑨전화번호(또는 휴대전화번호)	
	⑩유형	1. [ ] 가족 [ ] 친족 [ ] 이해관계인 (신청인과의 관계:) 2. [ ] 사회복지전담공무원 3. [ ] 치매안심센터의 장(신청인이 치매환자인 경우로 한정합니다) 4. [ ] 특별자치시장 · 특별자치도지사 · 시장 · 군수 · 구청장이 지정한 사람
보호자	[ ] 보호자 있음	[ ] 보호자 없음
	※ 보호자가 대리인과 동일하거나 보호자가 없는 경우에는 적지 않습니다.	
	⑪성명	⑫신청인과의 관계
	⑬주소	
	⑭전화번호(또는 휴대전화번호)	

☞ 뒤쪽에 작성란이 있습니다.

210mm×297mm[백상지 80g/㎡]

<table>
<tr><td colspan="4">(3쪽 중 2쪽)</td></tr>
<tr><td rowspan="2">우편물
수령지</td><td>⑮수령인</td><td>[ ] 신청인(본인)</td><td>[ ] 보호자(대리인과 동일한 경우)</td></tr>
<tr><td>⑯수령지</td><td colspan="2">[ ] 주민등록지 [ ] 실제 거주지 [ ] 보호자 주소지</td></tr>
<tr><td colspan="4">⑰ 변경신청 시 사유</td></tr>
<tr><td colspan="4">⑱ 1. 신청인 전염성 질환 보유 여부 [ ] 예 [ ] 아니오
2. 정신 질환 보유 여부 [ ] 예 [ ] 아니오</td></tr>
<tr><td colspan="4">「노인장기요양보험법」 제13조, 제20조부터 제22조까지 및 같은 법 시행규칙 제2조, 제8조부터 제10조까지의 규정에 따라 위와 같이 신청합니다.</td></tr>
<tr><td colspan="4">년 월 일</td></tr>
<tr><td colspan="2">신청인</td><td colspan="2">(서명 또는 인)</td></tr>
<tr><td colspan="2">대리인</td><td colspan="2">(서명 또는 인)</td></tr>
<tr><td colspan="2">국민건강보험공단 이사장</td><td colspan="2">귀하</td></tr>
<tr><td>첨부서류</td><td colspan="3">1. 신분증
가. 본인이 신청하는 경우: 본인의 신분증 1부
나. 대리인이 신청하는 경우
① 가족, 친족 또는 이해관계인: 대리인의 신분증 1부
② 사회복지전담공무원: 공무원임을 증명하는 신분증 1부
③ 치매안심센터의 장(신청인이 치매환자인 경우로 한정합니다): 대리인의 신분증 및 치매안심센터의 장임을 증명하는 서류 각 1부
④ 특별자치시장 · 특별자치도지사 · 시장 · 군수 · 구청장이 지정한 사람: 별지 제9호서식의 대리인 지정서 1부
2. 별지 제2호서식의 의사소견서 1부(신청서와 함께 제출하지 않고 추후에 제출할 수 있으며, 「노인장기요양보험법 시행령」 제6조에 해당하는 경우와 급여종류 · 내용 변경신청 시에는 제출하지 않습니다)
3. 노인성 질병을 확인할 수 있는 진단서 등 증명서류 1부(65세 미만인 사람으로서 장기요양인정신청 시에 별지 제2호서식의 의사소견서를 제출하지 않은 경우에만 해당합니다)</td></tr>
</table>

※ 아래 내용은 서식 작성 시 필요한 사항을 안내하는 부분으로 접수 · 보관되지 않습니다.

작성방법 및 유의사항

〈작성방법〉

신청서명은 해당하는 곳에 √표를 합니다.

※ 65세 미만인 사람은 다음의 노인성 질병이 있는 경우에만 신청할 수 있습니다.

o 치매(F00*, F01, F02*, F03), 알츠하이머병(G30), 뇌혈관질환(I60~I67, I68*, I69), 파킨슨병(G20), 이차성 파킨슨증(G21), 달리 분류된 질환에서의 파킨슨증(G22*), 기저핵의 기타 퇴행성 질환(G23)

o 중풍후유증(U23.4) 및 진전(R25.1)

– 장기요양인정 신청: 장기요양인정을 받으려고 신청하는 경우

– 장기요양인정 갱신신청: 장기요양인정을 받은 사람이 장기요양급여를 계속 받으려고 유효기간이 끝나기 전에 갱신신청하는 경우

– 장기요양등급 변경신청: 장기요양인정을 받은 사람의 심신상태가 호전되거나 악화되어 등급을 변경하려는 경우

– 장기요양 급여종류 · 내용 변경신청: 장기요양급여의 종류 · 내용을 변경하려는 경우

①~⑤: 신청인의 성명, 주민등록번호, 주민등록지, 실제 거주지(주민등록주소와 다른 경우), 전화번호를 적습니다.

※ 신청인(본인) 란에는 장기요양급여를 받으려는 사람을 적습니다.

※ 실제 거주지는 방문조사 및 등급판정 결과 등 각종 우편물 수령지이므로 향후 실제 거주지 변경이 있는 경우 공단에 신고해야 합니다.

⑥~⑨: 대리인의 성명, 주민등록번호, 주소, 전화번호를 적습니다.

※ 해당하는 경우에만 적습니다.

⑩: 대리인의 유형을 1~3번 중 해당되는 곳에 √표를 합니다.

1. 가족, 친족, 이해관계인: 신청인과의 관계를 적습니다.

– 가족: 「민법」 제779조에 따른 가족으로서 배우자, 직계혈족, 형제자매, 직계혈족의 배우자, 배우자의 직계혈족 및 배우자의 형제자매

– 친족: 「민법」 제777조에 따른 친족으로서 8촌 이내 혈족, 4촌 이내 인척, 배우자

– 이해관계인: 가족, 친족을 제외한 이웃 등 그 밖의 사람

2. 사회복지전담공무원: 「사회보장급여의 이용 · 제공 및 수급권자 발굴에 관한 법률」에 따른 사회복지전담공무원

3. 치매안심센터의 장(신청인이 치매환자인 경우로 한정합니다): 「치매관리법」에 따른 치매안심센터의 장

4. 특별자치시장 · 특별자치도지사 · 시장 · 군수 · 구청장이 지정한 사람: 가족, 친족, 이해관계인 또는 사회복지전담공무원이 장기요양인정신청 등을 할 수 없는 경우 특별자치시장 · 특별자치도지사 · 시장 · 군수 · 구청장이 지정하는 사람

⑪~⑭: 보호자 유무에 √표를 하고, 보호자의 성명, 신청인과의 관계, 주소, 전화번호를 적습니다.

※ 보호자가 대리인과 동일하거나 보호자가 없는 경우에는 적지 않습니다.

⑮~⑯: 우편물 수령인 및 수령지를 선택하고, 향후 수령지 변경을 희망할 경우 공단에 신고해야 합니다.

※ 우편물 수령인은 신청인(본인) 또는 보호자로 한정합니다.

⑰: 장기요양등급 또는 급여종류 · 내용의 변경을 신청한 경우에는 사유를 간략하게 적습니다.

⑱: 신청인의 전염성 질환 및 정신 질환 보유 여부에 √표를 합니다(최근 6개월 이내 전염성 질환 및 정신 질환으로 치료를 받았거나 치료 중인 경우 표시합니다).

〈유의사항〉

①: 장기요양인정, 갱신 신청을 하는 경우 공단이 제공한 의사소견서 발급의뢰서를 의료기관에 제출해야 합니다.

②: 장기요양 수급자로 결정되면 다른 법령에 따른 사회보장급여의 중복수급이 제한될 수 있습니다.

③: 「노인장기요양보험법」 제15조제4항에 따라 거짓이나 그 밖의 부정한 방법 등으로 장기요양인정을 받은 것으로 의심되는 경우 공단은 인정조사를 실시하여 다시 등급판정을 할 수 있습니다.

처 리 절 차

신청서 작성	➡	접수 및 확인	➡	방문조사 및 등급판정	➡	장기요양등급 등 결과 통보	➡	장기요양급여 이용
신청인		처리기관 (국민건강보험공단)		처 리 기 관 (국민건강보험공단)		처 리 기 관 (국민건강보험공단)		신청인

■ 노인장기요양보험법 시행규칙[별지 제9호서식] 〈개정 2019. 6. 12.〉

대리인 지정서

신청인(본인)	성 명		주민등록번호	−
	주 소			
	전화번호	(휴대전화)		

대리인	성 명		주민등록번호	−
	주 소			
	전화번호	(휴대전화)		

「노인장기요양보험법」 제22조 및 같은 법 시행규칙 제10조에 따라 위의 사람을 장기요양인정 신청, 갱신신청 또는 장기요양등급의 변경신청, 급여종류 또는 내용의 변경신청 등에 대한 대리인으로 지정합니다.

년 월 일

○ ○ ○ 특별자치시장 · 특별자치도지사 · 시장 · 군수 · 구청장 직인

국민건강보험공단 이사장 귀하

210mm×297mm[백상지 80g/㎡]

■ 노인장기요양보험법 시행규칙 [별지 제2호서식] 〈개정 2021. 6. 30.〉

의사소견서

※ 색상이 어두운 란은 담당의사가 적지 않습니다. (제1쪽 앞면)

접수번호		접수일		유효기간	발급일부터 30일

※ 담당의사는 소견서 내용을 빠짐없이 작성하여 주시기 바랍니다.

신청인(본인)	성 명	주민등록번호 (세)
	주 소 (전화번호)	
발급 구분	[ ] 65세 이상자 [ ] 65세 미만자	

※ 65세 미만자만 기입하며, 해당하는 질병에 ✔표를 합니다.

구분	질병명	질병코드
한국표준질병 · 사인분류	가. 알츠하이머병에서의 치매	[ ] F00*
	나. 혈관성 치매	[ ] F01
	다. 달리 분류된 기타 질환에서의 치매	[ ] F02*
	라. 상세불명의 치매	[ ] F03
	마. 알츠하이머병	[ ] G30
	바. 지주막하출혈	[ ] I60
	사. 뇌내출혈	[ ] I61
	아. 기타 비외상성 두개내출혈	[ ] I62
	자. 뇌경색증	[ ] I63
	차. 출혈 또는 경색증으로 명시되지 않은 뇌졸중	[ ] I64
	카. 뇌경색증을 유발하지 않은 뇌전동맥의 폐쇄 및 협착	[ ] I65
	타. 뇌경색증을 유발하지 않은 대뇌동맥의 폐쇄 및 협착	[ ] I66
	파. 기타 뇌혈관질환	[ ] I67
	하. 달리 분류된 질환에서의 뇌혈관장애	[ ] I68*
	거. 뇌혈관질환의 후유증	[ ] I69
	너. 파킨슨병	[ ] G20
	더. 이차성 파킨슨증	[ ] G21
	러. 달리 분류된 질환에서의 파킨슨증	[ ] G22*
	머. 기저핵의 기타 퇴행성 질환	[ ] G23
	버. 중풍후유증	[ ] U23.4
	서. 진전(震顫)	[ ] R25.1

※ 1. 해당 의사소견서는 장기요양급여를 받기 위하여 장기요양등급판정위원회에 제출하기 위한 용도로만 활용 가능하며, 다른 용도로는 활용할 수 없습니다.

2. 65세 미만자 중 상기 질병에 해당하는 경우에만 장기요양인정 신청자격이 인정됩니다.

* 신청인이 다른 진단서 등에 의해 노인성 질병임을 이미 진단받아 장기요양인정 신청자격을 인정받은 경우에는 위 진단표를 작성하지 않을 수 있습니다.

3. 65세 미만자 중 상기 질병에 해당하는 경우에는 뒷면의 사항을 빠짐없이 작성하여 주시고, 상기 질병에 해당하지 않는 경우에는 뒷면의 사항을 작성하지 아니합니다.

4. 상기 질병에 해당하지 않는 경우에는 진찰료 등 실비는 공단이 부담하지 아니하고 전액 신청인(본인)이 부담하여야 하며, 상기 질병에 해당하는 경우에도 진찰료 외에 진단에 드는 검사비용 등은 신청인(본인)이 부담하여야 합니다.

5. 노인성 질병의 진단은 위 진단표 외의 진단서 등으로도 할 수 있습니다.

210mm×297mm[백상지 80g/㎡(재활용품)]

(제1쪽 뒷면)

1. 장애의 직접적인 원인이 되는 질병 · 부상에 대한 의견

가. 기능장애 원인 진단명 및 발병 연월일

1) 발병 연월일(년 월 일경)

2) 발병 연월일(년 월 일경)

3) 발병 연월일(년 월 일경)

나. 상기 질환에 대한 현재 치료내용

다. 향후 상태의 변동 가능성

[ ] 호전 가능 [ ] 현 상태 유지 [ ] 악화 가능 [ ] 알 수 없음

■ 판단 이유:

2. 심신상태에 관한 의견

가. 신체상태

1) 근 력

구분	좌측	우측
상지	(5 4) (3 2) (1 0)	(5 4) (3 2) (1 0)
하지	(5 4) (3 2) (1 0)	(5 4) (3 2) (1 0)

2) 관절운동 범위

상지	[ ] 정상	제한 (어깨관절 [ ]좌 [ ]우, 팔꿈치관절 [ ]좌 [ ]우, 손목 · 손가락관절 [ ]좌 [ ]우)
하지	[ ] 정상	제한 (엉덩관절 [ ]좌 [ ]우, 무릎관절 [ ]좌 [ ]우, 발목관절 [ ]좌 [ ]우)
관절의 통증		[ ] 없음 [ ] 있음 (부위:)
요양서비스 제공 시 관절 움직임을 제한할 필요가 있는지 여부		[ ] 없음 [ ] 있음
		제한 이유:
사지결손		[ ] 없음 [ ] 있음 (부위:)

3) 운동상태

보행	[ ] 가능	[ ] 부분적 가능	[ ] 불가능
실조* 또는 운동이상 (진전 등)	[ ] 없음	[ ] 있음	[ ] 평가할 수 없음
서동증**	[ ] 없음	[ ] 있음	[ ] 평가할 수 없음
요양서비스 제공 시 보행을 제한할 필요가 있는지 여부	[ ] 없음	[ ] 있음	
	제한 이유:		

* 신체 움직임의 부조화 여부

** 신체 동작의 속도가 비정상적으로 느리거나 육체 및 정신적 반응이 둔한 것

(제2쪽 앞면)

나. 정신상태

1) 인지기능

의사소통 능력	[ ] 정상	[ ] 부분적 가능	[ ] 불가능
단기 기억력	[ ] 정상	[ ] 경미한 장애	[ ] 심한 장애
장기 기억력	[ ] 정상	[ ] 경미한 장애	[ ] 심한 장애
장소 인지력***	[ ] 정상	[ ] 경미한 장애	[ ] 심한 장애
판단력	[ ] 정상	[ ] 경미한 장애	[ ] 심한 장애

*** 장소에 대해 올바르게 인식하는 능력

2) 문제행동 유무

[ ] 없음				
[ ] 있음	[ ] 망상	[ ] 환각	[ ] 수면장애	[ ] 서성거리며 안절부절 못함
	[ ] 길을 잃음	[ ] 공격적, 파괴적 행동	[ ] 밖으로 나가려 함	[ ] 돈/물건 등 감추기
	[ ] 부적절한 옷 입기	[ ] 불결한 행동	[ ] 거부증	[ ] 우울 기분
	[ ] 그 밖의 특이 증상 :			

다. 일상생활 자립도

장애노인	[ ] 정상	[ ] 생활자립	[ ] 준 와상상태	[ ] 완전 와상상태
치매노인	[ ] 자립	[ ] 불완전자립	[ ] 부분의존	[ ] 완전의존

3. 의료적 처치 필요항목

기관지 절개	[ ] 없음	[ ] 있음	도뇨관	[ ] 없음	[ ] 있음
욕창	[ ] 없음	[ ] 있음	장루(창자샛길)	[ ] 없음	[ ] 있음
경관 영양	[ ] 없음	[ ] 있음	당뇨발 및 그에 준하는 피부질환	[ ] 없음	[ ] 있음
암성 통증 및 그에 준하는 통증	[ ] 없음	[ ] 있음	기타( )	[ ] 없음	[ ] 있음
비고					

※ 해당 항목의 중증도 등을 상세하게 기록하여 주시기 바랍니다.
예시) • 통증: 부위, 통증조절방법, 원인
• 욕창 · 피부질환: 부위, 경과 등

210mm×297mm[백상지 80g/㎡(재활용품)]

(제2쪽 뒷면)

4. 치료 및 장기요양에 관한 의견

가. 향후 발생가능성이 높은 의학적 문제

[ ] 넘어짐 · 골절	[ ] 심폐기능 악화	[ ] 욕창
[ ] 흡인성 폐렴	[ ] 탈수 · 영양장애	[ ] 기타( )

나. 가장 적절한 장기요양서비스 (특히 필요성이 높은 것에 표시하여 주시기 바랍니다)

[ ] 방문요양 (기능장애로 일상생활이 어려워 장기요양을 위해 요양보호인력의 방문보호가 필요함)

[ ] 방문목욕 (거동이 어려운 상태로 신체위생을 위한 목욕이 필요함)

[ ] 방문간호 (보다 전문적인 간호인력의 정기적인 모니터링과 처치가 필요함)

[ ] 주간 또는 야간보호 (혼자 두면 상태가 악화되거나 문제가 발생할 수 있으므로 주 · 야간보호가 필요함)

[ ] 단기보호 (1 ~ 3 개월 정도의 간호관리 및 장기요양이 필요함)

[ ] 복지용구 (일상생활과 재활을 위한 복지용구가 필요함)

[ ] 시설서비스 (요양시설 등 입소가 필요함)

다. 의학적 치료의 필요성 여부

[ ] 장기요양서비스 이전에 의학적 치료가 필요함

[ ] 장기요양서비스와 의학적 치료가 병행되어야 함

[ ] 의학적 치료가 반드시 필요하지는 않음
(판단이유 :
)

5. 그 밖의 특기사항

※ 1) 장기요양인정서 및 개인별장기요양이용계획서 작성 시 필요한 의학적 의견 등을 적되, 전문의 등에게 별도로 의견을 요청한 경우에는 그 내용 및 결과도 모두 적습니다.
2) 장기요양인정 신청자에 대하여 국민건강보험공단이 치매진단의 확인이 필요하다고 판단하여 치매진단과 관련된 보완 서류를 추가로 요청하는 경우에는 보건복지부장관이 정하는 양식에 따라 해당 서류를 추가로 작성하여야 합니다.

6. 의사소견서 발급비용과 관련된 정보

발 급 일: 년   월   일
의사 · 한의사 성명: (서명 또는 인)
의사 · 한의사 면허번호: 제   호
의료기관명(건강보험요양기관기호):   (직인)
의료기관 주소: 전화번호:

210mm×297mm[백상지 80g/㎡(재활용품)]

■ 노인장기요양보험법 시행규칙[별지 제3호서식] 〈개정 2019. 6. 12.〉

의사소견서 발급의뢰서

※ 색상이 어두운 란은 적지 않습니다.
※ [ ]에는 해당되는 곳에 √표를 합니다.

발급번호		보완 서류 제출 필요	[ ] 예　　[ ] 아니오

※ 보완 서류: 장기요양인정 신청자에 대하여 국민건강보험공단이 치매진단의 확인이 필요하다고 판단하여 추가로 요청하는 치매진단과 관련된 서류로서, 보건복지부장관이 정하는 양식에 따라 추가로 작성한 서류

발급대상자	생년월일
주　소	

본인부담금	[ ] 일반(20%) [ ] 저소득층 · 생계곤란자 경감대상자(10%) [ ] 「의료급여법」 제3조제1항제1호 외의 규정에 따른 의료급여를 받는 사람(10%) [ ] 「의료급여법」 제3조제1항제1호에 따른 의료급여를 받는 사람(면제)

「노인장기요양보험법」제13조제1항 · 제20조제1항 및 같은 법 시행규칙 제2조제3항에 따라 위와 같이 의사소견서 발급을 의뢰합니다.

년　　월　　일

국민건강보험공단이사장 **직인**

※ 「노인장기요양보험법 시행규칙」 제4조제4항에 따라 의료기관에서는 상기 발급의뢰서를 지참한 분에 대하여 의사소견서 발급비용 중 본인이 부담하여야 하는 비용은 본인에게 받고, 나머지 비용은 국민건강보험공단에 청구하여야 합니다.

210mm×297mm[백상지 80g/㎡(재활용품)]

(8) 의사소견서 발급비용

의사소견서의 발급비용은 의료기관의 종류에 따라 보건복지부장관이 정하여 고시하는 금액으로 하며, 신청인이 발급의뢰서를 통하여 의사소견서를 발급받는 경우 그 발급비용은 다음과 같이 부담한다.

① 65세 이상의 노인이나 65세 미만의 자로서 노인성 질병을 가진 자 : 100분의 20은 본인이, 100분의 80은 공단이 부담한다.

②「의료급여법」 제3조제1항제1호에 따른 의료급여를 받는 사람: 지방자치단체가 부담한다.

③「의료급여법」 제3조제1항제1호외의 규정에 따른 의료급여를 받는 사람 : 100분의 10은 본인이, 100분의 90은 국가와 지방자치단체가 각각 부담한다.

④ 소득 · 재산 등이 보건복지부장관이 고시하는 일정 금액 이하인 자와 생계곤란자 : 100분의 10은 본인이, 100분의 90은 공단이 부담한다.

또한 신청인이 절차에 의하지 아니하고 의사소견서를 발급받은 경우 그 발급비용은 전액 본인이 부담한다. 다만, 신청인이 장기요양급여를 받을 자(수급자)로 결정되거나 장기요양등급이 변경된 경우나 최초로 장기요양인정을 신청하거나 장기요양인정의 갱신을 신청한 경우 경우에는 본인이 부담하는 금액을 제외한 나머지 금액을 공단에 청구할 수 있다.

의사소견서를 발급한 자는 의사소견서 발급비용 중 본인 부담 비용을 제외한 나머지 비용을 의사소견서 발급비용 청구서(별지 제4호서식)에 따라 공단에 청구하여야 하며, 공단은 청구를 받은 날부터 30일 이내에 이를 심사한 후 지체 없이 그 비용을 지급하여야 한다.

(9) 장기요양인정신청서를 제출한 날부터 장기요양급여를 받을 수 있는 경우의 신청

① 장기요양인정신청서를 제출한 날부터 장기요양급여를 받으려는 수급자는 신청서(별지 제18호서식)를 공단에 제출하여야 한다.

② 신청을 받은 공단은 행정정보의 공동이용을 통하여 주민등록표등본을 확인하여야 한다. 다만, 신청을 한 자가 확인에 동의하지 아니하는 경우에는 그로 하여금 해당 서류를 첨부하도록 하여야 한다.

③ 신청을 받은 공단은 그 요건을 확인하여 장기요양인정신청서를 제출한 날부터 장기요양급여를 받을 수 있도록 결정하면 해당 수급자에게 장기요양인정서의 유효기간을 변경 기재하여 통보하여야 한다.

④ 장기요양기관은 제3항에 따라 통보받은 수급자에 대하여 장기요양인정신청서를 제출한 날부터 장기요양급여를 적용하여야 한다.

[별지 제4호서식]

(년 월분)

의사소견서 발급비용 청구서

※ 색상이 어두운 란은 신청인이 적지 않으며, [ ]에는 해당되는 곳에 ✔ 표를 합니다.	(제1쪽)
접수번호	접수일

○ 발급기관

의료기관명	건강보험 요양기관기호
주소(전자우편 주소)	전화번호

○ 발급비용 청구현황

총 발급건수	① 발급비용 총금액	② 본인부담금	③ 청구금액
	(원)	(원)	(원)

「노인장기요양보험법」 제13조 및 같은 법 시행규칙 제4조에 따라 위와 같이 의사소견서 비용을 청구합니다.

[ ] 일반대상자(일반, 저소득층 · 생계곤란자 경감대상자)

[ ] 의료급여수급권자(「의료급여법」 제3조제1항제1호에 따른 의료급여를 받는 사람, 「의료급여법」 제3조제1항제1호 외의 규정에 따른 의료급여를 받는 사람)

청구일자	년 월 일
청구인(의료기관 대표자)	(서명 또는 인)
작성인	(서명 또는 인)

국민건강보험공단 이사장 귀하

첨부서류	의사소견서 발급비용 청구내역 1부	수수료 없 음

작 성 방 법

① 발급비용 총금액: 공단부담금과 본인부담금을 합한 총 금액을 적습니다.
② 본인부담금: 본인부담금으로서 신청인에게서 수납하는 금액을 적습니다.
③ 청구금액: 공단부담금으로서 공단에 청구하는 금액을 적습니다.
※ 참고: 청구금액은 건강보험급여비용 지급 계좌와 동일한 계좌로 입금됩니다.

210mm×297mm[백상지 80g/㎡(재활용품)]

[첨부서류] (제2쪽)

의사소견서 발급비용 청구내역

연번	의사소견서 발급 대상자			발급일	대상자 구분**	본인 부담율	발급비용(원)		
	발급 번호*	성명	주민등록번호				총금액	본인 부담금	청구금액

* 발급번호: 별지 제3호서식의 의사소견서 발급의뢰서에 의한 발급번호를 적습니다.

** 대상자 구분: ① 일반대상자(일반, 저소득층 · 생계곤란자 경감대상자)
② 의료급여수급권자(「의료급여법」 제3조제1항제1호에 따른 의료급여를 받는 사람, 「의료급여법」 제3조제1항제1호 외의 규정에 따른 의료급여를 받는 사람)

210mm×297mm[백상지 80g/㎡]

■ 노인장기요양보험법 시행규칙 [별지 제18호서식] 〈개정 2021. 6. 30.〉

장기요양급여 제공시기 예외 적용 신청서

※ 뒤쪽의 작성방법 및 유의사항을 읽고 작성하시기 바라며, 색상이 어두운 란은 적지 않고, [ ] 에는 해당되는 곳에 √표를 합니다. (앞쪽)

접수번호	접수일	처리기간 14일

신청인 (수급자)	① 성명		② 생년월일
	③ 주소		④ 전화번호
	⑤ 신청사유	[ ] 주거를 같이 하는 가족이 없는 경우	⑥ 장기요양인정번호
		[ ] 주거를 같이 하는 가족이 미성년자 또는 65세 이상의 노인 외에는 없는 경우	

대리인	⑦ 성명		⑧ 주민등록번호
	⑨ 유형	1. 가족 · 친족 · 이해관계인 (신청인과의 관계:)	2. 사회복지전담공무원
		3. 치매안심센터의 장 (수급자가 치매환자인 경우로 한정합니다)	4. 특별자치시장 · 특별자치도지사 · 시장 · 군수 · 구청장이 지정한 자
	⑩ 주소		
	⑪ 전화번호	(휴대전화)	전자우편주소

「노인장기요양보험법」 제27조제2항 및 같은 법 시행규칙 제21조제1항에 따라 장기요양인정 신청서를 제출한 날부터 장기요양급여를 받기 위하여 신청합니다.

년 월 일

신청인 (서명 또는 인)

대리인 (서명 또는 인)

국민건강보험공단이사장 귀하

신청(신고)인 제출서류	1. 동거가족이 있어도 실질적으로 주거를 같이 하지 아니하는 경우: 읍 · 면 · 동장의 확인서 등 신청사유를 입증할 수 있는 서류 2. 대리인 관련서류 가. 가족, 친족 또는 이해관계인: 대리인의 신분증 1부 나. 사회복지전담공무원: 공무원임을 증명하는 신분증 1부 다. 치매안심센터의 장(수급자가 치매환자인 경우로 한정합니다): 대리인의 신분증 및 치매안심센터의 장임을 증명하는 서류 각 1부 라. 특별자치시장 · 특별자치도지사 · 시장 · 군수 · 구청장이 지정한 자: 별지 제9호서식의 대리인 지정서 1부	수수료 없 음
담당 직원 확인사항	주민등록표 등본	

행정정보 공동이용 동의서

본인은 이 건 업무처리와 관련하여 담당 직원이 「전자정부법」 제36조제2항에 따른 행정정보의 공동이용을 통하여 위의 담당 직원 확인사항을 확인하는 것에 동의합니다.

※ 동의하지 않는 경우에는 신청인(대리인)이 직접 관련 서류를 제출해야 합니다.

신청인(대리인) (서명 또는 인)

210mm×297mm[백상지 80g/㎡]

2. 장기요양인정 신청의 조사 및 방법

1) 장기요양인정 신청의 조사

장기요양인정 신청내용을 조사하는 국민건강보험공단의 직원은 장기요양인정조사표(별지 제5호서식)에 따라 조사결과서를 작성하여야 한다. 국민건강보험공단은 신청서를 접수한 때 보건복지부령으로 정하는 바에 따라 소속 직원으로 하여금 다음 각 호의 사항을 조사하게 하여야 한다.

① 신청인의 심신상태 ② 신청인에게 필요한 장기요양급여의 종류 및 내용

③ 그 밖에 장기요양에 관하여 필요한 사항으로서 보건복지부령으로 정하는 사항

- 장기요양인정 신청내용을 조사하는 공단의 직원은 장기요양인정조사표(별지 제5호서식)에 따라 조사결과서를 작성하여야 한다.
- 국민건강보험공단은 장기요양인정신청서를 접수한 때 소속 직원으로 하여금 다음 사항을 조사하되, 지리적 사정 등으로 직접 조사하기 어려운 경우는 시 · 군 · 구에 조사를 의뢰하거나 공동으로 조사할 것을 요청 할 수 있다.
  - 조사자 : 공단 직원 (소정의 교육을 이수한 간호사, 사회복지사 등)
  - 조사방법 : 신청인 거주지 방문 조사 ※ 방문조사 일정은 사전 통보해 드리며, 원하는 장소와 시간은 공단직원과 협의하여 조정 가능하다.
  - 조사내용 : 기본적 일상생활활동(ADL), 수단적 일상생활활동(IADL), 인지기능, 행동변화, 간호처치, 재활영역 각 항목에 대한 신청인의 기능상태와 질병 및 증상, 환경상태, 서비스욕구 등 12개 영역 90개 항목을 종합적으로 조사하고 이 중 52개 항목으로 요양인정점수를 산정에 이용하고 있다.
  - 판정과정 : 신청인의 기능 상태와 필요로 하는 장기요양서비스 제공시간을 감안하여 산출한 '요양인정점수'에 따라 1차 등급을 결정한다.

장기요양인정점수 구간별 장기요양인정등급	← 3등급 →	← 2등급 →	← 1등급 →
51점 미만(인정제외)	51점~75점 미만	75점~95점 미만	95점 이상

- 장기요양인정 신청의 조사자는 소정의 교육을 이수한 공단직원이 신청인의 거주지를 방문하여 조사한다.
- 방문조사 일정은 사전 통보해 드리며, 원하는 장소와 시간은 공단직원과 협의하여 조정이 가능하다.

■ 노인장기요양보험법 시행규칙 [별지 제5호서식] 〈개정 2020. 9. 29.〉

장기요양인정조사표

※ [ ]에는 해당되는 곳에 √표를 합니다. (제1쪽 앞면)

1. 일반사항

<table>
<tr><td>① 구분</td><td colspan="6">[ ] 장기요양인정신청   [ ] 갱신신청   [ ] 등급변경신청   [ ] 심사청구</td></tr>
<tr><td rowspan="2">② 조사원</td><td>성명</td><td colspan="2"></td><td>소속(지사)</td><td colspan="2"></td></tr>
<tr><td>조사장소</td><td colspan="2"></td><td>조사일시</td><td colspan="2"></td></tr>
<tr><td rowspan="7">③ 신청인
(본인)</td><td>성명</td><td colspan="2"></td><td>생년월일</td><td colspan="2"></td></tr>
<tr><td>전화번호</td><td colspan="2"></td><td>도서 · 벽지 대상자</td><td colspan="2">[ ] 도서지역
[ ] 벽지지역</td></tr>
<tr><td>주민등록지</td><td colspan="5"></td></tr>
<tr><td>실제 거주지</td><td colspan="5"></td></tr>
<tr><td>장기요양등급</td><td colspan="2"></td><td>인정유효기간</td><td colspan="2"></td></tr>
<tr><td>보호자 또는 주 수발자 성명(관계)</td><td colspan="2">( )</td><td>보호자 또는 주 수발자 전화번호</td><td colspan="2"></td></tr>
<tr><td>④ 참석인</td><td>성명</td><td></td><td>신청인과의 관계</td><td></td><td>전화번호</td><td></td></tr>
<tr><td>⑤ 주거상태</td><td colspan="6">[ ]자택 [ ]노인요양시설 [ ]단기보호시설
[ ]양로시설 [ ]요양병원 [ ]기타 병 · 의원 [ ]기타( )</td></tr>
<tr><td rowspan="2">⑥ 동거인</td><td colspan="6">현재 신청인과 동거하는 사에 대해 복수표시 가능</td></tr>
<tr><td colspan="6">[ ]독거 [ ]부부 [ ]부모 [ ]자녀(며느리, 사위 포함)
[ ]손자녀 [ ]친척 [ ]친구 · 이웃 [ ]입소시설 관계자 [ ]기타( )</td></tr>
<tr><td rowspan="4">⑦ 현재 받고 있는 급여
(과거 3개월간 평균 횟수 · 일수 기록)</td><td>재가급여</td><td colspan="5">[ ]방문요양(회/주)
[ ]방문목욕(회/주)
[ ]방문간호(회/주)
[ ]단기보호(일/주)
[ ]주 · 야간보호(일/주)
[ ]주 · 야간보호시설 내 치매전담실 이용(일/주)
[ ]복지용구(구입 · 대여)</td></tr>
<tr><td>시설급여</td><td colspan="5">[ ]노인요양시설 [ ]노인요양시설 내 치매전담실
[ ]노인요양공동생활가정 [ ]치매전담형 노인요양공동생활가정</td></tr>
<tr><td>특별 현금급여</td><td colspan="5">[ ]가족요양비 [ ]특례요양비 [ ]요양병원간병비</td></tr>
<tr><td>그 밖의 서비스</td><td colspan="5">[ ]노인돌봄서비스 [ ]가사간병방문도움
[ ]보건소사업( ) [ ]개인간병인
[ ]치매상담센터 [ ]기타( )</td></tr>
<tr><td rowspan="5">⑧ 희망급여 종류</td><td colspan="6">현재 신청인이 희망하는 급여에 대해 복수표시 가능</td></tr>
<tr><td>재가급여</td><td colspan="5">[ ]방문요양 [ ]방문목욕 [ ]방문간호
[ ]단기보호 [ ]주 · 야간보호
[ ]주 · 야간보호시설 내 치매전담실 이용 [ ]복지용구(구입 · 대여)</td></tr>
<tr><td>시설급여</td><td colspan="5">[ ]노인요양시설 [ ]노인요양시설 내 치매전담실
[ ]노인요양공동생활가정 [ ]치매전담형 노인요양공동생활가정</td></tr>
<tr><td>특별 현금급여</td><td colspan="5">[ ]가족요양비 [ ]특례요양비 [ ]요양병원간병비</td></tr>
<tr><td colspan="2">1순위 희망급여종류 및 내용</td><td colspan="4"></td></tr>
<tr><td colspan="2">⑨ 등급외 판정 시 희망 서비스
(등급외 판정 시 지역사회 자원 연계를 위한 참고자료 입니다.)</td><td colspan="5">[ ]노인돌봄서비스 [ ]보건소 사업 [ ]노인 일자리 사업
[ ]치매상담센터 [ ]주거개선사업 [ ]무료진료연계
[ ]급식 및 도시락 반찬 [ ]건강운동교실 [ ]가사간병방문도움
[ ]활동보조 [ ]목욕 · 이미용 [ ]여가, 문화, 교육
[ ]말벗 [ ]기타( ) [ ]거부</td></tr>
<tr><td>⑩ 등록장애</td><td colspan="6">※장애의 종류 및 정도 기록</td></tr>
<tr><td colspan="7">〈참고사항〉</td></tr>
</table>

210mm×297mm[백상지 80g/㎡]

2) 조사내용 및 방법

인정조사는 신청인의 심신상태를 조사하는 것이므로 조사자가 신청인을 직접 방문하여 90개 항목으로 구성된 「장기요양인정조사표」에 의하여 조사를 하고 있다.

① 장기요양인정조사표에 따른 90개 항목은 신청자의 일반사항, 신체기능 및 원인, 사회생활기능, 인지기능, 행동변화영역, 간호처치영역, 재활영역, 복지용구, 지원형태, 시 · 청력상태 및 질병상태 등 인정신청자의 건강 및 기능상태와 개인욕구 및 환경 등을 함께 파악 할 수 있는 문항을 포함하고 있다.

② 이 가운데 아래 5개영역의 65개 항목은 장기요양인정점수를 산정하는데 활용한다.

- 신체기능영역 : 신청인의 최근 한 달간 일상생활에서 다른 사람의 도움을 받는 정도와 도움이 필요한 이유를 조사한다.
- 인지기능 및 행동변화 영역: 최근 한 달간 신청인이 보였던 증상여부를 조사한다.
- 간호처치영역 : 최근 2주간 증상유무를 조사하며, 재활영역은 운동장애 정도와 관절제한 정도 두 부분으로 나누어 조사하고 있다.

• 방문조사 내용

○ 국민건강보험공단 직원은 신청인을 방문하여 「장기요양인정조사표」(시행규칙 별지 제5호서식)에 의해 신청인의 심신상태 등에 대하여 각 영역별 판단기준에 의해 조사를 한다.

○ 장기요양인정조사표 *의 구성은 다음과 같다.

Ⅰ. 일반사항	신청의 종류, 조사직원, 신청인, 참석인 등 인정조사 기본사항
Ⅱ. 장기요양인정 · 욕구사항	가. 신체기능(기본적 일상생활기능) 영역 나. 사회생활기능(수단적 일상생활기능) 영역 다. 인지기능영역 라. 행동변화영역 마. 간호처치영역 바. 재활영역 사. 복지용구 아. 지원형태 자. 환경평가 차. 시력 · 청력상태 카. 질병 및 증상

3) 방문조사

인정신청을 하게 되면 간호사, 사회복지사, 물리치료사 등으로 구성된 공단 소속장기요양 직원이 직접 방문하여 「장기요양인정조사표」에 따라 아래의 항목을 조사하고 있다.

표 2-2 방문조사항목

영역	항목	
신체기능 (12항목)	• 옷벗고 입기 • 세수하기 • 양치질하기 • 식사하기 • 목욕하기 • 체위변경하기 • 일어나 앉기 • 옮겨앉기 • 방밖으로 나오기 • 화장실 사용하기 • 대변 조절하기 • 소변 조절하기	
인지기능 (7항목)	• 단기 기억장애 • 지시불인지 • 날짜불인지 • 상황판단력 감퇴 • 장소불인지 • 의사소통/전달장애 • 나이/생년월일 불인지	
행동변화 (14항목)	• 망상 • 서성거림 • 안절부절못함 • 물건 망가트리기 • 환청,환각 • 길을 잃음 • 돈/물건감추기 • 슬픈상태 • 울기도함 • 폭언,위협행동 • 부적절한 옷입기 • 불규칙수면, 주야혼돈 • 밖으로 나가려함 • 대/소변 불결행위, 도움에 저항 • 의미가 없거나 부적절한 행동	
간호처치 (9항목)	• 기관지절개관 간호 • 경관영양 • 도뇨관리 • 흡인 • 욕창간호 • 장루간호 • 산소요법 • 압성통증간호 • 투석간호	
재활 (10항목)	운동장애(4항목)	관절제한(6항목)
	• 우측상지 • 우측하지 • 좌측상지 • 좌측하지	• 어깨관절 • 팔꿈치관절 • 손목 및 수지관절 • 고관절 • 무릎관절 • 발목관절

3. 장기요양인정서 및 인정자 현황

1) 장기요양인정점수 산정

신청인의 심신 상태를 나타내는 52개 항목의 조사 결과(수형분석(Tree Regression Analysis) 적용)를 입력하여 「장기요양인정점수」를 산정한다.

2) 장기요양인정서를 작성할 경우 고려사항

국민건강보험공단은 장기요양인정서를 작성할 경우 장기요양급여의 종류 및 내용을 정하는 때는 ① 수급자의 장기요양등급 및 생활환경 ② 수급자와 그 가족의 요구 및 선택 ③ 시설급여를 제공하는 경우 장기요양기관이 운영하는 시설 현황을 고려하여 정하여야 한다.

3) 장기요양인정서

국민건강보험공단은 등급판정위원회가 장기요양인정 및 등급판정의 심의를 완료한 경우 지체 없이 장기요양등급과 장기요양급여의 종류 및 내용이 포함된 장기요양인정서(별지 제6호서식)를 작성하여 수급자에게 송부하여야 한다.

① 장기요양등급

② 장기요양급여의 종류 및 내용

③ 그 밖에 장기요양급여에 관한 사항으로서 보건복지부령으로 정하는 사항

■ 노인장기요양보험법 시행규칙 [별지 제6호서식] 〈개정 2019. 6. 12.〉

발급번호 :		발행일 :

장기요양인정서

성　명		생년월일	
장기요양 인정번호		장기요양등급	
유효기간		장기요양급여의 종류 및 내용	
장기요양등급 판정위원회 의견			

관리지사		전화 번호	
주소		홈페 이지	www.longtermcare.or.kr

국민건강보험공단 이사장 [직인]

수급자 안내사항

1. 수급자가 장기요양급여를 받기 위해서는 장기요양기관에 장기요양인정서를 제시하여야 합니다.
2. 「노인장기요양보험법」 제40조에 따라 「의료급여법」 제3조제1항제1호에 따른 의료급여를 받는 사람은 본인부담금이 면제되고, 「의료급여법」 제3조제1항제1호 외의 규정에 따른 의료급여를 받는 사람은 본인부담금이 60% 경감됩니다.
3. 장기요양급여는 월 한도액 범위 내에서 이용이 가능하며, 이를 초과하는 비용 및 비급여비용은 본인이 전액 부담합니다.
4. 장기요양보험료를 6회 이상 납부하지 아니하면 장기요양급여를 받을 수 없습니다.
5. 장기요양인정 등급판정결과에 대해 이의가 있는 경우 통보를 받은 날로부터 90일 이내에 공단에 증명서류를 첨부하여 심사청구할 수 있습니다.
6. 장기요양인정의 갱신신청을 하려는 경우에는 유효기간이 끝나기 90일 전부터 30일 전까지의 기간 동안에 공단에 신청해야 합니다.
7. 장기요양급여의 종류 및 내용이"가족요양비"인 경우 「노인장기요양보험법」제27조의2 및 같은 법 시행규칙 제21조의3에 따라 지급계좌를 특별현금급여수급계좌로 신청 · 변경 할 수 있습니다.
8. 「노인장기요양보험법」제15조제4항에 따라 거짓이나 그 밖의 부정한 방법 등으로 장기요양인정을 받은 것으로 의심되는 경우 공단은 인정조사를 실시하여 다시 등급판정을 할 수 있습니다.

210mm× 297mm[백상지 80g/㎡]

4. 장기요양인정서 및 유효기간 및 산정방법

1) 유효기간

장기요양인정서는 장기요양 수급자에게 장기요양급여 수급권이 있음을 통보하여 주는 서식으로서 장기요양등급, 장기요양급여의 종류 및 내용, 장기요양인정의 유효기간, 장기요양등급판정위원회의 의견 등이 기재된다.

① 장기요양인정 유효기간은 2년으로 한다. 다만, 장기요양인정의 갱신 결과 직전 등급과 같은 등급으로 판정된 경우에는 그 갱신된 장기요양인정의 유효기간은 다음 각 호의 구분에 따른다.

1. 장기요양 1등급의 경우 : 4년
2. 장기요양 2등급부터 4등급까지의 경우 : 3년
3. 장기요양 5등급 및 인지지원등급의 경우 : 2년

② 장기요양등급판정위원회는 제1항에도 불구하고 장기요양 신청인의 심신상태 등을 고려하여 장기요양인정 유효기간을 6개월의 범위에서 늘리거나 줄일 수 있다.

2) 산정방법

장기요양인정의 유효기간은 장기요양인정서가 수급자에게 도달한 날부터 산정하며, 다만, 수급자의 경우에는 장기요양인정신청서 제출일 부터 산정한다.

5. 장기요양인정의 갱신 및 갱신절차

1) 장기요양인정의 갱신

수급자는 장기요양인정의 유효기간이 만료된 후 장기요양급여를 계속하여 받고자 하는 경우 공단에 장기요양인정의 갱신을 신청하여야 하며, 장기요양인정의 갱신 신청은 유효기간이 만료되기 전 30일까지 이를 완료하여야 한다.

2) 장기요양인정 갱신절차

장기요양인정의 갱신을 신청하려는 수급자는 장기요양인정의 유효기간이 끝나기 90일 전부터 30일 전까지의 기간에 장기요양인정 갱신신청서(별지 제1호의2서식)에 의사소견서를 첨부하여 공단에 제출하여야 한다. 장기요양인정의 갱신을 신청한 수급자가 장기요양인정의 갱신 횟수, 갱신 신청 당시의 장기요양등급, 치매 또는 뇌혈관성 질환 등의 질병 보유 여부 등을 고려할 때 심신상태가 일시에 호전되기 어렵다고 판단되는 경우로서 보건복지부장관이 정하여 고시하는 기준을 충족하는 때에는 준용되는 조사를 한 것으로 본다.

3) 장기요양 인정등급 포기제도(안내)

① 신청대상은 장애인활동지원 등 타법령에 의한 사회복지 서비스 이용 등의 목적으로 기 인정된 장기요양 등급을 포기하고자 하는 장기요양 수급자이다.

※ 신청자 범위 : 수급자 본인, 보호자 또는 대리인(가족 친족, 사회복지전담공무원)

② 제출서류는 장기요양등급 포기 신청서(서식자료실 게시)와 장기요양인정서 원본(반환한 인정서는 포기신청 결과통보 후 파기)이다.

※ 인정서 원본 제출을 원칙으로 하되, 분실 등 사유로 제출하지 못할 경우 '등급 포기 신청서' 하단의 사유서 작성으로 대체

- 신분증 사본 : 본인 또는 대리인임을 증명할 수 있는 신분증을 제시 또는 제출

※ 우편 팩스로 신청할 경우 신분증 사본은 반드시 제출하여야 하며, 제출장소는 국민건강보험공단 장기요양보험 관할운영센터이며, 제출방법은 내방이나 팩스 또는 우편을 이용하면 된다.

수행 Tip!

• 노인장기요양보험법 및 노인장기요양포털에서 인정신청에 대한 자료를 참고한다.

2-2 인정신청 등급판정

학습 목표

1 | 장기요양보험의 신청에 대한 등급판정 및 절차에 대하여 알 수 있다.

1. 등급판정 개요 및 절차

1) 등급판정 개요

등급판정이란 장기요양서비스를 받을 수 있는 대상자를 선정하기 위해 장기요양이 필요한 정도(요양필요도)에 따라 등급을 부여하는 것을 말한다. 이는 신청인의 요양필요시간을 표시하는 척도로써 요양필요도 수준을 나타내는 장기요양인정점수를 등급판정기준에 따라 등급판정위원회에서 판정하는 것을 의미한다.

2) 등급판정

등급판정은 장기요양 신청인에 대한 인정조사 결과와 의사소견서, 그 밖의 심의에 필요한 자료를 바탕으로 지역별로 설치된 「장기요양 등급판정위원회」에서 신청인의 「요양필요도」가 등급판정 기준에 적합한지를 판단하여 최종적으로 장기요양 등급, 유효기간, 장기요양급여의 종류 및 내용 등을 결정하는 것으로 등급판정이라고 한다.

요양필요도란 신청인이 일상생활을 유지하는데 필요한 도움의 정도(서비스량)를 말하며, 도움을 받아야 할 서비스 시간이 길수록 요양필요도 수준이 높음을 의미한다.

3) 등급판정 절차

등급판정은 신청인이 장기요양인정 신청을 하게 되면 건강보험공단직원이 신청인의자택을 방문하여 장기요양인정 조사 90개 항목을 조사하여 그 결과를 컴퓨터에 입력하여 장기요양인정점수를 구한다. 장기요양인정점수는 신청인에게 장기요양이 필요한 정도를 나타내는 점수를 말한다. 그 다음은 등급판정위원회(의료인, 사회복지사, 공무원 등으로 구성)에서 장기요양인정조사표, 의사소견서 등을 바탕으로 신청인의 개별적 심신 상황을 고려하여 장기요양인정점수를 조정, 결정한다.

표 2-5 등급판정 기준 및 절차

① 인정신청	② 방문조사	③등급판정(1~5등급, 인지등급,등급외)
국민건강보험공단지사	장기요양인정조사표(52개항)	– 장기요양인정점수산정 – 등급판정위원회 심의판정

그림 2-5 장기요양인정 절차도

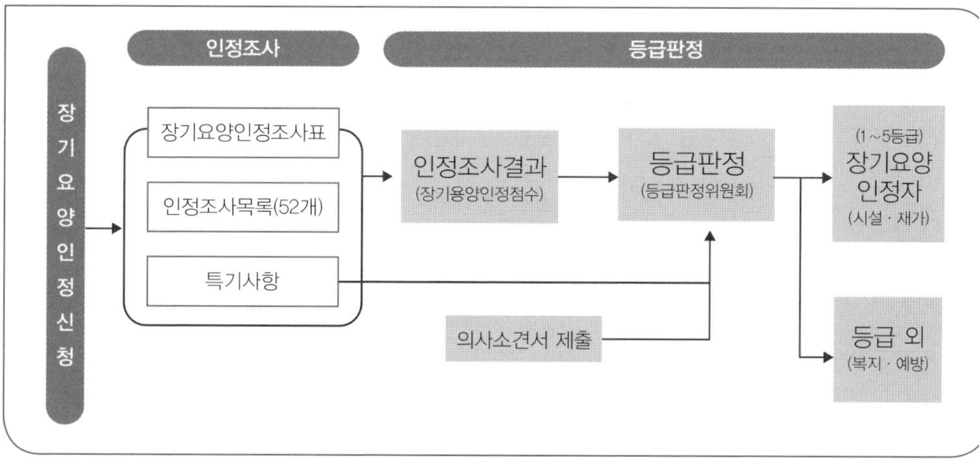

2. 등급판정 기준 및 도구

1) 등급판정 기준

등급판정은 단순히 노인의 기능상태만으로 결정하는 것이 아니라, 기능상태에 따른 요양이 필요한 정도에 의해 등급을 결정합니다. 요양이 필요한 정도는 그 노인에게 제공되는 객관적인 요양서비스 시간을 말하며, 이를 요양인정점수라고 표현하며 장기요양인정점수로 등급을 결정한다.

① 법 제15조제2항에 따른 등급판정기준은 다음 각 호와 같다.

- 장기요양 1등급 : 심신의 기능상태 장애로 일상생활에서 전적으로 다른 사람의 도움이 필요한 자로서 장기요양인정 점수가 95점 이상인 자
- 장기요양 2등급 : 심신의 기능상태 장애로 일상생활에서 상당 부분 다른 사람의 도움이 필요한 자로서 장기요양인정 점수가 75점 이상 95점 미만인 자
- 장기요양 3등급 : 심신의 기능상태 장애로 일상생활에서 부분적으로 다른 사람의 도움이 필요한 자로서 장기요양인정 점수가 60점 이상 75점 미만인 자

- 장기요양 4등급 : 심신의 기능상태 장애로 일상생활에서 일정부분 다른 사람의 도움이 필요한 자로서 장기요양인정 점수가 51점 이상 60점 미만인 자
- 장기요양 5등급 : 치매(제2조에 따른 노인성 질병에 해당하는 치매로 한정한다)환자로서 장기요양인정 점수가 45점 이상 51점 미만인 자
- 장기요양 인지지원등급 : 치매(제2조에 따른 노인성 질병에 해당하는 치매로 한정한다)환자로서 장기요양인정 점수가 45점 미만인 자

② 제1항에 따른 장기요양인정 점수는 장기요양이 필요한 정도를 나타내는 점수로서 보건복지부장관이 정하여 고시하는 심신의 기능 저하 상태를 측정하는 방법에 따라 산정한다.

표 2-6 장기요양등급별 인정점수 및 기능상태

등급	심신의 기능상태	장기요양인정점수
1등급	신신의 기능상태 장애로 일상생활에서 전적으로 다른 사람의 도움이 필요한 상태	95점 이상
2등급	심신의 기능상태 장애로 일상생활에서 상당 부분 다른 사람의 도움이 필요한 상태	75점 이상 95점 미만
3등급	심신의 기능상태 장애로 일상생활에서 부분적으로 다른 사람의 도움이 필요한 상태	60점 이상 75점 미만
4등급	심신의 기능상태 장애로 일상생활에서 일정부분 다른 사람의 도움이 필요한 상태	51점 이상 60점 미만
5등급	치매(제2조에 따른 노인성질병으로 한정한다)환자	45점 이상 51점 미만
인지 지원등급	치매(제2조에 따른 노인성질병으로 한정한다)환자	45점 미만

2) 등급판정 도구

등급판정은 인정 조사한 내용에 따라 요양인정점수를 구하고, 등급판정위원회에 제출된 인정조사 결과서와 의사소견서를 참고로 등급판정위원회에서 장기요양필요정도를 감안하여 장기요양인정점수를 심의 · 의결하여 이루어진다. 등급판정도구는 신청인의 심신기능 상태와 실제 요양을 제공한 시간을 통계적 방법에 의하여 점수화한 것으로서 연구조사와 분석을 통해 개발된 도구를 말한다.

3. 등급판정위원회 및 심의 · 판정

1) 장기요양등급판정위원회

- 등급판정위원회는 65세 이상 노인 또는 65세 미만의 노인성질환자 중 장기요양인정신청자의 장기요양보험급여 수급자 인정여부를 심의 · 의결하는 기능을 수행하며, 객관성과 전문성을 담보하기 위하여 의료 · 보건 · 복지 전문가 그룹과 공익의 대표자로 구성하여 시 · 군 · 구 단위로 국민건강보험공단에 설치 · 운영하는 위원회이다.
- 장기요양인정 신청인에 대한 심신상태 등을 국민건강보험공단 직원이 방문하여 인정조사한 결과와 신청인이 제출하는 의사소견서를 바탕으로 하여 장기요양인정 및 장기요양등급판정을 심의 의결한다.
- 구성은 시군구청장이 위촉한 위원장 포함하여 7인으로 구성하며, 이 가운데 의사 또는 한의사가 각각 1인 이상 포함되어야 한다.
- 등급판정위원회 위원 자격요건은 의료법 에 따른 의료인 · 사회복지사업법 에 따른 사회복지사 · 특별자치시 · 특별자치도 시 · 군 · 구 소속 공무원 · 법학 또는 장기요양에 관한 학식과 경험이 풍부한 자이다.

2) 등급판정위원회 소위원회 구성 및 운영

① 소위원회는 위원장 1명을 포함하여 7명의 위원으로 구성하며, 등급판정위원회의 위원 중에서 등급판정위원회의 의결을 거쳐 구성한다.

② 소위원회는 의사 또는 한의사가 1명 이상 포함되어야 한다.

③ 소위원회는 구성원 과반수의 출석으로 개의하고 구성원 과반수의 찬성으로 의결한다.

④ 이 규칙에서 정한 것 외에 소위원회 운영에 필요한 사항은 위원회의 의결을 거쳐 위원장이 정한다.

3) 장기요양등급판정 기간

등급판정위원회는 신청인이 신청서를 제출한 날부터 30일 이내에 제15조에 따른 장기요양등급판정을 완료하여야 한다. 다만, 신청인에 대한 정밀조사가 필요한 경우 등 기간 이내에 등급판정을 완료할 수 없는 부득이한 사유가 있는 경우 30일 이내의 범위에서 이를 연장할 수 있다. 또한 국민건강보험공단은 등급판정위원회가 제1항 단서에 따라 장기요양인정 심의 및 등급판정기간을 연장하고자 하는 경우 신청인 및 대리인에게 그 내용 · 사유 및 기간을 통보하여야 한다.

4) 등급판정위원회의 심의 · 판정

등급판정위원회는 방문조사 결과, 의사소견서, 특기사항 등을 기초로 신청인의 기능상태 및 장기요양이 필요한 정도 등을 등급판정 기준에 따라 다음과 같이 심의 및 판정을 한다. 심의는 요양 필요상태에 해당하는지 여부를 심의하며, 요양 필요상태인 경우 등급판정기준에 따라 등급을 판정한다. 그리고 필요에 따라서는 등급판정위원회의 의견을 첨부할 수 있다.

5) 장기요양인정 등 통보

등급판정위원회에서 장기요양등급 1~5등급자로 결정된 수급자에게 장기요양등급, 유효기간, 장기요양급여의 종류 등이 기재된 '장기요양인정서'(별지 제6호서식)와 '개인별장기요양이용계획서'(별지 제7호서식)를 개별 통지한다.

개인별장기요양이용계획서
수급자가 월 한도액 범위 내에서 급여를 원활히 이용할 수 있도록 수급자 개인별 기능상태 및 욕구를 반영하여 작성한 장기요양 적정급여 이용계획서임

수행 Tip!

- 노인장기요양보험법 및 노인장기요양포털에서 인정신청 및 등급판정에 대한 자료를 참고한다.

제3장

장기요양 급여유형 및 자격관리

3-1 장기요양급여 종류

학습 목표

1 | 장기요양급여의 보험급여 종류에 대하여 구분할 수 있다.
2 | 재가급여 및 시설급여, 특별현금급여 내용을 수급자에게 안내할 수 있다.

1. 장기요양보험급여 유형

1) 장기요양급여의 종류

장기요양급여의 종류는 노인장기요양보험법 제23조에 의거 크게 재가급여, 시설급여, 특별현금급여, 기타재가급여로 구분하고 있다.

(1) 재가급여

재가급여(在家給與)는 재가 노인에게 노인 장기 요양 보험에서 방문요양, 방문목욕, 방문간호, 주 · 야간 보호, 단기보호, 기타재가급여(복지용구)를 제공해 주는 서비스 형태의 급여를 말한다.

① 방문요양(방문당)

장기요양요원이 수급자의 가정 등을 방문하여 신체활동 및 가사활동 등을 지원하는 장기요양급여를 말한다.

인자활동형 방문요양(방문당)

장기요양 5등급 수급자에게 인지자극활동 및 잔존기능 유지 · 향상을 위한 사회훈련을 제공하는 급여. 기존의 방문요양과는 달리 빨래,식사준비 등의 가사지원은 제공할수 없으나, 잔존기능 유지 · 향상을 위한 사회활동 훈련을 제공하는 방법으로 수급자와 함께 옷개기, 요리하기 등은 가능함

② 방문목욕

장기요양요원이 목욕설비를 갖춘 장비를 이용하여 수급자의 가정 등을 방문하여 목욕을 제공하는 장기요양급여를 말한다.

③ 방문간호(방문당)

장기요양요원인 간호사 등이 의사, 한의사 또는 치과의사의 지시서(이하 "방문간호지시서")에 따라 수급자의 가정 등을 방문하여 간호, 진료의 보조, 요양에 관한 상담 또는 구강위생 등을 제공하는 장기요양급여를 말한다.

④ 주 · 야간보호(1일당)

수급자를 하루 중 일정한 시간 동안 장기요양기관에 보호하여 신체활동 지원 및 심신기능의 유지 · 향상을 위한 교육 · 훈련 등을 제공하는 장기요양급여를 말한다.

그림 3-1 요양보호

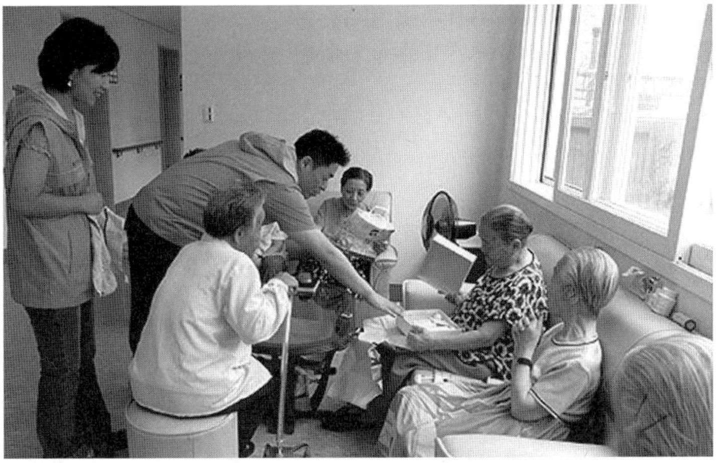

⑤ 단기보호(1일당)

수급자를 보건복지부령으로 정하는 범위 안(월 15일 이내)에서 일정 기간 동안 장기요양기관에 보호하여 신체활동 지원 및 심신기능의 유지 · 향상을 위한 교육 · 훈련 등을 제공하는 장기요양급여를 말한다. (단기보호 급여기간은 법 제23조제1항제1호마목에 따른 단기보호 급여를 받을 수 있는 기간은 월 15일 이내로 한다. 다만, 가족의 여행, 병원치료 등의 사유로 수급자를 돌볼 가족이 없는 경우 등 보건복지부장관이 정하여 고시하는 사유에 해당하는 경우에는 1회 15일 이내의 범위에서 연간 2회까지 연장할 수 있다)

⑥ 기타 재가급여

수급자의 일상생활 · 신체활동 지원에 필요한 용구를 제공하거나 가정을 방문하여 재활에 관한 지원 등을 제공하는 장기요양급여로서 대통령령으로 정하는 것을 말한다.(수급자의 일상생활 또는 신체활동 지원에 필요한 용구로서 보건복지부장관이 정하여 고시하는 것을 제공하거나 대여하여 주는 것을 말하며, 휠체어, 전동 · 수동침대, 욕창방지 매트리스 · 방석, 욕조용리프트, 이동욕조, 보행기 등)

■ 기타 재가급여 제공기준

- 장기요양기관은 수급자의 일상생활 · 신체활동 지원 및 인지기능의 유지 · 향상에 필요한 용구로서 보건복지부장관이 정하여 고시하는 것(복지용구)을 제공하는 경우에는 품목별 내구연한 등을 고려하여 구입 및 대여방식으로 제공하여야 한다.
- 복지용구의 품목별 급여대상의 범위, 급여결정방법, 세부적인 제공기준 및 절차 등 그 밖에 필요한 사항은 보건복지부장관이 정하여 고시한다.
- 장기요양의 수급자가 가정 등에서 요양보호사, 간호사(간호조무사) 등에 의해 신체활동 및 일상생활 지원, 목욕, 구강위생 등의 서비스를 받는 것으로 급여 종류는 아래와 같다.

표 3-1 재가급여의 종류

종 류	내용
방문요양	수급자의 가정 등을 방문하여 신체활동 및 가사활동 등을 지원하는 장기요양급여
방문목욕	목욕설비를 갖춘 장비를 이용하여 수급자의 가정 등을 방문하여 목욕을 제공하는 장기요양급여
방문간호	장기요양요원인 간호사 등이 의사, 한의사 또는 치과의사의 지시서에 따라 수급자의 가정 등을 방문하여 간호, 진료의 보조, 요양에 관한 상담 또는 구강위생 등을 제공하는 장기요양급여
주 · 야간보호	수급자를 하루 중 일정한 시간 동안 장기요양기관에 보호하여 신체활동 지원 및 심신기능의 유지 · 향상을 위한 교육 · 훈련 등을 제공하는 장기요양급여
단기보호	수급자를 보건복지부령으로 정하는 범위 안에서 일정기간 동안 장기요양기관에 보호하여 신체활동 지원 및 심신기능의 유지 · 향상을 위한 교육 · 훈련 등을 제공하는 장기요양급여
기타재가급여 (복지용구)	수급자의 일상생활 · 신체활동 지원에 필요한 용구를 제공하거나 가정을 방문하여 재활에 관한 지원 등을 제공하는 장기요양급여로서 대통령령으로 정하는 것

그림 3-2 방문간호 기구

캔

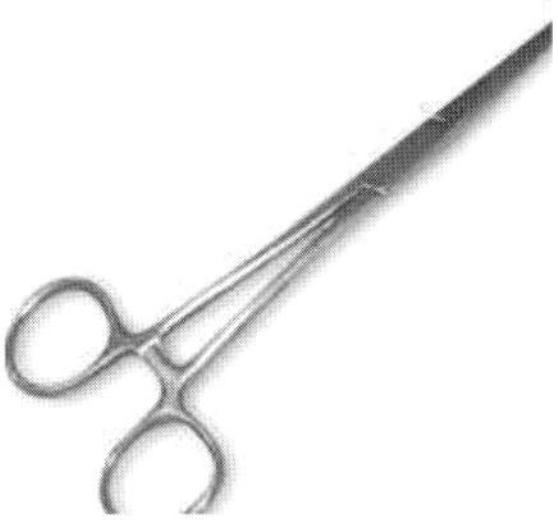
켈리(kelly)

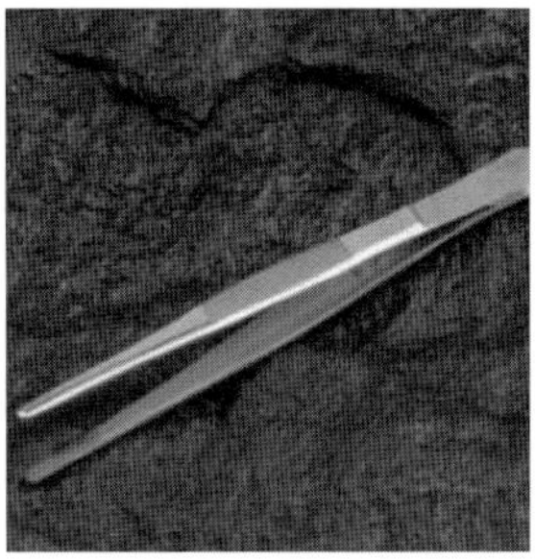
핀셋(forcep)

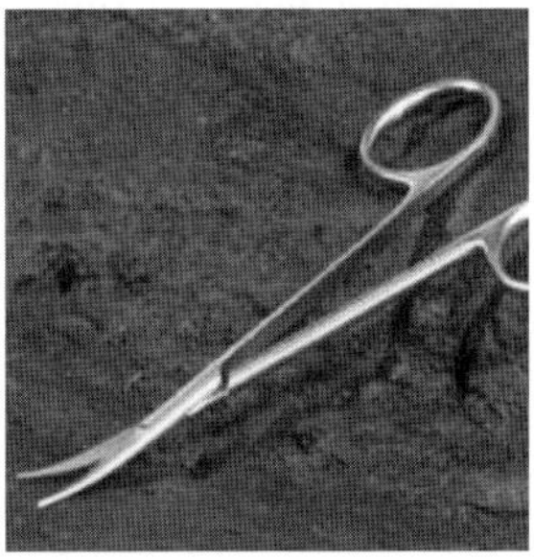
소독가위

소독캔

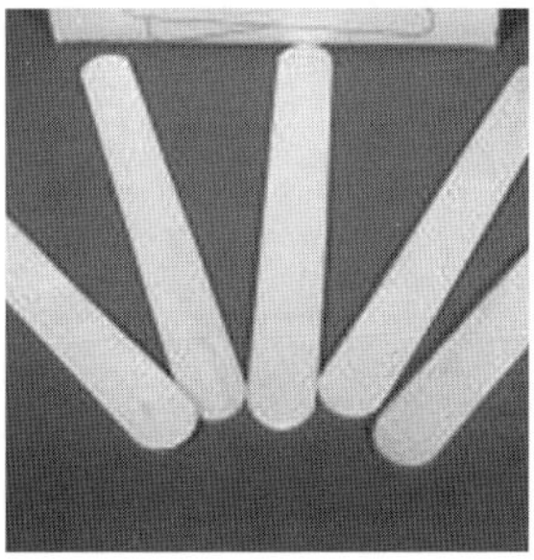
설압자

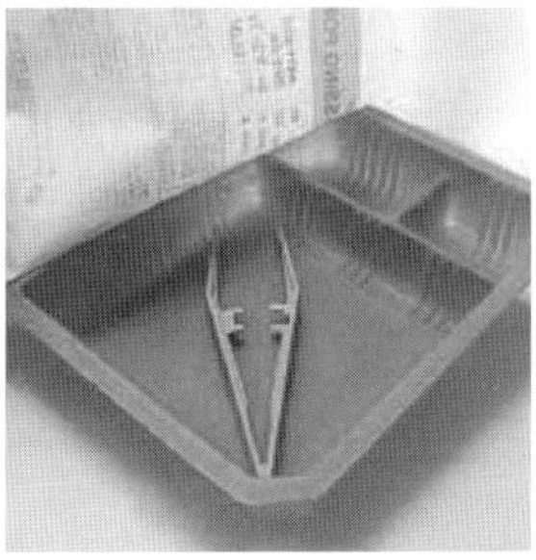
멸균세트 A

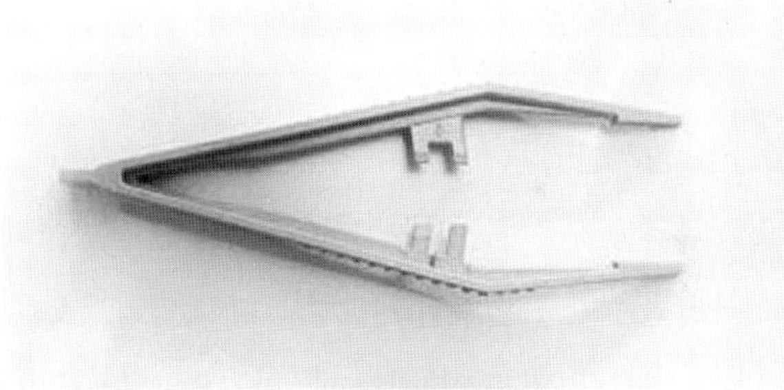
세트내용

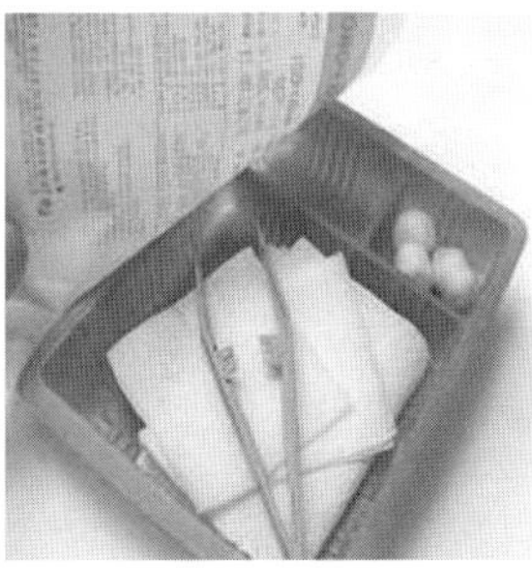
멸균세트 B

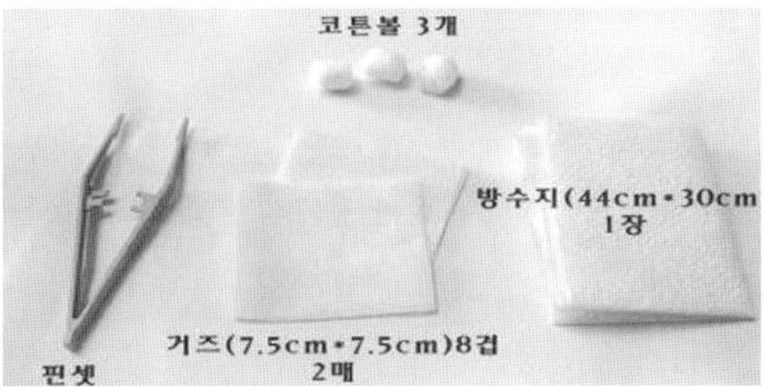

세트내용

(2) 시설급여

시설급여(施設給與)는 고령이나 노인성 질환으로 인하여 일상생활을 하기 어려운 노인에게 판정 등급에 따라 요양시설에서 간호, 목욕, 일상생활 지원 등의 서비스를 제공하는 일을 말한다. 따라서 시설급여는 장기요양기관이 운영하는 「노인복지법」 제34조에 따른 노인의료복지시설 등에 장기간 동안 입소하여 신체활동 지원 및 심신기능의 유지 · 향상을 위한 교육 · 훈련 등을 제공하는 장기요양급여를 말한다. 즉, 수급자가 노인요양시설과 노인요양공동생활가정의 장기요양기관에서 장기간 동안 입소하여 신체활동 지원 및 심신기능의 유지 향상을 위한 교육 · 훈련 등을 제공하는 급여를 뜻하며, 시설급여기관은 아래와 같이 구분하고 있다. 시설급여의 시설로는 노인요양시설과 노인요양공동생활가정시설이 있다.

그림 3-3 요양원 시설

① 노인요양시설

필요한 편의를 제공하는 시설 노인요양시설(단기보호에서 전환)보건복지가족부령 제161호 노인복지법 시행규칙 일부 개정령에 따라 단기보호를 제공하는 장기요양기관에서 노인요양시설로 전환한 시설을 말한다. 즉 장기요양인정을 받은 자를 입소시켜 급식 요양과 그 밖에 일상생활에 필요한 편의를 제공하는 장기요양급여를 뜻한다.

② 노인요양공동생활가정

요양급여(療養給與)를 제공하는 노인요양시설, 노인요양공동생활가정은 치매,중풍 등 노인성질환 등으로 심신에 상당한 장애가 발생하여 도움을 필요로 하는 자에게 가정과 같은 주거 여건과 급식, 요양 및 그 밖에 일상생활에 필요한 편의를 제공하는 시설을 말한다. 따라서 장기요양을 인정받은 자에게 가정과 같은 주거 여건에서 급식 요양과 그 밖에 일상생활에 필요한 편의를 제공하는 장기요양급여이다.

(3) 특별현금급여

특별현금급여는 수급자가 섬이나 벽지에 거주하거나 천재지변, 신체, 정신 또는 성격 등의 사유로 장기요양급여를 지정된 시설에서 받지 못하고 그 가족 등으로부터 방문요양에 상당하는 장기요양급여를 받을 때 지급하는 현금급여를 말한다. 특별현금급여의 유형에는 가족요양비, 특례요양비, 요양병원 간병비가 있다.

그림 3-4 특별현금급여 대상

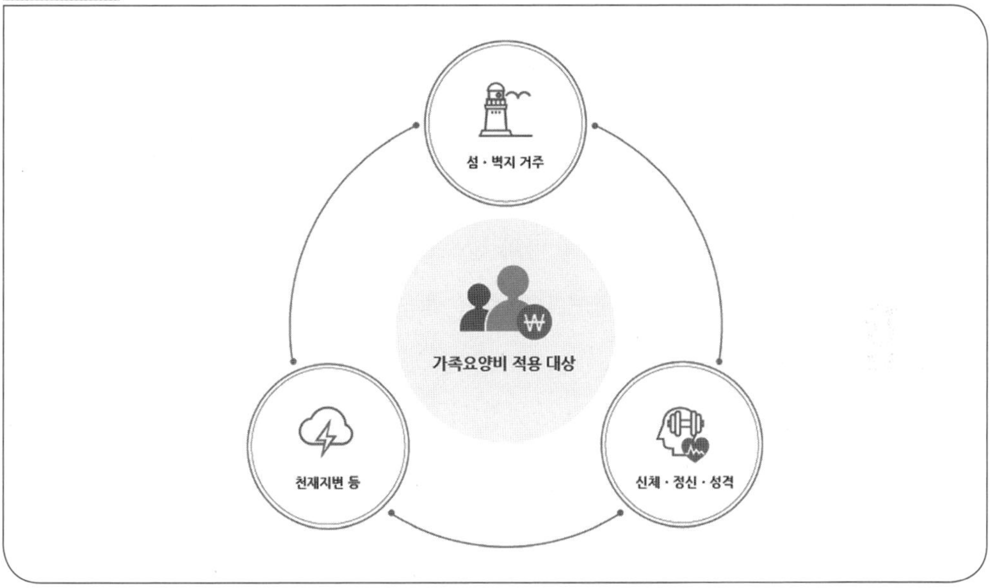

(가) 가족요양비

가족요양비는 법 제24조에 따라 지급하는 가족장기요양급여를 말하며, 장기요양기관이 현저히 부족한 지역(도서 · 벽지)에 거주하는 자, 천재지변 등으로 장기요양기관이 실시하는 장기요양급여 이용이 어렵다고 인정된 자, 신체 · 정신 · 성격 등의 사유로 가족 등이 장기요양을 받아야 하는 자에게 지급하는 것을 말한다.

① 가족요양비 지급 대상

국민건강보험공단은 다음 각 호의 어느 하나에 해당하는 수급자가 가족 등으로부터 방문요양에 상당한 장기요양급여를 받은 때 대통령령으로 정하는 기준에 따라 당해 수급자에게 가족요양비를 지급할 수 있다.

1. 도서 · 벽지 등 장기요양기관이 현저히 부족한 지역으로서 보건복지부장관이 정하여 고시하는 지역에 거주하는 자
2. 천재지변이나 그 밖에 이와 유사한 사유로 인하여 장기요양기관이 제공하는 장

기요양급여를 이용하기가 어렵다고 보건복지부장관이 인정하는 자

3. 신체 · 정신 또는 성격 등 대통령령으로 정하는 사유로 인하여 가족 등으로부터 장기요양을 받아야 하는 자

② 가족요양비 지급기준

1. 가족요양비의 지급금액은 재가급여의 이용수준 등을 고려하여 장기요양위원회의 심의를 거쳐 보건복지부장관이 정하여 고시한다.

2. "신체 · 정신 또는 성격 등 대통령령으로 정하는 사유"란 다음의 어느 하나에 해당하는 경우를 말한다.

가. 「감염병의 예방 및 관리에 관한 법률」에 따른 감염병환자로서 감염의 위험성이 있는 경우

나. 「장애인복지법」 제32조에 따라 등록한 장애인 중 정신장애인인 경우

다. 신체적 변형 등의 사유로 대인과의 접촉을 기피하는 경우

③ 가족요양비 지급절차

1. 장기요양인정을 신청하는 자 중에서 가족요양비를 지급받으려는 자는 가족요양비 지급신청서(별지 제17호서식)를 공단이 등급판정위원회에 자료를 제출하기 전까지 공단에 제출하여야 한다. 이 경우 다음의 어느 하나에 해당하는 자는 해당 증명서류를 첨부하여 제출하여야 한다.

[감염병의 예방 및 관리에 관한 법률 시행규칙]

가. 「감염병의 예방 및 관리에 관한 법률」에 따른 감염병환자로서 감염의 위험성이 있는 사람 : 진단서 등 이를 증명할 수 있는 서류

나. 「장애인복지법」 제32조에 따라 등록한 장애인 중 같은 법 시행령 별표 1에 따른 정신장애인 : 장애인등록증

다. 신체적 변형 등의 사유로 대인과의 접촉을 기피하는 자 : 진단서 등 이를 증명할 수 있는 서류

2. 장기요양급여의 종류를 가족요양비로 변경하여 지급받으려는 수급자는 가족요양비 지급신청서에 제1항 각 호의 구분에 따른 서류를 첨부하여 공단에 신청하여야 한다.

3. 제1항 및 제2항에 따른 신청을 받은 공단은 「전자정부법」 제36조제2항에 따른 행

정정보의 공동이용을 통하여 장애인등록증(신청사유가 정신장애인인 경우만 해당)을 확인하여야 한다. 다만, 신청인이 확인에 동의하지 아니하거나 확인이 불가능한 경우에는 이를 첨부하도록 하여야 한다.

4. 신청을 받은 공단은 그 요건을 확인하고 등급판정위원회의 심의(제1항제1호 및 제3호의 경우에만 해당된다)를 거쳐 가족요양비 수급대상자로 결정한 경우에는 장기요양인정서의 장기요양급여 종류를 가족요양비로 기재하여 수급자에게 통보하여야 한다.
5. 가족요양비를 지급받는 수급자는 가족요양비 지급요건에 해당되지 아니하게 된 경우에는 그 사유가 발생한 날부터 14일 이내에 장기요양 급여종류 · 내용 변경 신청서(별지 제1호의2서식)를 공단에 제출하여야 한다.
6. 공단은 해당 수급자에게 월 단위로 가족요양비를 지급하여야 한다. 다만, 월 중에 가족요양비지급 및 소멸 사유가 발생한 경우에는 일할 계산하여 지급한다.

■ 노인장기요양보험법 시행규칙 [별지 제17호서식] 〈개정 2021. 1. 18.〉

가족요양비 지급 신청서

※ 3쪽의 작성방법 및 유의사항을 읽고 작성하시고, [ ]에는 해당되는 곳에 √표를 합니다. (3쪽 중 1쪽)

접수번호		접수일시		처리기간	30일

<table>
<tr><td rowspan="3">①
신청인
(본인)</td><td colspan="2">성명</td><td colspan="2">장기요양인정번호</td></tr>
<tr><td colspan="4">주소(실제 거주지)</td></tr>
<tr><td colspan="4">전화번호(또는 휴대전화번호)</td></tr>
<tr><td rowspan="4">②
대리인</td><td colspan="2">성명</td><td colspan="2">주민등록번호</td></tr>
<tr><td colspan="4">주소</td></tr>
<tr><td colspan="4">전화번호(또는 휴대전화번호)</td></tr>
<tr><td>유형</td><td colspan="3">[ ] 1. 가족 · 친족 · 이해관계인(신청인과의 관계:)
[ ] 2. 사회복지전담공무원
[ ] 3. 치매안심센터의 장(신청인이 치매환자인 경우로 한정합니다)
[ ] 4. 특별자치시장 · 특별자치도지사 · 시장 · 군수 · 구청장이 지정한 사람</td></tr>
<tr><td rowspan="2">③
보호자</td><td colspan="4">※ 대리인과 보호자가 동일한 경우에는 적지 않습니다.</td></tr>
<tr><td>성명</td><td colspan="2">신청인과의 관계</td><td>전화번호</td></tr>
<tr><td rowspan="5">④
신청
사유</td><td colspan="4">[ ] 도서 · 벽지</td></tr>
<tr><td colspan="4">[ ] 천재지변</td></tr>
<tr><td rowspan="3">[ ]
신체 · 정신 · 성격 등</td><td colspan="3">[ ]「감염병의 예방 및 관리에 관한 법률」에 따른 감염병환자로서감염의 위험성이 있는 자</td></tr>
<tr><td colspan="3">[ ]「장애인복지법」 제32조에 따라 등록한 장애인 중 같은 법 시행령 별표 1에 따른 정신장애인</td></tr>
<tr><td colspan="3">[ ] 신체적 변형 등의 사유로 대인과의 접촉을 기피하는 자</td></tr>
</table>

☞ 뒷면이 있습니다.

<table>
<tr><td colspan="6" align="right">(3쪽 중 2쪽)</td></tr>
<tr><td rowspan="2">⑤
요양
제공자</td><td>성명</td><td>신청인과의
관계</td><td></td><td>전화번호</td><td></td></tr>
<tr><td>주소
(실제 거주지)</td><td colspan="2"></td><td>주민등록번호</td><td></td></tr>
<tr><td rowspan="2">⑥
지급
계좌</td><td>금융기관명</td><td colspan="2">계좌번호</td><td colspan="2">예금주(수급자)</td></tr>
<tr><td></td><td colspan="2"></td><td colspan="2"></td></tr>
<tr><td colspan="3">⑦ 급여종류 변경신청 [ ]</td><td colspan="3">※ 신청사유</td></tr>
<tr><td colspan="3">⑧ 지급알림 문자메시지 수신동의 [ ]</td><td colspan="3">[ ]신청인 [ ]보호자 [ ]대리인</td></tr>
<tr><td colspan="6">「노인장기요양보험법」 제24조 및 같은 법 시행규칙 제20조에 따라 위와 같이 가족요양비를 신청합니다.

년 월 일
신청인: (서명 또는 인)
대리인: (서명 또는 인)

국민건강보험공단 이사장 귀하</td></tr>
</table>

(다) 특례요양비

특례요양비는 법 제25조에 따라 지급하는 특례장기요양급여를 말하며, 수급자가 장기요양기관으로 지정되지 않은 장기요양시설 등의 기관과 재가 또는 시설급여에 상당한 장기요양 급여를 받은 경우 장기요양급여 비용의 일부를 지급하는 것을 말한다. 국민건강보험공단은 수급자가 장기요양기관이 아닌 노인요양시설 등의 기관 또는 시설에서 재가급여 또는 시설급여에 상당한 장기요양급여를 받은 경우 대통령령으로 정하는 기준에 따라 당해 장기요양급여비용의 일부를 당해 수급자에게 특례요양비로 지급할 수 있다.

(라) 요양병원 간병비

요양병원간병비는 법 제26조에 따라 지급하는 요양병원장기요양급여를 말하며, 수급자가 「노인복지법」 상의 노인전문병원 또는 「의료법」 상의 요양병원에 입원한 때에 장기요양에 사용되는 비용의 일부를 지급하는 것을 말한다. 국민건강보험공단은 수급자가 「의료법」 제3조제2항제3호라목에 따른 요양병원에 입원한 때 대통령령으로 정하는 기준에 따라 장기요양에 사용되는 비용의 일부를 요양병원간병비로 지급할 수 있다.

※ 그 외 특례요양비와 요양병원간병비가 「노인장기요양보험법」에 명시되어 있으나 현재 시행되고 있지 않고 있다.

▣ 특별현금급여 수급계좌

국민건강보험공단은 특별현금급여를 받는 수급자의 신청이 있는 경우에는 특별현금급여를 수급자 명의의 지정된 계좌(특별현금급여 수급계좌)로 입금하여야 한다. 다만, 정보통신장애나 그 밖에 대통령령으로 정하는 불가피한 사유로 특별현금급여수급계좌로 이체할 수 없을 때에는 현금 지급 등 대통령령으로 정하는 바에 따라 특별현금급여를 지급할 수 있다.

■ 노인장기요양보험법 시행규칙 [별지 제18호의2서식] 〈개정 2019. 10. 24.〉

특별현금급여수급계좌 입금신청서

※ 색상이 어두운 난은 신청인이 작성하지 않습니다.

접수번호		접수일시		처리기간		즉시

신청인 (수급자)	성 명	생년월일
	주 소 (전화:)	
대리인	성 명	생년월일
	유형	□ 가족이나 친족 또는 이해관계인(신청인과의 관계:) □ 사회복지전담공무원 □ 치매안심센터의 장(신청인이 치매환자인 경우로 한정합니다) □ 특별자치시장 · 특별자치도지사 · 시장 · 군수 · 구청장이 지정한 자 ※ 해당 유형에 √표합니다.
	주 소 (전화:)	
특별현금급여 수급계좌	금융기관	예금주
	계좌번호	

「노인장기요양보험법」 제27조의2, 같은 법 시행령 제13조의2에 따라 특별현금급여를 위의 특별현금급여수급계좌로 입금하여 줄 것을 신청합니다.

년 월 일

신청인 (서명 또는 인)
대리인 (서명 또는 인)

국민건강보험공단이사장 귀하

첨부서류	1. 수급자 명의의 예금통장(계좌번호가 기록되어 있는 면을 말합니다) 사본 1부 2. 대리인 관련 서류 가. 가족이나 친족 또는 이해관계인인 경우: 본인임을 확인할 수 있는 신분증 나. 사회복지전담공무원인 경우: 공무원임을 증명하는 신분증 다. 치매안심센터의 장(신청인이 치매환자인 경우로 한정합니다): 대리인의 신분증 및 치매안심센터의 장임을 증명하는 서류 각 1부 라. 특별자치시장 · 특별자치도지사 · 시장 · 군수 · 구청장이 지정한 자인 경우: 별지 제9호서식의 대리인 지정서

처 리 절 차

신청서 작성	➡	접 수	➡	신청사항 검토	➡	계좌번호 등록
신청인		처리기관 (국민건강보험공단)		처리기관 (국민건강보험공단)		처리기관 (국민건강보험공단)

210㎜×297㎜[백상지(80g/㎡) 또는 중질지(80g/㎡)]

(4) 재가 및 시설 급여비용의 산정방법 및 항목

재가 및 시설 급여비용의 구체적인 산정방법 및 항목은 다음 각 호와 같다.

① 재가급여

가. 방문요양 및 방문간호 : 방문당 제공시간을 기준으로 산정한다.

나. 방문목욕 : 방문횟수를 기준으로 산정한다.

다. 주 · 야간보호 : 장기요양 등급 및 1일당 급여제공시간을 기준으로 산정한다.

라. 단기보호: 장기요양 등급 및 급여제공일수를 기준으로 산정한다.

마. 기타재가급여 : 복지용구의 품목별, 제공 방법별 기준으로 산정한다.

② 시설급여 : 장기요양 등급 및 급여제공일수를 기준으로 산정한다.

2. 장기요양급여의 제공 시기 및 월 한도액

1) 장기요양급여 계약

수급자와 장기요양기관은 장기요양급여 개시 전에 다음 각 호의 사항이 포함된 장기요양급여 제공계약을 문서로 체결하여야 한다. 이 경우 장기요양기관은 계약서를 2부 작성하여 1부는 지체 없이 수급자에게 발급하고 1부는 장기요양기관이 보관하여야 하며, 계약을 변경하려는 경우에도 또한 같다.

① 계약 당사자

② 계약기간

③ 장기요양급여의 종류, 내용 및 비용 등

④ 비급여대상 및 항목별 비용

또한 장기요양기관은 계약을 체결할 때에는 수급자 또는 그 가족에게 제공하려는 장기요양급여의 제공계획 및 비용(비급여대상 및 항목별 비용을 포함) 등 장기요양급여 제공과 관련된 사항을 설명한 후 동의서를 받아야 한다. 그리고 장기요양기관은 계약을 체결하거나 계약서의 내용을 변경한 경우에는 지체 없이 장기요양급여 계약통보서(별지 제11호서식 및 별지 제11호의2서식)를 팩스나 공단이 운영하는 전자문서교환방식을 통하여 공단에 통보하여야 한다.

■ 노인장기요양보험법 시행규칙 [별지 제11호서식] 〈개정 2020. 9. 29.〉

장기요양급여 계약통보서(방문요양, 방문목욕, 방문간호, 복지용구)

※ 뒤쪽의 작성방법 및 유의사항을 읽고 작성하시기 바라며, 색상이 어두운 란은 적지 않습니다. (앞쪽)

접수번호		접수일			

① 수급자	성명	생년월일
	장기요양등급	장기요양인정번호
② 계약 당사자	장기요양기관명	장기요양기관기호
	계약자 성명	수급자와의 관계
	전화번호(휴대전화번호)	계약일
	급여개시일	계약기간 ~

③ 급여 계약내용	급여 종류						요양보호사/간호(조무)사/치과위생사		
	월	일	이용 시간	급여 비용	횟수/월	금액/월	성명	자격/면허번호	수급자와의 관계
		~	~						
		~	~						
	합계								(원)

④ 복지용구 계약 내용	품목명	제품명	복지용구 표준코드	급여방식		판매일 또는 대여기간	금액
				구입	대여		
	합계						(원)

⑤ 비급여 계약 내용	항목	기간	단가/일	개수(횟수)/월	금액
	합계				(원)

「노인장기요양보험법 시행규칙」 제16조에 따라 수급자와 체결한 계약 내용을 위와 같이 국민건강보험공단에 통보합니다.

년 월 일

장기요양기관의 장(대표자) (서명 또는 인)

담당자: 전화번호: 전자우편주소:

국민건강보험공단 이사장 귀하

210mm×297mm[백상지 80g/㎡]

■ 노인장기요양보험법 시행규칙 [별지 제11호의2서식] 〈개정 2019. 6. 12.〉

장기요양급여 계약통보서(시설급여, 주 · 야간보호, 단기보호)

※ 뒤쪽의 작성방법 및 유의사항을 읽고 작성하시기 바라며, 색상이 어두운 란은 적지 않습니다. (앞쪽)

접수번호		접수일			

① 수급자	성명		생년월일	
	장기요양등급		장기요양인정번호	
② 계약 당사자	장기요양기관명		장기요양기관기호	
	계약자 성명		수급자와의 관계	
	전화번호(휴대전화번호)		계 약 일	
	급여개시일		계약기간	~

③ 급여 계약 내용	급여 종류				
	월	서비스 분류	급여비용	횟수/월	금액/월
	합계		(원)		

④ 비급여 계약 내용	항목	기간	단가/일	개수(또는 횟수)/월	금액
	합계		(원)		

「노인장기요양보험법 시행규칙」 제16조에 따라 수급자와 체결한 계약 내용을 국민건강보험공단에 통보합니다.

년 월 일

장기요양기관의 장(대표자) (서명 또는 인)

담당자: 연락처: 전자우편주소:

국민건강보험공단 이사장 귀하

210mm×297mm[백상지 80g/㎡]

2) 장기요양급여의 제공 시기

수급자는 장기요양인정서가 도달한 날부터 장기요양급여를 받을 수 있으며, 돌볼 가족이 없는 경우 등 대통령령으로 정하는 사유가 있는 경우 신청서를 제출한 날부터 장기요양인정서가 도달되는 날까지의 기간 중에도 장기요양급여를 받을 수 있다.

3) 장기요양급여의 월 한도액

① 법 제28조제1항에 따라 재가급여(복지용구는 제외)의 월 한도액은 영 제16조제3호에 따라 장기요양위원회의 심의를 거쳐 등급별로 보건복지부장관이 정하여 고시한다.

② 시설급여의 월 한도액은 장기요양급여에 소요되는 장기요양기관의 각종 비용과 운영현황 등을 고려하여 등급별로 보건복지부장관이 정하여 고시하는 1일당 급여비용에 월간 일수를 곱하여 산정한다.

3. 복지용구 및 급여대상

1) 복지용구 급여

복지용구(福祉用具)급여란 심신기능이 저하되어 일상생활을 영위하는데 지장이 있는 노인장기요양보험 대상자에게 일상생활 · 신체활동지원 및 인지기능의 유지 · 기능 향상에 필요한 용구로써 보건복지부장관이 정하여 고시하는 것을 구입하거나 대여하여 주는 것을 말한다.

그림 3-5 복지용구 급여체계

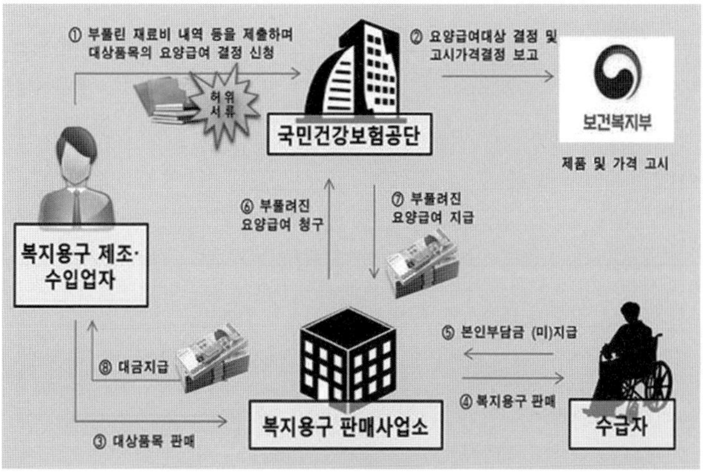

2) 급여대상자

노인장기요양보호법 수급자(1~5등급, 인지지원등급) 또는 시설급여를 제공하는 장기요양기관에서 입소하지 않은 수급자이다.

3) 급여방식

① 구입방식

구입품목의 10종에 대해 제품별 수가에서 본인 부담금을 부담하고 구입하여 사용하는 방식을 말한다.

② 대여방식

대여품목 6종을 일정기간 대여하여 사용하는 것으로 제품별 대여수가에서 본인부담금을 부담하고 사용하는 방식을 말한다. 대여방식은 『대여품목 8종』을 일정기간 대여하여 사용하는 것으로 제품별 대여수가에서 본인부담금을 부담하고 사용하는 방식이다.

③ 구입 또는 대여품목 방식

구입 또는 대여품목 2종에 대해 수급자가 구입 또는 대여방식 중 선택 가능한 것을 의미한다.

표 3-2 복지용구 급여품목

	구입품목(10종)	대여 품목(6종)	구입또는 대여품목(2종)
품목명	• 이동변기 • 목욕의자 • 성인용보행기 • 안전손잡이 • 미끄럼 방지용품 (미끄럼방지매트,미끄럼방지액,미끄럼방지양말) • 간이변기(간이대변기 · 소변기) • 지팡이 • 욕창예방 방석 • 자세변환용구 • 요실금팬티	• 수동휠체어 • 전동침대 • 수동침대 • 이동욕조 • 목욕리프트 • 배회감지기	• 욕창예방 매트리스 • 경사로(실내용, 실외용)

㈜ 품목은 18종으로 한정되나 품목에 따른 각각의 제품은 수십 가지가 될 수 있으며, 구입 품목과 대여 품목은 보건복지부 고시 과정에서 변경될 수 있음.

4) 급여비용 본인부담률

급여비용부담은 일반대상자 15%, 경감대상자 7.5%, 기초생활수급자 0%(본인부담 없음)이다.

5) 급여비용 연간한도액

- 급여비용 연간한도액 : 복지용구 연간 한도액 적용기간은 수급자의 유효기간 개시일로부터 1년간이며, 한도액은 보건복지부장관이 고시하는 금액(연간한도액 160만원)
- 연간한도액 계산방법 : 복지용구급여비용(공단부담액+본인부담액)은 구입과 대여를 합산한 금액으로 총액이 연간 한도액 (160만원)을 초과하면, 초과한 금액부터 전액 본인이 부담

6) 급여기준

- 사용 가능 햇수가 정해진 품목은 재료의 재질 · 형태 · 기능 및 종류를 불문하고 사용 가능 햇수 내에서 품목당 1개의 제품만 구입 · 대여 가능(단, 성인용보행기는 2개, 경사로(실내용)는 6개까지 사용 가능 햇수 내에서 구입 가능)하다.
- 연간 한도액 적용 기간(160만 원/1년) 중 미끄럼 방지 양말은 6켤레, 미끄럼 방지 매트 · 방지액은 5개, 자세변환 용구는 5개, 안전손잡이는 10개, 간이 변기는 2개, 요실금 팬티는 4개까지만 구입 가능하다.
- 경사로(실내용)는 구입, 경사로(실외용)는 대여만 가능하며 경사로(실내용, 실외용)는 동시에 이용가능하다.
- 사용 가능 햇수 중 훼손 · 마모되거나, 수급자의 기능상태 변화로 사용할 수 없을 경우 『복지용구 추가급여신청서』를 건강보험공단에 제출하고 공단이 이를 확인한 경우에는 사용 가능 햇수 이내라도 급여를 다시 받을 수 있다.
- 수급자의 신체 상태에 따라 복지용구 일부 품목의 구입 · 대여가 제한될 수 있다.
- 시설급여를 이용하는 경우 복지용구를 구입 · 대여 불가하다.
- 의료기관에 입원한 기간 동안에는 전동침대, 수동침대, 이동욕조, 목욕리프트를 대여 불가하다.

7) 복지 용구종류

▣ 구입대상 품목 : 10개 품목

그림 3-6 구입대상 복지용구 종류

품목(내구연한)	용도	품목(내구연한)	용도
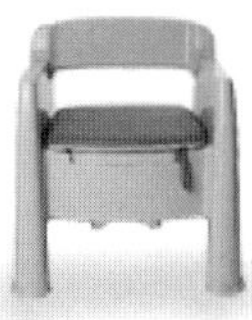	이동변기(5년) 화장실로 이동하기 어려운 경우 용변을 쉽고 안전하게 볼 수 있는 용품		성인용보행기(5년) 보행이 불편한 경우 실내 · 외에서 스스로 이동할 수 있도록 보조 바퀴가 달린 기구
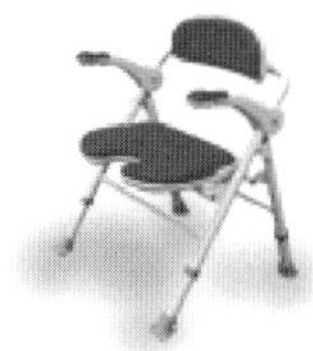	목욕의자(5년) 편안한 목욕 및 자세유지를 돕는 목용용 의자		안전손잡이 실내에 부착하는 지지용 손잡이와 화장실 거치용 손잡이 등으로 안전사고 예방 및 자립환경 조성을 위한 용품
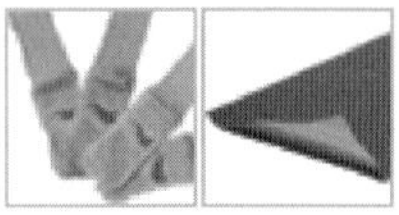	미끄럼방지용품 실내에서 미끄러지지 않도록 하여 낙상사고를 예방하기 위한 용품 (양말, 매트 등)		간이변기 와상상태, 소변조절 등이 어려운 경우 용변을 쉽고 안전하게 볼 수 있는 용품
	지팡이(2년) 보행 시 도움을 얻기 위하여 짚는 지팡이		욕창예방방석(3년) 장시간 휠체어 등에 앉아 있을 경우 발생할 수 있는 욕창을 예방하기 위해 깔아두는 방석
	자세변환용구 장시간 누워있을 때 자세 및 위치변환을 보조하는 용품		요실금팬티 일회용이 아닌 패드가 부착되어 세탁 후 반복사용이 가능한 일반 속옷형태의 제품

▣ 대여대상 품목 : 6개 품목

그림 3-7 대여대상 복지용구 종류

품목(내구연한)	용도	품목(내구연한)	용도
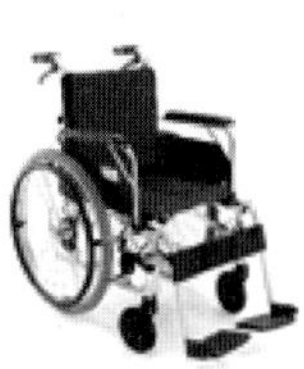	수동휠체어(5년) 다리를 마음대로 움직일 수 없는 사람이 앉은채로 이동할 수 있도록 바퀴를 단 의자		전동침대(10년) 누운 자세에서 혼자 일어나 앉지 못하는 경우 전동으로 상반신을 일으킬 수 있는 침대

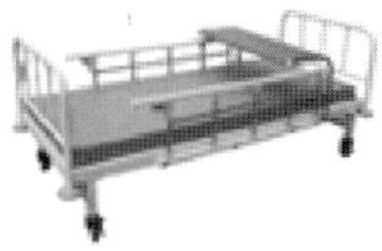	수동침대(10년) 누운 자세에서 혼자 일어나 앉지 못하는 경우 수동으로 상반신을 일으킬 수 있는 침대	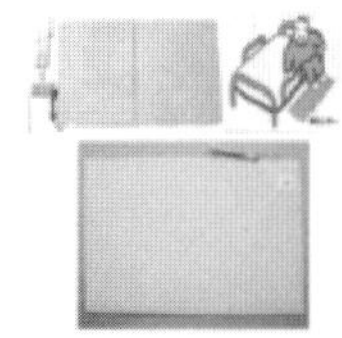	배회감지기(5년) 인지장애가 있는 수급자의 배회 및 실종을 예방하기 위한 용품
	이동욕조(5년) 보행이 불편할 경우 편리하게 사용하는 이동식 욕조		목욕리프트(3년) 입욕 시 높낮이를 조절하여 안전하고 편리하게 목욕을 실시하기 위한 용품

그림 3-8 대여대상 복지용구 종류

품목(내구연한)	용도	품목(내구연한)	용도
	욕창예방 매트리스(3년) 체중을 분산하고 통풍을 원활하게 하여 장시간 한 자세로 누워있을 경우 발생할 수 있는 욕창을 예방하기 위한 매트리스		경사로(실내용 2년) 경사로(실외용 8년) 실내외 보행, 수동휠체어 또는 성인용보행기 이용 시 안전사고 예방 및 이동경로 확보를 위한 용품

8) 복지용구 급여 이용절차

(1) 복지용구 방문상담

수급자 및 가족 등이 사업소를 방문 이용상담

• 장기요양인정서 제출

수급자 중「의료급여법」에 따른 수급권자는 먼저 주소지를 관할하는 시장、군수、구청장에게 장기 요양급여를 신청을 하여야 함(시장 · 군수 · 구청장은 입소 · 이용의뢰서를 장기요양기관에 송부, 수급자 및 공단에 통지)

(2) 급여가능여부 조회

• 복지용구사업소

 - 복지용구급여확인서, 혹은 인터넷 및 유선으로 수급자의 신청내역에 대한 급여 가능 여부를 조회(공단 포털 또는 지사)

- 수급자가 「의료급여법」에 따른 수급권자의 경우 장기요양기관 입소 · 이용의뢰서 확인

(3) 복지용구 제공 계약체결

① 복지용구사업소 · 수급자

- 계약체결(사업소는 계약서 2부를 작성 1부를 수급자에게 발급하고, 1부는 보관)
- 장기요양급여제공기록지 작성(2부 작성 1부 수급자 발급, 1부 사업소 보관)

② 복지용구 사업소

- 본인부담율에 따른 본인부담금을 수납
- 복지용구 제공
- 복지용구사용방법, 사용상 유의사항, 고장 시 대처 방법 등을 안내

(4) 계약체결 내역 통보

공단포털(복지용구 계약내역서 등록화면)에 직접등록 또는 모사전송으로 지사에 통보(장기요양급여 계약통보서 – 시행규칙 별지 제11호 서식) 계약내역이 변경된 경우에도 동일하게 처리

(5) 급여비용 청구 및 지급

① 복지용구 사업소

- 인터넷 청구
- 전산매체 청구(공단본부)

② 공단

- 등록된 계약내역 중 청구건만 심사 지급

수행 Tip!

- 장기요양보험 관리운영기관인 보건복지부와 건강보험공단의 홈페이지를 검색하여 참고한다.

3-2 재가 및 시설급여 본인부담

학습 목표

1 | 재가 및 시설급여의 본인부담금에 대하여 수급자를 안내하고 관리할 수 있다.

1. 재가 및 시설급여 본인부담

1) 본인일부부담금

① 재가 및 시설 급여비용은 다음 각 호와 같이 수급자가 부담한다. 다만, 수급자 중 「의료급여법」 제3조제1항제1호에 따른 수급자는 그러하지 아니하다.

1. 재가급여 : 당해 장기요양급여비용의 100분의 15
2. 시설급여 : 당해 장기요양급여비용의 100분의 20

② 다음 각 호의 장기요양급여에 대한 비용은 수급자 본인이 전부 부담한다.

1. 이 법의 규정에 따른 급여의 범위 및 대상에 포함되지 아니하는 장기요양급여
2. 수급자가 장기요양인정서에 기재된 장기요양급여의 종류 및 내용과 다르게 선택하여 장기요양급여를 받은 경우 그 차액
3. 장기요양급여의 월 한도액을 초과하는 장기요양급여

③ 다음 각 호의 어느 하나에 해당하는 자에 대하여는 본인일부부담금의 100분의 50을 감경한다.

1. 「의료급여법」 제3조제1항제2호부터 제9호까지의 규정에 따른 수급권자
2. 소득 · 재산 등이 보건복지부장관이 정하여 고시하는 일정 금액 이하인 자. 다만, 도서 · 벽지 · 농어촌 등의 지역에 거주하는 자에 대하여 따로 금액을 정할 수 있다.
3. 천재지변 등 보건복지부령으로 정하는 사유로 인하여 생계가 곤란한 자

④ 제1항부터 제3항까지의 규정에 따른 본인일부부담금의 산정방법, 감경절차 및 감경방법 등에 관하여 필요한 사항은 보건복지가족부령으로 정한다.

2) 본인일부부담금의 감면절차 및 방법

① 법 제40조제1항 각 호 외의 부분 단서 및 제3항에 따른 본인일부부담금 감면자는 장기요양인정서에 다음 각 호의 구분에 따른 서류를 첨부하여 장기요양기관에 제출하여야 한다. 다만, 긴급한 사정이 있거나 그 밖에 부득이한 사유가 있는 경우에는 장기요양급여를 신청한 날부터 7일(공휴일 제외) 이내에 제출할 수 있다.

1. 「의료급여법」 제3조제1항제1호에 따른 의료급여를 받는 사람 : 「국민기초생활 보장법 시행규칙」 제40조에 따른 수급자증명서와 「의료급여법 시행규칙」 제12조제1항에 따른 의료급여증 또는 의료급여증명서
2. 「의료급여법」 제3조제1항제1호외의 규정에 따른 의료급여를 받는 사람: 같은 법 시행규칙 제12조제1항에 따른 의료급여증 또는 의료급여증명서
3. 소득 · 재산 등이 보건복지부장관이 정하여 고시하는 일정 금액 이하인 자와 생계곤란자 : 감경자임을 확인할 수 있는 서류

② 장기요양기관은 제1항에 따라 의료급여증 또는 의료급여증명서를 제시받은 경우에는 본인 여부 및 의료급여증의 연도별 재사용확인란을 반드시 확인하여야 한다.

③ 국민건강보험공단은 본인일부부담금 감면으로 공단이 부담하여야 하는 금액을 수급자가 장기요양기관에 지불한 경우에는 본인의 신청 또는 공단의 확인에 의하여 이를 해당 수급자에게 지급하여야 한다.

3) 방문간호지시서 발급비용

① 방문간호지시서를 발급하는데 사용되는 비용 및 산정기준은 의료기관의 종류 및 방문여부를 고려하여 장기요양위원회의 심의를 거쳐 보건복지부장관이 정하여 고시한다.

② 방문간호지시서를 발급받는 경우 그 발급비용은 다음 각 호의 구분에 따라 부담한다.

1. 「의료급여법」 제3조제1항제1호에 따른 의료급여를 받는 사람 : 지방자체단체가 부담한다.
2. 「의료급여법」 제3조제1항제1호외의 규정에 따른 의료급여를 받는 사람 : 100분의 10은 본인이, 100분의 90은 국가와 지방자치단체가 부담한다.
3. 소득 · 재산 등이 보건복지부장관이 정하여 고시하는 일정 금액 이하인 자와 제34조에 따른 생계곤란자 : 100분의 10은 본인이, 100분의 90은 공단이 부담한다.

4. 제1호부터 제3호까지의 수급자 외의 수급자 : 100분의 20은 본인이, 100분의 80은 공단이 부담한다.

③ 제1항 및 제2항에 따른 방문간호지시서는 별지 제29호서식 또는 별지 제30호서식과 같다.

④ 방문간호지시서를 발급한 자는 제1항에 따른 비용 중 본인일부부담금을 제외한 비용을 방문간호지시서 발급비용 청구서(별지 제31호서식)에 따라 공단에 청구하여야 하며, 공단은 청구를 받은 날부터 30일 이내에 이를 심사한 후 지체 없이 그 비용을 지급하여야 한다.

수행 Tip!

- 장기요양보험 관리운영기관인 보건복지부와 건강보험공단의 홈페이지를 검색하여 참고한다.

3-3 수급자격관리

학습 목표

1 | 장기요양급여대상자의 수급자격을 확인하고 관리할 수 있다.

1. 장기요양급여 대상여부 확인

1) 장기요양급여의 신청

수급자는 장기요양급여를 받으려면 장기요양기관에 장기요양인정서(별지 제6호서식) 및 표준장기요양이용계획서(별지 제7호서식)의를 제시하여야 하며, 다만, 수급자가 장기요양인정서 및 개인별장기요양이용계획서를 제시하지 못하는 경우 장기요양기관은 공단에 전화나 인터넷 등을 통하여 그 자격 등을 확인할 수 있다. 또한 수급자 중 「의료급여법」에 따른 수급권자는 입소 · 이용신청서(별지 제10호서식)를 작성하여 주소지를 관할하는 특별자치시장 · 특별자치도지사 · 시장 · 군수 · 구청장에게 장기요양급여를 신청하여야 한다. 따라서 신청을 받은 특별자치시장 · 특별자치도지사 · 시장 · 군수 · 구청장은 장기요양기관 입소 · 이용의뢰서(별지 제10호의2서식)를 장기요양기관의 장에게 송부하고 그 사실을 수급자와 공단에 통지하여야 한다. 장기요양기관은 급여를 받으려는 수급자의 본인 여부, 장기요양등급, 장기요양인정 유효기간, 장기요양급여의 종류 및 내용, 본인일부부담금 감경여부 등을 확인하여야 한다.

2) 장기요양급여 대상여부 확인

수급자가 장기요양기관으로부터 장기요양급여를 제공받고 납부한 본인일부부담금이 적정한지 여부에 대하여 공단에 확인을 요청할 경우 이를 확인하여 그 결과를 수급자에게 통보하고, 장기요양기관의 과다 징수금(과다본인부담금)을 확인한 경우에 해당 장기요양기관에 이를 통보하여 지체 없이 수급자에게 지급하도록 조치하는 일련의 과정을 말한다.

3) 관련근거

- 「노인장기요양보험법」 제40조(본인일부부담금)
- 「노인장기요양보험법 시행규칙」 제33조(장기요양급여 대상여부의 확인 등)

- 「노인장기요양보험법」 제60조(자료의 제출 등)
- 「노인장기요양보험법 시행규칙」 제14조(장기요양급여의 범위 등)

4) 신청 · 접수 및 처리

(1) 신청 시 확인사항 및 제출서류

① 신청인의 자격요건

- 수급자 본인(수급자가 단독세대주로 사망 시에는 법정 상속인)
- 「민법」 제779조에 따른 가족(배우자, 직계혈족 및 형제자매, 직계혈족의 배우자, 배우자의 직계혈족 및 배우자의 형제자매)
- 수급자와 동일 건강보험(의료급여 포함) 관계에 있는 가입자 및 피부양자
- 신청인이 위 신청인의 자격요건을 충족하지 못한 경우에는 수급자의 인감증명서와 위임장을 첨부하여 신청

② 과다본인부담금 환불시 수령인 자격요건

- 수급자 본인(수급자가 단독세대주로 사망 시에는 법정 상속인)
- 「민법」 제779조에 따른 가족

③ 제출서류

- (별지 제 27호서식)에 따른 장기요양급여 대상여부 확인신청서
- 장기요양급여비용 명세서
- 장기요양급여 계약서 등 기타 급여내역 확인에 필요한 서류

(2) 신청 · 접수

① 접수처 및 접수방법

접수처는 공단 지사(운영센터)이며, 접수방법은 방문, 우편, 팩스접수가 있다.

② 접수사실의 통보

신청인에게 접수사실을 유선 또는 문서로 통보한다. 단, 방문 접수인 경우에는 신청인에게 문서로 접수사실의 통보 생략 가능하다.

③ 처리기간은 접수일로부터 14일 이내에 처리한다.

(3) 자료 확보 방법 · 절차

① 자료 확보

신청인이 제출한 장기요양급여비용명세서를 근거로 장기요양기관에 납부한 금액 확인

장기요양기관 납부금액 중 급여 및 비급여 대상 구분하여 비용 산출 장기요양기관에 급여 비급여 수급내역에 대한 구체적인 내역 요청한다.

② 자료요청 목록(급여 · 비급여 내역에 대한 확인)

장기요양급여제공기록지, 장기요양급여계약내역서 등 장기요양기관에서 제공하는 비급여 항목별 금액 등 홈페이지 게시 내용이다.

③ 자료요청 방법

자료요청은 3차에 걸쳐 할 수 있으며, 3차 제출기한까지도 제출하지 않을 경우 직권결정 한다.

④ 자료 미제출 기관 직권결정

신청인이 제출한 장기요양급여비용명세서를 근거로 급여대상 비용 및 비급여비용, 본인 일부부담 비용의 적정성을 확인하여 직권결정 한다.

(4) 급여비용 적정여부 확인(자료 확보 후)

① 시설급여(주 · 야간 및 단기보호 포함)

급여비용 및 비급여비용 확인은 법정 비급여 및 보건복지부장관이 정하여 고시하는 비급여 외의 비용이 있는 경우에는 과다본인부담금으로 환불 결정한다.

② 재가급여

급여비용 확인은 급여가 적정하게 제공되었는지 확인하며, 재가급여비용에는 법정 비급여 또는 보건복지부장관이 정하여 고시하는 비급여에 해당되는 항목이 없으므로 비급여 명목으로 비용을 수납한 경우는 과다본인부담금으로 환불 결정한다.

5) 결과 통보

① 취소 처리

신청인(또는 대리인)이 취소의사(별지 제32호 서식)를 표시한 경우, "취소"로 종결처리하며, 장기요양기관과 신청인에게 '장기요양급여 대상여부 확인결과통보서' 발송한다.

② 정당 처리

장기요양기관이 수납한 금액이 정당한 경우에는 '급여대상 확인결과통보서'를 장기요양기관과 신청인에게 통보한다.

③ 과다본인부담금 환불

- 장기요양기관이 수납한 금액 중 본인부담금이 과다하게 수납된 경우에는 '급여대상 확인결과통보서'와 '정산내역서'를 장기요양기관과 신청인에게 통보
- 급여대상 확인결과 통보서'를 통보받은 장기요양기관은 지체없이 과다 납부된 본인부담금을 통보서상의 예금계좌에 입금하여야 한다.

④ 미 환불시 공제처리

- 공단은 과다본인부담금 환불대상 건에 대하여 장기요양기관이 신청인 등에게 환불하지 않은 것으로 확인된 경우에는 지급될 장기요양급여비용에서 환불결정금액을 공제 후 지급한다.
- 건강보험공단은 해당 장기요양기관에 지급될 차기 장기요양급여비용에서 과다본인부담금을 공제하여 수급자(신청인)의 환불금액을 예금계좌로 입금한다.

그림 3-9 장기요양급여 대상여부 확인업무처리 흐름도

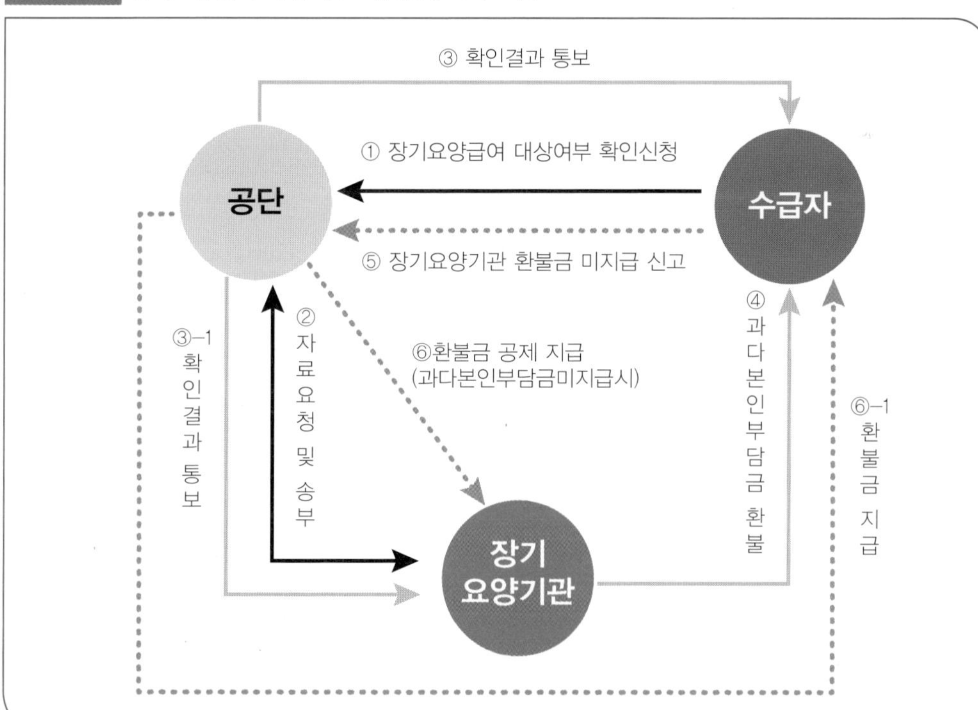

■ 노인장기요양보험법 시행규칙 [별지 제7호서식] 〈개정 2021. 6. 30.〉

장기요양인정번호 L0000000000 –(이용계획서번호)

개인별장기요양이용계획서

본 서식은 수급자가 장기요양급여를 원활히 이용할 수 있도록 발급하는 이용계획서로 장기요양기관과 급여계약 체결 시 제시하시기 바랍니다.

<table>
<tr><td colspan="3">성 명</td><td colspan="2"></td><td>생년월일</td><td colspan="2"></td></tr>
<tr><td colspan="3">장기요양등급</td><td colspan="2">등급</td><td>인정유효기간</td><td colspan="2"></td></tr>
<tr><td colspan="3">재가급여(월 한도액)</td><td>1개월당</td><td>원</td><td rowspan="6">본인부담율(%)
※ 발급일 기준</td><td rowspan="3">재가</td><td rowspan="3">%</td></tr>
<tr><td rowspan="5">시설급여</td><td rowspan="3">노인요양시설</td><td>일반</td><td>1일당</td><td>원</td></tr>
<tr><td>치매전담실 가형</td><td>1일당</td><td>원</td></tr>
<tr><td>치매전담실 나형</td><td>1일당</td><td>원</td><td rowspan="3">시설</td><td rowspan="3">%</td></tr>
<tr><td rowspan="2">노인요양공동생활가정</td><td>일반</td><td>1일당</td><td>원</td></tr>
<tr><td>치매전담형</td><td>1일당</td><td>원</td></tr>
</table>

<table>
<tr><td>장기요양 필요영역</td><td>장기요양 욕구</td><td>장기요양 목표</td><td>장기요양 필요내용</td></tr>
<tr><td></td><td></td><td></td><td></td></tr>
<tr><td>수급자 희망급여</td><td colspan="3"></td></tr>
<tr><td>유 의 사 항</td><td colspan="3"></td></tr>
</table>

<table>
<tr><td colspan="6">장기요양 이용계획 및 비용 (급여비용 기준일 : 0000–00–00)</td></tr>
<tr><td>급여종류</td><td colspan="3">횟 수</td><td>장기요양급여비용</td><td>본인부담금</td></tr>
<tr><td></td><td>주</td><td></td><td>회</td><td>원</td><td>원</td></tr>
<tr><td></td><td>월</td><td></td><td>회</td><td>원</td><td>원</td></tr>
<tr><td colspan="4">합계</td><td>원</td><td>원</td></tr>
<tr><td>복지용구</td><td colspan="5"></td></tr>
</table>

☎ 000–0000–0000 지사 담당자

년 월 일

국민건강보험공단 이사장 직인

■ 노인장기요양보험법 시행규칙 [별지 제10호서식] 〈개정 2021. 1. 18.〉

장기요양기관 입소 · 이용신청서
([ ] 신규신청 [ ]갱신 [ ]변경 [ ]해지)

※ 어두운 란은 신청인이 적지 않고, [ ]에는 해당되는 곳에 √표를 합니다. (앞쪽)

접수번호		접수일시		처리기간	7일이내

신청인	성명	생년월일
	수급자와의 관계	전화번호(또는 휴대전화번호)
	주소	
수급자	성명	주민등록번호
	장기요양 등급	장기요양 인정번호
	주소	
	전화번호(또는 휴대전화번호)	
	입소 · 이용 희망 장기요양기관	
	구분	[ ]「의료급여법」 제3조제1항제1호에 따른 의료급여를 받는 사람 [ ]「의료급여법」 제3조제1항제1호 외의 규정에 따른 의료급여를 받는 사람

「노인장기요양보험법 시행규칙」 제16조제5항에 따라 장기요양기관 입소 · 이용을 위와 같이 신청합니다.

년 월 일

신청인: (서명 또는 인)

※ 신청인이 수급자 본인 · 가족, 사회복지전담공무원, 치매안심센터의 장(수급자가 치매환자인 경우로 한정합니다), 특별자치시장 · 특별자치도지사 · 시장 · 군수 · 구청장이 지정한 사람 외의 이해관계인인 경우에는 수급자의 동의를 받아야 합니다.

수급자(또는 보호자): (서명 또는 인)

○○ 특별자치시장 · 특별자치도지사 · 시장 · 군수 · 구청장 귀하

행정정보 공동이용 동의서

본인은 이 건 업무처리와 관련하여 담당 공무원이 「전자정부법」 제36조제1항에 따른 행정정보의 공동이용 및 사회복지통합전산망을 통하여 뒤쪽의 담당 공무원 확인사항을 확인하는 것에 동의합니다.

※ 동의하지 않거나 확인이 되지 않는 경우에는 수급자(또는 보호자)가 직접 관련 서류를 제출해야 합니다.

수급자(또는 보호자): (서명 또는 인)

☞ 뒤쪽에 신청인 첨부서류가 있습니다.

210mm×297mm[백상지(80g/㎡) 또는 중질지(80g/㎡)]

■ 노인장기요양보험법 시행규칙 [별지 제10호의2서식] 〈개정 2021. 1. 18.〉

장기요양기관 입소 · 이용의뢰서

※ 어두운 란은 신청인이 적지 않고, [ ]에는 해당되는 곳에 √표를 합니다.

<table>
<tr><td colspan="2">발급번호</td><td colspan="2">발급일</td></tr>
<tr><td rowspan="4">신청인
(수급자)</td><td>성명</td><td colspan="2">생년월일</td></tr>
<tr><td>장기요양등급</td><td colspan="2">장기요양인정번호</td></tr>
<tr><td colspan="3">주소</td></tr>
<tr><td colspan="3">전화번호(또는 휴대전화번호)</td></tr>
<tr><td>보호자</td><td>성명</td><td>신청인과의 관계</td><td>전화번호</td></tr>
<tr><td rowspan="4">대리인</td><td>성명</td><td colspan="2">주민등록번호</td></tr>
<tr><td colspan="3">유형
[ ] 1. 가족 · 친족 · 이해관계인(신청인과의 관계 :)
[ ] 2. 사회복지전담공무원
[ ] 3. 치매안심센터의 장(신청인이 치매환자인 경우로 한정합니다)
[ ] 4. 특별자치시장 · 특별자치도지사 · 시장 · 군수 · 구청장이 지정한 사람</td></tr>
<tr><td colspan="3">주소</td></tr>
<tr><td colspan="3">전화번호(또는 휴대전화번호)</td></tr>
<tr><td>비용
부담주체</td><td colspan="2">특별자치시 · 특별자치도 · 시 · 군 · 구</td><td>협약번호</td></tr>
<tr><td>급여개시일</td><td colspan="3"></td></tr>
</table>

「노인장기요양보험법 시행규칙」 제16조제6항에 따라 위 수급자의 귀 장기요양기관 입소 · 이용을 의뢰합니다.

년 월 일

○ ○ 특별자치시장 · 특별자치도지사 · 시장 · 군수 · 구청장 직인

장기요양기관장 귀하

※ 특별자치시 · 특별자치도 · 시 · 군 · 구 담당과: 담당자: 전화번호:

〈입소 · 이용의뢰 장기요양기관 현황〉
- ㅇ 명칭: ㅇ 기호:
- ㅇ 주소: ㅇ 전화번호:

210mm×297mm[백상지 80g/㎡]

2. 장기요양기관(시설급여) 입소절차

1) 입소대상(시설 대상)

노인 및 만성 노인성질환으로 노인 장기요양 인정등급 1~2등급을 받으신 어르신 3등급 · 4등급 · 5등급(치매 등) 등

* 치매, 중풍, 파킨슨 등 노인성 질환으로 장기요양등급 1,2,3,4 등급(시설급여) 판정을 받으신 어르신

2) 입소절차

그림 3-10 입소절차

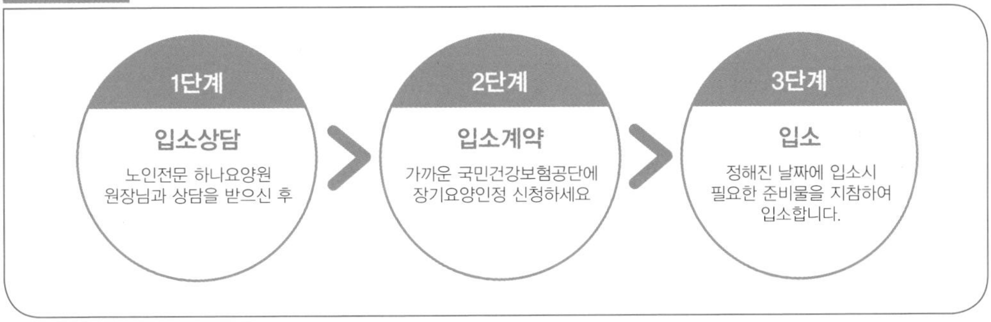

3) 제출(구비)서류

제출서류는 요양원에 따라 다소 차이가 있으며 다음과 같다.

① 장기요양인정서 1부 ② 표준장기 이용계획서 1부 ③ 병력에 대한 의사진단서(혹은 소견서) 1부 ④ 건강진단서 1부 ⑤ 주민등록등본 1부 ⑥ 가족관계증명서 1부 ⑦ 국민기초생활 수급자증명서 1부(해당자) ⑧ 입소자, 보호자 신분증(사본) ⑨ 현재 장기복용중인약의 처방전 ⑩ 통장사본 1부(보호자) 등 있다.

4) 입소시 개인 준비 물품

개인준비물은 용약, 개인칫솔, 개인 의류 및 속옷 3벌, 전기면도기(남자 어르신의 경우), 외출용 신발, 실내화(슬리퍼 또는 편한 실내화) 등이 있다.

그림 3-11 입소안내

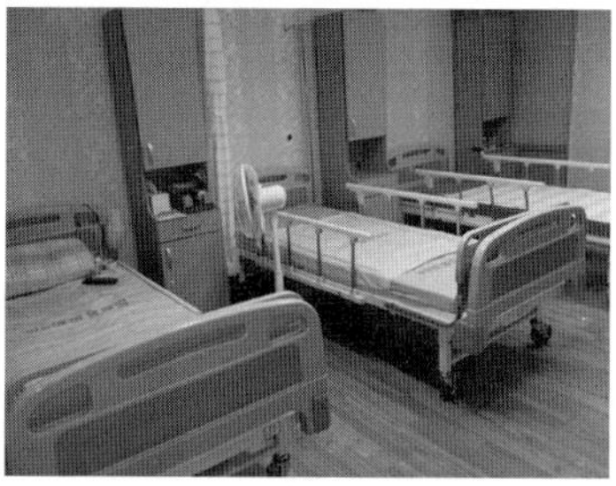

3. 노인의료복지시설의 입소대상자 및 입소절차

1) 입소대상자

① 법 제34조에 따른 노인의료복지시설의 입소대상자는 다음 각 호와 같다.

1. 노인요양시설 · 노인요양공동생활가정 : 다음 각 목의 어느 하나에 해당하는 자로서 노인성질환 등으로 요양을 필요로 하는 자

   가. 「노인장기요양보험법」 제15조에 따른 수급자(이하 "장기요양급여수급자"라 한다)

   나. 「국민기초생활 보장법」 제7조제1항제1호에 따른 생계급여 수급자 또는 같은 항 제3호에 따른 의료급여 수급자로서 65세 이상의 자

   다. 부양의무자로부터 적절한 부양을 받지 못하는 65세 이상의 자

   라. 입소자로부터 입소비용의 전부를 수납하여 운영하는 노인요양시설 또는 노인요양공동생활가정의 경우는 60세 이상의 자

② 제1항제1호에도 불구하고 입소대상자의 배우자는 65세 미만(입소자로부터 입소비용의 전부를 수납하여 운영하는 노인요양시설 또는 노인요양공동생활가정의 경우에는 60세 미만)인 경우에도 입소대상자와 함께 입소할 수 있다.

2) 노인복지시설의 입소절차(노인복지법 시행규칙 17조)

수급대상자가 당해 시설에 입소하고자 하는 때에는 입소신청서에 다음의 서류를 첨부하여 주소지를 관할하는 특별자치시장 · 특별자치도지사 · 시장 · 군수 · 구청장에게 제출하여야 한다.

1. 건강진단서 1부

2. 입소신청사유서 및 관련 증빙자료 각 1부(「국민기초생활 보장법」 제7조제1항제1호에 따른 생계급여 수급자 또는 같은 항 제3호에 따른 의료급여 수급자의 경우에는 제외한다) 신청을 받은 특별자치시장 · 특별자치도지사 · 시장 · 군수 · 구청장은 신청일 부터 10일 이내에 입소대상자의 건강상태와 부양의무자의 부양능력 등을 심사하여 입소여부와 입소시설을 결정한 후 이를 신청인 및 당해 시설의 장에게 통지하여야 한다.

또한 노인요양시설 또는 노인요양공동생활가정에 입소하고자 하는 자는 국 · 공립병원, 보건소 또는 제8조의 규정에 의한 건강진단기관이 발행한 건강진단서를 당해 시설의 장에게 제출하여야 한다.

3) 노인의료복지시설의 건강관리 운영기준

입소자 및 직원에 대해서는 연 1회 이상의 결핵 검진을 포함한 건강진단을 하여야 하고, 매월 입소자의 구강건강 상태를 확인하여야 하며, 그 결과 건강이 좋지 않은 사람에 대해서는 그 치료를 위하여 필요한 조치를 하여야 한다.

수행 Tip!

• 노인장기요양포털 및 장기요양기관의 홈페이지를 검색하여 수급자관리에 참고한다.

제4장

장기요양 급여기준 및 비용산정

4-1 | 요양급여 제공기준 및 급여비용 산정방법

4-2 | 요양급여비용 산정방법 세부사항

4-1 요양급여 제공기준 및 급여비용 산정방법

학습목표

1 | 장기요양급여비용 산정방법에 의하여 비용을 산정할 수 있다.

1. 장기요양급여기준

1) 장기요양급여 개요

(1) 개요

「노인장기요양보험법」 제23조제3항에 의거하여 같은 법 시행규칙 제12조부터 19조까지 장기요양급여의 제공기준 · 절차 · 방법 · 범위 등을 등을 정하고 있으며, 적정한 급여제공을 위한 세부기준에 관한 사항은 보건복지부장관이 정하여 고시하도록 위임하고 있다.

(2) 장기요양급여 제공

장기요양기관은 수급자 개인의 장기요양급여의 종류 및 내용에 대한 선택권을 존중하고 자립생활을 할 수 있도록 지원하여야 하며, 수급자의 심신상태에 따라 적정한 급여를 제공하여야 한다고 되어 있다. 적정한 급여 제공을 위한 세부기준에 관한 사항은 보건복지부장관이 정하여 고시하고 있으며, 또한 장기요양기관이 본인일부부담금을 수급자에게 청구하는 경우에는 법령에 따라 인정되는 비용 외에 입소보증금 등 다른 명목으로 비용을 청구하여서는 아니 된다고 되어있다.

(3) 수급자에 대한 안내

장기요양기관은 운영규정의 개요, 종사자 근무체계, 제공하는 장기요양급여의 종류, 비급여 대상 및 항목별 비용, 그 밖에 장기요양급여의 선택에 도움이 되는 중요 사항을 수급자가 잘 볼 수 있는 곳에 게시하여야 한다.

(4) 장기요양급여 대상여부의 확인

수급자는 본인일부 부담금의 적정여부와 본인이 부담한 비용이 비급여대상인지를 공단에 확인 요청할 수 있으며, 확인요청을 받은 공단은 그 결과를 해당 수급자에게 통보하여야 한다. 이 경우 장기요양기관이 과다하게 징수한 금액(과다본인부담금)이 있는 것으로 확인되면 그 내용을 관련 장기요양기관에 통보하여야 한다. 통보받은 장기요양기관은 과다본인부담금을 지체 없이 해당 수급자에게 지급하여야 한다.

(5) 본인부담금환급금

본인부담금환급금이란 요양기관이 장기요양보험 수급자에게 청구한 비용을 건강보험공단에서 심사한 결과 수급자가 납부한 본인부담금이 법정본인부담금보다 과다하게 납부되었다고 결정될 경우 과다 납부한 본인부담 금액을 요양기관에 지급할 진료비에서 공제하여 가입자 및 피부양자에게 환급하여주는 제도이다.

2. 급여비용 산정 및 비용계산

1) 재가 및 시설급여 산정방법

재가 및 시설급여비용은 기본적으로 장기요양기관의 운영에 필요한 인력수 및 인건비, 관리운영비 등 운영비를 기초하여 급여의 종류에 따라 다음과 같은 방법으로 산정한다.

표 4-1 재가 및 시설급여비용 산정방법

급여종류		산정방법(기준)
재가급여	방문요양 및 방문간호	방문 당 제공시간을 기준으로 산정
	방문목욕	방문횟수를 기준으로 산정
	주 · 야간 보호	장기요양 등급 및 1일당 급여제공시간을 기준으로 산정
	단기보호	장기요양 등급 및 급여제공일수를 기준으로 산정
	기타재가급여(복지용구)	수급자의 일상생활 또는 신체활동지원에 필요한 용구의 품목별, 제공방법별 기준으로 산정
시설급여		장기요양 등급 및 급여제공일수를 기준으로 산정

2) 월 한도액 및 급여비용

「노인장기요양보험법」 제28조, 시행규칙 제22조와 「노인장기요양보험법」 제28조(장기요양급여의 월 한도액) 및 노인장기요양보험법 시행규칙 제22조(장기요양급여의 월 한도액)에 의거, 장기요양급여는 월 한도액 범위 안에서 제공하여야 한다.

3) 본인일부부담금 감경 사항

「노인장기요양보험법」 제28조, 시행규칙 제22조와 「노인장기요양보험법」 제40조, 같은 법 시행규칙 제4조 및 제36조에 따라 소득 · 재산 등이 일정금액 이하인자에 대하여 저소득 계층의 장기요양급여이용의 활성화를 도모하고자 장기요양급여이용 시에 본인일부부담금의 50%를 감경(減輕)해드리고 있다.

3. 비급여 대상 및 관리

1) 장기요양급여의 비급여항목

노인장기요양보험법 시행규칙 제14조에서 규정하는 장기요양 비급여에 대한 비용은 원칙적으로 해당 서비스를 제공하기 위한 실제 소요비용(실비)을 산정하여야 하며, 사실상 다른 명목의 비용을 비급여 항목 내에 포함시켜서는 안 된다.

① 법 제23조제1항에 따른 장기요양급여의 범위에서 제외되는 사항(비급여대상)은 다음 각 호와 같다.

1. 식사재료비
2. 상급침실 이용에 따른 추가비용: 노인요양시설 또는 노인요양공동생활가정에서 본인이 원하여 1인실 또는 2인실을 이용하는 경우 장기요양에 소요된 총 비용에서 제1호 · 제3호 및 제4호의 비용과 장기요양급여비용을 제외한 금액
3. 이 · 미용비
4. 그 외 일상생활에 통상 필요한 것과 관련된 비용으로 수급자에게 부담시키는 것이 적당하다고 보건복지부장관이 정하여 고시한 비용

그림 4-1 비급여 대상 세부기준

기본원칙

법정 비급여
* 식재료비
* 이 · 미용비
* 상급병실료
(시행규칙 제14조) 품목 이외 비용은 기관에서 임의로 수납 불가

비급여 비용은 원칙적으로 실비를 산정, 사실상 다른 명목의 비용을 비급여 항목 내에 포함시킬 수 없음

※ 실비 수납 가능 항목
- 주 · 야간 보호 이용하는 수급자의 기저귀 비용
- 원거리 외출에 소요되는 교통비
- 수급자의 희망에 의한 일상용품 구입비용(기호품 구입 등)
- 수급자의 희망에 의해 외부인을 초빙하여 받은 개별 프로그램비

2) 비급여 항목의 세부기준

비급여 항목의 세부기준에 대한 사례는 다음과 같다.

비급여 항목 세부기준

1. 비급여 항목

(1) 식사 재료비

① 경관영양 유동식을 자체 조제하거나 완제품을 사용한 경우에 소요된 비용은 식사 재료비의 일종으로서 본인이 전액 부담함.(단, 경관영양튜브를 관리하고 유동식 주입 소요되는 간호사 행위료와 식사 제공을 위한 인건비(영양사, 조리원 등)와 조리비용(연료비, 수도요금 등)은 수가에 포함되어 있음으로 비급여항목이 아님)

② 간식도 식재료비의 일종으로 비급여 항목으로 수납 가능함.

(2) 상급침실 이용료

1인실 또는 2인실을 이용하는 경우 일반실에 비해 추가적 소요되는 비용 침실료 차액

(예) 일반실 이용비용이 월 150만원(수가+기타 비급여 비용)이고 1인실 이용 총비용이 월 170만원인 경우 그 차액(20만원)에 대한 비급여.

※ 상급침실은 반드시 고정된 벽으로 다른 공간과 구분되고, 독립된 출입문을 갖추며, 노인복지법 시설 · 설비기준에 의거한 1인당 면적기준(6.6㎡)을 충족하여야 함(벽면을 불완전하게 차단하는 파티션이나 커튼 등은 불가함)

(3) 이 · 미용비

수급자의 희망에 의해 이 · 미용사를 초빙해서 커트, 파마, 염색 등의 서비스를 받을 경우 비급여 가능함(다만, 정기적으로 시설종사자 · 자원봉사자에 의해 제공되는 기본적인 위생관리 차원의 이 · 미용 서비스는 비급여 항목이 아님)

※ 손 · 발톱 정리 등 일상적인 용모손질은 기본적인 신체활동 서비스는 비급여 항목 아님.

2. 비급여 항목 외 실비 수납기준

(1) 기본원칙

장기요양기관은 서비스를 제공하는 과정에서 법정급여에 기본적으로 포함되는 항목과 비급여 대상으로 별도로 정한 항목 외에 다른 비용을 임의로 수납할 수 없음(단, 수급자가 개별적 요구하는 물품 및 용역을 시설에서 구매하여 제공하는 경우 실비 수납 가능)

(2) 세부 항목별 기준

① 주 · 야간보호를 이용하는 수급자의 기저귀 비용은 시설에서 수급자의 사용량에 따른 기저귀 실비 수납 가능(수급자가 직접 구입한 기저귀 사용을 원할 경우 사용 가능)

② 원거리 외출을 위해 택시 · 버스 등 다른 교통수단 이용 시 비용 시설에서 교통비를 먼저 지불하고 수급자로부터 비용 수납 가능(교통수단 이용 시 수급자가 직접 비용 지불 가능)

③ 외출 또는 병원방문을 위해 시설 또는 의료기관의 차량을 이용한 경우 소요되는 비용은 수급자의 편의를 위해 제공되어야 할 서비스 영역이므로 별도 수납 불가함.

※ 예) 의료기관 구급차를 이용하여 수급자를 병원에 이송한 경우(다만 수급자의 요구에 따라 원거리 병원 등을 이용할 경우 별도비용 수납 가능)

④ 기호품 등 수급자의 희망에 의한 일상용품 구입비용((예) 전동칫솔, 개인용 화장품, 향수, 미용용품, 개인 취미생활 용품, 건강기능식품 등에 드는 비용 등)

※ 시설에서 일률적으로 제공되는 일상용품(휴지, 비누, 수건, 실내화, 가운 등)에 대해서는 비용 수납 불가함(다만, 시설에서 통상적으로 제공하지 않는 물품을 수급자의 요청에 의한 개별적인 구입에 따른 비용은 그 실비를 수급자가 부담)

⑤ 각종 프로그램 비용(수급자의 개별적인 희망에 의해 외부의 서비스 제공자가 개인을 대상으로 제공하는 프로그램 · 서비스에 대해서 수급자가 실비 부담 가능)

※ 원칙적으로 프로그램 운영은 장기요양급여의 일환으로서 제공되는 기본 서비스 범주에 들어가므로 별도로 비용 수납 불가함((예) 음악치료, 미술치료, 레크리에이션, 웃음치료 등 프로그램 운영비용(강사료와 재료비 포함)

(3) 기타사항

① 법령에 명시된 비급여 항목 또는 상기 비용수납 가능항목을 제외하고는 일체의 비용을 받을 수 없음

② 욕창처치, 인슐린 주사, 복막투석 등 전문 간호비용은 별도 비용수납 불가하며, 또한 방문서비스(방문요양 · 목욕 · 간호) 제공 시 요양보호사나 간호사의 교통비에 대해 수급자에게 별도 추가 부담 불가함.

③ 비급여 항목과 그 외 실비 부담에 따른 비용 수납 사항에 대한 기본적인 기준과 예시는 상기 내용과 같으나, 구체적인 사항에 대한 검토가 필요한 경우 이는 개별 사례별로 유권해석을 실시함

④ 노인요양시설 입소 전 또는 입소 중에 수급자로 하여금 침대, 휠체어, 욕창방지 매트리스 등 복지용구를 구입 또는 대여해 오도록 요구하거나 유도해서는 안 됨

⑤ 다만, 수급자가 원래 사용하던 복지용구 등 물품을 요양시설로 가지고 오는 것은 가능함

(자료참고: 국민건강보험공단 노인장기요양보험)

2. 장기요양급여 제공기준 및 급여비용 산정방법

2-1. 목적 및 일반원칙

(1) 목적

이 고시(보건복지부고시 제 2021-119호)는 「노인장기요양보험법」 제13조제3항, 제23조제1항 및 제3항, 제24조제2항, 제28조제2항, 제38조제4항, 제39조제1항 및 제3항, 제42조 및 같은 법 및 시행령 제12조제1항, 같은 법 시행규칙 제4조제1항, 제11조, 제12조, 제22조, 제32조 및 제36조제1항에 따라 장기요양급여 제공기준 및 급여비용 산정방법 등의 사항을 규정함을 목적으로 한다.

(2) 급여제공의 일반 원칙

① 장기요양급여는 수급자가 가족과 함께 생활하면서 가정에서 장기요양을 받는 재가급여를 우선으로 제공 한다.

② 수급자 중 장기요양등급이 1등급 또는 2등급인 자는 재가급여 또는 시설급여를 이용할 수 있고, 3등급부터 5등급까지인 자는 재가급여만을 이용할 수 있다. 다만, 3등급부터 5등급에 해당하는 자 중 다음의 어느 하나에 해당하여 등급판정위원회로부터 시설급여가 필요한 것으로 인정받은 자는 시설급여를 이용할 수 있다.

1. 주 수발자인 가족구성원으로부터 수발이 곤란한 경우
2. 주거환경이 열악하여 시설입소가 불가피한 경우
3. 치매 등에 따른 문제행동으로 재가급여를 이용할 수 없는 경우

③ 수급자 중 인지지원등급 수급자는 주 · 야간보호급여(주 · 야간보호 내 치매전담실 포함), 제36조의2제2항에 따른 단기보호급여 및 기타재가급여만을 이용할 수 있다.

(3) 적정급여 제공

① 장기요양급여는 장기요양인정서의 장기요양급여의 종류 및 내용에 따른 표준장기요양이용계획서(장기요양 문제, 장기요양 목표, 장기요양 필요영역, 장기요양 필요내용, 수급자 희망급여, 유의사항, 장기요양 이용계획 및 비용 등)에 따라 필요한 범위 안에서 적정하게 제공하여야 한다.

② 수급자와 장기요양기관은 「노인장기요양보험법」(이하 "법"이라 한다) 제28조의2에 따라 수급자의 가족만을 위한 행위, 수급자 또는 그 가족의 생업을 지원하는 행위, 그 밖

에 수급자의 일상생활에 지장이 없는 행위를 요구하거나 제공하여서는 아니 된다.

③ 노인장기요양보험법 시행령제9조에 따른 복지용구(이하 "복지용구"라 한다)의 적정 급여범위 및 기준 등에 대하여는 이 고시에 특별한 규정이 있는 경우를 제외하고는 「복지용구 급여범위 및 급여기준 등에 관한 고시」에서 정한 바에 따른다.

(4) 급여의 중복제공 금지

장기요양기관은 다음 각 호에 따라 장기요양급여를 중복하여 제공하여서는 아니 된다.

1. 타 법령에 따른 사회복지시설에 입소중인 수급자에게는 장기요양급여를 제공할 수 없다. 다만, 다음 각 목에 해당하는 수급자에게는 필요한 경우 재가급여를 제공할 수 있다.
   가. 국가나 지방자치단체로부터 사회복지사업법 제42조제1항에 따른 보조금을 지원받지 않는 사회복지시설에 입소중인 수급자
   나. 노인복지법 제32조에 따른 노인복지주택에 입소중인 수급자
2. 의료기관(공공보건의료기관 포함)에 입원 중인 수급자에게는 장기요양급여를 제공할 수 없다.
3. 시설급여를 제공하는 장기요양기관(노인요양시설, 노인요양공동생활가정)에 입소한 수급자에게는 재가급여 및 특별현금급여를 제공할 수 없다.
4. 방문간호(치과위생사가 제공 제외)는 「국민건강보험 요양급여의 기준에 관한 규칙」 별표1의 가정간호와 동일한 날에 제공하여서는 아니 된다.
5. 인지지원등급 수급자가 「치매관리법」 제17조에 따라 설치된 치매안심센터에서 인지기능향상을 위한 쉼터 프로그램 등을 제공받는 기간 동안에는 주야간보호급여를 제공할 수 없다.

(5) 장기요양급여심사위원회

국민건강보험공단은 다음의 사항을 심의하기 위하여 장기요양급여심사위원회를 두며, 위원장 1인을 포함하여 10인 이하의 위원으로 구성한다.

1. 급여제공기준의 세부사항 설정 및 보완에 관한 사항
2. 급여비용 및 산정방법의 세부사항 설정 및 보완에 관한 사항
3. 급여비용 심사기준 개발 및 심사조정에 관한 사항
4. 기타 공단 이사장이 필요하다고 인정한 사항

2-2. 장기요양기관 및 종사자의 준수사항

(1) 장기요양급여제공의 절차

① 장기요양기관 및 종사자는 법 제3조제1항에 따라 수급자의 심신상태 · 생활환경과 수급자 및 그 가족의 욕구 · 선택을 종합적으로 고려하여 필요한 범위 안에서 이를 적정하게 제공하고 같은 조 제3항에 따라 수급자의 심신 상태나 건강 등이 악화되지 않도록 의료서비스와 연계하여 제공하여야 한다.

② 장기요양기관은 법 제27조제4항과 「노인장기요양보험법」시행규칙(이하 "규칙"이라 한다) 제16조제3항에 따라 급여계약을 체결할 때에는 수급자별 급여제공계획을 수립하고 수급자 또는 그 가족의 동의를 받아야 한다.

③ 장기요양기관은 수급자와 장기요양급여 계약을 체결하거나 계약의 내용을 변경한 경우 규칙 제16조제4항에 따라 지체없이 장기요양 급여계약통보서를 공단에 통보하여야 한다.

④ 장기요양기관은 법 제31조 및 제32조에 따른 시설 및 인력기준을 갖추어 급여를 제공하여야 하며, 다음 각 호의 원칙을 준수하여야 한다.

1. 장기요양기관 종사자는 「노인복지법 시행규칙」 별표4 제6호, 별표9 제4호 및 규칙 별표1 제3호에 따라 해당 기관의 장(법인의 대표자)과 문서에 의한 근로계약을 체결하고 특별자치시장 · 특별자치도지사 · 시장 · 군수 · 구청장에 신고한 직종으로 해당 기관에서 근무하여야 한다.
2. 시설장(관리책임자)은 상근하여야 하며 상근시간외에도 응급상황 등에 대처할 수 있도록 대비하여야 한다.
3. 방문요양, 방문목욕, 방문간호 급여를 제공하는 장기요양기관의 시설장은 해당 기관에서 요양보호사로 근무할 수 없다.

⑤ 장기요양기관은 법 제23조제3항에 따른 장기요양급여의 제공기준 · 절차 및 방법 등에 따라 장기요양급여를 제공하여야 하며, 종사자는 급여제공을 위하여 필요한 방법 및 절차 등 요령을 숙지하여 수급자에게 안전한 방법으로 급여를 제공한다. 이 경우 공단 이사장이 제시하는 급여제공매뉴얼을 참고할 수 있다.

(2) 장기요양급여제공 기록

① 장기요양기관은 제6조제3항에 따른 급여계약통보서의 내용에 따라 급여를 제공하고

규칙 제18조에 따라 그 내용을 장기요양급여 제공기록지(별지 제12호, 제13호, 제14호, 제16호 서식)에 기재 · 관리하고, 수급자에게 제공하여야 한다.

② 급여제공기록지 제공주기는 다음 각 호와 같다.

1. 가정방문급여의 급여제공기록지는 주(월요일부터 일요일까지) 1회 이상 제공한다. 다만, 공단이 운영하는 가정방문급여 관련 기록, 전송시 재가급여전자관리시스템으로 전송한 경우에는 월 1회 이상 제공한다.
2. 주 · 야간보호, 단기보호 및 시설급여의 급여제공기록지는 월 1회 이상 제공한다.

③ 급여제공기록지 제공 방법 등은 공단 이사장이 정한다.

■ 노인장기요양보험법 시행규칙 [별지 제16호서식] 〈개정 2019. 9. 27.〉

장기요양급여 제공기록지(시설급여/단기보호)

(앞쪽)

수급자명	생년월일	장기요양등급	장기요양인정번호	침실 호(실)
장기요양기관명			장기요양기관기호	

수급자 상태		
	□ 와상 □ 준와상 □ 자립	□ 치매 □ 중풍 □ 고혈압 □ 당뇨 □ 관절염 □ 기타( )
	□ 기관지절개관 □ 틀니(부분/전체) □ 비위관(鼻胃管, L-tube) □ 고정소변배출관(유치도뇨관) □ 방광루 □ 요루(요도샛길) □ 장루(창자샛길) □ 기저귀 □ 욕창(부위 :) □ 욕창방지 보조도구( )	

( )년 월/일			/	/	/
신체활동 지원	세면, 구강청결, 머리감기, 몸단장, 옷 갈아입기 도움 등		□	□	□
	목욕		□ ( )	□ ( )	□ ( )
	식사	종류	□ 일반식 □ 죽 □ 유동식(튜브영양공급식)	□ 일반식 □ 죽 □ 유동식(튜브영양공급식)	□ 일반식 □ 죽 □ 유동식(튜브영양공급식)
		섭취량	□ 1 □ 1/2이상 □ 1/2미만	□ 1 □ 1/2이상 □ 1/2미만	□ 1 □ 1/2이상 □ 1/2미만
	체위변경 (2시간마다)		□	□	□
	화장실이용하기 (기저귀 교환)		회	회	회
	이동도움 및 신체기능유지 · 증진		□	□	□
	산책(외출) 동행		□ 산책 / □ 외출	□ 산책 / □ 외출	□ 산책 / □ 외출
	특이사항				
	작성자 성명		(서명)	(서명)	(서명)
인지관리 및 의사소통	인지관리 지원		□	□	□
	의사소통도움 등 말벗, 격려		□	□	□
	특이사항				
	작성자 성명		(서명)	(서명)	(서명)
건강 및 간호관리	혈압/체온		/	/	/
	건강관리 (분)		□	□	□
	간호관리 (분)		□	□	□
	기타(응급서비스)		□	□	□
	특이사항				
	작성자 성명		(서명)	(서명)	(서명)
기능회복 훈련	신체 · 인지기능 향상 프로그램				
	신체기능,기본동작, 일상생활동작훈련		□	□	□
	인지기능향상훈련		□	□	□
	물리(작업)치료		□	□	□
	특이사항				
	작성자 성명		(서명)	(서명)	(서명)
수급자의 입 · 퇴소시간, 외박 및 복귀시간, 외출시간					

210mm×297mm[백상지 80g/㎡]

■ 노인장기요양보험법 시행규칙 [별지 제14호서식] 〈개정 2019. 9. 27.〉

장기요양급여 제공기록지(방문간호)

(앞쪽)

장기요양기관기호	장기요양기관명	장기요양등급
수급자 성명	생년월일	장기요양인정번호

방문간호 지시서	의료기관 명칭	발급일자	유효기간	의사면허번호	방문횟수
					주 회

( )년 월 일		시작시간	:	종료시간	:	총시간	:
기본		혈압		맥박		체온	
내용	질병관리	분		영양관리	분		
	배설관리	분		신체훈련	분		
	인지훈련	분		교육 · 상담	분		
특이사항							
확인	장기요양요원 성명	(서명 또는 인)		수급자 또는 보호자 성명	(서명 또는 인)		

( )년 월 일		시작시간	:	종료시간	:	총시간	:
기본		혈압		맥박		체온	
내용	질병관리	분		영양관리	분		
	배설관리	분		신체훈련	분		
	인지훈련	분		교육 · 상담	분		
특이사항							
확인	장기요양요원 성명	(서명 또는 인)		수급자 또는 보호자 성명	(서명 또는 인)		

( )년 월 일		시작시간	:	종료시간	:	총시간	:
기본		혈압		맥박		체온	
내용	질병관리	분		영양관리	분		
	배설관리	분		신체훈련	분		
	인지훈련	분		교육 · 상담	분		
특이사항							
확인	장기요양요원 성명	(서명 또는 인)		수급자 또는 보호자 성명	(서명 또는 인)		

210mm×297mm[백상지 80g/㎡(재활용품)]

(뒤쪽)

작성방법 및 유의사항
1. 기본 수급자의 혈압, 맥박, 체온을 적습니다. 2. 내용 각 항목별 내용의 급여제공시간을 적습니다. 1) 질병관리: 투약관리, 호흡관리, 상처관리, 욕창간호를 제공 2) 영양관리: 경관영양,비위관(鼻胃管, L-tube) 교환 등을 제공 3) 배설관리: 소변줄, 방광세척, 방광훈련, 장루(창자샛길)관리, 관장 등을 제공 4) 신체훈련: 관절오그라듦 방지를 위한 훈련을 제공 5) 인지훈련: 인지기능장애 완화를 위한 훈련을 제공 6) 교육 · 상담: 보호자나 수급자 교육, 가족상담 등을 제공 3. 특이사항 수급자 상태, 처치내용 또는 가족 상담 · 교육 내용 등을 자세히 적습니다. 예) 욕창부위 및 소독(dressing) 빈도, 방광훈련 방법 가족 지지체계 및 지역사회 자원 등 상담

■ 노인장기요양보험법 시행규칙 [별지 제12호서식] 〈개정 2019. 9. 27.〉

장기요양급여 제공기록지(방문요양)

(앞쪽)

수급자 성명	생년월일	장기요양등급	장기요양인정번호
장기요양기관명		장기요양기관기호	

구분		( )년 월/일	/	/	/	/	/	/	/
일정관리	제공시간	총시간	분	분	분	분	분	분	분
		시작시간	:	:	:	:	:	:	:
		종료시간	:	:	:	:	:	:	:
서비스제공	신체활동지원	세면 · 구강관리, 머리감기 · 목욕 · 옷갈아입히기 · 화장실이용하기 · 식사 · 이동도움 · 체위변경 등	분	분	분	분	분	분	분
	인지활동지원	인지자극활동	분	분	분	분	분	분	분
		일상생활 함께하기	분	분	분	분	분	분	분
	정서지원	말벗, 격려	분	분	분	분	분	분	분
	가사 및 일상생활 지원	식사준비, 청소, 세탁 등	분	분	분	분	분	분	분
변화상태	신체기능	1 호전 2 유지 3 악화	1 2 3	1 2 3	1 2 3	1 2 3	1 2 3	1 2 3	1 2 3
	식사기능	1 호전 2 유지 3 악화	1 2 3	1 2 3	1 2 3	1 2 3	1 2 3	1 2 3	1 2 3
	인지기능	1 호전 2 유지 3 악화	1 2 3	1 2 3	1 2 3	1 2 3	1 2 3	1 2 3	1 2 3
	배변변화	대변 실수 횟수	회	회	회	회	회	회	회
		소변 실수 횟수	회	회	회	회	회	회	회
특이사항	/								
	/								
	/								
	/								
	/								
	/								
	/								
서명		장기요양요원 성명 (서명)							
		수급자 또는 보호자 성명 (서명)							

210mm×297mm[백상지 80g/㎡(재활용품)]

■ 노인장기요양보험법 시행규칙 [별지 제13호서식] 〈개정 2015.12.31.〉

장기요양급여 제공기록지(방문목욕)

(앞쪽)

수급자 성명	생년월일	장기요양등급	장기요양인정번호
장기요양기관명		장기요양기관기호	

( )년 월 일		총시간	분	시작시간	:	종료시간	:
차 량	차량 이용 ※차량번호 ( )	[ ] 차량내 목욕		[ ] 가정내 목욕			
	차량 미이용	[ ] 가정내(이동식)욕조	[ ] 장기요양기관	[ ] 대중목욕탕			
제공 방법		[ ] 전신 입욕	[ ] 침상	[ ] 목욕의자			
상태확인	목욕 전	[ ] 배뇨 · 배변	[ ] 욕창	[ ] 얼굴색 · 피부색			
	목욕 후	[ ] 얼굴색 · 피부색	[ ] 몸단장	[ ] 주변정리			
특이 사항							
서명	장기요양요원 성명	(서명) (서명)	수급자 또는 보호자 성명	(서명)			

( )년 월 일		총시간	분	시작시간	:	종료시간	:
차 량	차량 이용 ※ 차량번호 ( )	[ ] 차량내 목욕		[ ] 가정내 목욕			
	차량 미이용	[ ] 가정내(이동식)욕조	[ ] 장기요양기관	[ ] 대중목욕탕			
제공 방법		[ ] 전신 입욕	[ ] 침상	[ ] 목욕의자			
상태 확인	목욕 전	[ ] 배뇨 · 배변	[ ] 욕창	[ ] 얼굴색 · 피부색			
	목욕 후	[ ] 얼굴색 · 피부색	[ ] 몸단장	[ ] 주변정리			
특이 사항							
서명	장기요양요원 성명	(서명) (서명)	수급자 또는 보호자 성명	(서명)			

( )년 월 일		총시간	분	시작시간	:	종료시간	:
차 량	차량 이용 ※차량번호 ( )	[ ] 차량내 목욕		[ ] 가정내 목욕			
	차량 미이용	[ ] 가정내(이동식)욕조	[ ] 장기요양기관	[ ] 대중목욕탕			
제공 방법		[ ] 전신 입욕	[ ] 침상	[ ] 목욕의자			
상태 확인	목욕 전	[ ] 배뇨 · 배변	[ ] 욕창	[ ] 얼굴색 · 피부색			
	목욕 후	[ ] 얼굴색 · 피부색	[ ] 몸단장	[ ] 주변정리			
특이 사항							
서명	장기요양요원 성명	(서명) (서명)	수급자 또는 보호자 성명	(서명)			

210mm×297mm[백상지 80g/㎡]

■ 노인장기요양보험법 시행규칙 [별지 제16호의2서식] 〈개정 2019. 6. 12.〉

장기요양급여 제공기록지(복지용구)

※ 뒤쪽의 아래의 유의사항을 읽고 작성하여 주시기 바라며, [ ]에는 해당되는 곳에 √표를 합니다. (앞쪽)

수급자 성명	생년월일	장기요양등급	장기요양인정번호
장기요양기관명		장기요양기관기호	

[ ]구입 [ ]대여

① 품목명	② 제품명	③ 복지용구 표준코드	④ 급여비용	⑤ 판매일 또는 대여기간	급여비 내역(원)		
					⑥ 총액	⑦ 본인 부담금	⑧ 공단 부담액

특이사항		
확인자	사업소 담당자	(서명 또는 인)
	수급자 또는 보호자	(서명 또는 인)
		수급자와의 관계 : [ ]본인 [ ]가족 [ ]친족 [ ]기타( )

확인일시	년 월 일	확인방법	[ ]방문 [ ]유선

210mm×297mm[백상지 80g/㎡(재활용품)]

(3) 장기요양급여제공내용 안내

① 장기요양기관 및 종사자는 장기요양에 필요한 사항이나 지식을 수급자 또는 그 가족 등에게 이해하기 쉽도록 설명하고 안내한다.

② 장기요양기관 및 종사자는 급여제공과정에서 수급자의 질병악화 등으로 의료기관의 치료 또는 의료적 처치가 필요하다고 판단하는 때에는 보호자 등에게 이를 알리고 필요한 조치를 하여야 한다.

(4) 비밀보장 및 학대행위의 금지

① 장기요양기관에 종사하고 있거나 종사하였던 자는 법 제62조제1호에 따라 업무 수행 중 알게 된 수급자 및 그 가족의 개인 정보 등의 비밀을 다른 사람에게 누설하거나 직무상 목적 외의 용도로 이용하여서는 아니 된다.

② 장기요양기관 종사자는 성, 연령, 건강상태 및 장애, 경제상태, 종교 및 정치적 신념 등의 사유로 급여제공 과정에서 수급자를 차별 또는 학대해서는 아니 된다.

(5) 전문인배상책임보험 가입

장기요양기관은 종사자가 장기요양급여를 제공하는 과정에서 발생할 수 있는 수급자의 상해 등에 대비하여 다음 각 호에 따라 법률상 배상하여야 하는 손해를 보상하는 보험("전문인 배상책임보험")에 가입하여야 한다.

1. 시설급여기관, 주 · 야간보호 및 단기보호기관은 퇴소자와 외박자(제32조제3항에 따른 수급자 포함)를 제외한 수급자 전원에 대하여 적용되는 전문인 배상책임보험에 가입하여야 한다.
2. 가정방문급여를 제공하는 기관은 급여를 제공하는 종사자를 기준으로 전문인 배상책임보험에 가입하여야 한다.

(6) 종사자 처우개선

① 장기요양기관은 요양보호사 등 장기요양요원이 수급자 보호 및 업무능력 향상 등을 위한 교육을 받을 수 있도록 하고, 종사자의 근로환경이 개선될 수 있도록 노력하여야 하며, 급여비용에 포함되어 있는 최저임금과 요양보호사의 처우개선을 고려한 인상분을 지급하여야 한다.

② 방문요양 및 방문목욕 급여를 월 60시간 이상 제공하는 요양보호사가 공단 이사장이

지정하는 교육기관에서 직무교육을 이수한 경우 연 8시간에 한해 방문요양 급여제공 시간으로 인정할 수 있다.

(7) 인건비 지출비율

① 장기요양기관의 장은 법 제38조 제4항에 따라 급여유형별로 지급받은 장기요양급여비용 중 다음 표에 명시된 비율(인건비 지출비율)에 따라 그 일부를 장기요양요원에 대한 인건비로 지출하여야 한다.

구분	장기요양요원	인건비 지출비율(%)
노인요양시설	간호(조무)사 물리(작업)치료사 사회복지사 요양보호사	60.5
노인요양공동생활가정	간호(조무)사 물리(작업)치료사 사회복지사 요양보호사	65.0
주야간 보호	간호(조무)사 물리(작업)치료사 사회복지사 요양보호사	48.3
단기보호	간호(조무)사 물리(작업)치료사 사회복지사 요양보호사	58.5
방문요양	요양보호사 사회복지사	86.6
방문목욕	요양보호사	49.3
방문간호	간호(조무)사 치과위생사	59.5

② 제1항의 장기요양급여비용이란 제11조의4, 제18조, 제19조 제10항, 제20조, 제25조, 제28조, 제29조, 제31조, 제32조 제7항, 제33조, 제36조의3, 제37조, 제44조, 제56조, 제58조, 제59조, 제60조 및 제74조의 비용에 대하여 법 제38조제2항에 따라 공단이 심사하여 지급하기로 결정한 공단부담금과 본인일부부담금의 합계를 말한다.

③ 제1항의 인건비는 모든 장기요양요원에게 지급된 기본급여, 수당 등을 포함한 일체의

임금과 제11조에 따른 처우개선비, 제11조의4에 따른 장기근속 장려금 및 사회보험 기관부담금 및 퇴직적립금을 포함한다.

④ 제1항의 인건비 지출비율은 1년(1월 1일~12월 31일)간 제공된 급여에 대해서 장기요양기관이 장기요양요원에게 지급한 제3항에 따른 인건비가 제2항에 따른 장기요양급여비용에서 차지하는 비율을 말하고, 계산 결과 소수점 둘째자리에서 반올림한다.

⑤ 제1항에도 불구하고 노인요양공동생활가정 및 방문요양의 사회복지사는 아래 각 호에 해당하는 경우 장기요양요원으로 인정한다.

1. 노인요양공동생활가정 : 시설장 또는 사무국장이 배치된 기관의 사회복지사에 한함
2. 방문요양 : 사회복지사, 제57조제1항 각 호의 가산을 받는 간호(조무)사 및 팀장급 요양보호사를 포함한 수를 다음의 범위 내에서 인정

수급자 수	장기요양요원 인정 수
15명 이상 30명 미만	1명
30명 이상 60명 미만	2명
60명 이상 90명 미만	3명
90명 이상	4명

(8) 인건비 지출내역 제출

① 장기요양기관의 장은 매월 급여비용 청구 시 전월 장기요양요원의 인건비 지출내역을 전자문서교환방식으로 공단에 제출(별지 제11호-2호 서식)하여야 한다.

② 월 중 사업을 개시한 때에는 사업을 개시한 날이 속한 달의 다음 달 인건비 지출내역부터 제출한다.

③ 인건비 지출내역 제출방법, 절차, 시기 등은 공단 이사장이 정한다.

[별지 제11-2호서식]

인건비 지출내역서(　　년　　월분)

기관기호		기관명		급여유형	

(단위 : 원)

① 장기요양급여비용 (②+③-④)	② 공단부담금 (가산금 포함)	③ 본인일부부담금	④ 제외금액

(단위 : 명, 원)

( )월분 인건비 지출내역

구분	⑤ 실 배치인원	⑥ 임금 총액	⑦ 사회보험 기관부담금	⑧ 퇴직 적립금	⑨ 겸직 여부	⑩ 겸직 종사자인건비	⑪ 겸직종사자 인건비 지출기관의 급여유형
요양보호사					□		▼
사회복지사					□		▼
간호(조무)사					□		▼
물리(작업) 치료사					□		▼
⑫ 인건비(⑥+⑦+⑧+⑩)							

(단위 : 원, %)

⑬ 월 인건비 지출비율	%	⑫ 인건비	
		① 장기요양급여비용	

⑭ (　　)년 인건비 지출비율	%	1월	2월	3월	4월	5월	6월	7월	8월	9월	10월	11월	12월

「장기요양급여 제공기준 및 급여비용 산정방법 등에 관한 고시」 제11조의3제1항에 따른 인건비 지출내역을 제출합니다.

년　　월　　일

대표자 :　　　　(서명 또는 인)

국민건강보험공단 이사장 귀하

(9) 장기근속 장려금

① 일정기간 동안 기관기호가 동일한 장기요양기관에서 하나의 직종으로 계속 근무하고 있는 각 호에 따른 직종의 종사자에 대하여 장기근속 장려금을 산정할 수 있다.

1. 노인요양시설, 노인요양공동생활가정, 주야간보호, 단기보호 : 요양보호사, 사회복지사, 간호(조무)사, 물리(작업)치료사
2. 방문요양, 방문목욕, 방문간호 : 기관에서 직접 수급자 가정을 방문하여 서비스를 제공하는 요양보호사, 간호(조무)사, 치과위생사
3. 방문요양, 방문목욕, 방문간호 : 고시 제57조에 따른 업무를 수행하는 가산 대상 종사자[사회복지사, 팀장급 요양보호사 및 간호(조무)사]

② 제1항의 '일정기간'이라 함은 급여유형별 및 직종 별로 다음 각 호와 같다.

1. 제1항제1호 및 제3호에 해당하는 종사자 : 월 120시간 이상 계속하여 근무한 기간이 36개월 이상
2. 제1항제2호에 해당하는 종사자 : 월 60시간 이상 계속하여 근무한 기간이 36개월 이상

③ 제1항의 '기관기호가 동일한 장기요양기관에서 계속 근무한다' 함은 퇴사, 휴직 등 없이 하나의 기관(기관기호가 동일한 장기요양기관)에서 장기근속 장려금 산정 시점까지 계속 근무하는 것을 말하며, 다음 각 호의 어느 하나에 해당하는 경우에는 기관기호가 동일한 장기요양기관에서 계속 근무한 것으로 본다.

1. 종사자가 휴직 및 퇴사 후 3개월 이내 해당기관으로 복직 또는 재취업하는 경우. 다만 이 경우 휴직 및 퇴사 기간은 근무기간에 산입하지 아니함
2. 종사자가 월 120시간 미만(제1항제2호에 해당하는 종사자는 월 60시간 미만) 근무한 달이 3개월 이내인 경우. 다만 이 경우에는 근무기간에 산입하지 아니함
3. 제1호 및 제2호에도 불구하고 제1항제2호에 해당하는 종사자의 근속기간을 산정할 때에는 최초 장기근속 장려금 산정 시점으로부터 최근 48개월의 기간 중에는 제1호 및 제2호의 3개월 이내를 12개월 이내로 적용한다.
4. 남녀고용평등과 일 · 가정 양립 지원에 관한 법률 제19조제1항의 육아휴직 후 해당 장기요양기관으로 복직하는 경우 3년의 범위 내에서 해당 기관에서 계속 근무한 것으로 보며, 1년의 범위 내에서 근무기간에 산입한다. 다만, 육아휴직 기간 동안에는 장기근속장려금을 지급하지 아니한다.

5. 대표자가 동일한 장기요양기관으로 기관기호 및 급여유형이 다른 기관에서 근무한 경우(이 경우 한 개의 장기요양기관에 대해서만 장기근속 장려금을 산정함)
6. 근무하고 있는 장기요양기관이 급여유형이 변경되어 장기요양기관기호가 변경된 경우
7. 근무하고 있는 장기요양기관이 중간에 합병 또는 포괄적 양수 · 양도 등으로 인해 장기요양기관기호가 변경되었다고 하더라도 직원에 대한 포괄적 고용승계가 이루어진 경우
8. 그 밖의 공단 이사장이 정하는 경우

④ 요양보호사 또는 간호(조무)사가 제57조의 업무를 수행한 기간은 1회에 한해 시장 · 군수 · 구청장에게 신고한 직종인 요양보호사 또는 간호(조무)사로 계속 근무한 것으로 본다. 다만, 제57조의 업무를 수행하던 요양보호사 또는 간호(조무)사가 그 업무를 수행하지 않게 된 경우에는 제57조에 따른 업무기간은 근무기간 산정에서 제외한다.

⑤ 장기근속 장려금은 다음 각 호를 충족하는 종사자에게 지급하며, 계속근무기간에 따라 종사자 1인당 다음과 같이 산정한다.

계속근무기간	36개월 이상 60개월 미만	60개월 이상 84개월 미만	84개월 이상
금액(원/월)	60,000	80,000	100,000

※ 위 금액에는 사회보험기관부담금 및 퇴직적립금이 포함되어 있음

1. 제1항제1호 및 제3호에 해당하는 종사자 : 제2항제1호를 충족하며 장기근속 장려금을 산정하는 달에 120시간 이상 근무
2. 제1항제2호에 해당하는 종사자 : 제2항제2호를 충족하며 장기근속 장려금을 산정하는 달에 60시간 이상 근무

⑥ 종사자가 대표자가 다른 두 개 이상 장기요양기관에서 근무하고 있는 경우, 각각의 장기요양기관에서 근무한 기간 및 근무시간이 장려금 산정 기준에 충족하면 동일인에 대해 장기요양기관별로 장기근속 장려금 산정이 가능하다.

⑦ 근무기간 및 근무시간 산정에 대한 세부적인 사항은 공단 이사장이 정한다.

⑧ 장기요양기관의 장은 공단으로부터 지급받은 장기근속 장려금을 제1항의 각호에 따른 종사자에게 지급하여야 한다.

2-3. 재가급여 제공기준 및 급여비용 산정방법

1) 재가급여 제공기준의 일반원칙

(1) 재가급여 제공기준

법 제23조제1항제1호에 따른 재가급여를 제공하는 장기요양기관은 수급자가 가족과 함께 생활하면서 가정에서 스스로 일상생활을 유지할 수 있도록 하는데 도움을 주는 방향으로 장기요양급여를 제공하여야 하며, 수급자의 재가급여 월 한도액 범위 내에서 급여제공계획을 수립하여 비용효과적인 방법으로 제공하여야 한다.

(2) 재가급여 월 한도액 및 산정기준

① 재가급여(복지용구 제외) 월 한도액은 등급에 따라 다음과 같다.

등 급	1등급	2등급	3등급	4등급	5등급	인지지원등급
월 한도액(원)	1,520,700	1,351,700	1,295,400	1,189,800	1,021,300	573,900

② 다음 각 호의 비용은 제1항 재가급여 월 한도액에 포함되지 아니한다.

1. 제21조의 방문요양 및 방문간호급여의 원거리교통비용
2. 제27조제3항 및 제5항에 따라 이용한 방문간호급여비용
3. 제29조의 방문간호급여의 간호(조무)사 가산금
4. 제34조의 주 · 야간보호급여의 이동서비스비용 및 제35조의 목욕서비스 가산금
5. 제36조제3항 단서 및 제36조의3에 따라 이용한 단기보호급여비용 및 치매가족휴가제 급여비용
6. 제19조제9항 및 제10항, 제32조제7항의 프로그램관리자 가산금 및 요양보호사 가산금
7. 제78조의 의사소견서 및 방문간호지시서 발급비용
8. 제5장제2절에서 정하는 가산금

③ 제1항의 재가급여 월 한도액 적용기간은 매월 1일부터 말일까지로 한다. 다만, 다음 각 호 중 어느 하나에 해당하는 사유로 월 중에 재가급여를 개시하는 경우에도 월 한도액은 제1항에 따른 금액을 적용한다.

1. 최초로 장기요양인정을 받은 경우

2. 시설급여에서 재가급여로 변경된 경우

④ 월 중 장기요양등급이 변경되는 경우에는 높은 등급의 월 한도액을 적용한다.

⑤ 재가급여는 장기요양등급별 월 한도액 범위 내에서 이용하여야 하며, 월 한도액을 초과한 비용은 수급자가 전부 부담한다.

⑥ 제1항에도 불구하고 수급자가 다음 각 호에 해당할 경우 각 호에 따라 등급별 월 한도액을 추가 산정할 수 있다. 다만, 천재지변, 수급자의 입원 사망, 주 야간보호기관의 폐업 지정취소 및 업무정지 등 부득이한 사유로 급여를 이용하지 못한 경우에는 월 5일의 범위 내에서 이용일수에 포함할 수 있다.

1. 제74조제1항에 따른 주 야간보호 내 치매전담실을 월 15일(1일 8시간 이상) 이상 이용한 경우 : 등급별 월 한도액 50%범위 내에서 추가 산정

2. 주 야간보호급여를 월 15일(1일 8시간 이상) 이상 이용한 경우(다만, 제1호에 해당하는 경우는 제외) : 등급별 월 한도액 20%범위 내에서 추가 산정

⑦ 인지지원등급 수급자가 주 야간보호 내 치매전담실을 월 9일(1일 8시간 이상) 이상 이용한 경우 월 한도액의 30%범위 내에서 월 한도액을 추가 산정할 수 있다. 단, 천재지변, 수급자의 입원 사망, 주 야간보호기관의 폐업 지정취소(폐쇄명령) 업무정지 등 부득이한 사유로 급여를 이용하지 못한 경우에는 월 3일의 범위 내에서 이용일수에 포함할 수 있다.

⑧ 가족요양비 등 특별현금급여를 받던 수급자가 재가급여를 이용하고자 하는 경우에는 제1항에 따른 월 한도액에서 기 지급된 특별현금급여액을 제외한 금액을 월 한도액으로 한다.

(3) 동일시간 중복급여 제공 금지

① 규칙 제17조에 따라 2종류 이상의 재가급여(복지용구 제외)를 동일시간, 동일 수급자에게 함께 제공할 수 없다. 다만, 응급처치, 수급자 상태로 인한 보조자 필요 등 수급자의 원활한 급여 이용을 위해 부득이한 경우에 한해 방문요양급여와 방문간호급여, 방문목욕급여와 방문간호급여는 함께 제공할 수 있다.

② 제1항 단서에 따른 동일시간 중복급여를 제공한 경우 그 부득이한 사유를 급여제공기록지에 기재하여야 한다.

(4) 가정방문급여 일반원칙

① 가정방문급여는 수급자의 가정(가정집 등 수급자의 사적인 공간)에서 제공하는 것을 원칙으로 한다. 다만, 수급자의 신체활동, 가사활동 또는 일상생활 지원과 직접적인 관련이 있는 병원동행, 식사준비를 위한 시장보기, 관공서 방문 등 특별한 사유가 있는 경우에는 가정이 아닌 곳에서도 급여를 제공할 수 있으나, 수급자의 여행(수련회, 나들이 등) 또는 취미활동에 동행하는 것은 그러하지 아니하다.

② 가정방문급여는 해당 방문시간 동안 수급자 1인에 대하여 전적으로 제공하여야 한다.

③ 제2항에도 불구하고 다음 각 호에 해당하는 경우에는 2인 이상의 수급자에게 동시 또는 순차적으로 급여를 제공할 수 있다. 이 경우 급여비용은 장기요양요원이 급여를 제공한 시간을 수급자별로 배분하여 산정한다.

1. 동일 가정에 거주하는 수급자 간의 관계가 제23조제1항에 따른 가족 및 자녀의 배우자의 직계혈족, 자녀의 배우자의 형제자매인 경우
2. 동일 가정에 거주하는 수급자 2인 이내

④ 가정방문급여는 수급자와 요양보호사의 관계가 제23조제1항에 따른 가족이 아님에도 불구하고, 요양보호사가 수급자 2인 이상과 동일 가정에 동거하면서 급여를 제공하여서는 아니된다.

⑤ 가정방문 급여비용의 산정은 수급자를 기준으로 적용하며 수급자 이외의 자에 대한 급여비용은 산정하지 아니한다.

(5) 재가급여 제공시간

① 가정방문급여의 급여제공 시간은 간호사(또는 치과위생사, 간호조무사) · 요양보호사가 수급자의 가정에 도착했을 때부터 필요한 서비스를 제공하기 위한 준비, 서비스의 제공 및 마무리에 소요된 총 시간을 말하며, 주 · 야간보호급여의 급여제공시간은 장기요양요원 등이 수급자의 가정에 도착했을 때부터 서비스 제공 후 다시 수급자의 가정에 도착한 시간까지로 한다.

② 가정방문급여 및 주 · 야간보호 급여비용은 장기요양요원 등의 이동에 소요되는 교통비를 포함한다. 다만, 제21조의 원거리교통비용 및 제34조의 이동서비스비용은 별도로 산정할 수 있다.

2) 재가급여 종류별 제공기준 및 급여비용 산정방법

(1) 방문요양급여 제공기준

① 방문요양급여는 요양보호사가 신체활동지원(세면, 목욕, 식사도움, 체위변경 등), 인지활동지원, 정서지원, 가사 및 일상생활지원(취사, 청소, 세탁 등) 등을 수급자의 기능상태 및 욕구 등을 반영하여 적절하게 제공하여야 한다.

② 가사 및 일상생활지원은 수급자 본인만을 위해 제공하여야 하며, 1회 방문당 최대 120분 범위 내에서 제공하도록 노력하여야 한다.

③ 정서지원은 1회 방문당 최대 60분 범위 내에서 제공하여야 한다.

④ 법 제13조제1항에 따른 의사 또는 한의사의 소견서(이하"의사소견서"라 한다)에 치매상병이 있거나 최근 2년이내 치매진료내역이 있는 1등급부터 5등급까지 수급자(이하 "1~5등급 치매수급자"라 한다.) 에게는 인지기능 악화방지 및 잔존능력 유지를 위한 인지활동형 방문요양급여를 제공할 수 있다. 이 경우 주 3회 또는 월 12회 이상 제공할 수 있도록 노력하여야 한다.

⑤ 제4항의 인지활동형 방문요양급여는 인지활동형 프로그램관리자가 수립한 프로그램 계획에 따라 치매전문교육을 이수한 요양보호사(치매전문요양보호사)가 제공한다. 위 급여는 수급자당 1일 1회에 한하여 1회 120분 이상 180분 이하로 제공하며, 그 중 60분은 인지자극활동을, 나머지 시간은 수급자의 잔존기능 유지 · 향상을 위한 일상생활 함께하기 훈련을 제공하여야 한다.

⑥ 제5항의 인지활동형 프로그램관리자란 해당기관에 상근하는 시설장(관리책임자), 사회복지사, 간호(조무)사, 물리(작업)치료사로서 치매전문교육을 이수한 후 다음 각 호의 업무를 하는 프로그램관리자를 말한다.

1. 매달 급여제공 전에 수급자의 개인별 특성, 욕구, 기능상태 등을 종합적으로 고려하여 프로그램 계획(내용, 일정, 횟수 등)을 수립
2. 프로그램 계획에 따른 요양보호사의 급여 제공을 모니터링하고 요양보호사에게 적정한 급여 제공 지도
3. 치매가 있는 수급자의 가족을 대상으로 상담 진행
4. 공단 이사장이 정하는 구체적인 업무수행방법에 따라 업무를 하고 업무수행 내용을 작성 · 보관

⑦ 5등급 수급자에게는 제4항의 인지활동형 방문요양급여가 아닌 방문요양급여를 제공할 수 없다. 다만, 다음 각 호의 어느 하나에 해당하는 경우에는 주 · 야간보호급여 제공시간 전 · 후로 가정에서 옷 벗고 입기 및 식사도움 등 인지활동형 방문요양 외의 방문요양급여를 1일 2회 범위 내에서 1회 2시간까지 제공할 수 있다.

1. 5등급 수급자가 주 · 야간보호급여를 1일 8시간 이상 이용하는 경우
2. 5등급 수급자가 천재지변, 입원, 사망 등으로 주 · 야간보호급여를 1일 8시간 미만으로 이용하는 경우

⑧ 인지활동형 방문요양은 5등급 치매수급자에게 주 · 야간보호급여와 동일한 날에 제공하여서는 아니된다.

(2) 방문요양 급여비용

방문요양 급여비용은 1회 방문당 급여제공시간에 따라 다음과 같다.

분류번호	분 류	금액(원)
가-1	30분 이상	14,750
가-2	60분 이상	22,640
가-3	90분 이상	30,370
가-4	120분 이상	38,340
가-5	150분 이상	43,570
가-6	180분 이상	48,170
가-7	210분 이상	52,400
가-8	240분 이상	56,320

(3) 방문요양 급여비용 산정방법

① 식사도움, 외출시 동행 등이 필요한 경우 동일 수급자에 대하여 '가-1'부터 '가-6'까지의 급여비용을 1일 3회까지 산정할 수 있다. 이 경우 방문간격은 2시간 이상이어야 하며, 방문간격이 2시간 미만인 경우 각 급여제공시간을 합산하여 1회로 산정한다.

② '가-7' 내지 '가-8'의 급여비용은 1등급 또는 2등급자에 한하여 1일 1회 산정할 수 있으며, '가-1'부터 '가-6'과 같은 날에 산정할 수 없다.

③ 제2항에 따라 1등급 또는 2등급자에게 1회 240분 이상 270분 미만 방문요양급여를 제공한 경우에는 '가-8'의 급여비용을 산정한다.

④ 요양보호사는 수급자 등의 특별한 요청이 있는 경우 월 4일에 한하여 270분 이상 연속

하여 방문요양급여를 제공할 수 있다. 이 경우 급여제공기록지에 수급자 등의 동의 내용과 요청사유를 기재하여야 한다.

⑤ 제4항에 따라 270분 이상 연속으로 방문요양급여를 제공하는 경우의 급여비용은 다음 각 호와 같이 산정한다.

1. 급여비용은 2회로 분할하여 최초 270분에 대하여는 제18조의 표 중 '가-8'의 금액을, 270분을 초과하는 나머지 시간에 대하여는 제18조의 각 분류에 따른 금액을 그 급여비용으로 산정한다. 다만 1회에 480분 이상 연속하여 급여를 제공한 경우에는 '가-8'의 금액을 2회 산정한다.
2. 제1호의 급여비용 산정은 1일 1회에 한하며, 같은 날 동 비용 이외의 방문요양 급여비용을 산정하지 아니한다.

⑥ 급여제공 중 일자의 변경이 있는 경우 급여를 개시한 날의 급여비용으로 산정하며, 다음 날 급여비용 산정을 위한 방문간격은 2시간 이상이어야 한다.

⑦ 수급자 등의 신체적 · 정신적 상태 등에 따라 불가피하게 동일기관의 요양보호사 2인이 동시에 급여를 제공한 경우 급여비용은 요양보호사별로 각각 산정할 수 있으며, 2인 중 1인의 요양보호사가 제공한 방문요양 급여비용은 '가-1'부터 '가-3'까지의 비용을 산정한다. 이 경우 급여제공기록지 등에 수급자 등의 동의내용과 급여제공 당시 수급자 등의 신체적 · 정신적 상태에 관한 사항을 기재하여야 한다.

⑧ 제17조제7항에 따라 방문요양급여를 제공하는 경우 1회 방문당 급여제공시간에 따라 제18조의 '가-1', '가-2', '가-3' 및 '가-4'의 급여비용을 산정한다.

⑨ 인지활동형 방문요양을 제공하는 기관에서 프로그램관리자(시설장인 경우 제외)가 월 2회 이상 수급자의 가정을 방문하여 제17조제6항의 업무를 수행한 경우 수급자 1인당 월 6,000원을 가산한다.

⑩ 제17조제5항에 따라 인지활동형 방문요양을 120분 이상 제공하는 치매전문요양보호사에게는 수급자 1인당 일 5,760원을 가산한다. 다만 급여제공시간이 120분미만이더라도 다음 각 호의 사유가 있는 경우에는 가산할 수 있다.

1. 천재지변, 수급자 입원, 사망 등의 부득이한 사정이 발생한 경우
2. 급여 제공을 시작한지 1개월에 이르지 않아 제공자와 수급자 간 친밀한 관계가 형성되지 않은 경우

⑪ 제10항에 따른 가산비용은 수급자가 부담하지 아니하며 장기요양기관의 장은 가산비용을 해당 치매전문요양보호사에게 지급하여야 한다.

⑫ 요양보호사와 수급자의 관계가 제23조제1항에 따른 가족이 아님에도 불구하고 요양보호사가 2인 이상의 수급자와 동일 가정에 동거하면서 급여를 제공한 경우에는 일체의 급여비용을 산정하지 아니한다.

(4) 방문요양 및 방문간호 급여비용 가산

① 방문요양 및 방문간호급여는 다음 각 호와 같이 급여제공 시간을 기준으로 급여비용을 가산하며, 동시에 적용되는 경우에는 중복하여 가산하지 아니한다.

1. 22시 이후 06시 이전에 급여를 제공한 경우 제18조 및 제28조의 표에 따른 급여비용의 30%를 가산한다. 다만, 인지활동형 방문요양급여는 그러하지 아니하다.
2. 「관공서의 공휴일에 관한 규정」제2조제1호에 따른 일요일에 급여를 제공한 경우 제18조 및 제28조의 표에 따른 급여비용의 30%를 가산한다.
3. 「근로기준법」제55조제2항 본문에 따른 유급휴일 및 「근로자의 날 제정에 관한 법률」에 따른 근로자의 날에 급여를 제공한 경우 제18조 및 제28조의 표에 따른 급여비용의 50%를 가산한다. 다만 제3호와 제4호가 중복될 때는 제4호에 따른다.

② 제1항의 가산금액 산출을 위한 구체적인 계산법 등 세부사항은 공단 이사장이 정한다.

③ 제1항 각 호에 따라 급여비용을 가산하는 경우 해당 급여제공일자 또는 시간에 급여제공이 필요한 사유를 법 제27조제4항에 따른 장기요양급여 제공계획서 또는 급여제공기록지에 기재하여야 한다.

(5) 원거리교통비용 및 산정방법

가. 원거리교통비용

① 방문요양 및 방문간호급여의 원거리교통비용은 제22조의 원거리 교통비용 적용대상 수급자의 실 거주지부터 운영 중인 가장 가까운 방문요양 및 방문간호기관까지의 거리에 따라 다음의 표와 같이 방문당 산정한다. 다만, 수급자를 방문한 종사자가 수급자와 가족이거나 5km 미만의 거리에 거주하고 있는 경우에는 산정하지 아니한다.

분류번호	거 리	금액(원)
거-1	5km 이상 10km 미만	3,400
거-2	10km 이상 15km 미만	5,100
거-3	15km 이상 20km 미만	6,800
거-4	20km 이상 25km 미만	8,500
거-5	25km 이상 30km 미만	10,200
거-6	30km 이상 35km 미만	11,900
거-7	35km 이상	13,600

② 장기요양기관의 장은 제22조의 원거리 교통비용 적용대상 수급자를 방문하여 방문요양 및 방문간호 급여를 제공한 장기요양요원 및 제57조제1항의 업무를 수행하는 사회복지사 등에게 제1항의 원거리 교통비용을 지급하여야 한다.

나. 원거리교통비용 산정방법

① 원거리교통비용 적용대상 수급자는 다음 각 호와 같다.

1. 방문요양, 24시간 방문요양 및 방문간호급여를 이용하는 수급자로서, 별표1의 원거리교통비 기준요소별 산출점수의 합계가 7점 이상인 수급자
2. 「가족요양비 지급 및 의사소견서 제출 제외대상 섬 · 벽지지역 고시」 별표1에 따른 지역에 거주하는 자

② 원거리교통비용은 제공기관의 신청에 따라 산정하며 그 비용은 수급자가 부담하지 아니한다.

③ 제21조제1항 본문에도 불구하고 제57조제1항의 업무를 수행하는 사회복지사 등이 동일 수급자에 대해 월 중 1회 이상 방문할 경우에도 원거리교통비용은 월 1회만 산정한다.

④ 도서지역 내에 방문요양 또는 방문간호 기관이 없는 경우에는 거리에 관계없이 제21조의 표 중 '거-3'의 급여비용을 1일 원거리교통비용으로 산정한다.

⑤ 제1항부터 제4항까지에 따른 비용 산정을 위한 신청, 중단 및 변경 절차 등은 공단 이사장이 정한다.

[별지 제12호서식]

원거리교통비용 신청서 (육지지역)

급여 구분	□ 방문요양		□ 방문간호	
수 급 자	성명		장기요양인정번호	
	주소 (실거주지)		전화번호	
신청인 (장기요양기관)	명칭		기호	
	주소		전화번호	
종사자	성명		자격번호	
	주소 (실거주지)		전화번호	

원거리 정보	㉮ 가장 가까운 대중교통 수단 이용지점까지의 거리	㉯ 1일 대중교통 운행편도 횟수	㉰ 가장 가까운 방문요양(간호)기관으로부터 수급자 실거주지까지의 거리
	Km	회	Km

수급자(실거주지)부터 종사자(실거주지)까지의 거리	Km

「장기요양급여 제공기준 및 급여비용 산정방법 등에 관한 고시」제22조제5항에 의한 원거리교통비용을 신청합니다.

년 월 일

대표자 : (서명 또는 인)

국민건강보험공단 이사장 귀하

(6) 가족인 요양보호사 급여비용 산정기준

① 수급자의 가족 등인 요양보호사(가족인 요양보호사)가 수급자에게 급여를 제공하는 경우, 수급자 외 가족을 위한 행위에 대하여는 급여비용을 산정하지 아니하고 신체활동 지원 등 수급자만을 위한 행위에 대하여만 급여비용을 산정한다.

② 가족인 요양보호사가 방문요양 및 방문목욕급여를 제공하고자 할 경우 장기요양기관의 장은 수급자와 요양보호사의 가족관계를 확인하여 이를 공단에 통보하여야 하며, 그 내용이 변경된 경우에도 또한 같다. 이 경우 가족관계를 고의로 누락하거나, 통보된 가족관계 여부가 사실과 다를 때에는 해당 수급자의 급여비용을 산정하지 아니한다.

③ 가족인 요양보호사가 일정한 직업에 종사하면서 가족인 수급자에게 급여를 제공한 경우에는 급여비용을 산정하지 아니한다. 일정한 직업에 종사한다는 것은 소속된 직장(장기요양기관 포함)에서 근무한 시간의 합이 월 160시간 이상인 경우를 말하고, 이 경우 요양보호사가 가족인 수급자에게 제공한 시간은 포함하지 아니한다.

④ 가족인 요양보호사가 방문요양급여(인지활동형 방문요양급여를 포함)를 1일 60분 이상 제공하더라도 수급자 1인에 대하여 제18조의 표 중 '가-2'의 급여비용을 산정하고 가산 규정을 적용하지 아니한다.

⑤ 가족인 요양보호사가 제공한 방문요양 급여비용은 매월 20일 범위 내에서 산정하고, 가족인 요양보호사가 제공한 방문요양 급여비용을 산정하는 날에는 동 비용 이외의 방문요양 급여비용을 산정하지 아니 한다.

⑥ 제4항 및 제5항에도 불구하고 다음 각 호의 어느 하나에 해당하는 경우에는 1일당 제18조의 표 중 '가-3'의 급여비용을 월 20일을 초과하여 산정할 수 있고, 이 경우 가산 규정은 적용하지 아니 한다.

1. 65세 이상인 요양보호사가 그 배우자에게 방문요양급여를 제공하는 경우
2. 수급자가 다음 각 목의 요건을 모두 갖춘 경우

가. 규칙 별지 제5호서식 장기요양인정조사표 제2호라목 '행동변화영역' 중 ①, ⑧, ⑩, ⑱ 항목의 증상여부의 '예'란에 하나 이상 표시된 경우로, 폭력성향, 피해망상, 부적절한 성적 행동과 같은 문제행동을 보이는 경우

나. 인정조사표 제2호카목 '질병 및 증상'이 치매로 표시된 경우

(7) 방문목욕급여 제공기준

① 방문목욕급여는 요양보호사 2인이 수급자의 가정을 방문하여 욕조를 활용한 전신입욕 등의 방법으로 제공하되 수급자의 신체 상태에 따라 다음 각 호의 방법으로 적절하게 제공하여야 한다.

1. 차량을 이용하는 방문목욕급여는 다음 각 목의 경우에 한하여 제공할 수 있으며, 차량 내에서 전적으로 목욕을 제공(차량내 목욕)하거나, 목욕차량의 욕조, 펌프, 호스릴 등 장비일체와 차량 내 온수를 사용하여 가정 내에서 목욕을 제공(가정내 목욕)한다.

가. 수급자의 신체적 상태로 인하여 특수욕조 등 장비를 이용한 목욕이 필요한 경우

나. 가정 내 욕조나 온수를 이용할 수 없는 경우

2. 차량을 이용하지 않은 방문목욕급여는 목욕차량에 부속되지 않은 이동식 욕조, 가정 내 욕조 등의 장비를 이용하여 제공하거나, 법 제31조 및 제32조에 따라 목욕실이 갖추어진 장기요양기관 또는 「공중위생관리법」에 따라 목욕설비가 갖추어진 대중목욕탕에서 제공한다.

② 방문목욕급여에는 목욕준비, 입욕시 이동보조, 몸 씻기, 머리 감기기, 옷 갈아입히기, 목욕 후 주변정리까지가 포함되며 수급자의 안전을 위하여 입욕시 이동보조와 몸 씻기의 과정은 반드시 2인 이상의 요양보호사에 의해 제공되어야 한다.

③ 방문목욕 차량은 욕조, 급탕기, 물탱크, 펌프, 호스릴 등을 갖춘 차량으로 특별자치시장 · 특별자치도지사 · 시장 · 군수 · 구청장에게 신고된 차량이어야 한다.

④ 방문목욕급여를 제공하는 기관은 몸 씻기 과정에서 발생할 수 있는 수급자의 수치심 등을 고려하여 동성의 요양보호사를 배정하는 등 수급자의 인권을 보호하기 위해 노력하여야 한다.

▣ **방문목욕 급여비용**

① 방문목욕 급여비용은 1회 방문당 제24조의 급여제공방법에 따라 다음과 같다.

분류번호	분류	금액(원)
나-1	방문목욕 차량을 이용한 경우(차량내 목욕)	72,540
나-2	방문목욕 차량을 이용한 경우(가정내 목욕)	68,030
나-3	방문목욕 차량을 이용하지 아니한 경우	42,480

② 방문목욕 급여비용은 목욕에 필요한 용품(물, 비누, 수건, 욕조, 목욕의자, 로션 등)의 구입비용을 포함하며, 이를 별도로 수급자에게 요구하여서는 아니 된다.

(8) 방문목욕 급여비용 산정방법

① 방문목욕 급여비용은 2인 이상의 요양보호사가 60분 이상 서비스를 제공한 경우에 산정하고, 소요시간이 40분 이상 60분 미만인 경우에는 제25조제1항의 각 분류에 따른 급여비용의 80%를 산정한다.

② 제24조에 따라 2인 이상의 요양보호사가 목욕을 제공하지 아니한 경우에는 일체의 급여비용을 산정하지 아니한다.

③ 방문목욕의 급여비용은 주 1회까지 산정 가능하다. 다만, 변실금 및 요실금 등으로 인하여 피부의 건강유지 · 관리가 불가피한 경우에는 초과 산정할 수 있으며, 이 경우 그 불가피한 사유를 급여제공기록지에 기재하여야 한다.

(9) 방문간호급여 제공기준

① 방문간호급여는 법 제23조제1항제1호다목에 따라 간호사 등이 제공하며, 그 급여의 내용은 다음 각 호와 같다.

1. 의사, 한의사 또는 치과의사의 방문간호지시서에 따른 간호, 진료의 보조, 구강위생 등
2. 다음 각 목의 예방관리적 간호행위
가. 기본관리 : 건강상태 확인, 활력징후 및 혈당 측정, 지남력 평가 등
나. 교육 및 상담 : 통증관리, 식이관리, 감염관리, 구강관리, 투약관리, 보호자 교육 등
다. 신체훈련 : 관절구축 예방 및 근력 강화, 이동장애, 낙상예방, 운동교육 등
라. 의뢰 및 검사 : 의료기관 의뢰, 장기요양기관 연계, 기초검사 등

② 간호사 등은 수급자의 상태변화 등으로 당초의 방문간호지시서와 다른 내용의 간호, 처치 등이 필요한 경우 방문간호지시서 발급의사와 상의한 후 지시에 따라 간호를 시행하며, 반드시 그 내용을 급여제공기록지에 기재하여야 한다.

③ 방문요양급여 또는 방문목욕급여를 이용하는 1등급부터 4등급까지의 수급자 중 인정조사표 제2호마목'간호처치 영역'의 증상유무의 '있다'란에 하나 이상 표시된 자는 월 1회에 한하여 월 한도액과 관계없이 예방관리 등을 위한 방문간호급여를 이용할 수 있다. 이 경우 수급자는 본인일부부담금은 부담하여야 한다.

④ 방문간호기관은 5등급 수급자에게 최초 방문간호지시서 발급일부터 6개월 동안 매월 1회 이상 방문간호급여를 제공하여야 한다. 이 경우, 급여 제공자는 치매전문교육을 이수한 간호사 또는 간호조무사로 한다.

⑤ 등급을 처음 판정받은 1~5등급 치매수급자는 등급을 받은 날부터 60일 이내에 월 한도액과 관계없이 방문간호급여를 총 4회 범위 내에서 월 2회까지 이용할 수 있다.

⑥ 제5항에 따른 방문간호급여는 치매돌봄 정보제공, 교육 · 상담 등을 위해 제4항에 따른 치매전문교육을 이수한 간호(조무)사가 제공한다.

가. 방문간호 급여비용 및 산정방법

① 방문간호 급여비용은 1회 방문당 급여제공시간에 따라 다음과 같다.

분류번호	분류	금액(원)
다-1	30분 미만	36,530
다-2	30분 이상 ~ 60분 미만	45,810
다-3	60분 이상	55,120

② 방문간호 급여비용은 처치에 사용된 유치도뇨관, 기관지삽입관, 거즈 등의 재료비와 검사료(가정에서 직접 시행되는 검사)를 포함하며, 이를 별도로 수급자에게 요구하여

서는 아니 된다.

③ 제27조제5항에 따라 급여를 제공한 경우 급여비용은 제1항의 표에 따른 다-1을 산정한다. 다만, 최초 1회에 대해서는 급여제공 시간에 따라 다-2까지 급여비용을 산정 할 수 있다.

④ 제3항에 따른 급여비용은 수급자가 부담하지 아니한다.

나. 방문간호급여 간호(조무)사 가산)

간호사(관리책임자인 경우는 제외) 또는 간호조무사가 수급자에게 급여를 제공한 경우 다음 각 호에 따라 가산하고, 가산비용은 수급자가 부담하지 아니한다.

1. 간호사는 방문당 3,000원을 가산한다.
2. 간호조무사가 치매전문교육을 이수하고 제27조제5항에 따라 급여를 제공한 경우 및 5등급 수급자에게 급여를 제공한 경우 방문당 1,500원을 가산한다.

(10) 주 · 야간보호급여 제공기준

① 주 · 야간보호기관은 법 제23조제1항제1호라목에 따라 수급자를 하루 중 일정 시간 동안 장기요양기관에 보호하면서 수급자의 기능상태 및 욕구 등을 반영하여 신체활동 지원 및 심신기능의 유지 · 향상을 위한 교육 · 훈련 등을 제공하여야 하며, 다음 각 호의 세부적인 기준을 준수하여야 한다.

1. 상시적으로 수급자 건강관리 및 위생관리를 하고 수급자의 신체상태를 고려하여 적절한 운동을 제공한다.
2. 정기적으로 사회적응 훈련을 제공한다.
3. 정기적으로 가족교육 등 가족지지 및 참여프로그램을 제공하고, 반기(1년을 1~6월, 7월~12월로 나누어 매 반기, 이하 "반기"라 한다) 1회는 가족이 직접 내방하여 참여하는 프로그램을 운영하도록 노력한다.

② 주 · 야간보호기관은 8시부터 22시까지를 표준급여제공시간으로 하되 기관의 운영규정에 따라 탄력적으로 정할 수 있다. 이 경우 특별한 사유가 없는 한 24시 이후에는 수급자를 보호하여서는 아니 된다.

③ 주 · 야간보호기관은 영양, 수급자의 기호 및 건강상태 등을 고려하여 식사를 제공한다.

④ 주 · 야간보호기관은 수급자를 24시간 이상 보호하여서는 아니 된다. 다만, 천재지변 등 부득이한 경우는 수급자를 연속하여 다음 날까지 계속 보호할 수 있되 이 경우 급

여제공자는 그 사유를 급여제공기록지에 기재하여야 한다.

⑤ 주 · 야간보호기관은 1~4등급 치매수급자에게는 인지기능 악화방지 및 잔존능력 유지를 위한 인지활동형 프로그램을 제공할 수 있다. 이 경우 주 3회 또는 월 12회 이상 제공하도록 노력하여야 한다..

⑥ 주 · 야간보호기관은 5등급 수급자 및 인지지원등급 수급자가 주 · 야간보호 급여를 이용할 때 마다 인지활동형 프로그램을 제공하여야 한다.

⑦ 제5항 및 제6항의 인지활동형 프로그램은 제17조제6항에 따른 인지활동형 프로그램 관리자가 수립한 프로그램 계획에 따라 프로그램관리자, 치매전문요양보호사 또는 제62조제1항제4호에 따른 외부강사가 1회 60분 이상 제공한다.

가. 주 · 야간보호 급여비용

① 주 · 야간보호 급여비용은 장기요양등급과 1일당 급여제공시간에 따라 다음과 같다.

분류번호	분 류		금액(원)
라-1	3시간 이상 ~ 6시간 미만	장기요양 1등급	35,480
		장기요양 2등급	32,850
		장기요양 3등급	30,330
		장기요양 4등급	28,940
		장기요양 5등급	27,560
		인지지원등급	27,560
라-2	6시간 이상 ~ 8시간 미만	장기요양 1등급	47,570
		장기요양 2등급	44,060
		장기요양 3등급	40,670
		장기요양 4등급	39,290
		장기요양 5등급	37,890
		인지지원등급	37,890
라-3	8시간 이상 ~ 10시간 미만	장기요양 1등급	59,160
		장기요양 2등급	54,810
		장기요양 3등급	50,600
		장기요양 4등급	49,220
		장기요양 5등급	47,820
		인지지원등급	47,820

라-4	10시간 이상 ~ 12시간 미만	장기요양 1등급	65,180
		장기요양 2등급	60,380
		장기요양 3등급	55,780
		장기요양 4등급	54,370
		장기요양 5등급	52,990
		인지지원등급	47,820
라-5	12시간 이상	장기요양 1등급	69,890
		장기요양 2등급	64,750
		장기요양 3등급	59,810
		장기요양 4등급	58,430
		장기요양 5등급	57,040
		인지지원등급	47,820

② 주 · 야간보호 급여비용은 신체활동지원 및 심신기능의 유지 · 향상을 위한 교육 · 훈련비용 등을 포함하며, 이를 별도로 수급자에게 요구 하여서는 아니 된다.

나. 주 · 야간보호 급여비용 산정방법

① 제30조제4항 본문을 위반하여 수급자를 24시간 이상 보호한 경우에는 일체의 급여비용을 산정하지 아니한다. 다만, 천재지변 등 부득이한 사유로 수급자를 연속하여 24시간 이상 보호한 경우에는 그러하지 아니하다.

② 주 · 야간보호와 방문목욕급여를 병설하는 기관이 수급자에게 같은 날 주 · 야간보호와 방문목욕급여를 모두 제공한 경우에는 한 종류의 급여비용만 산정한다.

③ 주 · 야간보호 급여계약 후 해당 월 급여 이용 중 수급자 본인의 사정으로 이용하지 아니한 날의 급여비용(미이용일 급여비용)은 다음 각 호의 기준에 따라 산정하고, 주 · 야간보호기관은 수급자 미이용의 사유를 급여제공기록지에 기재하여야 한다.

1. 주 · 야간보호 급여를 월 15일 이상 이용하고자 계약을 체결하고, 급여가 개시되는 해당월 전월 말일까지 공단에 급여계약통보가 된 경우에 한해 산정한다.
2. 공휴일 및 토요일을 제외한 평일(월~금요일) 기준으로 월 5일의 범위 안에서 급여계약통보서의 이용 예정 급여비용의 50%(제31조의 '라-3'의 50%를 한도로 함)를 산정한다.

④ 주 · 야간보호기관은 수급자와의 급여계약시 미이용일 급여비용 산정으로 발생하는 본인일부부담금 등에 대해 사전에 안내하여야 한다.

⑤ 제3항의 주 · 야간보호 미이용일 급여비용 산정기간 중에는 수급자의 원활한 급여이용을 위해 주 · 야간보호 급여가 아닌 다른 재가급여를 제공할 수 있고 비용산정이 가능하다.

⑥ 3시간 미만 급여제공에 대해서는 제31조의 '라-1'의 80%를 산정할 수 있다.

⑦ 동일 부지내의 동일 대표자가 운영하는 복수의 주 · 야간보호기관, 단기보호기관 또는 시설급여기관이 동일 수급자에게 같은 날 복수의 급여를 제공한 경우와 기관기호가 동일한 장기요양기관에서 동일 수급자에게 같은 날 주 · 야간보호급여 또는 단기보호급여를 제공한 경우 하나의 급여에 대해서만 급여비용을 산정할 수 있다.

⑧ 제30조제6항을 위반하여 5등급 또는 인지지원등급 수급자에게 인지활동형 프로그램을 제공하지 아니한 경우 일체의 급여비용을 산정하지 아니한다. 다만, 다음 각 호에 해당하는 경우에는 그러하지 아니하다.

1. 프로그램관리자가 퇴사한 날로부터 21일(공휴일, 근로자의 날 및 토요일 제외)이 경과하지 않은 경우, 다만 적극적인 채용노력을 하였음에도 채용을 할 수 없었다는 입증자료를 기관이 공단에 제출한 경우에 한함
2. 그 외 천재지변 등 부득이한 사유로 인하여 수급자에게 인지활동형 프로그램을 제공하지 못한 경우

다. 주 · 야간보호 급여비용 가산

① 주 · 야간보호급여는 다음 각 호와 같이 급여제공시간을 기준으로 급여비용 가산을 산정하며, 동시에 적용되는 경우에는 중복하여 가산하지 아니한다.

1. 18시 이후 22시 이전에 급여를 제공한 경우 제31조제1항의 표에 따른 급여비용의 20%를 가산한다.
2. 공휴일에 급여를 제공한 경우 제31조제1항의 표에 따른 급여비용의 30%를 가산한다.

② 제1항의 가산금액 산출을 위한 구체적인 계산법 등 세부사항은 공단 이사장이 정한다.

(11) 주 · 야간보호급여 이동서비스비용 등

① 주 · 야간보호급여의 이동서비스비용은 주 · 야간보호급여를 이용하는 수급자에게 장기요양요원 등이 특별자치시장 · 특별자치도지사 · 시장 · 군수 · 구청장에게 신고된 차량을 이용하여 수급자의 실 거주지에서 장기요양기관으로, 장기요양기관에서 수급자의 실 거주지로 이동서비스를 제공한 경우 산정하고, 그 금액은 급여를 제공하는

주 · 야간보호기관으로부터 수급자의 실거주지까지의 최단거리(편도)에 따라 다음과 같다.

분류번호	거리	금액(원)
러-1	5km미만	830
러-2	5km이상~10km미만	2,630
러-3	10km이상~20km미만	5,230
러-4	20km이상	8,630

② 이동서비스비용은 이용 횟수에 관계없이 1일 1회만 산정하고, 수급자가 이동서비스를 편도만(기관으로 이송 또는 수급자의 거주지로 이송하는 경우) 이용한 경우에는 제1항의 표에 따른 '러-1'부터 '러-4'까지 비용의 50%를 산정한다.

③ 이동서비스비용은 제공기관의 신청에 따라 산정하며, 그 비용은 수급자가 부담하지 아니한다.

④ 장기요양기관은 이동서비스를 제공한 경우 이동서비스 일지를 작성하여 보관하여야 한다.

⑤ 이동서비스비용 신청 · 중단절차 및 일지작성 등에 대한 세부사항은 공단 이사장이 정한다.

(12) 주 · 야간보호급여 목욕서비스 가산

① 주 · 야간보호기관이 수급자에게 주 1회 목욕 서비스를 제공한 경우 해당 수급자에 대하여 회당 3,000원을 가산한다. 이 경우 최대 월 4회까지 산정하고, 가산비용은 수급자가 부담하지 아니한다.

② 주 · 야간보호기관이 제1항의 목욕 서비스를 제공하기 위해서는 주 · 야간보호기관은 전신입욕이 가능한 욕조 또는 전신 샤워를 실시할 수 있는 설비(온수, 샤워기, 목욕의자 등)가 있는 목욕실 또는 세면장을 갖추어야 하고, 목욕서비스 제공 과정 중 몸 씻기는 반드시 요양보호사가 제공하여야 한다.

③ 주 · 야간보호기관의 장은 목욕을 제공한 경우 제공일지를 작성 · 비치하여야 하며, 제공일지 작성방법 등 세부사항은 공단 이사장이 정한다.

(13) 단기보호급여 제공기준

① 단기보호기관은 법 제23조제1항제1호마목에 따라 수급자를 일정 기간 동안 그 기관에

보호하면서 수급자의 기능상태 및 욕구 등을 반영하여 신체활동 지원 및 심신기능의 유지 · 향상을 위한 교육 · 훈련 등을 제공하여야 한다.

② 단기보호기관은 하루에 3회 이상 영양, 수급자의 기호 및 건강상태 등을 고려하여 규칙적인 식사를 제공하여야 한다.

③ 단기보호급여 제공 기간은 월(매월 1일부터 말일까지로 한다) 9일 이내로 한다. 다만, 다음 각 호의 사유로 수급자의 특별한 요청이 있는 경우에는 월 한도액과 관계없이 1회 9일 이내의 범위에서 연간(당해년도 1월1일부터 12월31일까지로 한다) 4회까지 연장하여 이용할 수 있다.

1. 가족 등의 외유 · 외출, 병원치료, 집안 경조사 등 갑작스러운 사정으로 인해 수급자를 돌볼 가족 등이 없는 경우
2. 주거환경의 일시적인 변화(이사, 공사 등)가 발생한 경우
3. 그 밖에 단기보호 급여 제공 기간을 연장할 수밖에 없는 불가피한 사정이 있는 경우

(14) 치매가족 휴가제 급여제공기준

① 가정에서 치매가 있는 수급자를 돌보는 가족의 휴식을 위하여 치매가 있는 수급자는 연간 8일 이내에서 월 한도액과 관계없이 단기보호급여를 이용하거나 방문요양급여를 1회당 12시간 동안 이용할 수 있으며, 종일 방문요양급여를 2회 이용한 경우 1일로 산정한다.

② 제1항의 단기보호급여를 이용할 수 있는 수급자는 1~5등급 치매수급자 및 인지지원등급 수급자이다.

③ 종일 방문요양급여를 이용할 수 있는 수급자는 제2항의 수급자 중에서 1등급 및 2등급 수급자에 한한다.

④ 삭제

⑤ 종일 방문요양급여는 규칙 별지제20호서식(장기요양기관지정서) 상 "제공 가능한 장기요양급여" 항목에 "방문요양급여"가 "방문간호, 주 · 야간보호 또는 단기보호급여"와 함께 표기된 기관에서 제공할 수 있다.

⑥ 종일 방문요양급여를 제공하는 기관의 시설장(관리책임자)은 응급상황 등에 대처할 수 있도록 대비하여야 하며, 동일 기관에서 종일 방문요양급여를 2회 이상 연속하여 제공(2회 이상 연속이라 함은 1회 제공 후 2시간 이내에 연속하여 제공하는 경우를 말

함)하는 경우 간호(조무)사는 급여제공 중 1회 이상 수급자의 가정을 방문하여 수급자의 상태확인 및 요양보호사의 급여제공내용을 지도 · 감독하고, 규칙 별지 제12호 서식 특이사항란에 업무수행내용, 방문일시, 본인성명 등을 작성한다.

⑦ 종일 방문요양급여를 제공하는 요양보호사는 제17조제1항에 따른 방문요양급여 제공기준을 준수하여 서비스를 제공하고, 수급자를 안전하게 보호 · 관찰하여야 하며 응급상황 발생 시 시설장(관리책임자) 등에게 신속하게 보고하여야 한다.

⑧ 제6항에 따른 간호(조무)사의 근무시간에 대한 세부사항은 공단 이사장이 정한다.

(15) 치매가족 휴가제 급여비용 산정방법

① 제36조의2제1항에 따라 제공하는 단기보호급여의 급여비용 산정 방식은 제37조 및 제38조를 준용한다. 다만, 인지지원등급 수급자의 급여비용은 제37조제1항 표에 따른 마-5를 산정한다.

② 종일 방문요양급여비용은 다음 각 호에 따라 산정한다.

1. 종일 방문요양급여의 급여비용은 기본 83,530원으로 하며, 급여제공시간은 1회 12시간 이상 24시간 미만으로 한다. 급여비용은 다음 각목과 같이 급여제공 시간을 기준으로 가산 산정하며, 동시에 적용되는 경우에는 중복하여 가산하지 아니한다. 이때, 가산이 적용되는 시간은 최대 12시간 이내로 한다.
   가. 급여를 22시부터 다음 날 06시 사이에 제공한 경우 : 급여비용의 30%를 가산
   나. 급여를 일요일에 제공한 경우 : 급여비용의 30%를 가산
   다. 급여를 유급휴일, 근로자의 날에 제공한 경우 : 급여비용의 50%를 가산. 다만, 나목과 다목이 중복될 때에는 다목에 따름
2. 급여제공 시작 시간을 기준으로 1회 제공 당 66,590원을 가산금으로 산정하며, 이 가산금은 수급자가 부담하지 아니한다.
3. 치매가 있는 수급자 2명이 동일 가정에 거주하며 1명의 요양보호사에게 급여를 제공받은 경우, 각 수급자에 대하여 제1호에 따라 산정된 급여비용의 80%를 적용한다. 다만, 제2호에 따른 가산금은 1명에 한해서 산정한다.
4. 제1호의 가산산정의 구체적인 계산방법 등 세부사항은 공단 이사장이 정한다.

③ 종일 방문요양급여를 제공하는 요양보호사가 제23조에 따른 가족인 요양보호사이거나 생계를 같이하는 자인 경우에는 제2항의 급여비용을 산정하지 아니한다.

(16) 단기보호 급여비용

① 단기보호 1일당 급여비용은 장기요양등급에 따라 다음과 같다.

분류번호	분 류	금액(원)
마-1	장기요양 1등급	58,070
마-2	장기요양 2등급	53,780
마-3	장기요양 3등급	49,680
마-4	장기요양 4등급	48,360
마-5	장기요양 5등급	47,050

② 단기보호 급여비용은 신체활동지원 및 심신기능 유지 · 향상을 위한 교육 · 훈련비용 등을 포함하며, 이를 별도로 수급자에게 요구하여서는 아니 된다.

(17) 단기보호 급여비용 산정방법

① 단기보호 급여비용은 일 단위로 산정하며 1일이라 함은 0시부터 24시까지를 의미한다.

② 단기보호 급여비용은 입 · 퇴소 당일 급여제공 시간이 12시간 이상인 경우에는 해당 급여비용의 100%를 산정하고, 12시간 미만인 경우에는 50%만 산정한다.

③ 수급자가 동일부지 내 기관에서 단기보호급여를 제공받은 경우 급여비용 산정방법은 제32조제9항을 준용한다.

④ 단기보호와 시설급여를 병설하는 기관이 동일 수급자에게 같은 달 단기보호와 시설급여를 모두 제공한 경우에는 한 종류의 급여비용만 산정한다.

⑤ 제2항에도 불구하고 법 시행규칙 제11조제2항에 따른 장기요양기관의 단기보호 급여비용은 수급자별 급여비용 산정일수에 따라 다음 각 호와 같이 산정한다.

1. 이용일 91일째부터 150일까지는 단기보호 1일당 급여비용의 5%를 감산하여 산정한다.
2. 이용일 151일째부터 210일까지는 단기보호 1일당 급여비용의 15%를 감산하여 산정한다.
3. 퇴소 후 재입소하는 경우에는 입소기간에 이전 단기보호 이용일수를 합산하여 적용한다.
4. 수급자별 산정일수는 연간(1월1일부터 12월31일까지)으로 적용한다.

2-4. 시설급여 제공기준 및 급여비용 산정방법

(1) 시설급여 제공기준

① 시설급여기관은 수급자를 장기간 보호하면서 수급자의 기능상태 및 욕구 등을 반영하여 신체활동 지원 및 심신기능 유지 · 향상을 위한 교육 · 훈련 등을 제공하여야 한다.

② 시설급여기관은 입소정원 및 모집방법, 입소계약, 이용료 등 비용에 대한 변경방법 및 절차, 서비스의 내용과 그 비용의 부담에 관한 사항 등 「노인복지법 시행규칙」 제22조 제2항에 따른 운영 규정을 마련하여야 한다.

③ 시설급여기관은 급여제공과정에서 수급자를 격리하거나 억제대 등을 사용하여 묶는 등 신체를 제한하여서는 아니 된다. 다만, 수급자 또는 시설급여기관 종사자 등의 생명이나 신체에 위험을 초래할 가능성이 현저히 높은 경우에 한해 수급자 본인의 치료 또는 보호를 도모하는 목적으로 신체적 제한이 행해질 수 있다. 이 경우 시설급여기관의 장은 수급자 본인이나 가족에게 이 사실을 통지하여 동의를 받고, 수급자의 심신상태, 신체적 제한을 가한 시간, 신체적 제한을 가할 수밖에 없는 사유 등을 급여제공기록지에 자세히 기재 · 관리한다.

④ 시설급여기관은 수급자의 건강상태 등을 고려하여 식사, 구강관리, 목욕, 배변관리, 이동지원 등의 급여를 다음 각 호에 따라 제공하고, 그 내용을 급여제공기록지에 기재 · 관리한다. 다만, 수급자의 상태에 따라 급여가 제공되지 못한 경우 그 사유를 구체적으로 기재한다.

1. 하루에 3회 이상 영양, 수급자의 기호 및 건강상태 등을 고려하여 규칙적인 식사를 제공한다.
2. 주 1회 이상 목욕서비스를 제공한다.
3. 수급자가 청결한 생활을 유지할 수 있도록 배변 및 구강관리 등을 제공한다.
4. 수급자의 신체적 건강상태를 고려하여 적절한 이동지원 및 체위변경 등을 제공한다.
5. 기타 일상생활지원과 관련한 서비스를 적절히 제공한다.

⑤ 시설급여기관은 수급자의 신체 · 인지기능 유지 및 향상, 여가지원을 위해 프로그램을 제공하고, 심리정서적 안정을 위해 정기적으로 상담을 실시하고 그 내용을 급여제공기록지에 기재 · 관리한다.

⑥ 시설급여기관은 수급자의 건강관리를 위해 각 호에 따라 급여를 제공한다.

1. 촉탁의를 배치하거나 협약의료기관과의 협력을 통하여 수급자의 심신상태나 건강 등이 악화되지 아니하도록 적절한 의료서비스를 제공하고 그 내용을 급여제공기록지에 기재 · 관리한다.
2. 의사협회 · 한의사협회 · 치과의사협회의 추천을 받아 배치한 촉탁의(이하 '촉탁의'라 한다)가 수급자를 월 2회 이상 정기적으로 진찰하도록 한다.
3. 시설급여기관은 제44조의2제1항에 따른 진찰비용 중 본인부담금을 촉탁의가 소속된 의료기관의 계좌로 지급한다.
4. 제2호에 따른 진찰의 대상은 1일 최대 50명까지로 한다.
5. 수급자의 건강상태를 정기적으로 관찰 기재하고, 수급자의 투약 관련 정보를 숙지하며 의약품의 정기적인 점검을 실시한다.

⑦ 시설급여기관은 수급자의 낙상 및 욕창 등을 예방하고 시설 내 안전사고를 방지할 수 있도록 노력하며, 화재발생 등 응급상황에 신속히 대처하기 위한 매뉴얼을 구비하고 정기적인 직원교육을 실시한다.

⑧ 시설급여기관은 수급자의 감염병 예방 및 확산을 막기 위하여 식품 등에 대한 위생관리 및 소독관리를 적극적으로 수행하고, 그 내용을 기재 · 관리한다.

(2) 시설급여 비용

① 시설급여기관의 1일당 급여비용은 장기요양등급에 따라 다음과 같다.

분 류		금액(원)
노인요양시설	장기요양 1등급	71,900
	장기요양 2등급	66,710
노인요양공동생활가정	장기요양 1등급	63,050
	장기요양 2등급	58,510

② 3등급부터 5등급까지의 수급자가 제2조제2항 단서에 따라 시설급여를 이용하는 경우 1일당 급여비용은 다음과 같다.

분 류	금액(원)
노인요양시설	61,520
노인요양공동생활가정	53,930

③ 시설급여 비용은 신체활동지원 및 심신기능 유지 · 향상을 위한 교육 · 훈련비용 등을 포함하며, 이를 별도로 수급자에게 요구하여서는 아니 된다.

(3) 계약의사 활동비용

① 계약의사가 수급자의 건강상태를 확인하고 진찰한 경우 수급자 1인당 1회 진찰비용은 다음과 같다.

분류	금액(원)
초진비용	건강보험요양급여비용 중 의원급 외래환자 초진진찰료 (기본단가)
재진비용	건강보험요양급여비용 중 의원급 외래환자 재진진찰료 (기본단가)

② 계약의사가 해당 시설급여기관을 방문하여 진찰한 경우 53,000원의 방문비용을 산정할 수 있다. 이 경우 수급자는 부담하지 아니한다.

③ 계약의사가 소속된 의료기관은 해당 시설급여기관을 대신하여 제1항에 따른 진찰비용 및 제2항에 따른 방문비용(이하 "계약의사 활동비용"이라 한다) 중 공단부담금을 공단에 직접 청구할 수 있다.

(4) 계약의사 활동비용 산정방법

① 제44조의2제1항의 진찰비용 산정 방법은 다음 각 호와 같다.

1. 초진비용은 해당 시설급여기관에서 해당 계약의사에게 진찰 받은 경험이 없는 수급자를 진찰한 경우 산정한다.
2. 재진비용은 제1호에 해당하지 아니한 경우 산정한다.
3. 계약의사 1인은 1일당 수급자 50명까지, 월 최대 150명까지 진찰비용을 산정할 수 있다.
4. 수급자 1인당 진찰비용을 월 2회까지 산정할 수 있고, 직역이 다른 계약의사가 동일 수급자를 진찰한 경우 수급자 1인의 진찰비용을 월 1회 추가 산정할 수 있다. 다만, 진찰비용은 동일 직역에 대하여 1일 1회만 산정할 수 있다.
5. 제3호에도 불구하고 동일 의료기관에 소속된 계약의사가 2인 이상인 경우에는 계약의사가 소속된 의료기관당 월 최대 300명까지 진찰비용을 산정할 수 있다.

② 제44조의2제2항의 방문비용 산정 방법은 다음 각 호와 같다.

1. 방문비용은 해당 장기요양기관에서 활동하는 계약의사의 수를 불문하고 장기요양

기관 당 월 2회까지 산정할 수 있다. 다만, 수급자가 50인을 초과하는 장기요양기관의 경우에는 월 3회까지 산정할 수 있다.

2. 제1호에도 불구하고 해당 장기요양기관에서 활동하는 계약의사가 3인 이상인 경우에는 활동한 계약의사마다 월 1회씩의 방문비용을 산정할 수 있다.
3. 방문비용은 계약의사가 활동하는 기관의 수를 불문하고 계약의사 당 최대 월 2회까지 산정할 수 있다. 다만, 수급자가 50인을 초과하는 장기요양기관에서 1인의 계약의사가 활동할 경우에는 해당 장기요양기관에 한하여 월 3회까지 산정할 수 있다.

(5) 시설급여 비용 산정방법

① 시설급여 비용 산정은 제38조의 단기보호 급여비용 산정 방법을 준용한다.

② 수급자가 외박한 경우 급여비용은 다음 각 호와 같이 산정한다.

1. 수급자가 의료기관에 입원하거나 시설장의 허가를 받아 외박을 한 경우에는 급여비용의 50%를 산정("외박비용")하되, 1회당 최대 10일(1개월에 15일)까지 산정할 수 있다.
2. 외박비용은 1일을 기준으로 하여 수급자가 의료기관이나 가정 등에서 지낸 경우(기준시간은 밤12시)에 산정하며, 이 경우 수급자의 외박 시작과 종료 일시, 외박 사유 등을 급여제공기록지에 반드시 기재하여야 한다.

③ 수급자가 동일부지 내 기관에서 시설급여를 제공받은 경우 급여비용 산정방법은 제32조제9항을 준용한다.

(6) 시설급여기관 정원운영에 관한 특례

① 시설급여기관은 수급자가 외박하는 경우 최초 10일간은 외박자를 대신하여 시설급여가 가능한 다른 수급자를 입소시킬 수 없다.

② 제1항의 외박기간이 10일을 초과한 때부터 외박자를 대신하여 시설급여가 가능한 다른 수급자("특례입소자")를 입소시킬 수 있다. 이 경우, 특례입소자의 수는 해당 시설급여기관 정원의 5%(소수점 이하 반올림, 정원 10명 미만인 시설은 1인)범위 내로 한다.

③ 제2항에 따른 특례입소자가 있는 경우, 노인요양시설 내 치매전담실 가형과 나형, 일반실의 정원은 각각 산정한다.

④ 제2항에 따른 특례입소자의 입소 후 외박자의 복귀로 인해 일시적으로 정원이 초과된 경우에는 특례입소자의 입소일부터 90일이 되는 날, 입소계약만료일 또는 다른 입소

자의 퇴소로 인해 정원초과가 해소되는 날 중 먼저 도래하는 날까지 정원을 초과하여 운영할 수 있다.

⑤ 특례입소자에 대한 급여비용은 90일까지 산정할 수 있다. 다만, 외박자의 장기외박이 지속될 경우에는 180일까지 산정할 수 있다.

2-5. 급여비용의 가산 및 감액산정 기준

1) 급여비용의 가산 및 감액산정 일반원칙

(1) 입소자

① 급여비용의 가산 또는 감액산정을 위한 입소자의 범위는 다음 각 호와 같다.

1. 입소자에는 수급자와 등급외자 등도 포함한다.
2. 시설급여기관 외박자의 경우, 외박비용을 산정하는 기간에는 입소자 수에 포함하고, 외박 급여비용 산정기간이 초과된 경우에는 입소자 수에 포함하지 아니 한다.
3. 주 · 야간보호기관 미이용일에 대한 급여비용이 산정되는 수급자는 해당 일의 입소자 수에 포함한다.
4. 「노인복지법」 제28조제1항제2호 및 제3호의 규정에 따라 보건복지부장관이나 지방자치단체장의 위탁으로 정원을 초과하여 입소한 자는 입소자에 포함하지 아니 한다. 다만, 다른 입소자 퇴소로 인해 정원초과가 해소되는 경우 그 즉시 바로 입소자에 포함한다.
5. 시설급여기관의 특례입소자는 입소자에 포함한다. 다만, 제46조제2항에 따라 외박자의 복귀로 인하여 일시적으로 정원을 초과하여 운영할 수 있는 기간 동안에는 그러하지 아니하다.
6. 노인돌봄서비스 제공기관으로 지정된 주 · 야간보호기관을 이용하는 노인돌봄대상자에 대해서는 정원의 10%(소수점 이하 반올림)범위까지 입소자에 포함하지 아니 한다.
7. 주 · 야간보호기관이 인지지원등급 수급자에게 급여를 제공한 경우, 정원의 10%(소수점 이하 반올림) 범위까지 초과하여 운영할 수 있다. 이 경우 정원을 초과한 인원은 인지지원등급 수급자이어야 하며, 동 수급자는 입소자 수에 포함하지 아니한다.

8. 제6호 및 제7호의 규정에 따라 주 야간보호기관이 정원을 초과하여 운영할 수 있는 최대 범위는 정원의 10%(소수점 이하 반올림)까지로 한다. 이 경우 정원 및 입소자 수를 산정할 때에는 주 · 야간보호기관 내 치매 전담실과 일반실을 각각 구분한다.

② 입소자 수는 다음 각 호에 따라 계산한다.

1. 월별 입소자 수는 해당 월의 각 일자별 입소자 수의 합계를 그 월의 급여제공일수로 나누어 계산하며, 소수점 이하 반올림 한다.
2. 주 · 야간보호기관의 각 일자별 입소자 수는 하루 중 입소자 수가 가장 많은 시간대를 기준으로 산정한다.
3. 일자별 입소자 수에는 입소한 자는 포함하고 퇴소한 자는 포함하지 아니 한다.
4. 노인요양시설의 치매전담실 가형 및 나형, 일반실을 각각 구분하여 산정한다.
5. 주야간보호기관의 치매전담실, 일반실을 각각 구분하여 산정한다.

(2) 인력배치기준 및 월 기준 근무시간

가. 인력배치기준

급여비용의 가산 또는 감액산정을 위한 기관유형별 · 직종별 인력배치기준은 규칙 제23조 및 제24조에 따르며, 계산한 결과 소수점 이하는 반올림 한다. 다만, 계산한 결과가 0.5 미만인 경우에는 기본 1명을 배치하여야 한다.

나. 월 기준 근무시간

① 급여비용의 가산 또는 감액산정을 위한 근무인원 1인당 월 기준 근무시간은 [해당 월에 공휴일, 근로자의 날 및 토요일을 제외한 근무가능일수 × 8시간]으로 한다.

② 장기요양기관이 월 중 사업을 개시하거나 휴 · 폐업하는 경우 근무인원 1인당 월 기준 근무시간은 [해당월 중 사업을 운영한 기간 중 공휴일, 근로자의 날 및 토요일을 제외한 근무가능일수 × 8시간]으로 한다.

(3) 근무인원

급여비용의 가산 또는 감액산정을 위한 근무인원은 관할 특별자치시장 · 특별자치도지사 · 시장 · 군수 · 구청장에게 신고한 인력 중 해당 장기요양기관에서 신고 당시 기재한 직종으로 근무하는 직원을 말한다.

(4) 근무인원수 산정방법

① '근무인원 1인'으로 계산하기 위해서는 직원 1인은 휴게시간을 제외하고 제49조에 따른 월 기준 근무시간 이상 신고한 직종으로 실 근무하여야 한다. 다만, 치매전문요양보호사가 아닌 요양보호사가 치매전담형 장기요양기관에서 월 기준 근무시간 이상 근무한 경우 배치인력 1명을 0.5명으로 산정한다.

② 제1항에도 불구하고 조리원, 위생원, 보조원(운전사), 사무원, 관리인이 부재하거나 조리원, 위생원, 보조원(운전사), 사무원, 관리인의 업무에 도움이 필요하여 다른 직원이 그 업무를 일부 수행한 경우 신고한 직종으로 실 근무한 것으로 본다.

③ 제1항에도 불구하고 근무시간이 월 기준근무시간에 미치지 못하는 동일 직종 종사자들의 근무시간을 합하여 월 기준 근무시간으로 나눈 결과값을 근무인원 수로 산정할 수 있다. 이 경우 치매전담실과 일반실의 요양보호사는 구분하여야 하며, 소수점 이하의 계산에 대하여는 다음 각 호의 구분에 따른다.

1. 가산 산정의 경우 : 소수점 이하는 절사
2. 감액 산정의 경우 : 소수점 둘째자리는 절사하고, 소수점 첫째자리가 4 이하인 경우 소수점 첫째자리는 절사

④ 「근로기준법」 제60조 제1항부터 제5항에 의한 연차 유급휴가 등 공단 이사장이 정하는 사유에 해당하는 경우에는 근무시간으로 인정한다.

⑤ 제1항에도 불구하고 주 · 야간보호기관의 보조원(운전사) 근무시간을 모두 합하여 월 기준 근무시간의 100분의 50 이상인 경우에도 1명으로 본다.

(5) 가산 및 감액 급여비용 범위 등

① 급여비용 가산 및 감액산정이 적용되는 급여비용은 월 한도액 범위내의 비용만을 의미한다. 다만, 제13조제2항제2호 및 제5호에 해당하는 비용은 포함한다.

② 가산 또는 감액으로 산출된 금액에 10원 미만의 단수가 있을 때에는 반올림한다.

③ 월 중 업무정지, 지정취소 또는 기관유형이 변경된 경우와 월 단위의 1일 평균 입소자의 수가 1명 미만인 경우에는 급여비용 가산 및 인력배치기준 위반 감액산정을 적용하지 아니한다. 다만, 월 중 초일에 기관유형이 변경된 경우에는 그러하지 아니하다.

2) 급여비용 가산 산정기준

(1) 급여비용 가산의 유형

급여비용 가산의 유형은 다음과 같다.

가산 유형	적용되는 기관 유형
인력 추가 배치	시설급여기관, 주야간보호기관 및 단기보호기관 ※ 제70조의 치매전담형 장기요양기관은 요양보호사 추가배치가산 제외
방문요양 사회복지사 등 배치	방문요양급여를 포함하여 1개 이상의 가정방문급여를 제공하는 기관
간호사 배치	시설급여기관, 주.야간보호기관 및 단기보호기관
야간직원배치	시설급여기관, 단기보호기관
맞춤형서비스 제공	시설급여기관, 주.야간보호기관 및 단기보호기관 ※ 제70조의 치매전담형 장기요양기관은 제외

(2) 급여비용 가산 산정의 원칙

① 제55조의 인력추가배치 가산 및 제57조의 방문요양 사회복지사 등 배치 가산을 받고자 하는 장기요양기관은 제48조의 인력배치기준을 충족하여야 한다.

② 제65조의 정원초과 감액이 적용되는 시설급여기관, 주 · 야간보호기관 및 단기보호기관은 해당 월에 제55조의 인력추가배치 가산, 제59조의 간호사배치 가산, 제60조의 야간직원배치 가산 및 제62조의 맞춤형서비스제공 가산을 적용하지 아니하고, 제66조의 인력배치기준 위반 감액이 적용되는 시설급여기관, 주 · 야간보호기관 및 단기보호기관은 해당 월에 제55조의 인력추가배치가산을 적용하지 아니한다. 다만, 치매전담실이 있는 노인요양시설, 주 · 야간보호기관의 경우 치매전담실에서 급여비용 감액 산정 시에도 일반실은 가산을 산정할 수 있으며, 기관이 1개 이상의 재가급여를 제공하는 경우에는 급여유형별로 그 가산을 적용한다.

③ 규칙 제23조제2항 및 제24조제2항에 따른 겸직인 직원, 근로기준법 제74조의 출산휴가 중인 직원은 그 직종의 가산 적용을 위한 근무인원수에 포함하지 아니한다.

④ 공단은 급여비용 가산을 받은 장기요양기관의 서비스 제공 적정성을 확인하기 위하여 서비스 모니터링을 실시하며, 장기요양기관의 장은 공단 또는 공단이 지정한 자가 서비스 모니터링을 위해 현장 확인을 요구하는 경우 이에 응하여야 한다.

⑤ 가산 지급기준, 절차 · 방법 및 가산기관 관리 등 세부사항은 공단 이사장이 정한다.

(3) 인력추가배치 가산 및 인력추가배치 가산 금액

가. 인력추가배치 가산

① 시설급여기관, 주 · 야간보호기관 및 단기보호기관이 요양보호사, 사회복지사, 간호(조무)사, 물리(작업)치료사 직종에 대해 제48조의 인력배치기준을 초과하여 배치하고, 추가로 배치한 직종별로 다음 각 호의 기준을 충족한 경우 가산한다.

1. 요양보호사 : 1인당 입소자 수가 다음 각 목의 어느 하나에 해당하는 경우
   가. 시설급여기관 : 2.4명 미만
   나. 주 · 야간보호기관 : 6.4명 미만
   다. 단기보호기관 : 3.75명 미만
2. 간호(조무)사 : 1인당 입소자 수가 19.0명 미만
3. 제1호 및 제2호에 따른 직원 1인당 입소자 수 계산은 입소자 수를 근무인원 수로 나누어 계산하고, 계산 결과 소수점 셋째자리에서 절사한다.

② 제70조에 따른 치매전담형 장기요양기관의 경우에는 제1항에 따른 요양보호사 가산을 적용하지 아니한다.

③ 노인요양공동생활가정기관에서 조리원을 1명 이상 배치한 경우 가산한다.

나. 인력추가배치 가산 금액

① 인력 추가배치 가산금액은 다음의 식과 같이 산출하고 구체적인 사항은 다음 각 호와 같다.

가산금액 = 해당 월 가산 기준금액 × [가산점수의 합/입소자수] × 서비스유형점수

1. 해당 월 가산 기준금액이란 시설급여의 경우 수급자별 급여비용 합의 80%, 재가급여의 경우 수급자별 급여비용 합의 85%를 말한다. 다만 치매전담실이 있는 노인요양시설의 경우 해당 월 일반실 수급자별 급여비용 합의 80%를 산정하며(치매전담실이 있는 주 · 야간보호기관의 경우 해당 월 일반실 수급자별 급여비용 합의 85%를 산정), 입소자 수는 일반실 입소자 수로 산정한다.
2. 가산 점수는 추가 배치한 종사자의 직종별로 다음 각 목에 따라 산정한다.
   가. 요양보호사 또는 간호(조무)사 : 1인당 1.2점
   나. 사회복지사 또는 물리(작업)치료사 : 1인당 1.4점

다. 조리원 : 인원수에 관계없이 노인요양시설의 경우 1점, 노인요양공동생활가정의 경우 1.2점

3. 서비스유형점수는 다음 각 목의 구분에 따른다.

가. 시설급여기관 : 1점(치매전담형 노인요양공동생활가정, 치매전담실만 있는 노인요양시설은 0.9점)

나. 주 · 야간보호기관 및 단기보호기관 : 1.5점(치매전담실만 있는 주 · 야간보호기관은 1.3점)

② 가산점수 인정범위는 입소자수 규모에 따라 다음과 같으며 치매전담실이 있는 노인요양시설, 치매전담실이 있는 주 · 야간보호기관의 경우 전체 입소자 수로 산정한다. 다만, 제1항제2호다목에 따른 노인요양시설의 조리원 추가배치가산은 가산점수 인정범위에 포함하지 않는다.

구 분	입소자수	가산점수 인정범위
시설급여기관 주 · 야간보호기관 단기보호기관	5명 미만	1.4점 이하
	5명 이상 10명 미만	2.6점 이하
	10명 이상 30명 미만	4.0점 이하
	30명 이상 50명 미만	6.4점 이하
	50명 이상 70명 미만	8.8점 이하
	70명 이상 80명 미만	10.0점 이하
	80명 이상 90명 미만	11.2점 이하
	90명 이상 120명 미만	13.6점 이하
	120명 이상	14.8점 이하

③ 제1항 및 제2항에도 불구하고 인력추가배치가산이 적용되는 노인요양공동생활가정의 경우 가산점수의 합에 0.25점을 더하여 인력추가배치가산 금액을 산정한다. 0.25점은 제2항의 가산점수 인정범위 안에 포함하지 않는다.

④ 제2항에도 불구하고 가산점수 인정범위를 초과한 입소자 50인 이상의 노인요양시설의 경우에는 다음 각 호의 요양보호사 추가 배치 인원수에 따라 가산점수 인정범위를 추가산정한다.

1. 입소자 50인 이상 70인 미만 노인요양시설 : 5명 이상 배치 시 1.2점
2. 입소자 70인 이상 90인 미만 노인요양시설 : 6명 이상 배치 시 1.2점
3. 입소자 90인 이상 120인 미만노인요양시설 : 7명 배치 시 1.2점, 8명 이상 배치 시 2.4점

4. 입소자 120인 이상 노인요양시설 : 8명 배치 시 1.2점, 9명 이상 배치 시 2.4점

(4) 방문요양 사회복지사 등 배치 가산

① 방문요양급여를 포함하여 1가지 이상 가정방문급여를 제공하는 기관의 수급자수가 15명 이상인 경우 사회복지사, 간호(조무)사 및 장기요양기관 근무경력 5년(월 60시간 이상 근무한 기간이 60개월) 이상인 요양보호사(팀장급 요양보호사)중 1명 이상을 배치하여 다음 각 호의 업무를 모두 수행한 경우 가산한다. 다만 방문요양 수급자 수가 15인 이상인 기관은 사회복지사를 1명 이상 배치하여야 한다.

1. 가산을 적용받고자 하는 급여종류의 모든 수급자의 가정을 매월 1회 이상 급여제공 시간 중에 방문하여 적정 서비스 제공 여부를 확인하고 기록함
2. 매월 수급자 욕구사정 및 수급자별 급여제공계획을 수립하고 기록함

② 제1항에도 불구하고 사회복지사, 간호(조무)사 및 팀장급 요양보호사가 다음 각 호의 어느 하나에 해당하는 경우 제1항의 업무를 수행한 것으로 볼 수 있다.

1. 다음 각 목의 불가피한 사유로 수급자의 가정을 방문하지 못 한 경우
   가. 수급자의 사망, 입원 등의 사유로 가정 방문이 불가능한 경우
   나. 월 중에 급여제공을 종료한 경우
2. 급여제공이 18시 이후 06시 이전에만 이루어져 급여제공 이외의 시간에 방문한 경우. 다만, 매월 1회 이상 수급자 및 급여제공자를 모두 면담하여야 한다.

③ 그 밖의 업무수행 시 주의사항 등 세부사항은 공단 이사장이 정한다.

(5) 방문요양 사회복지사 등 배치 가산 금액

① 사회복지사 등 배치 가산금액 산정방법은 제56조제1항의 각 호를 제외한 본문을 준용하고, 구체적인 사항은 다음 각호와 같다.

1. 입소자수는 해당월 가산을 적용받고자 하는 급여유형의 급여를 제공한 수급자수로 한다. 이 경우, 제36조의2의 24시간 방문요양급여만 이용한 수급자는 제외한다.
2. 해당 월 가산 기준금액은 제1호의 수급자별 급여비용 합의 85%를 말한다. 이 경우, 제1호 후단의 24시간 방문요양급여는 제외한다.
3. 종사자 직종별 가산점수는 다음 각 목과 같이 산정한다. 다만, 가산인정 인원수가 2명 이상인 경우 0.2점을 추가로 산정한다.
   가. 노인복지법 시행규칙 별표9에 따라 수급자 15인 이상 방문요양기관이 의무적으

로 배치해야 하는 사회복지사 : 1인당 1.8점

나. 팀장급 요양보호사 또는 간호(조무)사는 1인당 1점, 사회복지사는 1.2점

4. 서비스유형점수는 1.8점으로 한다.

② 제1항에 따른 가산점수는 다음 각 호에 따라 달리 적용한다. 다만, 제2호 및 제3호의 경우에는 특정 수급자에 대하여 3개월 연속하여 제57조제1항 각 호의 업무를 누락하여서는 아니된다.

1. 사회복지사 등이 모든 수급자의 가정을 방문하여 업무를 수행한 경우는 직종별 1인당 가산점수의 100%

2. 사회복지사 등이 수급자수의 90% 이상의 가정을 방문하여 업무를 수행한 경우는 직종별 1인당 가산점수의 80%를 산정

3. 사회복지사 등이 수급자수의 80% 이상의 가정을 방문하여 업무를 수행한 경우는 직종별 1인당 가산점수의 50%를 산정

③ 가정방문급여를 제공하는 기관의 수급자 수가 30인 이상이고, 제57조제1항 단서에 따라 사회복지사를 1인만 배치한 경우에는 제2항에도 불구하고 매월 수급자 30인 이상을 방문하여 제57조제1항 각 호의 업무를 수행한 경우 가산점수 100%를 산정한다. 다만, 모든 수급자에 대해 3개월마다 1회 이상 제57조제1항 각 호의 업무를 해야 한다.

④ 사회복지사 등의 가산인정 인원수는 가산을 적용받는 급여의 수급자수 규모에 따라 다음과 같다.

수급자수	가산 인정 인원수
15명 이상 30명 미만	1명
30명 이상 60명 미만	2명
60명 이상 90명 미만	3명
90명 이상	4명

⑤ 가산 대상인 간호(조무)사 및 팀장급 요양보호사는 해당 기관에 종사하는 간호(조무)사 및 요양보호사의 부득이한 사정으로 미리 계획된 제17조의 방문요양급여, 제24조의 방문목욕급여 및 제27조의 방문간호급여를 제공할 수 없는 경우에 한하여 그 급여를 제공할 수 있다. 이 경우 제18조, 제25조, 제28조 등 고시에서 정한 해당 급여비용은 산정하지 아니한다.

⑥ 제5항 단서에도 불구하고 제24조의 방문목욕급여를 팀장급 요양보호사 1인을 포함하여 요양보호사 2인이 제공하는 경우 제25조 및 제26조에 따른 해당 급여비용의 50%를 산정할 수 있다.

(6) 간호사배치 가산

시설급여기관, 주 · 야간보호기관 및 단기보호기관이 간호사를 배치한 경우에 가산한다. 가산금액 산정방법은 제56조제1항을 준용하고, 이 경우 가산점수는 간호사 1인당 0.6점으로 한다.

(7) 야간직원배치 가산

① 노인요양시설의 야간직원배치 가산은 야간(22시부터 다음날 6시)에 요양보호사 또는 간호(조무)사 1명 이상이 근무한 경우 다음 각 호 중 어느 하나의 방식에 따라 가산한다. 가산금액 산정방법은 제56조제1항을 준용한다.

1. 야간(22시부터 다음날 06시)에 요양보호사 또는 간호(조무)사 1명 이상이 근무한 경우 : 기관당 0.9점의 가산점수 부여
2. 다음 각목의 사항을 모두 충족하는 경우 : 야간직원 1인당 0.4점의 가산점수 부여
   가. 야간근무 직원 1인당 입소자 20인 이하이어야 한다.
   나. 주간(24시간 중 제1항의 야간을 제외한 시간)에 근무하는 요양보호사와 간호(조무)사 수의 합이 야간직원의 2배 이상이어야 한다. 다만, 입소자 20인 미만의 기관은 동수로 배치하여도 된다.

② 노인요양공동생활가정의 야간직원배치 가산은 야간(22시부터 다음날 6시)에 요양보호사 또는 간호(조무)사 1명 이상이 근무한 경우 기관당 0.4점의 가산점수를 부여하며, 가산금액 산정식은 제56조제1항을 준용한다.

③ 단기보호기관의 야간직원배치 가산은 제1항제2호에 따라 배치한 경우 가산하며, 가산금액 산정방법은 제56조제1항을 준용한다.

④ 제1항부터 제3항의 야간 및 주간에 배치한 인력수의 계산은 공단 이사장이 정한다.

⑤ 장기요양기관의 장은 공단으로부터 지급받은 야간직원배치 가산금을 야간에 근무한 종사자에게 지급하여야 한다.

(8) 맞춤형서비스제공 가산

① 시설급여기관, 주 · 야간보호기관 및 단기보호기관이 입소자의 건강수준 유지 · 개선

등을 위하여 기본프로그램과 수급자 상태별 맞춤형 프로그램을 다양하게 제공하고, 다음 각 호의 세부적인 기준에 적합한 경우 가산한다. 다만, 제70조의 치매전담형 장기요양기관에 대해서는 가산하지 아니한다.

1. 수급자 상태별 맞춤형 프로그램은 관련 자격증을 소지한 외부강사가 제공한다.
2. 맞춤형 프로그램을 매주 4회 이상, 프로그램별 1회 60분 이상 제공한다. 다만, 제공되는 맞춤형 프로그램의 종류는 매주 최소 2가지 이상이어야 한다.
3. 그 밖의 공단 이사장이 정하는 세부적인 제공방법에 따라 프로그램을 제공하여야 한다.

② 가산금액은 제56조제1항에 따라 산정하고, 이 경우 가산점수는 맞춤형 프로그램을 제1항제5호에 따라 주 4회 또는 월 16회 이상 제공한 경우 0.4점이고, 주 2~3회 또는 월 8회 이상 제공한 경우에는 0.2점으로 한다.

3) 급여비용 감액산정 기준

(1) 급여비용 감액산정의 유형

급여비용 감액산정의 유형은 다음과 같다.

감액산정 유형	적용되는 기관 유형
정원초과	시설급여기관, 주 · 야간보호기관 및 단기보호기관
인력배치기준 위반	시설급여기관, 주 · 야간보호기관 및 단기보호기관
전문인 배상책임보험 미가입	모든 장기요양기관

(2) 급여비용 감액산정의 원칙

제63조의 감액이 중복되는 경우 제65조, 제66조 및 제68조의 급여비용 산정제외 비율을 합산하여 적용한다. 다만, 정원초과 감액과 인력배치기준 위반으로 급여비용 산정제외 비율의 합이 40%를 초과할 때에는 급여비용의 60%를 산정한다.

(3) 정원초과 감액

① 시설급여기관, 주 · 야간보호기관 및 단기보호기관이 규칙 제23조에 따른 정원을 초과하여 운영한 경우, 수급자 전원에 대하여 해당일의 급여비용을 그 초과비율에 따라 다음과 같이 산정한다.

정원 초과비율	급여비용 산정비율(%)
5% 미만	90
5% 이상~10% 미만	80
10% 이상	70

② 치매전담실이 있는 노인요양시설, 치매전담실이 있는 주 · 야간보호기관의 경우에는 각 실별 정원을 기준으로 구분하여 산정한다.

(4) 인력배치기준 위반 감액

① 시설급여기관, 주 · 야간보호기관 및 단기보호기관이 제48조의 인력배치기준을 위반하여 운영한 경우, 감액은 위반기간 동안의 급여비용을 다음 식에 따라 산정하고 구체적인 사항은 다음 각 호와 같다.

감액 = (해당 감산 기준금액)×(직종별 감산점수의 합/입소자수) × 감산유형점수

1. 감산 기준금액이란 수급자별 급여비용의 100%를 의미한다.
2. 요양보호사, 간호(조무)사, 사회복지사, 물리(작업)치료사, 조리원, 위생원, 보조원(운전사) 7개 직종에 적용한다.
3. 직종별 결원 수에 따른 감산점수는 다음과 같다. 해당 직종의 결원 수가 1명을 초과할 경우 결원수별 감산점수를 합산하며, 2개 이상 직종에서 결원이 발생한 경우에는 각 직종별로 감산 점수를 산정한 뒤 이를 합산한다.

직종별 결원수	감산점수
0.1명 ~ 0.2명	1점
0.3명 ~ 0.5명	1.6점
1명	2점

※ 직종별 결원수 = 배치의무인원수 – 근무인원수

4. 급여유형별 · 규모별 감산유형점수는 다음과 같이 산정하며, 규모별 감산유형점수는 제47조에 따른 입소자 수를 기준으로 한다.

구분		감산유형
주야간 보호	10명 미만	1.2점
	10명 이상 50미만	1.5점
	50명 ㅇ;싱	2점
단기보호		1.5점
노인요양공동생활가정		1점
노인요양시설	30명 미만	1점
	30명 이상 50명 미만	1.2점
	50명 이상 70명 미만	1.4점
	70명 이상	1.6점

② 치매전담실이 있는 노인요양시설, 치매전담실이 있는 주 · 야간보호기관의 요양보호사 인력배치기준 위반 감액은 각 실별로 적용한다.

③ 2개월 이상 연속으로 인력배치기준을 위반하여 감액이 적용되는 경우 해당 월에 대하여 제1항제3호에 따른 감산점수를 다음 각 호와 같이 산정하며, 계산 결과 소수점 둘째자리 이하는 절사한다.

1. 입소자 30명 미만 : 해당 월 감산점수의 1.2배
2. 입소자 30명 이상 : 해당 월 감산점수의 1.5배

④ 결원비율 및 결원수 계산방법에 대하여 공단 이사장이 정한다.

(5) 인력배치기준 위반 감액산정 특례

① 입소자의 증가로 요양보호사, 간호(조무)사, 사회복지사, 물리(작업)치료사의 의무배치인원이 변경된 경우 해당 월에는 증가한 입소자로 인한 인력배치기준 위반 감액산정을 적용하지 아니한다. 다만, 직종별로 반기 각 1회에 한하며, 치매전담실이 있는 노인요양시설, 치매전담실이 있는 주 · 야간보호기관의 경우에는 각 실별로 각각 적용한다.

② 요양보호사, 간호(조무)사, 사회복지사, 물리(작업)치료사, 조리원, 위생원, 보조원(운전사)의 갑작스런 퇴사로 인해 인력배치기준을 위반하게 된 경우 다음 각 호를 모두 충족하면 그 후임자를 채용하기까지 퇴사 신고한 직원의 근무종료일 다음날부터 30일(공휴일, 근로자의 날 및 토요일 제외)동안 그 직종의 1인이 "1일 8시간씩(주 · 야간보호기관의 보조원(운전사)은 1일 4시간)"근무한 것으로 인정한다.

1. 퇴사한 직원이 근무종료일이 속하는 달을 기준으로 해당 급여유형에서 직전 6개월 간 월 기준 근무시간 이상 근무하여야 한다. 다만, 근무종료일이 속하는 달에 월 기준근무시간을 모두 충족한 경우에는 근무종료일이 속하는 달을 포함하여 6개월 간 월 기준근무시간 이상 근무하여야 한다.
2. 기관은 적극적인 채용노력을 하였으나 채용을 할 수 없는 부득이한 사유가 있다는 입증자료를 공단에 제출하여야 한다.
3. 근무인원이 부족한 기간 동안 입소자가 적정한 서비스를 받도록 조치하여야 한다.

③ 제2항에도 불구하고, 해당 종사자가 다음 각 호에 해당하는 날부터 제2항의 특례를 적용하지 아니한다.

1. 해당 기관에서 퇴사하지 아니하고, 직종만 변경하여 근무한 날
2. 제2항의 특례를 적용받는 직원이 제2항에 따른 특례기간이 만료하기 전에 해당 기관에 재취업하여 근무한 날

(6) 전문인 배상책임보험 미가입 감액

장기요양기관이 수급자 전원에 대하여 제10조에 따른 전문인 배상책임보험에 가입하지 아니한 경우 가입하지 아니한 기간 동안 급여비용을 다음 각 호와 같이 산정한다.

1. 가정방문급여의 경우 전문인 배상책임보험 미가입 종사자가 제공한 급여에 대하여 해당일 급여비용의 90%를 산정한다.
2. 시설급여기관, 주 · 야간보호기관 및 단기보호기관이 전문인 배상책임보험 미가입시 수급자 전원에 대하여 미가입 기간 동안의 급여비용의 90%를 산정한다.
3. 제2호의 시설급여기관 중 치매전담실이 있는 노인요양시설은 전문인 배상책임보험에 가입하지 않은 수급자가 있는 해당실 수급자에 한정하여 감액 산정한다.

(7) 전문인 배상책임보험 가입 예외

① 종사자가 가족 및 민법에 의한 친족관계에 있는 수급자에게만 급여를 제공하는 경우에는 가입하지 아니할 수 있다.

② 수급자가 공휴일에 입소하거나 신규종사자가 공휴일부터 근무하여 당일에 배상책임보험에 가입할 수 없는 경우 제68조의 감액을 적용하지 아니 한다.

③ 전문인 배상책임보험 가입 여부 판단 등 기타 세부사항은 공단 이사장이 정한다.

2-6. 치매전담형 장기요양기관 급여제공기준 및 비용산정방법

(1) 치매전담형 장기요양기관

치매전담형 장기요양기관이 될 수 있는 기관은 「노인복지법 시행규칙」 제22조제1항 별표4에 따른 노인요양시설 내 치매전담실 가형 및 나형, 치매전담형 노인요양공동생활가정 또는 같은 규칙 제29조제1항 별표9에 따른 주 · 야간보호 내 치매전담실에 한정한다.

(2) 치매전담형 장기요양기관 이용대상자

① 치매전담형 장기요양기관을 이용할 수 있는 수급자는 다음 각 호의 어느 하나에 해당하는 자를 말한다.

1. 의사소견서에 '치매상병'이 기재되어 있거나, 최근 2년 이내 치매진료내역이 있는 2등급(영 제6조제1호에 해당하는 자 제외)부터 4등급까지의 수급자
2. 5등급 수급자
3. 인지지원등급 수급자. 다만, 주 · 야간보호 내 치매전담실에 한함.

② 제1항에 해당하는 수급자가 노인요양시설 내 치매전담실, 치매전담형 노인요양공동생활가정에 입소 중 1등급 또는 2등급(영 제6조제1호에 해당하는 자)로 변경된 경우 등급이 변경된 날부터 입소 중인 해당기관에서 90일까지 이용할 수 있다.

(3) 치매전담형 장기요양기관 시설장, 프로그램관리자, 치매전문요양보호사

① 치매전담형 장기요양기관은 치매전문교육을 이수한 시설장(관리책임자), 프로그램관리자, 치매전문요양보호사를 각각 갖추어야 한다. 다만, 단독으로 운영하는 노인요양공동생활가정, 입소자 10인 미만 규모의 주 · 야간보호기관의 경우 시설장(관리책임자)이 프로그램관리자를 겸임할 수 있다.

② 제1항에 따른 급여제공자는 다음 각 호의 구분에 따른 업무를 수행하여야 한다.

1. 시설장(관리책임자)은 수급자의 특성 · 욕구 등을 고려한 적정한 서비스가 제공될 수 있도록 종사자 지도 · 감독 및 안전하고 쾌적한 환경 조성에 노력한다.
2. 프로그램관리자는 다음 각 목의 프로그램 관리업무를 모두 수행하여야 한다.
   가. 수급자의 개인별 특성, 욕구, 기능상태 등을 종합적으로 고려하여 프로그램 계획(내용, 일정, 횟수 등)을 수립
   나. 프로그램 계획에 따른 요양보호사의 급여 제공을 모니터링하고 요양보호사에게 적정한 급여 제공 지도

다. 수급자 가족 대상으로 교육 · 상담 또는 지지 및 참여프로그램 제공

라. 가목부터 다목까지의 업무를 수행하고 그 내용을 공단 이사장이 정하는 업무수행일지에 작성 · 보관

3. 치매전문요양보호사는 프로그램관리자가 수립한 계획에 따라 프로그램을 제공하고 그 내용 등을 공단 이사장이 정하는 프로그램 제공일지에 작성 · 보관하여야 한다.

③ 치매전담실 간 또는 치매전담실과 일반실 간 요양보호사를 공동활용 하여서는 아니된다. 다만, 경조사 등 예외적인 사유가 있는 경우 치매전담실 간 공동으로 활용할 수 있다.

(4) 치매전담형 장기요양기관 교육이수에 관한 특례

제72조제1항에도 불구하고 2019.1.1. 이후 지정받은 치매전담형 장기요양기관의 시설장(관리책임자)과 요양보호사는 그 배치인력을 합한 수의 50%까지에 한하여 지정일로부터 1년간 교육을 유예할 수 있고, 이 경우 그 유예받은 요양보호사가 치매전담형 장기요양기관에서 월 기준 근무시간 이상 근무한 경우에는 제51조제1항 단서 규정을 적용하지 아니한다. 다만, 제72조제1항의 단서에 따라 시설장(관리책임자)이 프로그램관리자를 겸임하는 경우에는 그러하지 아니하다.

(5) 프로그램 제공기준

① 치매전담형 장기요양기관은 치매가 있는 수급자의 신체 · 인지기능 유지 · 개선을 위하여 수급자의 기능상태 · 특성 등을 고려하여 맞춤형 프로그램 등을 제공한다.

② 치매전담형 장기요양기관은 다음 각 호의 프로그램을 제공한다.

1. 현실인식훈련(개인정보 · 지남력 훈련등), 운동요법
2. 가족교육 및 가족 참여프로그램
3. 인지자극활동, 음악활동 등 집단프로그램

③ 프로그램 제공내용은 공단 이사장이 정하는 프로그램 운영일지에 작성 · 보관한다.

④ 공단 또는 공단이 지정한 자가 프로그램 제공의 적정성 여부를 확인하기 위하여 서비스 모니터링을 실시할 수 있다. 이 경우, 장기요양기관의 장은 서비스 모니터링을 위해 현장 확인을 요구하는 경우 이에 응하여야 한다.

(6) 치매전담형 장기요양기관 급여비용 및 산정방법

① 주 · 야간보호 내 치매전담실 급여비용은 수급자의 장기요양등급과 1일당 급여제공시간에 따라 다음 표와 같다.

분류번호	분 류		금액(원)
사-1	3시간 이상 ~ 6시간 미만	장기요양 2등급	41,320
		장기요양 3등급	38,140
		장기요양 4등급	36,400
		장기요양 5등급	34,660
		인지지원등급	34,660
사-2	6시간 이상 ~ 8시간 미만	장기요양 2등급	55,420
		장기요양 3등급	51,150
		장기요양 4등급	49,420
		장기요양 5등급	47,660
		인지지원등급	47,660
사-3	8시간 이상 ~ 10시간 미만	장기요양 2등급	68,950
		장기요양 3등급	63,640
		장기요양 4등급	61,910
		장기요양 5등급	60,150
		인지지원등급	60,150
사-4	10시간 이상 ~ 12시간 미만	장기요양 2등급	75,960
		장기요양 3등급	70,160
		장기요양 4등급	68,390
		장기요양 5등급	66,650
		인지지원등급	60,150
사-5	12시간 이상	장기요양 2등급	81,430
		장기요양 3등급	75,250
		장기요양 4등급	73,490
		장기요양 5등급	71,750
		인지지원등급	60,150

② 노인요양시설 내 치매전담실 가형 및 나형, 치매전담형 노인요양공동생활의 1일당 급여비용은 수급자의 장기요양등급에 따라 다음 표와 같다.

분류번호	분 류		금액(원)	
			가형	나형
아-1	노인요양 시설	장기요양 2등급	82,280	74,050
		장기요양 3등급~5등급	75,870	68,270

아-2	노인요양공동생활가정	장기요양 2등급	72,520
		장기요양 3등급~5등급	66,870

(6) 치매전담형 장기요양기관 급여비용 산정방법

① 치매전담형 장기요양기관에 치매전문교육을 이수한 시설장(관리책임자) 또는 프로그램관리자가 없거나, 제72조제2항에 해당하는 업무를 수행하지 않은 경우에는 급여비용의 10%를 감액 산정한다. 다만, 월 중 퇴사로 인해 일부 업무를 수행하지 못한 경우에는 그러하지 아니하다.

② 월 중 프로그램관리자가 퇴사한 경우 해당월은 시설장(관리책임자)이 그 역할을 수행하여야 한다.

③ 치매전담형 장기요양기관에는 제32조제7항의 가산금은 지급하지 아니한다.

④ 제71조제2항에 해당하는 수급자는 제44조제1항의 급여비용을 산정한다.

⑤ 기관기호가 동일한 장기요양기관에서 동일 수급자에게 같은 날 치매전담실(일반실)과 일반실(치매전담실) 간 이동하여 급여를 제공한 경우, 급여제공시간을 모두 합산하여 일반실 기준으로 해당 일의 급여비용을 산정하며, 입소자 수 계산 시 일반실을 기준으로 적용한다.

⑥ 기관기호가 동일한 장기요양기관에서 같은 날 치매전담실 간 이동하여 동일 수급자에게 급여를 제공한 경우, 급여제공시간을 모두 합산하여 하나의 실을 기준으로 해당 일 급여비용을 산정하며, 입소자 수 계산 시 급여비용을 산정한 실을 기준으로 적용한다. 다만, 동일 수급자에게 같은 날 치매전담실 가형과 나형 간 이동하여 급여를 제공한 경우 급여제공시간을 모두 합산하여 치매전담실 나형을 기준으로 해당 일의 급여비용을 산정하며, 입소자 수 계산 시 급여비용을 산정하는 치매전담실 나형을 기준으로 적용한다.

(7) 치매전담형 장기요양기관 한시적 지원금

① 제70조의 치매전담형 장기요양기관이 제71조의 대상자에게 최초의 급여를 제공하는 월부터 36개월까지 다음 각 호에 따른 비용을 월 1회 산정한다. 동 고시 시행 이전부터 급여를 제공중인 치매전담형 장기요양기관은 동 고시 시행일로부터 36개월까지 다음 각 호에 따른 비용을 월 1회 산정하며, 이에 따른 비용은 수급자가 부담하지 아니한다.

1. 치매전담실이 있는 노인요양시설, 치매전담형 노인요양공동생활가정 수급자 1인당

월 100,000원, 단, 입소일수가 월 15일 이하인 수급자의 경우 월 50,000원

2. 주 · 야간보호 내 치매전담실 수급자 1인당 월 50,000원, 단, 이용일수가 월 10일 이하인 수급자의 경우 월 25,000원

② 제1항의 입소일(이용일)에는 제32조제3항의 미 · 이용일 급여비용 및 제45조제2항의 외박비용을 산정한 날을 포함한다.

③ 급여를 제공하지 않은 월에는 비용을 산정하지 아니한다.

(8) 급여기준 준용

이 장에서 정한 기준 이외에 다른 급여기준 및 급여비용 산정방법은 제1장부터 제5장까지를 준용한다.

(9) 치매전문교육

치매전문교육은 공단 이사장이 정할 수 있다.

2-7. 의사소견서 및 방문간호지시서 발급비용

(1) 의사소견서 및 방문간호지시서 발급비용

① 의사소견서 및 방문간호지시서 발급비용은 다음과 같다.

분류번호	분 류		금액 (원)
자-1	의사소견서 (1회당)	「의료법」에 따른 의료기관(보건의료원 포함)	38,490
		「지역보건법」에 따른 보건소 및 보건지소	24,120
자-2	방문간호 지시서 (1회당)	「의료법」에 따른 의료기관(보건의료원 포함) 가. 대상자가 의료기관을 방문하는 경우 나. 의사가 가정을 방문하는 경우	20,470 64,540
		「지역보건법」에 따른 보건소 및 보건지소 가. 대상자가 보건기관을 방문하는 경우 나. 의사가 가정을 방문하는 경우	5,460 11,780

② 제1항에 따른 발급비용은 의사 또는 한의사(방문간호지시서의 경우는 치과의사를 포함)가 수급자를 직접 진찰한 경우에만 산정하며 진찰료와 가정방문에 따른 교통비 등은 별도로 산정하지 아니한다.

③ 의사소견서 발급비용은 공단이 규칙 별지 제3호 서식으로써 의사소견서 발급을 의뢰하여 발급된 경우에 산정한다. 이 경우 보건복지부 장관이 정하는 치매진단 관련 양식

은 보건복지부에서 정한 의사소견서 작성교육을 이수한 의사, 한의사(한방신경정신과 전문의에 한한다)가 발급한 경우에 한하여 인정하고, 「의료법」에 따른 의료기관(보건의료원 포함)은 54,110원, 「지역보건법」에 따른 보건소 및 보건지소는 43,600원을 산정한다.

④ 방문간호지시서 유효기간은 발급일로부터 180일까지이며, 수급자 상태변화 등이 있는 경우에 유효기간 내 재발급이 가능하다.

2-8. 가족요양비

(1) 가족요양비

법 제24조에 따른 가족요양비는 장기요양등급에 관계없이 월 150,000원을 지급한다.

(2) 요양제공자 변경신청

① 규칙 제20조 및 별지 제17호서식의 요양제공자가 병원 입원 등의 사유로 실제 요양제공이 어려운 경우 별지 제1호 서식에 따라 요양제공자 변경신청서를 공단에 제출하여야 한다.

② 가족요양비 지급에 관련된 구체적인 사항은 공단 이사장이 정한다.

별표1 방문요양 및 방문간호 원거리교통비 점수산출 기준

1. 섬지역

기준요소	1점	2점	3점	4점	5점
㉮ 가장 가까운 육지항구까지의 정기여객선 운항소요시간	1시간 미만	1시간 이상 2시간 미만	2시간 이상 3시간 미만	3시간 이상 4시간 미만	4시간 이상
㉯ 선착장까지의 거리	2km 미만	2km 이상 3km 미만	3km 이상 4km 미만	4km 이상 5km 미만	5km 이상
㉰ 1일 정기여객선 운항횟수	10회 이상	6회 이상 9회 이하	3회 이상 6회 미만	1회 이상 3회 미만	1회 미만
㉱ 가장 가까운 방문요양(간호) 기관까지의 거리	6km 미만	6km 이상 11km 미만	11km 이상 16km 미 만	16km 이상 21km 미만	21km 이상

※ 1) ㉮,㉯,㉰,㉱ 거리측정은 수급자의 실거주지를 기준으로 하며, 연륙교의 설치로 육지화가 되어 있는 지역 및 도서지역 내 방문요양(간호)기관이 있는 경우 육지지역의 기준 적용

2) ㉱의 가장 가까운 방문요양(간호)기관까지의 거리는 실제 운영하는 기관을 기준으로 함

2. 육지지역

기준요소	1점	2점	3점	4점	5점	비고
㉮ 가장 가까운 대중교통수단 이용지점까지의 거리	2km 미만	2km 이상 3km 미만	3km 이상 4km 미만	4km 이상 5km 미만	5km 이상 6km 미만	6km이상은 1km당 1점씩 가산
㉯ 1일 대중교통 운행횟수 (편도)	8회 이상	6회 이상 8회 미만	4회 이상 6회 미만	2회 이상 4회 미만	1회 이하	–
㉰ 가장 가까운 방문요양기관까지의 거리	5km 미만	5km 이상 10km 미만	10km 이상 15km 미만	15km 이상 20km 미만	20km 이상	–

※ 1) ㉮,㉯,㉰거리측정은 수급자의 실거주지를 기준으로 함

2) ㉯의 1일 대중교통 운행횟수 측정 시 수급자의 주소지 반경 1km이내에 버스 정류장이 2개 이상인 경우에는, 그 중 버스운행 횟수가 가장 많은 버스 정류장의 운행 횟수를 반영

3) ㉰의 가장 가까운 방문요양기관까지의 거리는 실제 운영하는 기관을 기준으로 함

수행 Tip!

• 노인장기요양포털에서 요양급여기준에 대한 자료를 수집 수급자관리에 참고한다.

4-2 장기요양급여비용 산정방법 세부사항

학습목표

1 | 장기요양급여비용 산정방법에 의하여 산정할 수 있다.

1. 장기요양급여 제공기준 및 급여비용 세부 산정방법

1) 요양급여 제공기준 및 급여비용 산정방법 세부사항

(보건복지부고시 요양급여실 제2021-1호(2021.4.20))

(1) 목적

이 기준은「장기요양급여 제공기준 및 급여비용 산정방법 등에 관한 고시」에 따른 세부사항을 정함을 목적으로 한다.

2. 장기요양기관 및 종사자의 준수사항

1) 급여제공기록지 제공 방법

① 고시 제7조제3항에 따라 급여제공기록지는 수급자 또는 보호자에게 방문, 우편, 모사전송 등의 방법으로 제공하여야 한다. 다만, 전자적으로 열람이 가능한 경우도 제공한 것으로 본다.

② 제1항에 따라 급여제공기록지를 제공하여야 하나, 가족 요양보호사가 가족인 수급자에게 급여를 제공하는 경우에는 제공하지 아니할 수 있다. 다만, 수급자(보호자)의 요청이 있는 경우에는 제공하여야 한다.

2) 요양보호사 직무교육 신청절차 및 방법

① 고시 제11조제4항에 따라 직무교육 신청절차는 다음과 같다.

1. 방문요양 및 방문목욕급여를 월 60시간 이상 제공하는 요양보호사는 요양보호사 직무교의 신청자격이 있다. 다만, 직무교육 실시 전에 해당 요양보호사가 퇴직하는 경우 직무교육 신청자격을 상실한다.

2. 직무교육 신청자격은 노인장기요양보험 홈페이지(www.longtermcare.or.kr)에서 확인할 수 있으며, 제1호의 요건에 해당하는 자가 직무교육을 받고자 하는 경우 소속 장기요양기관에 직무교육 신청을 하거나 공단 이사장이 지정한 요양보호사 직무교육기관(이하 '직무교육기관'이라 한다)에 직무교육 신청을 할 수 있다.

② 직무교육기관 지정신청, 변경 · 휴업 · 폐지 등의 방법은 다음과 같다.

1. 직무교육기관으로 지정받고자 하는 자는 공단이 제공하는 교재로 '요양보호사 직무교육 훈련과정'에 대해 근로자직업능력개발법에 따라 고용노동부장관으로부터 직업능력개발훈련과정으로 인정하는 '직업능력개발 훈련기관 인증평가 결과 또는 훈련과정 인정을 확인할 수 있는 자료'를 받은 후 제2호에서 정하는 강사인력 요건을 갖추어 별지 제3호서식에 따라 요양보호사 직무교육기관 지정신청서를 공단 이사장에게 제출하여야 한다.
2. 직무교육기관의 강사인력은 2명 이상을 두어야 하며 강사인력의 자격요건은 다음의 어느 하나에 해당하여야 한다.
   가. 1급 사회복지사로서 노인복지 분야 업무경력이 3년 이상인 자
   나. 사회복지 및 노인복지 분야 석사학위 이상인 자로서 해당 업무경력이 3년 이상인 자
   다. 기관의 시설장 또는 관리책임자(복지용구 제외)로서 업무경력이 5년 이상이면서 학사학위 이상인 자
   라. 의사(한의사), 간호사 및 물리(작업)치료사로서 업무경력이 3년 이상인 자
   마. 고등교육법에 따른 대학 산업대학 전문대학에서 사회복지학, 노인복지학, 간호학 및 물리(작업)치료학을 강의하는 자 또는 최근 3년 이내 강의 이력이 있는 자
   바. 장기요양 업무에 종사한 경력이 3년 이상이면서 학사학위 이상을 가진 공단 직원이거나 직원이었던 자
3. 공단 지사가 직무교육기관으로 지정받고자 하는 경우 30명 이상의 요양보호사가 직무교육을 받을 수 있는 공간과 제2호에서 정하고 있는 강사인력 요건을 갖추어 지정신청서를 공단 이사장에게 제출하여야 한다.

[별지 제3호서식]

요양보호사 직무교육기관 지정신청서

접수번호		접수일자		처리기간	14일

① 신청인	성명(법인명)	사업자등록번호	주민등록번호(법인등록번호)
	주소(법인주소)	전화번호	전자우편

② 교육기관 구분	[1]공단 [2]다른 법령에 따라 직업능력개발훈련을 실시할 수 있는 시설 또는 기관 [3]평생교육법에 따른 평생교육시설 [4]직업능력개발훈련시설 [5]고등교육법에 따른 학교 [6]평생직업교육학원

③ 교육기관	명칭		고용보험사업장 관리번호	
	대표자		주민등록번호	
	전화번호 (팩스번호)		소재지	

「장기요양급여 제공기준 및 급여비용 산정방법 등에 관한 고시」제11조제3항에 따라 위와 같이 요양보호사 직무교육기관 지정을 신청합니다.

붙임 각서 1부.

년 월 일

④ 신청인 (인)

국민건강보험공단 이사장 귀하

첨부서류	1. 요양보호사 교육기관 지정서(노인복지법의 경우만 해당됩니다) 1부. 2. 관련법에 따라 교육기관 지정 및 신고를 확인할 수 있는 지정서 또는 신고증 등 증빙서류 3. 직업능력개발훈련기관 인증평가결과 또는 훈련과정 인정을 확인할 수 있는 자료 1부 4. 강사요원 현황(붙임서식) 및 학위증명서 등 증빙서류 1부 ※ 3년이내 발급된 자료 5. 사업자 등록증 1부. 6. 법인 인감증명서(법인인 경우만 해당됩니다) 1부. 7. 법인 등기부등본(공단만 해당됩니다) 1부.	수수료 없 음

위 본인은 요양보호사 직무교육 기관으로 지정받은 후 국민건강보험공단이 운영하는 노인장기요양보험 홈페이지(www.longtermcare.or.kr)에 게시됨을 동의합니다.

⑤ 신청인 (인)

4. 공단 이사장은 제1호 및 제3호에 따른 지정신청서가 지정기준에 적합한 경우 제출한 날부터 14일 이내에 요양보호사 직무교육기관 지정서(별지 제4호서식)를 발급한다. 이 경우 공단은 지정된 직무교육기관 명단을 노인장기요양보험 홈페이지에 게시한다.
5. 제1호에 따라 지정받은 직무교육기관은 근로자 직무능력향상훈련지원 및 사업주 직업능력개발훈련지원 과정을 병행 운영하여야 한다.
6. 공단 이사장은 근로자직업능력개발법에 따라 지정된 직무교육 훈련기관이 다음의 어느 하나에 해당하는 경우에는 직무교육기관으로 지정하지 아니할 수 있다.
   가. 최근 1년간 요양보호사 자격시험 응시인력이 없고 요양보호사 직무능력향상 관련 교육실적도 없는 교육기관이 직무교육기관 지정신청을 한 경우
   나. 지정취소된 직무교육기관의 대표자가 지정취소 처분을 받은 날부터 3년이 경과되지 아니하고 직무교육기관 지정신청을 한 경우
   다. 지정취소된 직무교육기관과 동일한 장소에서 지정취소 처분을 받은 날부터 3년이 경과되지 아니하고 직무교육기관 지정신청을 한 경우
7. 직무교육기관은 명칭, 소재지, 대표, 강사요원을 변경하고자 할 경우 별지 제5호서식에 따라 요양보호사 직무교육기관 변경신청서를 사유발생일 부터 14일 이내에 공단 이사장에게 제출하여야 한다. 다만, 직무교육 강사요원이 변경되는 경우 직무교육을 실시하는 날의 전일까지 제출하여야 한다.
8. 직무교육기관이 폐지 또는 휴업을 하고자 하는 경우 별지 제6호서식에 따라 요양보호사 직무교육기관 폐지 휴업 신고서를 공단 이사장에게 제출하여야 한다. 이 경우 휴업기간은 1년 이내로 한다.

③ 직무교육 신청자는 신청자격이 확인된 당해 연도에 직무교육을 이수하여야 한다. 다만, 당해 연도 4분기에 신청자격을 확인할 수 있는 경우 다음 연도 1분기 말까지 직무교육을 이수할 수 있다.

④ 직무교육기관은 다음 각 호에 따라 직무교육을 실시하여야 한다.

1. 직무교육기관은 공단이 제공(노인장기요양보험 홈페이지 게시)하는 요양보호사 직무교육교재로 제4조제2항제2호의 강사인력 2명이상이 직무교육을 실시하여야 한다.
2. 직무교육기관은 근로자직업능력개발법에 따라 인정된 교육장소에서 집합교육 방법

으로 직무교육을 실시해야 하며, 기관의 요청 등에 의한 출장교육은 인정하지 아니한다.

3. 직무교육기관은 고용노동부의 고용보험 훈련비용 환급과정에 의한 직무교육을 실시하여야 하며, 출결확인은 고용노동부 출결관리 시스템으로 갈음한다.
4. 직무교육기관은 요양보호사 직무교육을 이수한 자(이수자)에게 별지 제8호서식에 따라 이수증을 직무교육 종료일부터 14일 이내에 교부하여야 한다.
5. 직무교육기관은 직무교육 종료일부터 14일 이내에 교육결과를 고용노동부에 통보하여야 한다.
6. 직무교육기관은 교육실시전 교육일정을 노인장기요양보험 홈페이지에 게시하여야 한다.

⑤ 공단은 다음 각 호의 경우 이수자로 인정하며 이수시간을 기준으로 연 8시간에 한해 방문요양 급여제공시간으로 인정할 수 있다. 다만, 제3항에 따라 다음 연도 1분기에 직무교육을 이수한 경우 전년도 방문요양 급여제공시간으로 인정할 수 있다.

1. 고용노동부로부터 제공받은 이수자 명단과 장기요양기관에서 제출한 별지 제9-1호 서식 요양보호사 직무교육 급여비용 청구명세서의 명단이 일치한 경우
2. 해당 요양보호사가 공단 지사에서 직무교육을 이수한 경우 공단 전산에 등록된 이수자 명단과 장기요양기관에서 제출한 급여비용 청구명세서의 명단이 일치한 경우

⑥ 직무교육 급여비용 청구방법 및 심사 · 지급절차는 다음과 같다.

1. 장기요양기관은 소속 요양보호사의 직무교육 이수여부를 확인한 후 고시 제19조제5항제1호 본문에 따라 산정된 급여비용(직무교육 이수일자를 기준으로 함)의 100분의 85에 해당하는 금액을 요양보호사 직무교육에 따른 급여비용('직무교육 급여비용')으로 공단 장기요양급여제공기준에 청구한다.
2. 장기요양기관이 직무교육 급여비용을 청구하고자 하는 때에는 별지 제9호 서식 요양보호사 직무교육 급여비용 청구서 및 급여비용 청구명세서를 기재하여 전자문서교환방식으로 공단에 제출한다.
3. 장기요양기관은 전자문서교환방식으로 직무교육 급여비용을 청구할 때에는 전송한 전자문서가 공단에 접수되었는지 여부를 확인하여야 한다. 이 경우 접수일은 전송자료가 공단에 도달한 날로 한다.

4. 공단은 제2호에 따라 급여비용 청구서 등이 접수된 경우에는 지체 없이 직무교육 급여비용 청구서 · 청구명세서 접수(반려)증(별지 제10호서식)을 전자문서교환방식으로 장기요양기관에 통보한다.
5. 공단은 장기요양기관이 직무교육 급여비용을 청구한 경우 청구를 받은 날부터 30일 이내에 해당 금액을 장기요양급여비용 지급계좌로 지급하고 「장기요양 급여비용 심사 및 지급 업무 처리기준」(보건복지부 고시)에 따른 장기요양 급여비용 심사지급 통보서(별지 제17호서식)를 전자문서교환방식으로 장기요양기관에 통보한다.

[별지 제4호서식]

제 호 요양보호사 직무교육기관 지정서

교육기관명 :

소 재 지 :

대 표 자 : 생 년 월 일 :

지정일자 :

「장기요양급여 제공기준 및 급여비용 산정방법 등에 관한 고시」제11조제3항에 따라 위와 같이 요양보호사 직무교육기관으로 지정합니다.

년 월 일

국민건강보험공단이사장 직인

6. 공단은 장기요양기관으로부터 제출받은 급여비용 청구서 및 급여비용 청구명세서의 기재사항 중 직무교육 급여비용 심사에 필요한 필수사항을 누락하거나 착오기재 등('청구오류')으로 직무교육 급여비용의 심사가 곤란한 경우에는 그 사유를 명기하여 반려할 수 있다. 급여비용 청구서 등을 반려한 경우에는 접수(반려)증을 전자문서교환방식으로 장기요양기관에 통보한다.

7. 제6호에 따라 급여비용 청구서 및 급여비용 청구명세서를 반려 받은 장기요양기관은 청구오류 사항을 보완하여 다시 청구하여야 한다.
8. 공단은 법 제60조에 따라 직무교육 급여비용 심사에 필요다고 인정한 경우에는 보완자료를 제출하도록 장기요양기관에 요청할 수 있다. 이 경우 보완자료를 제출하는데 소요된 기간은 직무교육 급여비용 심사처리에 소요되는 기간에 포함하지 아니한다.

⑦ 직무교육기관은 다음 각 호의 사항을 준수하여야 한다.

1. 직무교육기관은 직무교육 신청자가 고용노동부의 고용보험 훈련비용 환급 및 직무교육 급여비용 지급 대상이 아닌 경우 교육실시 전 장기요양기관 또는 교육신청자에게 통지하여야 한다. 직무교육기관이 통지하지 아니하여 발생된 장기요양기관 및 교육신청자의 손해에 대한 책임은 직무교육기관이 부담하여야 한다.
2. 직무교육기관은 고용노동부에 교육 수료 보고 시 교육결과와 다르게 보고한 경우 장기요양기관 또는 교육신청자에게 이를 통지해야 하며, 그로 인해 발생된 손해에 대한 책임은 직무교육기관이 부담하여야 한다.
3. 직무교육기관은 공단 직원이 직무교육을 참관하거나 자료를 요구하는 경우 이에 성실히 응하여야 한다.

⑧ 장기요양기관은 다음 각 호의 사항을 준수하여야 한다.

1. 장기요양기관은 해당 기관에서 방문요양 및 방문목욕을 월 60시간 이상 제공하는 요양보호사가 우선적으로 직무교육을 이수할 수 있도록 지원하여야 한다. 직무교육 이수실적은 공단이 실시하는 장기요양기관 급여평가에 반영할 수 있다.
2. 장기요양기관은 직무교육을 이수한 요양보호사로부터 직무교육 이수증 부본을 제출받아 보존하여야 한다.
3. 장기요양기관은 공단이 지급한 직무교육 급여비용을 지급일부터 30일 이내에 해당 이수자에게 지급하여야 하며, 30일을 초과하여 지급하는 경우에는 요양보호사 직무교육 급여비용 지급명세표(별지 제11호서식)에 지연사유를 기재하여야 한다.

[별지 제11호서식]

요양보호사 직무교육 급여비용 지급명세표
(년   월분)

접수번호		접수일자			
장기 요양 기관	기관기호		기관명		청구 구분	[ ] 1. 원청구 [ ] 2. 보완청구
	주소 (전자우편)	□□□□□ (@)			전화번호	

직무교육 급여비용 심사결과 상세 내용			
청구내역		심사결정내역	
총 인원	총 청구액	총 인원	총 지급액

요양보호사별 상세내용								
연번	요양보호사		심사결정내역		요양보호사 확인			
	성명	생년월일	인정시간	결정금액	실지급액	지급일	지연사유[1]	서명[2]

4. 장기요양기관은 직무교육 급여비용 지급여부 확인을 위해 계좌이체 명세를 보관하여야 하고 현금지급 등은 급여비용 지급명세표에 서명을 받아서 보관하여야 한다.
5. 장기요양기관은 직무교육 급여비용이 해당 이수자에게 지급되었는지를 확인하기 위해 공단 직원이 해당 장기요양기관을 방문하거나 관련 자료를 요청할 경우 이에 성실히 응하여야 한다.

⑨ 공단은 다음 각 호에 해당하는 경우 직무교육 급여비용을 환수할 수 있다.

1. 공단은 직무교육 급여비용을 지급받은 자가 실제로 직무교육을 받지 아니한 것으로 확인된 경우 등 거짓이나 그 밖의 부정한 방법으로 직무교육 급여비용을 지급 받은 경우 해당 이수자나 장기요양기관으로부터 해당 금액을 환수할 수 있다.
2. 공단은 직무교육기관이 직무교육 신청자나 장기요양기관과 공모하여 직무교육 미이수자에게 직무교육 이수증을 발급하는 등 거짓이나 그 밖의 부정한 방법으로 직무교육을 실시한 것이 확인된 경우 직무교육기관으로부터 해당 금액을 환수할 수 있다.
3. 공단은 장기요양기관이 직무교육 급여비용을 이수자에게 지급하지 아니하거나 지

급내용이 사실과 다른 경우 장기요양기관으로부터 해당 금액을 환수할 수 있다.

⑩ 공단 이사장은 다음 각 호의 어느 하나에 해당하는 경우에는 직무교육기관의 지정을 취소할 수 있다.

1. 직무교육기관이 제4항제1호부터 제3호까지와 다르게 직무교육을 실시한 경우
2. 직무교육기관이 거짓이나 그 밖의 부정한 방법으로 직무교육기관으로 지정받거나 직무교육을 실시한 경우
3. 직무교육기관이 근로자직업능력개발법에 따라 직업능력개발 훈련과정 인정이 취소 폐지되었거나 관련기관의 행정처분(지정취소)에 따라 지정기준에 적합하지 아니하게 된 경우
4. 직무교육기관으로 지정 받은 후 정당한 사유 없이 1년 이내(휴업기간을 포함한다)에 직무교육을 실시하지 아니한 경우
5. 직무교육기관이 공단 직원의 직무교육 참관을 방해하거나 직무교육 관련 자료의 제공을 거부하는 경우
6. 직무교육기관이 폐지　휴업 사유가 발생하였으나 폐지　휴업 신고서 등 관련서류 제출이 현실적으로 불가능할 경우, 공단에서 사실관계 확인 후 직권으로 지정을 취소할 수 있다.

3) 인건비 지출내역 제출 방법

고시 제11조의3제3항에 따라 장기요양기관의 장은 매월 급여비용 청구 시 인건비 지출내역을 별지 제11-2호 서식으로 제출하여야 한다.

4) 장기근속 장려금 산정을 위한 종사자 근무기간 및 근무시간 산정방법

① 고시 제11조의4제3항제8호에 따라 다음 각 호의 어느 하나에 해당하는 경우에는 기관기호가 동일한 장기요양기관에서 계속 근무한 것으로 본다. 다만, 이 경우에는 근무기간에 산입하지 아니한다.

1. 「산업재해보상보험법」에 따른 업무상 질병으로 근무하지 못한 경우
2. 「남녀 고용평등과 일 · 가정 양립 지원에 관한 법률」제19조의2에 따른 육아기 근로시간 단축으로 인하여 월 120시간(고시 제11조의4제1항제2호에 해당하는 종사자는 월 60시간) 미만 근무한 경우

3. 「근로기준법」에 따른 구제명령이 확정된 부당해고 기간동안 근무하지 못한 경우

② 고시 제11조의4제7항에 따라 종사자의 근무기간 및 근무시간은 장기요양급여비용 청구 시 공단에 신고한 자료를 기준으로 산정한다. 이 경우 고시 제11조의4제2항제2호에 따른 근무시간은 다음 각 호와 같이 적용한다.

1. 방문요양의 요양보호사 근무시간 산정은 고시 제18조에 해당하는 각 급여비용의 최저시간을 적용한다.
2. 방문목욕의 요양보호사 근무시간 산정은 급여제공시간이 40분 이상 60분 미만은 40분을, 60분 이상은 60분을 적용한다.
3. 방문간호의 간호(조무)사 및 치과위생사의 근무시간 산정은 급여제공시간이 30분 미만 또는 30분 이상 60분 미만은 30분을, 60분 이상은 60분을 적용한다.

3. 재가급여 제공기준 및 급여비용 산정방법

1) 방문요양 및 방문간호 급여비용 가산 계산방법

① 고시 제20조제2항에 따라 급여비용 가산 계산방법은 1회 급여제공 시간 내에서 가산 적용 시간대(18시 이후 06시 전)와 가산 미적용 시간대(18시 전 또는 06시 이후)가 중복되거나 가산적용 시간대 중 가산율이 서로 다른 경우 급여비용은 급여제공시간에 해당하는 기본 급여비용과 다음과 같이 산출한 가산금액을 합하여 산정한다.

▣ 22:00~06:00

$$\text{기본급여비용} \times 0.3 \times \frac{\text{가산 적용시간(분)}}{\text{총 급여제공시간(분)}}$$

1. 기본 급여비용은 총 급여제공시간(가산 적용시간과 미적용시간의 합)에 따라 급여비용으로 산정하는 금액(가산 전 금액)을 말한다.
2. 가산 적용시간은 가산 적용시간대에 실제 급여를 제공한 시간을 말한다.

– 총 급여 제공시간 50분(기본 급여비용 : 고시 제28조 표 다–2 급여비용)
– 가산 적용시간 40분(18:00~18:40)

▼

가산 : 고시 제28조 표 다-2 급여비용 × 0.2 × 40 ÷ 50

② 고시 제19조제5항에 해당하는 경우에는 급여비용을 2회로 분할하여 각각의 급여제공 시간에 대하여 제1항의 기준을 적용한다.

예시1) 방문요양 급여제공을 18:00에 시작하여 24:00에 종료한 경우(360분)

① 최초 270분
- 총 급여 제공시간 270분(기본 급여비용 : 고시 제18조 표 가-8 급여비용)
- 가산 적용시간 270분(18:00~22:30)

② 2회째 90분
- 총 급여 제공시간 90분(기본 급여비용 : 고시 제18조 표 가-3 급여비용)
- 가산 적용시간 90분(22:30~24:00)

▼

① 22:00~22:30 : 고시 제18조 표 가-8 급여비용 × 0.3 × 30 ÷ 270

예시2) 방문요양 급여제공을 16:00에 시작하여 24:00에 종료한 경우(480분)

① 최초 240분
- 총 급여 제공시간 240분(기본 급여비용 : 고시 제18조 표 가-8 급여비용)
- 가산 적용시간 120분(18:00~20:00)

② 2회째 240분
- 총 급여 제공시간 240분(기본 급여비용 : 고시 제18조 표 가-8 급여비용)
- 가산 적용시간 240분(20:00~24:00)

▼

① 18:00~20:00 : 고시 제 18조 표 가-8 급여비용 × 0.2 × 120 ÷ 240
② 20:00~22:00 : 고시 제 18조 표 가-8 급여비용 × 0.2 × 120 ÷ 240
22:00~24:00 : 고시 제 18조 표 가-8 급여비용 × 0.3 × 120 ÷ 240

③ 고시 제36조의3제2항제4호에 따른 종일방문요양 급여비용 가산 계산 방법은 다음과 같다.

예시) 종일방문요양 급여제공을 18:00에 시작하여 다음 날 06:30에 종료한 경우

- 가산 적용시간 480분(22:00~06:00)

▼

고시 제36조의3 제2항 제1호
기본급여비용 x 0.3 x 480 ÷ 720

2) 방문요양 및 방문간호급여 원거리교통비용 신청, 중단 및 변경절차

① 고시 제22조제5항에 따라 원거리교통비용 적용신청, 중단 및 변경 절차는 다음과 같다.

1. 방문요양기관 및 방문간호기관은 원거리교통비용을 지급받고자 할 경우 공단에 별지 제12호서식 또는 별지 제13호서식에 따라 전자문서교환방식으로 신청을 하여야 한다.
2. 방문요양기관 및 방문간호기관은 수급자의 주소지 이전 등의 사유로 원거리교통비용 적용대상이 중단되거나 변경이 발생한 경우 발생한 날부터 7일 이내에 공단에 별지 제14호서식에 따라 중단 변경 신고를 하여야 한다.
3. 공단은 제1호 및 제2호에 따라 신청서 또는 중단 변경 신고서가 접수되면 적용여부 등을 확인한 후 그 결과를 접수일부터 7일 이내에 별지 제15호서식에 따라 장기요양기관에 통보하여야 한다. 공단은 장기요양기관이 제2호에 따른 중단 변경 신고를 하지 아니하는 경우에도 이를 처리할 수 있으며, 그 내용을 별지 제16호서식에 따라 지체없이 장기요양기관에 통보하여야 한다.
4. 방문요양기관 및 방문간호기관은 급여제공자가 변경된 경우 별지 제17호서식에 따라 변경신고를 하여야 한다.

② 원거리교통비용 적용기간은 장기요양기관이 신청을 한 날부터 중단(변경)일의 전일까지로 한다. 이 경우 '중단일'은 마지막 서비스를 제공한 날의 다음날을 말한다.

③ 고시 제21조제1항에도 불구하고 수급자 사이의 거리가 5㎞미만의 거리에 거주하는 2인 이상의 수급자에게 동일한 날짜에 급여를 제공한 경우 원거리교통비는 1인의 수급자에 대하여만 산정한다.

[별지 제15호서식]

원거리교통비용 (적용, 적용불가) 통보서

급여 구분	▫ 방문요양		▫ 방문간호	
수급자	성명		장기요양인정번호	
장기요양기관	명칭		기호	

귀 기관의 원거리교통비용 적용신청에 대한 결과를 다음과 같이 통보합니다.

적용여부	적 용			적용불가 사유
☐ 적용 ☐ 적용불가	일 자			☐ 원거리 점수 미달 ☐ 가족관계 ☐ 5Km미만 거리에 거주 ☐ 기타( )
	종사자	성명		
		자격번호		
	교통비		원	

* 상기 종사자가 급여를 제공한 경우에만 원거리교통비용이 적용됨.

년 월 일

국민건강보험공단 이사장 (직인)

[별지 제17호서식]

장기요양요원 변경 신고서

급여 구분	☐ 방문요양		☐ 방문간호	
수 급 자	성명		장기요양인정번호	
	주소		전화번호	
장기요양기관	명칭		기호	
	주소		전화번호	

상기 수급자에게 급여를 제공하는 장기요양요원이 변경되었기에 다음과 같이 신고합니다.

변경 전	성명			
	자격번호		전화번호	
	주소(실거주지)			
변경 후	성명		변경일자	
	자격번호		전화번호	
	주소(실거주지)			

* 변경일자는 해당 장기요양요원이 급여를 제공하기 시작한 날임.

년 월 일

대표자 : (서명 또는 인)

국민건강보험공단 이사장 귀하

3) 주 · 야간보호 급여비용 가산

고시 제33조제2항에 따라 주 야간보호 급여비용 가산 계산방법은 제5조제1항을 준용한다. 다만, 천재지변 등 부득이한 사정으로 연속하여 다음날까지 계속 급여를 제공한 경우 총 급여제공시간은 표준급여 제공시간(08시부터 22시까지) 범위 내에서 실제 제공한 시간으로 한다.

예시) 주 야간보호 급여제공을 9:00에 시작하여 24:00에 종료한 경우

- 총 급여 제공시간 780분(기본 급여비용 : 고시 제31조 표 라-5 급여비용)
- 가산 적용시간 240분(18:00~22:00)

▼

- 가산 : 고시 제31조 표 라-5 급여비용 × 0.2 × 240 ÷ 780

4) 주 · 야간보호급여 이동서비스비용 신청 · 중단절차

① 고시 제34조제5항에 따라 이동서비스비용 신청, 중단 및 변경절차는 다음과 같다

1. 주 야간보호기관은 이동서비스비용을 지급받고자 할 경우 공단에 별지 제18호서식에 따라 전자문서교환방식으로 신청을 하여야 한다.
2. 주 야간보호기관은 수급자의 급여이용 종료, 실거주지 변경 등의 사유로 이동서비스비용 적용대상이 중단되거나 변경이 발생한 경우 발생한 날부터 7일 이내에 공단에 별지 제19호서식에 따라 중단 · 변경 신고를 하여야 한다.
3. 공단은 제1호 및 제2호의 규정에 따라 신청서 또는 중단 변경신고서가 접수되면 적용여부 등을 확인한 후 그 결과를 접수일부터 7일 이내에 별지 제20호서식에 따라 주 야간보호기관에 통보하여야 한다.

[별지 제20호서식]

주 · 야간보호 이동서비스비용 (적용, 적용불가) 통보서

수 급 자	성명		장기요양인정번호	
장기요양기관	명칭		기관기호	

귀 기관의 이동서비스비용 적용신청에 대한 결과를 다음과 같이 통보합니다.

적용여부	적 용		적용불가 사유
□ 적용 □ 적용불가	일 자		□ 실거주지 불일치 □ 급여 미계약 □ 기타(　　　　)
	이동서비스비용	원	

년　월　일

국민건강보험공단 이사장 (직인)

4. 공단은 주 야간보호기관이 제2호에 따른 이동서비스비용 중단 변경 신고를 하지 아니하는 경우에도 이를 확인하여 처리할 수 있으며, 그 내용을 별지 제21호서식에 따라 지체없이 해당 주 야간보호기관에 통보하여야 한다.

② 이동서비스비용 적용기간은 주 야간보호기관이 이동서비스를 시작한 날부터 중단(변경)일의 전일까지로 한다. 이 경우 '중단일'은 마지막 서비스를 제공한 날의 다음날을 말한다.

[별지 제21호서식]

주 · 야간보호 이동서비스비용 중단 통보서

수 급 자	성명		장기요양인정번호	
장기요양기관	명칭		기관기호	

상기 수급자에 대한 이동서비스비용 적용이 다음과 같이 중단됨을 알려드리니 참고하시기 바랍니다.

적용중단 사유	적용중단일
□ 급여계약 만료 및 해지 □ 수급자 사망 □ 기타 (　　　　)	

년　월　일

국민건강보험공단 이사장 (직인)

③ 이동서비스비용은 수급자별로 1일 1회에 한하여 산정하되 동일 수급자가 동일한 날에 2개 이상의 주 야간보호기관을 이용하여 이동서비스가 각각 이루어진 경우에는 주·야간보호기관별로 이동거리 기준에 해당하는 금액을 산정한다. 다만, 동일한 날에 이동거리가 변경된 경우 변경된 이동거리는 다음날부터 적용한다.

④ 주·야간보호기관의 장은 이동서비스를 제공한 경우 별지 제22호서식에 따라 그 내용을 기재하여 보관하여야 한다.

[별지 제22호서식]

<table>
<tr><td colspan="7" rowspan="2">이 동 서 비 스 일 지
20 년 월 일(요일)</td><td rowspan="2">확인</td><td>운전자</td><td>확인자</td></tr>
<tr><td></td><td></td></tr>
<tr><td colspan="3">차량종류</td><td colspan="3"></td><td>차량번호</td><td colspan="3"></td></tr>
<tr><td rowspan="2">연번</td><td rowspan="2">수급자성명</td><td rowspan="2">장기요양
인정번호</td><td colspan="2">시 작</td><td colspan="2">종 료</td><td rowspan="2">이용
구분</td><td rowspan="2" colspan="2">비고</td></tr>
<tr><td>실거주지</td><td>도착시간</td><td>실거주지</td><td>도착시간</td></tr>
<tr><td>1</td><td></td><td></td><td></td><td>:</td><td></td><td>:</td><td></td><td colspan="2"></td></tr>
<tr><td>2</td><td></td><td></td><td></td><td>:</td><td></td><td>:</td><td></td><td colspan="2"></td></tr>
<tr><td colspan="10">특이사항</td></tr>
<tr><td colspan="10"></td></tr>
</table>

5) 주·야간보호급여 목욕서비스 제공일지 작성방법

고시 제35조제3항에 따라 주 야간보호기관의 장은 목욕서비스 제공 등에 대한 내용을 별지 제23호서식 주 야간보호 목욕서비스 제공 일지에 작성 보관한다.

[별지 제23호서식]

<table>
<tr><td colspan="8">주·야간보호 목욕서비스 제공 일지</td></tr>
<tr><td colspan="2">수급자 성명</td><td></td><td>장기요양등급</td><td></td><td>장기요양
인정번호</td><td></td><td>관리책임자
성명(인)</td><td></td></tr>
<tr><td rowspan="4">1주~
4주</td><td>제공일</td><td>. . .</td><td>시작시간</td><td>:</td><td>종료시간</td><td>:</td><td>소요시간</td><td>분</td></tr>
<tr><td>제공방법</td><td colspan="7">☐ 전신입욕 ☐ 목욕의자 ☐ 침상</td></tr>
<tr><td>제공자</td><td>성명</td><td></td><td>직종</td><td></td><td>성명</td><td></td><td>직종</td><td></td></tr>
<tr><td>특이사항</td><td colspan="8"></td></tr>
</table>

6) 프로그램 관리자 업무수행 방법

① 고시 제17조제6항 및 제72조제2항제2호에 따라 프로그램관리자가 프로그램 제공 ~ 성 · 보관한다.

② 고시 제19조제9항에 따라 방문요양기관 프로그램 관리자는 업무수행을 위해 수급자의 가정을 월 2회 이상 방문하여야 하고, 그 중 월 1회는 요양보호사의 급여제공 내용 확인 업무를 위하여 급여제공 시간 중에 방문하여야 한다. 다만, 수급자의 사망, 입원 등의 부득이한 사유가 발생한 경우에는 예외로 한다.

③ 제2항에 따라 수급자의 가정을 월 2회 이상 방문한 경우 고시 제57조제1항에 따른 방문으로 본다.

④ 고시 제72조제2항제3호 및 제73조제3항에 따라 프로그램을 제공한 경우 그 내용을 별지 제26호서식에 작성 · 보관한다.

[별지 제26호서식]

<table>
<tr><th colspan="12">프로그램 운영 기록지</th></tr>
<tr><td colspan="2">프로그램명</td><td colspan="6"></td><td colspan="3">장소</td><td></td></tr>
<tr><td colspan="2">일시</td><td colspan="10">년 월 일 시 분 ~ 시 분</td></tr>
<tr><td colspan="2">진행자</td><td colspan="6"></td><td colspan="3">참여자/현원 (참여율)</td><td>/ 명(%)</td></tr>
<tr><td colspan="2">준비물</td><td colspan="10"></td></tr>
<tr><td colspan="2">프로그램
진행과정</td><td colspan="10"></td></tr>
<tr><td colspan="2">전반적 평가</td><td colspan="10"></td></tr>
<tr><td colspan="12">수급자별 프로그램 평가</td></tr>
<tr><td rowspan="2">연번</td><td rowspan="2">성 명</td><td colspan="3">참여도</td><td colspan="3">만족도</td><td colspan="3">수행도</td><td rowspan="2">반응 및 특이사항</td></tr>
<tr><td>상</td><td>중</td><td>하</td><td>상</td><td>중</td><td>하</td><td>상</td><td>중</td><td>하</td></tr>
<tr><td></td><td></td><td></td><td></td><td></td><td></td><td></td><td></td><td></td><td></td><td></td><td></td></tr>
<tr><td colspan="3">작성자 성명(인)</td><td colspan="4"></td><td colspan="4">관리책임자(시설장)
성명(인)</td><td></td></tr>
</table>

4. 급여비용의 가산 및 감액산정 기준

1) 급여비용 가산 및 감액산정 일반원칙

(1) 근무인원수 산정방법

① 고시 제51조제4항에 따라 직원 1인의 월 기준 근무시간에 다음 각 호의 사항을 포함한다.

1. 다음 각 목의 사항이 유급인 경우에 한해 1일 최대 8시간을 인정한다.

가. 「근로기준법」제60조 제1항부터 제5항에 의한 연차 유급휴가

나. 「근로기준법」 제74조에 의한 출산전후휴가 또는 유산 사산휴가 중 유급으로 하는 최초 60일(한번에 둘 이상 자녀를 임신한 경우 75일). 이 경우 적용기간은 공휴일, 근로자의 날 및 토요일을 포함하여 연속적으로 계산

다. 다음의 경조사는 유급인 경우 사유 발생일을 기준으로 휴가일수를 계산하되 해당 기간 중 공휴일, 근로자의 날 및 토요일이 있는 경우에는 이를 포함하여 계산

- 본인의 결혼 : 5일
- 자녀의 결혼 : 1일
- 본인 배우자의 부모 또는 배우자의 사망 : 5일
- 본인 배우자의 조부모 또는 외조부모의 사망 : 2일
- 자녀 또는 그 자녀의 배우자의 사망 : 2일

라. 직원의 질병 또는 부상으로 인한 병가 : 연간 30일 이내

마. 「남녀고용평등과 일 · 가정 양립 지원에 관한 법률」제18조의2에 의한 배우자의 출산 휴가 : 10일(출산일로부터 90일 이내 사용하되, 1회에 한정하여 나누어 사용 가능)

바. 가목의 「근로기준법」에 의한 연차 유급휴가가 적용되지 않는 대표자인 시설장의 휴가 : 연간 5일 이내

2. 다음 각 목의 사유가 유급인 경우 1일 8시간 내에서 실제 소요된 시간으로 하며 가목 및 나목의 경우 1일 최대 2시간으로 한다.

가. 「근로기준법」 제75조에 의한 수유 시간

나. 「근로기준법」 제74조제7항에 의한 임산부 근로 단축시간

다. 「근로기준법」 제10조에 의한 공민권 등의 행사

라. 모자보건법 제10조 및 동법 시행규칙 제5조제1항에 의한 임산부의 건강진단

마. 건강검진기본법 제3조제3호에 의한 국가건강검진

바. 남녀고용평등과 일 · 가정 양립지원에 관한 법률 제19조의 2에 의한 육아기 근로단축 시간

3. 근로시간 중에 참여한 교육 및 출장 등이 다음 각 목의 사항에 해당하는 경우 1일 8시간 내에서 실제 소요된 시간으로 한다.

가. 다음의 어느 하나에 해당하는 경우. 다만, 자격증 소지자에 대한 보수교육의 경우 관할 특별자치시장 특별자치도지사 시장 군수 구청장에게 신고한 직종 관련인 경우에 한함

- 「사회복지사업법」에 따른 사회복지사 보수교육
- 「의료법 및 간호조무사 및 의료유사업자에 관한 규칙」에 따른 의료인 보수교육
- 「의료기사 등에 관한 법률」에 따른 의료기사 보수교육
- 「국민영양관리법」 또는 「식품위생법」에 따른 보수교육
- 「산업안전보건법」에 따른 안전 보건 교육
- 「화재예방, 소방시설 설치 유지 및 안전관리에 관한 법률」에 따른 소방안전관리자 교육
- 「전기사업법」에 따른 전기안전관리자 교육
- 「석면안전관리법」에 따른 석면건축물안전관리인 교육
- 「승강기시설 안전관리법」에 따른 승강기 안전관리자 교육
- 「다중이용시설 등의 실내공기질관리법」에 따른 실내공기질관리에 관한 교육
- 「사회복지자원봉사관리규정」에 따른 사회복지자원봉사 인증관리요원 교육
- 기타 타 법에서 규정한 사회복지시설 운영과 관련한 교육

나. 노인장기요양보험법 제54조에 따른 장기요양급여 평가 지표에 제시되어 있는 교육. 다만, 지표에서 제시하고 있는 해당 기관유형 및 직종 관련인 경우에 한함

다. 가목 또는 나목에 해당하지 않는 교육 중 공단 또는 지방자치단체 등 외부기관에서 주관하는 전문성 강화 및 서비스 질 향상을 위한 직무 관련 교육. 이 경우 요양보호사, 사회복지사, 간호(조무)사, 물리(작업)치료사, 조리원, 위생원, 보조원(운전사)은 종사자 1인당 연간 16시간에 한하여 인정함

라. 고시 제36조의2제8항에 따라 주 야간보호 또는 단기보호기관의 간호(조무)사가 종일 방문요양급여를 이용하는 수급자의 가정을 방문하는 경우 1일 8시간 내에서 실제 소요된 시간을 인정한다.

마. 다목의 교육시간에는 자격 취득 또는 자기계발을 목적으로 하는 교육에 참여한 시간 및 해외연수, 체육행사, 기념식 등 사기 진작 등을 위한 행사에 참여한 시간은 포함하지 아니함.

② 고시 제20조제1항제4호의 유급휴일 근무로 인해 월 기준 근무시간을 초과하는 종사자의 경우, 유급휴일 근무로 초과된 근무시간을 회계연도(해당년도 1월1일부터 12월31일까지로 한다) 중 유급휴일 일자별 1일 최대 8시간 내에서 이월하여 근무시간으로 포함할 수 있다. 이 경우 이월한 근무시간은 분할하여 사용할 수 없다.

③ 고시 제51조제1항과 관련하여 종사자별 예정된 근무일정에 따라 변경 없이 규칙적으로 근무하였으나, 월 기준 근무시간을 충족하지 못한다면 다음 제1호, 제2호에 해당하는 경우 1인으로 인정한다. 다만, 월 중 근무한 일수가 제1항의 연차 유급휴가 등을 포함하여 15일 이상, 근무시간이 160시간 이상인 경우에 한한다.

1. 야간근무를 포함한 1일 3교대, 1일 2교대 근무형태로 근무한 요양보호사 및 간호(조무)사
2. 특정요일에 휴무하는 종사자
3. 제2항에 따라 근무시간이 적용된 종사자 제외

④ 장기요양기관은 직원의 근무일자 및 출 · 퇴근시간 등이 기재된 근무일지를 작성 · 보관하여야 하며, 다음 각 호의 사항은 근무일지 이외에 해당 증빙자료를 직원으로부터 제출 또는 서명을 받아 보관하여야 한다.

1. 제1항 제1호 및 제2호의 사유를 입증할 수 있는 증빙자료(사망신고서, 출생신고서 등) 및 가족관계를 증빙할 수 있는 자료
2. 제1항제1호 라목 병가의 경우 처방전 등 사유를 증빙할 수 있는 자료. 다만 7일 이상의 연속적인 병가일 경우 진단서
3. 제1항 제3호의 사유를 입증하기 위하여 별지 제25호서식을 참고하여 교육시간 관리 대장 작성 및 교육이수증 등
4. 제2항을 적용한 경우 「근로기준법」제55조제2항에 따른 근로자대표와 서면 합의한 증빙자료 및 별지 제27호 서식을 참고하여 작성한 유급휴일 근무 관리대장

⑤ 공단은 장기요양기관이 제출한 입소자 보호현황 또는 종사자 근무현황 등에 대하여 사실과 다르다는 점을 확인한 경우 해당 급여비용을 지급하지 아니하거나 기 지급된 급여비용을 환수할 수 있다.

2) 급여비용 가산 산정기준

(1) 가산기관 등 관리를 위한 세부기준 등

① 고시 제54조제6항 및 제73조제4항에 따라 장기요양 서비스 모니터링을 위한 서비스 모니터단 구성 · 운영 등에 관한 구체적인 사항은 공단 이사장이 정한다.

② 고시 제54조제7항에 따라 가산기관 관리를 위하여 공단은 장기요양기관의 동의가 있는 경우 가산을 적용받은 장기요양기관의 정보(기관명, 가산내용 등)를 공단 홈페이지에 공개할 수 있으며 구체적인 사항은 공단 이사장이 정한다.

(2) 방문요양기관 사회복지사 등 배치 가산을 위한 업무수행

① 고시 제57조제3항에 따라 가정방문급여기관의 가산대상이 되는 사회복지사, 간호(조무)사, 팀장급 요양보호사 수에 따라 수급자를 배분(사회복지사 등 1인당 수급자 15명 이상)하여 업무를 수행하여야 하며, 업무수행 내용을 별지 제24호서식을 참고하여 작성하고 보관한다.

② 제1항에 따라 가정방문급여기관의 가산대상이 되는 사회복지사, 간호(조무)사, 팀장급 요양보호사의 근무시간이 월 기준근무시간에 미치지 못하는 경우 근무인원 수 산정방법은 다음 각 호와 같다.

1. 고시 제57조제1항 단서에 따라 배치한 사회복지사 근무인원 수는 고시 제51조제3항을 준용한다.
2. 추가배치한 종사자의 근무인원 수는 고시 제51조제3항에도 불구하고 다른 직종 종사자들의 근무시간을 합산하여 월 기준근무시간으로 나눈 값에 소수점 이하 절사한다.

③ 제2항제2호에 따라 근무인원 수를 산정한 경우 고시 제58조제1항제3호에도 불구하고 가산점수는 다음 각 호와 같이 산정한다.

1. 사회복지사가 포함되어 근무인원 수를 산정한 경우 가산점수는 근무한 사회복지사 수에 따라 1.2점을 적용하고 나머지는 1점을 적용한다.
2. 간호(조무)사와 팀장급 요양보호사의 근무시간을 합산한 경우 1인당 1점을 적용한다.

[별지 제24호서식]

프로그램 관리자 및 사회복지사 업무수행 일지

<table>
<tr><td rowspan="2">수급자 성명</td><td rowspan="2"></td><td rowspan="2">장기요양등급</td><td rowspan="2"></td><td rowspan="2">장기요양
인정번호</td><td rowspan="2"></td><td>수급자(보호자)
성명(인)</td><td></td></tr>
<tr><td>관리책임자 성명
(인)</td><td></td></tr>
<tr><td rowspan="7">욕구사정</td><td colspan="2">① 신체상태</td><td colspan="5"></td></tr>
<tr><td colspan="2">② 질병</td><td colspan="5"></td></tr>
<tr><td colspan="2">③ 인지상태</td><td colspan="5"></td></tr>
<tr><td colspan="2">④ 의사소통</td><td colspan="5"></td></tr>
<tr><td colspan="2">⑤ 영양상태</td><td colspan="5"></td></tr>
<tr><td colspan="2">⑥ 가족 및 환경</td><td colspan="5"></td></tr>
<tr><td colspan="2">종 합</td><td colspan="5"></td></tr>
<tr><td rowspan="3">급여제공
계획</td><td colspan="2">급여목표</td><td colspan="5"></td></tr>
<tr><td colspan="2">필요 급여내용</td><td colspan="5"></td></tr>
<tr><td colspan="2">제공방법</td><td colspan="5"></td></tr>
<tr><td rowspan="4">인지활동
프로그램
제공 계획</td><td rowspan="2">인지자극</td><td>필요내용</td><td colspan="5"></td></tr>
<tr><td>제공방법</td><td colspan="5"></td></tr>
<tr><td rowspan="2">신체능력
잔존 · 유지</td><td>필요내용</td><td colspan="5"></td></tr>
<tr><td>제공방법</td><td colspan="5"></td></tr>
<tr><td colspan="3">보호자 상담</td><td colspan="5"></td></tr>
</table>

④ 고시 제58조제2항의 사회복지사 등 배치 가산을 위한 방문비율은 방문한 수급자 수를 전체 수급자 수로 나눈 값에 소수점 이하는 절사한다. 이 경우 수급자는 고시 제57조제1항에 따른 수급자를 말한다.

(3) 야간직원배치 가산을 위한 인력수 등 계산방법

① 고시 제60조제4항에 따라 야간 및 주간에 배치한 인력수의 계산방법은 다음 각 호와 같다.

1. 야간배치 인력수는 해당월의 각 일자별 22시부터 다음날 06시 사이에 근무한 요양보호사와 간호(조무)사의 실 근무시간을 합산하여 7로 나눈 수를 급여제공일수로 나누어 계산한다. 이 경우 소수점 이하는 절사한다.

2. 주간배치 인력수는 해당 월의 각 일자별 06시부터 22시까지 근무한 요양보호사와 간호(조무)사의 실 근무시간 및 제12조제1항에 따른 근무시간을 합산하여 14로 나눈 수를 급여제공일수로 나누어 계산한다. 이 경우 소수점 이하는 절사한다.

② 고시 제60조제1항제2호가목에 따른 입소자 수 계산 시 소수점 이하는 반올림한다.

(4) 야간직원배치 가산을 위한 인력수 계산방법

① 야간배치 인력수는 해당월의 각 일자별 22시부터 다음날 06시 사이에 근무한 요양보호사와 간호(조무)사의 실 근무시간을 합산하여 7로 나눈 수를 급여제공일수로 나누어 계산한다. 이 경우 소수점 이하는 절사한다.

② 주간배치 인력수는 해당 월의 각 일자별 06시부터 22시까지 근무한 요양보호사와 간호(조무)사의 실 근무시간 및 제12조제1항에 따른 근무시간을 합산하여 14로 나눈 수를 급여제공일수로 나누어 계산한다. 이 경우 소수점 이하는 절사한다.

(5) 맞춤형서비스제공 가산을 위한 세부 제공방법

① 고시 제62조 제1항에 따라 프로그램 제공횟수는 일 단위로 산정하며 맞춤형 프로그램은 외부 강사가 제공하여야 하고, 다음 각 호를 충족하여야 한다.

1. 월요일부터 금요일까지 제공
2. 9시부터 18시 사이에 제공

② 제1항에 따라 맞춤형 프로그램을 제공할 경우 장기요양기관의 장은 다음 각 호의 규정을 준수하여야 한다.

1. 맞춤형 프로그램은 기관별로 프로그램을 제공하여야 한다. 다만, 병설하는 기관이 동시에 프로그램을 운영하는 경우에는 한 개 기관이 제공한 것으로 본다
2. 장기요양기관에서 월 기준 근무시간 이상 근무하는 종사자는 외부강사로 맞춤형 프로그램을 제공할 수 없다
3. 프로그램에 대한 수급자별 참여도 · 만족도 평가 등을 수행하고, 별지 제26호 서식 프로그램 운영 기록지를 참고하여 평가결과 등을 작성 보관하여야 한다.

3) 급여비용 감액산정 기준

(1) 퇴사특례 적용을 위한 근무기간 세부기준

고시 제67조제2항에 따라 퇴사특례를 적용받기 위한 근무기간은 특례적용 사유발생 당

시 해당 직종으로서 같은 장소 또는 같은 장기요양기관에서 근무한 기간을 말한다. 다만, 다음 각 호 중 어느 하나에 해당하는 경우에는 같은 장기요양기관으로 본다.

1. 대표자가 같은 상태에서 기관유형이 변경된 경우
2. 합병 또는 포괄적 사업의 양수 · 양도 등으로 인하여 직원에 대한 포괄적 고용승계가 이루어진 경우

(2) 전문인 배상책임보험 가입 여부 판단

① 고시 제69조제3항에 따라 전문인 배상책임보험 가입여부 확인은 보험증서에 기재된 유효기간을 기준으로 하며 가입여부에 따른 감액산정은 가입일자별로 적용한다.

② 2인의 요양보호사가 방문요양급여 또는 방문목욕급여를 제공하는 경우 요양보호사별로 각각 전문인 배상책임보험을 가입하여야 한다. 2인 중 1인의 요양보호사가 전문인 배상책임보험에 가입하지 아니한 경우 다음 각 호에 따라 감액산정한다.

1. 방문요양급여는 전문인 배상책임보험을 가입하지 아니한 해당 요양보호사가 제공한 급여에 대하여 급여비용의 100분의 90을 산정한다.
2. 방문목욕급여는 다음에 해당하는 금액을 공제하고 급여비용을 산정한다.

해당일 급여비용 × 1/2 × 100분의 10

(3) 치매전문교육 과정별 교육시간 및 교육대상별 이수과정

① 고시 제77조에 따라 치매전문교육과정 구성 및 교육시간은 다음과 같다.

1. 방문요양 과정 : 기본과목, 방문요양과목
2. 시설 과정 : 기본과목, 시설과목
3. 프로그램관리자 과정 : 기본과목, 방문요양과목 또는 시설과목, 프로그램관리자과목
4. 〈삭제〉

② 제1항에 따른 치매전문교육 과목별 시간은 다음 각 호와 같다.

1. 기본과목 : 40시간
2. 방문요양과목 또는 시설과목 : 20시간
3. 프로그램관리자과목 : 13시간

③ 제1항에 따른 치매전문교육을 온라인 교육으로 실시하는 경우 과목별 이론교육 차시 및 집합교육 시간은 다음 각 호와 같다.

1. 기본과목 : 이론 23차시, 실습 3시간
2. 방문요양과목 또는 시설과목 : 이론 10차시, 실습 및 시험 4시간
3. 프로그램관리자과목 : 이론 5차시, 실습 및 시험 4시간

④ 종사자별 이수해야하는 제1항의 치매전문교육과정은 다음 각 호와 같다.

1. 시설장 및 프로그램관리자 : 제1항제3호
2. 요양보호사 : 제1항제1호 또는 제2호 중 하나

⑤ 고시 제17조제5항의 치매전문요양보호사 및 같은 조제6항의 인지활동형 프로그램관리자는 제1항제1호의 과정을, 고시 제30조제7항 및 제72조제1항의 프로그램관리자, 치매전문요양보호사는 제1항제2호의 교육과정을 이수하여야 한다.

⑥ 제5항에 따라 교육과정을 이수한 종사자가 시설과정 또는 방문요양과정을 추가로 받고자 하는 경우 제2항제2호에 따라 20시간 교육을 이수하거나 제3항제2호에 따라 이론 10차시, 실습 및 시험 4시간 교육을 이수하여야 한다.

5. 가족요양비

(1) 가족요양비 지급 세부기준

① 법 제24조제1항제1호에 해당하는 자는 가족요양비 지급 신청일을 기준으로 주소와 실거주지가 동일하여야 한다.

② 요양제공자는 수급자와 같은 광역지방자치단체(특별시, 광역시, 특별자치시, 도, 특별자치도) 또는 같은 생활권 내에 거주하는 가족, 친족, 이웃 등으로 한다.

③ 제2호에 따른 요양제공자는 수급자의 가정 등에서 신체활동 · 가사활동 지원 등 방문요양에 상당하는 급여를 제공하여야 한다.

* 이 세부사항은 2021년 5월 1일부터 시행한다. 다만, 제20조(결원수 및 결원비율 계산방법)는 2021년 10월 1일부터 적용한다.

수행 Tip!

• 노인장기요양보험 홈페이지를 검색하여 급여비용 산정방법에 대한 자료수집 관리에 참고한다.

제5장

장기요양기관 지정 및 현지조사

5-1 장기요양기관 지정 및 현지조사

학습목표

1 | 장기요양기관의 지정신청기준에 의하여 지청신청을 할 수 있다.

1. 장기요양기관 지정신청

1) 장기요양기관의 지정 및 대상

① 「노인장기요양보험법」 제31조 내지 제32조에 의거 장기요양기관을 설치 · 운영하고자 하는 자는 소재지를 관할 구역으로 하는 특별자치시장 · 특별자치도지사 · 시장 · 군수 · 구청장으로부터 지정을 받아야 하며, 장기요양기관으로 지정받고자 하는 자는 보건복지부령으로 정하는 장기요양에 필요한 시설 및 인력을 갖추어야 한다. 따라서 특별자치시장 · 특별자도지사 · 시장 · 군수 · 구청장은 장기요양기관을 지정한 때 지체없이 지정 명세를 국민건강보험공단에 통보하여야 한다. 장기요양기관의 지정절차와 그 밖에 필요한 사항은 보건복지부령으로 정하도록 되어있다.

② 지정대상에서 "대통령령으로 정하는 시설"이란 「노인복지법」 제34조에 따른 노인의료복지시설 및 같은 법 제38조에 따른 재가노인복지시설을 말한다.

2) 장기요양기관의 지정기준

① 장기요양기관으로 지정받으려는 자는 별지 제19호서식의 장기요양기관 지정신청서에 다음 각 호의 서류를 첨부하여 특별자치시장 · 특별자치도지사 · 시장 · 군수 · 구청장에게 제출하여야 한다.

1. 일반현황 · 인력현황 및 시설현황 각 1부
2. 사업자등록증 또는 고유번호증 사본 1부
3. 사업계획서 및 운영규정 각 1부

② 보건복지부령으로 정하는 "장기요양에 필요한 시설 및 인력"이란 다음 각 호의 구분에 따른 시설 및 인력을 말한다.

1. 재가급여를 제공하려는 자 : 「노인복지법 시행규칙」 별표 9에 따른 시설 및 인력

2. 시설급여를 제공하려는 자 : 「노인복지법 시행규칙」 별표 4에 따른 시설 및 인력
3. 법률 제15881호 부칙 제4조제2항에 따라 장기요양기관으로 간주되는 재가장기요양기관 : 별표1의2에 따른 시설 및 인력

③ 제1항에 따라 장기요양기관 지정신청을 받은 특별자치시장 · 특별자치도지사 · 시장 · 군수 · 구청장은 장기요양기관을 지정하려는 경우에 다음 각 호의 사람을 위원으로 하는 장기요양기관 지정 심사위원회를 성별을 고려하여 구성하고 법 제31조제3항 각 호의 사항 및 제2항의 시설 및 인력기준에 적합한지를 심사하게 해야 한다.
1. 해당 특별자치시 · 특별자치도 · 시 · 군 · 구 소속의 관계 공무원 1명
2. 노인복지 또는 장기요양과 관련한 학식과 경험이 풍부한 사람 4명 이내

④ 장기요양기관으로 지정받으려는 자는 장기요양기관 지정기준 등에 대하여 관할 특별자치시장 · 특별자치도지사 · 시장 · 군수 · 구청장과 미리 상담할 수 있으며, 관할 특별자치시장 · 특별자치도지사 · 시장 · 군수 · 구청장은 이에 적극 협조해야 한다.

⑤ 특별자치시장 · 특별자치도지사 · 시장 · 군수 · 구청장은 제3항의 심사 결과 등을 고려하여 장기요양기관 지정 여부를 결정해야 한다.

⑥ 특별자치시장 · 특별자치도지사 · 시장 · 군수 · 구청장은 제5항의 결정에 따라 장기요양기관으로 지정하는 경우에는 별지 제20호서식의 장기요양기관 지정서를 발급하고, 장기요양기관으로 지정하기를 거부하는 경우에는 그 사유를 밝혀 신청인에게 서면으로 알려야 한다.

3) 장기요양기관 지정의 유효기간

법 제31조에 따른 장기요양기관 지정의 유효기간은 지정을 받은 날부터 6년으로 한다.

■ 노인장기요양보험법 시행규칙 [별지 제19호서식] 〈개정 2019. 9. 27.〉

장기요양기관 지정(갱신)신청서

※ 뒤쪽의 작성방법 및 유의사항을 읽고 작성하시기 바라며, 색상이 어두운 란은 적지 않습니다.
※ [ ]에는 해당되는 곳에 √표를 합니다.

(제1쪽 앞면)

접수번호		접수일		처리기간	30일

신청인 (대표자)	①성명	②주민등록번호
	③주소	④전화번호

⑤기관명			
⑥법인등록번호	−	⑦법인명	
⑧고유번호 (사업자등록번호)			
⑨설립 형태	[ ]국가 [ ]지방자치단체 [ ]법인( ) [ ]개인 [ ]기타( )		

⑩기관유형 (급여종류 및 형태)	시설	노인요양시설	[ ]노인요양시설 [ ]노인요양시설 내 치매전담실 가형 [ ]노인요양시설 내 치매전담실 나형
		노인요양 공동생활시설	[ ]노인요양공동생활가정 [ ]치매전담형 노인요양공동생활가정
	재가	재가노인 복지시설	[ ]방문요양 [ ]방문목욕 [ ]방문간호 [ ]단기보호 [ ]복지용구 제공 [ ] 주 · 야간보호 [ ] 주 · 야간보호시설 내 치매전담실 이용

⑪소재지	주소		
	전화번호	팩스번호	전자우편주소

「노인장기요양보험법」 제31조 및 같은 법 시행규칙 제23조에 따라 장기요양기관의 지정을 신청합니다.

년 월 일

신청인(대표자) (서명 또는 인)

특별자치시장 · 특별자치도지사 · 시장 · 군수 · 구청장 귀하

첨부서류	1. 일반현황 · 인력현황 및 시설현황을 적은 서류 각 1부 ※ 각 서류는 이 서식 제2쪽부터 제6쪽까지의 양식에 작성하여 제출합니다. 2. 사업계획서 및 운영규정 각 1부 3. 사업자등록증 또는 고유번호증 사본 1부(특별자치시장 · 특별자치도지사 · 시장 · 군수 · 구청장이 「전자정부법」 제36조제1항에 따른 행정정보의 공동이용을 통하여 확인할 수 있는 경우에는 그 확인으로 첨부서류 제출을 갈음합니다)	수수료 없 음

위 본인은 장기요양기관의 대표자로서 장기요양기관의 운영에 관하여「노인장기요양보험법」제35조 및 제35조의2에서 정한 법적 의무를 다할 것과 장기요양기관으로 지정받은 후 「노인장기요양보험법」 제34조에 따라 국민건강보험공단이 운영하는 인터넷 홈페이지(www.longtermcare.or.kr)에 장기요양기관회원으로 가입하여 장기요양급여의 내용, 시설 · 인력 등의 현황자료 등을 성실히 게시할 것을 서약하며, 본인이 홈페이지에 게시한 정보가 변경되거나 사실과 다를 경우에는 공단이 이를 확인하여 직접 수정하는 것에 동의합니다.

신청인(대표자) (서명 또는 인)

210mm×297mm[백상지 80g/㎡]

(제1쪽 뒷면)

작성방법 및 유의사항

① ~ ④ 신청인(대표자)의 성명, 주민등록번호, 주소 및 전화번호를 적습니다.
⑤ 지정(갱신)받으려는 기관의 명칭을 적습니다.
⑥ · ⑦ 기관의 운영형태가 법인일 경우 법인등록번호 및 법인명을 적습니다.
⑧ 기관의 고유번호 또는 사업자등록번호를 적습니다.
⑨ 운영 중인 기관의 설립 형태를 표기합니다.
※ 법인의 경우 ( )에 재단법인, 사단법인, 의료법인, 사회복지법인, 종교법인 및 학교법인 등 그 형태를 구체적으로 적습니다.
※ 복지용구를 제공하는 경우 기타 ( )란에 의료기기판매(임대)업으로 표기합니다.
⑩ 장기요양기관의 유형 및 해당 기관에서 제공하고자 하는 장기요양급여의 종류 및 형태를 모두 표시합니다(중복으로 표시할 수 있습니다).
⑪ 기관의 주소, 전화번호, 팩스번호 및 전자우편주소를 정확하게 적습니다.

처 리 절 차

지정(갱신)신청서 제출	➡	접수 및 검토 (지정서 발급)	➡	지정서 수령
신청인		처 리 기 관 (특별자치시 · 특별자치도 · 시 · 군 · 구)		신청인

[첨부서류 1] 일반현황

(제2쪽)

일 반 현 황

<table>
<tr><td>① 기관명</td><td></td><td rowspan="3">④ 입소(이용) 정원</td><td>급여 종류 및 형태</td><td>정 원</td></tr>
<tr><td rowspan="1">② 장기요양기관기호</td><td></td><td>총 원</td><td>명</td></tr>
<tr><td>③ 설치신고날짜</td><td></td><td></td><td></td></tr>
</table>

<table>
<tr><td rowspan="3">⑤ 직원현황</td><td rowspan="2">총원</td><td rowspan="2">시설의 장 (관리 책임자)</td><td colspan="9">자격(면허) 보유자</td><td rowspan="2">기타</td></tr>
<tr><td>소계</td><td>사회 복지사</td><td>의사</td><td>간호사</td><td>간호 조무사</td><td>치과 위생사</td><td>요양 보호사</td><td>물리(작업) 치료사</td><td>영양사</td></tr>
<tr><td>명</td><td></td><td></td><td></td><td></td><td></td><td></td><td></td><td></td><td></td><td></td><td></td></tr>
<tr><td>⑥ 기관규모</td><td>대지 면적</td><td colspan="2">㎡</td><td>건물 면적</td><td colspan="2">㎡</td><td>소유 형태</td><td colspan="5">1.자가 2.임대 3.법인소유
4.무상임대 5.국가소유(위탁)
6.지자체소유(위탁)</td></tr>
<tr><td>⑦ 홈페이지주소</td><td colspan="12"></td></tr>
</table>

작성방법 및 유의사항

① 기관의 명칭을 적습니다.

② 특별자치시 · 특별자치도 · 시 · 군 · 구에서 기관기호를 적습니다. 다만, 변경지정 신청을 할 때 첨부 서류로 이 서식을 활용하는 경우에는 변경지정 신청을 하는 사람이 기관기호를 적습니다.

③ 설치신고증명서에 적힌 설치신고 날짜를 적습니다.

④ 입소(이용)정원을 급여 종류별로 적습니다.

※ 급여 종류 및 형태는 다음 중 해당되는 것을 적습니다.
노인요양시설, 노인요양시설 내 치매전담실 가형, 노인요양시설 내 치매전담실 나형, 노인요양공동생활가정, 치매전담형 노인요양공동생활가정, 주 · 야간보호, 주 · 야간보호시설 내 치매전담실 이용

⑤ 기관에 근무하는 총 직원 수, 시설의 장(관리책임자) 및 면허증 또는 자격증 보유인원 현황을 적습니다.

※ 방문간호를 제공하는 장기요양기관의 경우 다음의 조건을 충족하는 인력의 현황을 적습니다.
- 간호사: 2년 이상의 간호업무경력이 있는 간호사
- 간호조무사: 3년 이상의 간호보조업무경력이 있는 간호조무사로서 보건복지부장관이 지정한 교육기관에서 소정의 교육을 이수한 자

※ 기타에는 자격증 또는 면허증이 없는 직원의 현황을 적습니다.

⑥ 기관의 대지면적 및 건물면적을 적고 그 소유형태에 "o" 표시를 합니다.

⑦ 기관이 운영 중인 홈페이지 주소를 적습니다.

※ 기관유형(급여 종류 및 형태)별 장기요양기관의 인력 또는 시설현황이 변경되었을 경우 일반현황과 각각의 인력 또는 시설현황을 함께 제출해야 합니다.

[첨부서류 2] 인력(변경) 현황	(제3쪽)

인력(변경) 현황

급여종류 · 형태 및 기관 유형	노인요양시설	[ ]노인요양시설 [ ]노인요양시설 내 치매전담실 가형( ) [ ]노인요양시설 내 치매전담실 나형( )
	노인요양공동생활시설	[ ]노인요양공동생활가정 [ ]치매전담형 노인요양공동생활가정
	재가노인복지시설	[ ]방문요양 [ ]방문목욕 [ ]방문간호 [ ]단기보호 [ ]복지용구 제공 [ ]주 · 야간보호 [ ]주 · 야간보호시설 내 치매전담실 이용( )

연번	① 직종	② 이름	③ 주민등록번호	④ 자격종류 (면허종류)	⑤ 자격번호 (면허번호)	⑥ 자격증 취득일	⑦ 근무 형태	⑧ 입사/퇴사/ 휴직/복직일	⑨ 근무 시작일/ 근무 종료일	치매전문교육 이수여부

(제4쪽)

작성방법 및 유의사항

① 다음의 직종 중에서 해당하는 것의 번호를 적습니다.
1. 시설장(관리책임자), 2. 사무국장, 3. 사회복지사, 4. 의사, 5. 계약의사, 6. 간호사, 7. 간호조무사, 8. 치과위생사, 9. 물리치료사, 10. 작업치료사, 11. 요양보호사, 12. (삭제), 13. (삭제), 14. 영양사, 15. 사무원, 16. 조리원, 17. 위생원, 18. 관리인, 19. 보조원 운전사, 20. 기타, 21. 프로그램관리자

② · ③ 해당 인력의 이름 및 주민등록번호를 적습니다.

④ 자격증 또는 면허의 종류를 적습니다.
※ 자격(면허)의 종류는 다음과 같습니다.
1. 사회복지사 1급, 2. 사회복지사 2급, 3. 사회복지사 3급, 4. 의사, 5. 방문간호전담 간호사, 6. 방문간호전담 외의 간호사, 7. 방문간호전담 간호조무사, 8. 방문간호 외의 간호조무사, 9. 치과위생사, 10. 물리치료사, 11. 작업치료사, 12. 요양보호사, 13. 영양사, 14. 기타
※ 한 사람이 여러 개의 자격증을 보유한 경우에는 근무 직종과 가장 연관된 자격증 한 가지만 신고합니다. 다만, 방문요양, 방문목욕, 방문간호 급여를 제공하는 경우에는 서비스와 관련된 자격(면허)증을 모두 신고합니다.

⑤ 자격증 또는 면허의 번호를 적습니다.

⑥ 자격증 또는 면허를 취득한 날짜를 연월일로 적습니다.

⑦ 근무형태를 전임, 겸임 또는 시간제로 구분하여 적습니다.

⑧ 입사, 퇴사, 휴직 또는 복직한 날짜를 연월일로 적습니다.

⑨ 해당 기관 내에서 급여의 종류별로 인사이동이 발생한 경우 그에 따른 근무 시작일 및 근무 종료일을 연월일로 적습니다.

⑩ 노인요양시설 내 치매전담실, 치매전담형 노인요양공동생활가정, 주 · 야간보호시설 내 치매전담실의 경우, 해당 시설의 장, 프로그램관리자 및 요양보호사가 보건복지부장관이 정하여 고시하는 치매전문교육을 이수하였는지 여부를 "ㅇ" 또는 "X"로 적습니다.
※ 급여의 형태별로 인력(변경) 현황의 서식을 각각 구분하여 작성합니다. 예를 들어, 노인요양시설 내 치매전담실 가형과 노인요양시설 내 치매전담실 나형 각 1개씩의 치매전담실을 운영하는 시설의 경우, 2장의 인력(변경)현황서에 각각의 인력현황을 작성하여 제출하여야 합니다.

※ 장기요양기관으로 지정받으려는 노인요양시설 또는 주 · 야간보호시설에서 치매전담실을 다수 운영하고 있는 경우에는 해당되는 유형에 √ 표시를 하고, ( ) 부분에 해당 치매전담실 번호를 적습니다. 예를 들어, 치매전담실 가형 3개실 및 나형 2개실을 운영하고 있는 경우에는 [ ] "치매전담실 가형" 또는 "치매전담실 나형"에 √ 표시를 하고, 그 뒤에 해당 치매전담실 번호를 ( )에 적습니다.

[첨부서류 3] 시설(변경) 현황 (제5쪽)

시설(변경) 현황(시설급여의 경우)

[ ]노인요양시설 [ ]노인요양시설 내 치매전담실 가형( ) [ ]노인요양시설 내 치매전담실 나형( )
[ ]노인요양공동생활가정 [ ]치매전담형 노인요양공동생활가정

시설 현황

구 분	침실 (생활실)	사무실	의료 및 간호사실	물리(작업) 치료실	프로 그램실	식당 및 조리실	화장실	세면장 및 목욕실	세탁장 건조장
개 소									

침실 현황

구 분	1인실	2인실	3인실	4인실	특별침실	기타
개 소						

노인요양시설 내 치매전담실 시설 현황

※ 해당 시설의 설치 여부를 "ㅇ" 또는 "X"로 기재합니다.

구 분 / 급여형태	침실	공동거실	화장실	간이욕실 (세면대 포함)	옥외공간
치매전담실 ( )형( )					
치매전담실 ( )형( )					
치매전담실 ( )형( )					
치매전담실 ( )형( )					

노인요양시설 내 치매전담실 침실 현황

※ 해당 시설의 개수를 기재합니다.

구 분 / 급여형태	1인실	2인실	3인실	4인실	특별침실	기타
치매전담실 ( )형( )						
치매전담실 ( )형( )						
치매전담실 ( )형( )						
치매전담실 ( )형( )						

치매전담형 노인요양공동생활가정 시설현황

※ 해당 시설의 설치 여부를 "ㅇ" 또는 "X"로 기재합니다.

구 분	공동거실	옥외공간
설치 여부		

[첨부서류 3-1] 시설(변경) 현황

(제6쪽)

시설(변경) 현황(재가급여의 경우)

[ ]방문요양 [ ]방문목욕 [ ]방문간호 [ ]단기보호 [ ]복지용구
[ ]주 · 야간보호 [ ]주 · 야간보호시설 내 치매전담실 이용( )

시설 현황

구 분	침실 (생활실)	사무실	의료 및 간호사실	물리(작업) 치료실	프로그램실	식당 및 조리실	화장실	세면장 및 목욕실	세탁장 건조장
개 소									

주 · 야간보호시설 내 치매전담실 시설 현황

※ 1인 생활실 및 프로그램실 설치 여부("ㅇ" 또는 "X")를 기재합니다.

구 분	1인 생활실	프로그램실
치매전담실( )		
치매전담실( )		

차량 현황(이송 및 방문목욕의 경우에만 작성합니다)

※ 차량 변경 또는 운행 종료 시 해당차량에 종료일을 기재합니다.

차량 연번	차량 종류1)	적재량	구입 연도	구입 방법2)	차량 제조사	차량명	개조 설계 및 시행사	취득가(천원)		차량구입 지원기관	차량 번호	등록일	종료일
								차량가	개조비용				
차량1													
차량2													

1) 차량종류 : ① 승합형 ② 탑형 ③ 버스 ④ 기타
2) 구입방법 : ① 기증 ② 신규구매 ③ 중고구매 ④ 리스 ⑤ 기타

차량 내 장비현황 및 기타 장비 현황(방문목욕의 경우에만 작성합니다)

※ 해당 시설의 설치 여부를 "ㅇ" 또는 "X"로 기재합니다.

구분	욕조	이동 욕조	급수 탱크	급탕 장치	보일러 시설	샤워기 시설	리프트	입욕 장치	세탁기	기타
차량1										
차량2										
이동용 욕조		개								

복지용구 소독 · 세정 및 그 밖의 관리 장비 보유 현황(복지용구사업의 경우에만 작성합니다)

신고내용*	장비명	제조사	모델명	용도	비고
	총 면적	세정 및 소독 공간 등			
		세정 · 소독면적	살균 · 건조면적	조립 · 수리 · 포장면적	보관실 면적
	복지용구 세정 · 소독을 위탁하는 경우 위탁사업소명(사업자등록번호) : 연락처 :				

* 소독장비, 세정장비 또는 기타 장비의 보유 현황을 적습니다.

■ 노인장기요양보험법 시행규칙 [별지 제20호서식] 〈개정 2019. 6. 12.〉

제 호

장기요양기관 지정서

장기요양기관명:

장기요양기관기호:

소 재 지 :

장기요양기관의 장: 생년월일 :

(법인의 대표자)

제공 가능한 장기요양급여의 종류 및 형태 :

장기요양기관 지정 유효기간:

「노인장기요양보험법」 제31조 및 같은 법 시행규칙 제23조제6항에 따라 장기요양기관으로 지정합니다.

년 월 일

○○○ 특별자치시장 · 특별자치도지사 · 시장 · 군수 · 구청장 직인

210㎜×297㎜(백상지 80g/㎡)

4) 장기요양기관의 지정 결격사유

다음 각 호의 어느 하나에 해당하는 자는 제31조에 따른 장기요양기관의 지정을 받거나 제32조에 따른 재가장기요양기관의 설치 신고를 할 수 없다.

1. 미성년자, 피성년후견인 또는 피한정후견인
2. 「정신보건법」 제3조제1호의 정신질환자
3. 「마약류 관리에 관한 법률」 제2조제1호의 마약류에 중독된 사람
4. 파산선고를 받고 복권되지 아니한 사람
5. 금고 이상의 실형을 선고받고 그 집행이 종료(집행이 종료된 것으로 보는 경우를 포함한다)되거나 집행이 면제된 날부터 5년이 경과되지 아니한 사람
6. 금고 이상의 형의 집행유예를 선고받고 그 유예기간 중에 있는 사람
7. 대표자가 제1호부터 제6호까지의 규정 중 어느 하나에 해당하는 법인

5) 장기요양기관 지정의 취소

① 특별자치시장 · 특별자치도지사 · 시장 · 군수 · 구청장은 장기요양기관이 다음 각 호의 어느 하나에 해당하는 경우 그 지정을 취소하거나 6개월의 범위에서 업무정지를 명할 수 있다.

1. 거짓이나 그 밖의 부정한 방법으로 지정을 받은 경우
2. 지정기준에 적합하지 아니한 경우
3. 장기요양급여를 거부한 경우
4. 거짓이나 그 밖의 부정한 방법으로 재가 및 시설 급여비용을 청구한 경우
5. 자료제출 명령에 따르지 아니하거나 거짓으로 자료제출을 한 경우나 질문 또는 검사를 거부 · 방해 또는 기피하거나 거짓으로 답변한 경우
6. 장기요양기관의 종사자 등이 다음 각 목의 어느 하나에 해당하는 행위를 한 경우
   가. 수급자의 신체에 폭행을 가하거나 상해를 입히는 행위
   나. 수급자에게 성적 수치심을 주는 성폭행, 성희롱 등의 행위
   다. 자신의 보호 · 감독을 받는 수급자를 유기하거나 의식주를 포함한 기본적 보호 및 치료를 소홀히 하는 방임행위
   라. 수급자를 위하여 증여 또는 급여된 금품을 그 목적 외의 용도에 사용하는 행위
   마. 폭언, 협박, 위협 등으로 수급자의 정신건강에 해를 끼치는 정서적 학대행위

7. 업무정지기간 중에 장기요양급여를 제공한 경우
8. 「부가가치세법」 제8조에 따른 사업자등록 또는 「소득세법」 제168조에 따른 사업자 등록이나 고유번호가 말소된 경우

② 특별자치시장 · 특별자치도지사 · 시장 · 군수 · 구청장은 제1항에 따라 지정을 취소하거나 업무정지명령을 한 경우에는 지체 없이 그 내용을 공단에 통보하고, 보건복지부령으로 정하는 바에 따라 보건복지부장관에게 통보한다.

③ 특별자치시장 · 특별자치도지사 · 시장 · 군수 · 구청장은 장기요양기관이 지정취소 또는 업무정지되는 경우에는 해당 장기요양기관을 이용하는 수급자의 권익을 보호하기 위하여 적극적으로 노력하여야 한다.

④ 특별자치시장 · 특별자치도지사 · 시장 · 군수 · 구청장은 제5항에 따라 수급자의 권익을 보호하기 위하여 보건복지부령으로 정하는 바에 따라 다음 각 호의 조치를 하여야 한다.

1. 행정처분의 내용을 우편 또는 정보통신망 이용 등의 방법으로 수급자 또는 그 보호자에게 통보하는 조치
2. 해당 장기요양기관을 이용하는 수급자가 다른 장기요양기관을 선택하여 이용할 수 있도록 하는 조치

⑤ 지정취소 또는 업무정지되는 장기요양기관의 장은 해당 기관에서 수급자가 부담한 비용 중 정산하여야 할 비용이 있는 경우 이를 정산하여야 한다.

⑥ 다음 각 호의 어느 하나에 해당하는 자는 장기요양기관으로 지정받을 수 없다.

1. 제1항에 따라 지정취소를 받은 후 3년이 지나지 아니한 자(법인인 경우 그 대표자를 포함)
2. 제1항에 따라 업무정지명령을 받고 업무정지기간이 지나지 아니한 자(법인인 경우 그 대표자를 포함)

2. 장기요양기관의 종류

장기요양급여를 제공할 수 있는 장기요양기관의 종류 및 기준은 다음 각 호와 같다.

1) 재가급여를 제공할 수 있는 장기요양기관

① 「노인복지법」 제38조에 따른 재가노인복지시설로서 법 제31조에 따라 지정받은 장기요양기관

2) 시설급여를 제공할 수 있는 장기요양기관

① 「노인복지법」 제34조제1항제1호에 따른 노인요양시설로서 법 제31조에 따라 지정받은 장기요양기관

② 「노인복지법」 제34조제1항제2호에 따른 노인요양공동생활가정으로서 법 제31조에 따라 지정받은 장기요양기관이다.

(1) 장기요양기관

① 시설급여제공기관

「노인복지법」상 노인요양시설 및 노인요양공동생활가정으로 특별자치시장 · 특별자치도지사 · 시장 · 군수 · 구청장의지정을 받은 장기요양기관을 말한다.

② 재가급여제공기관

「노인복지법」상 재가노인복지시설이 「노인장기요양보험법」에 의한 재가장기요양기관의 시설 · 인력기준을 갖추어 특별자치시장 · 특별자치도지사 · 시장 · 군수 · 구청장의 지정을 받은 장기요양기관을 말한다.

(2) 재가요양기관

「노인장기요양보험법」상 재가장기요양기관의 시설 · 인력기준을 갖추어 특별자치시장 · 특별자치도지사 · 시장 · 군수 · 구청장에 설치신고를 하고 재가급여를 제공하는 장기요양기관을 말한다.

① 재가장기요양기관의 장기요양기관 지정의제

[법 제32조] 제1항 전단에 따라 설치의 신고를 한 재가장기요양기관은 장기요양기관으로 본다.

기존「노인복지법」에 의해 설치된 기관은 추가적으로 장기요양기관 지정신청을 해서 지정을 받지만, 법에 의해 설치신고된 재가장기요양기관은 별도로 지정신청을 하지 않아도 지정된 것으로 간주한다.

② [노인복지법 제31조] 노인복지시설의 종류

1. 노인주거복지시설 : 양로시설, 노인공동생활가정, 노인복지주택
2. 노인의료복지시설 : 노인요양시설, 노인요양공동생활가정
3. 노인여가복지시설 : 노인복지관, 경로당, 노인교실
4. 재가노인복지시설 : 방문요양서비스, 주 · 야간보호서비스, 단기보호서비스, 방문목욕서비스, 그 밖의 서비스
5. 노인보호전문기관

그림 5-1 노인복지시설

③ [노인복지법 제31조의2] 사회복지사업법에 따른 신고와의 관계

제33조제2항, 제35조제2항 본문, 제37조제2항 및 제39조제2항에 따라 노인복지시설의 설치신고를 한 경우

「사회복지사업법」 제34조제2항에 따른 사회복지시설 설치신고를 한 것으로 본다.

④ 노인복지법 상 재가노인복지시설

재가노인복지시설은 다음의 어느 하나 이상의 서비스를 제공함을 목적으로 하는 시설을 말한다.

1. 방문요양서비스 : 가정에서 일상생활을 영위하고 있는 노인(재가노인)으로서 신체적 · 정신적 장애로 어려움을 겪고 있는 노인에게 필요한 각종 편의를 제공하여 지역사회안에서 건전하고 안정된 노후를 영위하도록 하는 서비스
2. 주 · 야간보호서비스 : 부득이한 사유로 가족의 보호를 받을 수 없는 심신이 허약한 노인과 장애노인을 주간 또는 야간 동안 보호시설에 입소시켜 필요한 각종 편의를

제공하여 이들의 생활안정과 심신기능의 유지 · 향상을 도모하고, 그 가족의 신체적 · 정신적 부담을 덜어주기 위한 서비스

3. 단기보호서비스 : 부득이한 사유로 가족의 보호를 받을 수 없어 일시적으로 보호가 필요한 심신이 허약한 노인과 장애노인을 보호시설에 단기간 입소시켜 보호함으로써 노인 및 노인가정의 복지증진을 도모하기 위한 서비스
4. 방문 목욕서비스 : 목욕장비를 갖추고 재가노인을 방문하여 목욕을 제공하는 서비스
5. 그 밖의 서비스 : 그 밖에 재가노인에게 제공하는 서비스로서 보건복지부령으로 정하는 서비스를 말한다.

⑤ 노인보지법상 노인의료복지 및 재가노인복지시설의 설치

국가 또는 지방자치단체는 노인의료복지시설을 설치할 수 있으며, 국가 또는 지방자치단체외의 자가 노인의료복지시설을 설치하고자 하는 경우에는 시장 · 군수 · 구청장에게 신고하여야 한다. 따라서 시장 · 군수 · 구청장은 제2항에 따른 신고를 받은 경우 그 내용을 검토하여 이 법에 적합하면 신고를 수리하여야 한다.

⑥ 노인보지법상 요양보호사의 직무 · 자격증의 교부

1. 노인복지시설의 설치 · 운영자는 보건복지부령으로 정하는 바에 따라 노인 등의 신체활동 또는 가사활동 지원 등의 업무를 전문적으로 수행하는 요양보호사를 두어야 한다.
2. 요양보호사가 되려는 사람은 제39조의3에 따라 요양보호사를 교육하는 기관(요양보호사교육기관에서 교육과정을 마치고 시 · 도지사가 실시하는 요양보호사 자격시험에 합격하여야 한다.

(3) 시설급여를 제공하는 장기요양기관

- 「노인복지법」상 노인요양 시설 및 노인 요양 공동생활 가정
- 「노인장기요양보험법」상 장기요양기관으로 지정신청(소재지 관할 시 · 군 · 구청장)
- 장기요양기관 지정(시 · 군 · 구청장)
- 장기요양기관(시설급여 제공)이다.

(4) 장기요양기관 및 인력 현황

① 장기요양기관

국민건강보험공단 통계자료에 의하면 2020년 기준, 장기요양기관 수 25,384개소로, 이 중

재가 요양기관 19,621개소(77.3%), 시설 요양기관 5,763개소(22.7%)로 나타났다. 또한 장기요양기관 수는 2019년 대비 재가기관 1.1% 증가, 시설기관 4.0% 증가하였다.

② 인력

인력은 2020년 기준, 요양보호사 450,970명, 사회복지사 30,268명, 간호사 3,504명, 간호조무사 13,221명 등으로 나타났으며, 2019년 대비 요양보호사 1.4% 증가, 사회복지사 14.7% 증가, 간호사 5.8% 증가, 간호조무사 9.7% 증가하였다.

표 5-1 장기요양기관 현황

구분	2016		2017		2018		2019		2020	
	재가	시설	재가	시설	재가	시설	재가	시설	재가	시설
계	14,211	5,187	15,073	5,304	15,970	5,320	19,410	5,543	19,621	5,763
서울	2,426	531	2,516	524	2,606	515	2,990	514	3,005	512
부산	899	121	939	116	1,033	110	1,348	114	1,289	115
대구	775	257	808	257	859	244	1,102	252	1,093	260
인천	823	346	870	355	892	367	1,131	398	1,146	429
광주	524	102	562	100	582	95	775	95	769	94
대전	536	120	548	119	587	124	699	128	691	136
울산	181	44	193	46	207	47	277	50	277	50
세종	35	9	41	10	42	11	58	13	67	15
경기	2,963	1,599	3,173	1,680	3,410	1,705	4,088	1,812	4,144	1,924
강원	448	300	465	305	480	306	545	320	544	330
충북	409	272	456	282	499	283	617	295	643	304
충남	663	285	729	297	771	300	940	310	972	318
전북	782	228	839	235	879	227	1,087	230	1,106	241
전남	777	299	818	303	876	305	964	314	990	313
경북	963	376	1,049	382	1,099	384	1,303	395	1,352	414
경남	874	232	935	229	1,010	232	1,338	238	1,387	242
제주	1333	66	132	64	138	65	148	65	146	66

자료출처: 장기요양보험통계연보(2021)

그림 5-2 시도별 장기요양기관 현황

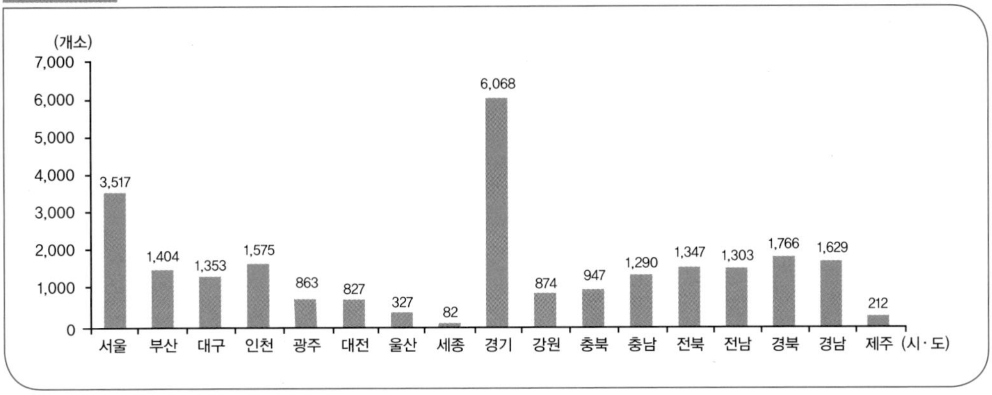

3. 시설급여기관 지정 및 재가급여기관지정 신청절차

시설급여기관지정 및 재가급여기관지정 신청절차는 아래의 절차와 같다.

1) 시설급여지정기관

(1) 시설급여기관의 시설기준과 신청

그림 5-3 시설급여지정기관 신청

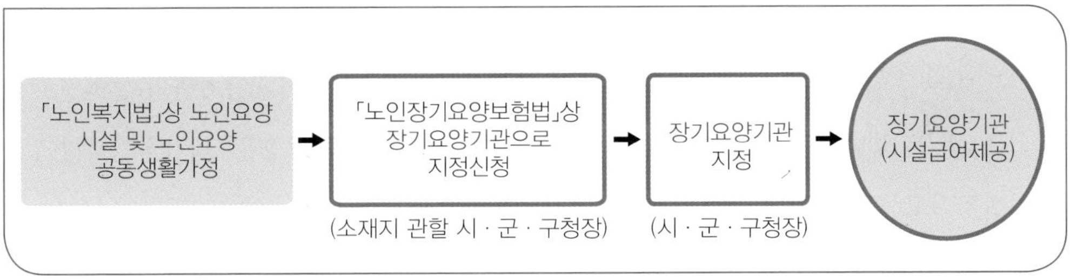

2) 재가급여지정기관 신청

(1) 재가장기요양기관의 시설기준

재가장기요양기관을 설치 · 운영하려는 자는 재가장기요양기관 설치신고서(별지 제21호 서식) 에 다음 각 호의 서류를 첨부하여 특별자치시장 · 특별자치도지사 · 시장 · 군수 · 구청장에게 제출하여야 한다. 이 경우 2명 이상이 공동으로 재가장기요양기관을 설치 · 운영하려는 경우에는 각 구성원의 연명으로 신고서를 제출하여야 한다.

1. 정관 1부(법인만 제출)
2. 위치도, 평면도 및 설비구조내역서 각1부(주 · 야간보호, 단기보호를 제공하는 경우만 제출)
3. 시설을 설치할 토지 및 건물의 소유권 또는 사용권을 증명할 수 있는 서류 1부
4. 일반현황 · 인력현황 및 시설현황을 적은 서류 각 1부
5. 사업계획서 및 운영규정을 적은 서류 각 1부
6. 의료기기판매(임대)업 신고증명서 1부(기타재가급여를 제공하는 경우만 제출)
7. 「전기사업법 시행규칙」 제38조제3항에 따른 전기안전점검확인서(법 제23조제1항제1호라목 및 마목의 급여를 제공하는 경우에 한정)
8. 사업자등록증 또는 고유번호증 사본 1부(특별자치시장 · 특별자치도지사 · 시장 · 군수 · 구청장이 행정정보의 공동이용을 통하여 확인할 수 있는 경우에는 그 확인으로 첨부서류를 갈음)

시설 및 인력기준
1. 법 제23조제1항제1호가목, 나목, 라목 또는 마목의 급여를 제공하려는 자:「노인복지법 시행규칙」 별표 9에 따른 시설 및 인력 2. 법 제23조제1항제1호다목 또는 바목의 급여를 제공하려는 자: 별표 1에 따른 시설 및 인력

상기에 따른 신고서를 받은 특별자치시장 · 특별자치도지사 · 시장 · 군수 · 구청장은 행정정보의 공동이용을 통하여 법인 등기사항증명서(법인인 경우만 해당한다) · 건물등기부 등본 및 토지등기부 등본을 확인하여야 하며, 재가장기요양기관의 설치신고서를 받은 특별자치시장 · 특별자치도지사 · 시장 · 군수 · 구청장은 재가장기요양기관 설치신고증명서(별지 제22호서식)를 발급하여야 한다.

(2) 재가장기요양기관의 설치

재가급여 중 장기요양급여를 제공하고자 하는 자는 시설 및 인력을 갖추어 재가장기요양기관을 설치하고 특별자치시장 · 특별자치도지사 · 시장 · 군수 · 구청장에게 이를 신고하여야 한다. 신고를 받은 특별자치시장 · 특별자치도지사 · 시장 · 군수 · 구청장은 신고 명세를 공단에 통보하여야 한다. 그리고 의료기관이 아닌 자가 설치 · 운영하는 재가장기요양기관은 방문간호를 제공하는 경우 방문간호의 관리책임자로서 간호사를 두도록 되어있다.

그림 5-4 재가급여지정기관 신청

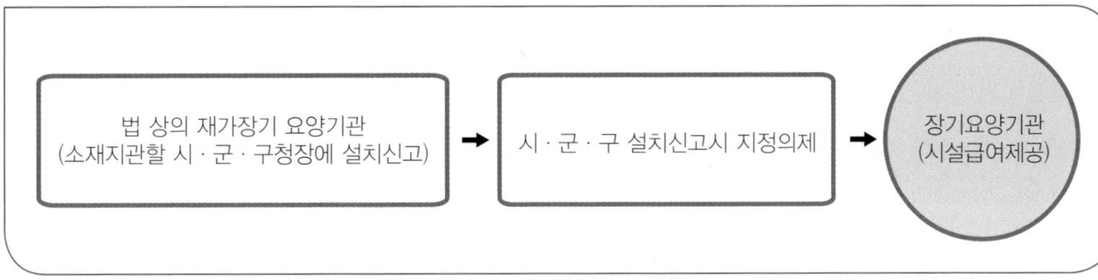

재가장기요양기관(방문간호 및 기타재가급여)의 시설 · 인력기준 (제24조제2항제2호 관련)

1. 시설의 규모

가. 방문간호를 제공하는 기관: 시설 전용면적 16.5제곱미터 이상(연면적 기준)

나. 기타재가급여를 제공하는 기관: 다음 1)부터 3)까지를 합한 공간. 다만, 타 사업자와 복지용구의 보관 및 세정 · 소독 등의 공간을 공동으로 사용하는 시설의 경우에는 그 기준을 완화하여 적용할 수 있다.

1) 복지용구를 진열하고 진열된 복지용구를 수급자가 직접 보고 체험할 수 있는 공간: 23.1제곱미터 이상

2) 복지용구의 대여 및 관리(반환물품 및 재고물품 보관 등)를 위한 공간: 사무실, 전시장, 세정 및 소독(소독을 위탁하는 경우 제외) 등과 별도의 공간을 확보할 것

3) 복지용구의 세정(수도 및 배수시설 포함), 소독(소독액 및 세척 · 건조에 필요한 용구 포함), 수선에 필요한 설비 및 공간: 56.2제곱미터 이상

2. 시설 및 설비 기준

가. 방문간호를 제공하는 기관

사무실	통신설비, 집기 등 사업에 필요한 설비 및 비품	혈압계, 온도계 등 방문간호에 필요한 비품
○	○	○

1) 다음 기준에 해당하는 시설 · 설비를 갖추어야 한다.

2) 의료기관(의사가 배치된 「지역보건법」에 따른 보건소 · 보건의료원 또는 보건지소와 「농어촌 등 보건의료를 위한 특별조치법」에 따른 보건진료소를 포함한다. 이하 이 표에서 같다)을 개설 · 운영하는 자가 방문간호사업을 운영하는 경우 시설과 설비 및 비품 등은 그 의료기관과 공동으로 사용할 수 있다.

나. 기타재가급여를 제공하는 기관

1) 다음 기준에 해당하는 시설 · 설비를 갖추어야 한다.

구분	사무실	진열 및 체험공간	세정 · 수리 등 사업에 필요한 설비 및 비품
복지용구	○	○	○

2) 복지용구 사업소의 사무실을 방문요양 등의 사무실과 공동으로 사용할 수 없다.

3. 인력기준

가. 다음 기준에 해당하는 인원을 두어야 한다.

관리 책임자	사회 복지사	요양 보호사	간호 (조무)사	물리(작업) 치료사	치과 위생사	사무원	조리원	보조원 (운전사)
1명	–	–	1명 이상	–	1명 이상 (구강위생을 제공하는 경우로 한정함)	–	–	–

1) 방문간호를 제공하는 기관

2) 기타재가급여를 제공하는 기관: 관리책임자 1명

나. 방문간호사업의 경우, 의료기관(보건진료소는 제외한다)이 방문간호를 하는 경우의 관리책임자는 의사, 한의사 또는 치과의사 중에서 상근하는 자로 하고, 보건진료소 및 의료기관이 아닌 재가장기요양기관이 방문간호를 하는 경우의 그 방문간호사업의 관리책임자는 간호업무경력이 2년 이상인 간호사로서 상근하는 자로 한다.

다. 가목에도 불구하고 방문간호사업의 경우에는 의료기관에서 구강위생만을 제공하면 관리책임자 외의 인력기준은 치과위생사 1명 이상으로 한다.

라. 방문간호급여를 제공할 수 있는 간호사나 간호조무사는 간호업무경력이 2년 이상인 간호사 또는 간호보조업무경력이 3년 이상인 간호조무사로서 제11조의2에 따른 보건복지부장관이 지정한 교육기관에서 소정의 교육을 이수한 자 및 치과위생사로 한다. 다만, 의료기관을 개설 · 운영하고 있는 자가 해당 의료기관과 병설하여 방문간호사업을 실시하기 위하여 재가장기요양기관을 개설하는 경우에는 그 의료기관에 소속된 간호사, 간호조무사 및 치과위생사 중에서 방문간호사업을 제공할 수 있는 자격기준을 갖춘 자가 겸직할 수 있다.

마. 기타재가급여를 제공하는 기관과 방문요양 등 재가장기요양기관의 관리책임자는 겸직할 수 없다.

바. 모든 종사자는 기관의 장(법인의 대표자)과 근로계약이 체결된 자이어야 한다.

4. 여러 종류의 재가급여(기타재가급여는 제외)를 동시에 제공하는 기관에 대한 특례

가. 시설 및 설비기준에 관한 특례

재가급여를 제공하는 기관이 하나 이상의 다른 재가급여를 동시에 제공하는 경우 사업에 지장이 없는 범위에서 생활실, 침실 외의 시설은 병용할 수 있다.

나. 인력기준에 관한 특례

1) 재가급여사업의 관리책임자가 하나 이상의 다른 재가급여사업을 동시에 관리하는 경우 사업에 지장이 없는 범위에서 그 다른 사업의 관리책임자를 겸직하여 운영할 수 있다. 다만, 의료기관이 아닌 재가장기요양기관이 방문간호를 하는 경우의 그 방문간호사업의 관리책임자는 2년 이상의 간호업무경력이 있는 간호사로서 상근하는 자로 한다.

2) 방문간호사업과 방문요양사업 또는 방문목욕사업을 병설하여 운영하는 경우에는 간호(조무)사가 요양보호사 자격이 있으면 겸직하여 운영할 수 있다.

5. 재가급여를 제공하는 기관을 사회복지시설에 병설하는 경우의 특례

가. 시설 및 설비기준에 관한 특례

방문요양, 방문목욕 또는 방문간호를 제공하는 기관을 사회복지시설에 병설하여 운영하는 경우 사업에 지장이 없는 범위에서 상호 중복되는 시설 · 설비를 공동으로 사용할 수 있다.

나. 인력기준에 관한 특례

재가급여를 제공하는 기관을 사회복지시설에 병설하여 운영하는 경우 사회복지시설의 장은 사업에 지장이 없는 범위에서 그 재가급여사업의 관리책임자(시설장)를 겸직하여 운영할 수 있다. 다만, 의료기관이 아닌 재가장기요양기관이 방문간호를 하는 경우 그 방문간호사업의 관리책임자는 2년 이상의 간호업무경력이 있는 간호사로서 상근하는 자로 한다.

4. 장기요양기관 변경신고 및 절차

1) 장기요양기관 변경신고

① 시설 및 인력 등 보건복지부령으로 정하는 중요한 사항"이란 시설, 인력, 장기요양급여의 종류 및 장기요양급여의 형태를 말한다.

② 변경지정을 받으려는 장기요양기관의 장은 별지 제19호의2서식의 장기요양기관 변경지정 신청서에 다음 각 호의 서류를 첨부하여 특별자치시장 · 특별자치도지사 · 시장 · 군수 · 구청장에게 제출해야 한다.

1. 변경사항을 증명할 수 있는 서류(특별자치시장 · 특별자치도지사 · 시장 · 군수 · 구청장이 행정정보의 공동이용을 통하여 첨부서류에 대한 정보를 확인할 수 있는 경우에는 그 확인으로 첨부서류를 갈음)
2. 장기요양기관 지정서

③ 변경신고를 하려는 장기요양기관의 장은 변경사항이 발생한 날부터 14일 이내에 별지 제23호서식의 장기요양기관 변경신고서에 변경사항을 확인할 수 있는 서류 1부를 첨부하여 특별자치시장 · 특별자치도지사 · 시장 · 군수 · 구청장에게 제출해야 한다.

④ 변경지정 신청 중 인력현황의 변경지정 신청을 하려는 자는 정보시스템을 이용하여 신청해야 한다.

⑤ 신고서를 받은 특별자치시장 · 특별자치도지사 · 시장 · 군수 · 구청장은 행정정보의 공동이용을 통하여 법인 등기사항증명서를 확인해야 한다.

⑥ 장기요양기관 변경지정 신청서 또는 변경신고서를 받은 특별자치시장 · 특별자치도지사 · 시장 · 군수 · 구청장은 그 내용을 확인하고 변경된 내용을 기재한 장기요양기관 지정서를 다시 발급해야 한다.

■ 노인장기요양보험법 시행규칙 [별지 제23호서식] 〈개정 2019. 10. 24.〉

장기요양기관 변경신고서

※ 뒤쪽의 작성방법 및 유의사항을 읽고 작성하시기 바라며, 색상이 어두운 란은 적지 않고, [ ]에는 해당되는 곳에 √표를 합니다. (앞쪽)

접수번호		접수일		처리기간	7일

장기요양 기관의 장	① 성명	② 생년월일
	③ 주소 (전화번호:)	

④ 장기요양기관명	⑤장기요양기관기호	⑥ 전화번호

⑦ 변경사항	[ ]장기요양기관의 명칭 · 소재지 [ ]법인대표자 [ ]입소(이용)정원

⑧ 변경내역	변경 전	변경 후	변경일

「노인장기요양보험법」 제33조 및 같은 법 시행규칙 제25조에 따라 위와 같이 변경사항을 신고합니다.

년 월 일

신청인(대표자) (서명 또는 인)

특별자치시장 · 특별자치도지사 · 시장 · 군수 · 구청장 귀하

신청(신고)인 제출서류	1. 변경사항을 증명할 수 있는 서류(다만, 「전자정부법」 제36조제1항에 따른 행정정보의 공동이용을 통하여 첨부서류에 대한 정보를 확인할 수 있는 경우에는 그 확인으로 첨부서류를 갈음할 수 있습니다) 2. 장기요양기관지정서	수수료 없음
담당 공무원 확인사항	법인등기사항증명서(법인대표자가 변경된 경우에만 해당합니다)	

210mm×297mm[백상지 80g/㎡]

2) 장기요양기관의 시설 · 인력에 관한 변경

장기요양기관은 시설 및 인력 중 보건복지부령으로 정하는 중요한 사항을 변경하는 경우 보건복지부령으로 정하는 바에 따라 특별자치시장 · 특별자치도지사 · 시장 · 군수 · 구청장에게 신고하여야 한다. 신고를 받은 특별자치시장 · 특별자치도지사 · 시장 · 군수 · 구청장은 지체 없이 변경 명세를 공단에 통보하여야 한다.

3) 장기요양기관 변경신고 절차(지자체 및 국민건강보험공단)

(1) 변경신고

변경신고기한은 변경사유 발생 시 발생한 날로부터 14일 이내 신고를 하여야 한다.

(2) 지자체 변경신고 절차

변경신고사항은 ① 장기요양급여의 종류 ② 장기요양기관의 명칭 · 소재지 ③ 장기요양기관의 법인대표자 ④ 장기요양기관의 입소(이용)정원 ⑤ 장기요양기관의 시설 및 인력현황 등이다.

(3) 접수처는 신고기관의 소재지를 관할하는 시 · 군 · 구청이다.

(4) 신고서류

① 장기요양기관 변경신고서(별지 제 23호서식) - 인력변경신고 제외, 인력변경신고절차 별도 참조

② 구비서류

장기요양기관지정서 또는 재가장기요양기관 설치신고증명서,인력(변경)현황(직원에 대한 변경사항 발생 시)-신규인력이 채용되거나, 기존 근무인력의 자격이 변경되는 경우 자격증명서 또는 자격유예증빙서류 첨부, 시설(변경)현황(시설현황에 대한 변경사항 발생 시), 일반현황 및 시설현황(입소 이용 정원 변경 시), 법인등기부등본(법인 대표자 변경 시)

(5) 인력변경 신고

「노인장기요양보험법 시행규칙」 제25조(장기요양기관변경신고)제3항에 따라 장기요양기관 인력변경신고는 사회복지시설정보시스템을 이용하여 신고하여야 한다.

① 신고대상 : 입사, 퇴사, 휴직, 복직, 근무자격 변경 등 인력변경 사항

② 신고방법 : 사회복지시설정보시스템에 의한 전산으로 시 · 군 · 구 신고

③ 신고절차는 사회복지시설정보시스템(www.w4c.go.kr)로 접속하여 시스템 사용 등록, 사회복지시설정보시스템 상에서 인력변경사항 입력하면 된다.

※ 자격증 사본, 근로계약서 등 필요 서류는 전자문서로 첨부하거나 시 · 군 · 구 팩스로 전달(다만, 요양보호사 자격증, 의료면허증 등 공동이용 대상 행정정보는 행정정보공동이용시스템으로 확인 가능)하며, 시 · 군 · 구에서 신청 내용 확인 후 승인 또는 반려하고 있다.

(6) 설립구분에 따른 변경기준

설립구분에 따른 변경기준사항은 다음과 같다.

표 5-2 설립구분에 따른 변경기준

구분	개인운영 장기요양기관	법인운영 장기요양기관
기관설립주체변경		지정취소 후 신규지정
대표자변경	장기요양기관 폐업신고 후 신규설치 (공동명의로 변경하는 경우 포함)	변경신고로 처리 ※ 지정요건 만족여부 확인
법인등록번호변경	–	지정취소 후 신규지정
장기요양기관 소재지변경	• 장기요양기관의 소재지가 시 · 군 · 구 관할지역을 벗어날 경우 폐업신고 후 변경된 소재지 관할 시 · 군 · 구에서 신규로 지정 신청하여야 함 • 관할 시 · 군 · 구 내에서 소재지 변경의 경우 장기요양기관 변경신고로 처리	
장기요양급여종류, 급여종류 추가, 입소정원, 인력현황, 시설현황	• 장기요양기관으로 지정 받은 재가노인복지시설이 급여종류를 변경할 경우, 「노인복지법」 상의 변경신고와 병행하여야 함 • 재가서비스의 경우 급여 종류 일부를 신설 또는 폐지하는 경우 변경신고(급여종류변경)로 처리(기관 전체를 폐업할 경우 폐업신고)	

(4) 장기요양기관 변경사항통보서 제출

제출처는 국민건강보험공단 관할지사이며, 제출방법은 장기요양기관의 사업자등록 내용 및 입금계좌 변경 등 변경사항이 있는 때에는 변경된 날부터 14일 이내 「장기요양기관 변경사항통보서」(별지 제28호서식)를 작성하고 관련서류를 구비하여 제출하여야 한다. 관련서류는 장기요양기관 변경사항통보서, 인감증명서 또는 본인서명사실확인서(전자본인서명확인서 발급증), 통장사본, 사업자등록증(고유번호증)이 있다.

표 5-3 변경사항통보서

<table>
<tr><th rowspan="2">구분</th><th colspan="2">대표 내방 시</th><th colspan="2">제3자 내방 시</th></tr>
<tr><th>개인 또는기타</th><th>법인</th><th>개인 또는기타</th><th>법인</th></tr>
<tr><td>계좌 변경</td><td>① 변경사항통보서
② 인감증명서
③ 통장 사본
④ 대표자 신분증 제시</td><td>① 변경사항통보서
② 법인인감증명서
③ 통장 사본
④ 법인대표자 신분증 제시</td><td>① 변경사항통보서
② 인감증명서
③ 통장 사본
④ 위임장
⑤ 대표자 및 신청인 신분증 사본</td><td>① 변경사항통보서
② 법인인감증명서
③ 통장 사본
④ 위임장
⑤ 대표자 및 신청인 신분증 사본</td></tr>
<tr><td>사업자 등록 변경</td><td>① 변경사항통보서
② 인감증명서
③ 사업자 등록증
④ 대표자 신분증 확인</td><td>① 변경사항통보서
② 법인인감증명서
③ 법인사업자등록증 (고유번호증)
④ 법인대표자 신분증 확인</td><td>① 변경사항통보서
② 인감증명서
③ 사업자등록증
④ 위임장
⑤ 대표자 및 신청인 신분증 사본</td><td>① 변경사항통보서
② 법인인감증명서
③ 법인사업자등록증 (고유번호증)
④ 위임장
⑤ 대표자 및 신청인 신분증 사본</td></tr>
<tr><td rowspan="2">비고</td><td>대표자 서명 또는 인감날인</td><td>법인대표자 서명 또는 법인인감날인</td><td>대표자 인감 날인</td><td>법인 인감 날인</td></tr>
<tr><td colspan="4">국가 또는 지방자치단체인 경우 당해 직인 날인</td></tr>
</table>

자료출처 : 국민건강보험공단

■ 노인장기요양보험법 시행규칙[별지 제28호서식] 〈개정 2019. 6. 12.〉

장기요양기관 변경사항통보서

(앞 쪽)

① 장기요양기관명		② 장기요양기관기호	
③ 기관의 장(대표자)		④ 생년월일	
⑤ 소재지			
⑥ 전화번호			

⑦ 변경사항

구분	변경 전	변경 후	변경일
■ 장기요양급여비용 수령계좌번호			
■ 사업자등록번호			

「노인장기요양보험법 시행규칙」 제30조에 따라 위와 같이 장기요양기관현황이 변경되었기에 통보합니다.

년 월 일

장기요양기관의 장(대표자) (서명 또는 인)

국민건강보험공단이사장 귀하

신청(신고)인 제출서류	장기요양급여비용 수령계좌번호가 변경된 경우에는 다음 각 호에 따른 서류를 첨부하고 장기요양기관 변경사항통보서에 그 등록된 인감을 날인하거나 본인서명사실확인서에 기재된 것과 같은 서명을 해야 합니다. 1. 장기요양기관의 장 또는 대표자의 인감증명서(법인인 경우에는 법인인감증명서)나본인서명사실확인서 1부 2. 통장 사본 1부	수수료 없음
담당 직원 확인사항	사업자등록증 (사업자등록번호가 변경된 경우에만 해당됩니다)	

행정정보 공동이용 동의서

본인은 이 건 업무처리와 관련하여 담당 직원이 「전자정부법」 제36조제2항에 따른 행정정보의 공동이용을 통하여 위의 담당 직원 확인사항을 확인하는 것에 동의합니다.

*동의하지 아니하는 경우에는 신청인이 직접 관련 서류를 제출해야 합니다.

장기요양기관의 장(대표자) (서명 또는 인)

210mm×297mm[백상지 80g/㎡]

5. 장기요양기관의 폐업신고 및 절차

1) 장기요양기관 폐업신고

① 장기요양기관의 장은 폐업하거나 휴업하고자 하는 경우 폐업이나 휴업 예정일 전 30일까지 특별자치시장 · 특별자치도지사 · 시장 · 군수 · 구청장에게 신고하여야 한다. 신고를 받은 특별자치시장 · 특별자치도지사 · 시장 · 군수 · 구청장은 지체 없이 신고명세를 공단에 통보하여야 한다.

② 장기요양기관의 장은 장기요양기관을 폐업 또는 휴업하려는 경우 보건복지부령으로 정하는 바에 따라 해당 장기요양기관을 이용하는 수급자가 다른 장기요양기관을 이용할 수 있도록 조치계획을 수립하고 이행하는 등 수급자의 권익을 보호하기 위한 조치를 취하여야 한다.

③ 특별자치시장 · 특별자치도지사 · 시장 · 군수 · 구청장은 제1항에 따라 폐업 또는 휴업신고를 접수한 경우 장기요양기관의 장이 제2항에 따른 수급자의 권익을 보호하기 위한 조치를 취하였는지의 여부를 확인하고, 인근지역에 대체 장기요양기관이 없는 경우 등 장기요양급여에 중대한 차질이 우려되는 때에는 장기요양기관의 폐업 또는 휴업 철회를 권고하거나 그 밖의 다른 조치를 강구하여야 한다.

④ 특별자치시장 · 특별자치도지사 · 시장 · 군수 · 구청장은 「노인복지법」 제43조에 따라 노인의료복지시설 등에 대하여 사업정지 또는 폐지 명령을 하는 경우 지체 없이 공단에 그 내용을 통보하여야 한다.

⑤ 장기요양기관의 장은 제1항에 따라 폐업 또는 휴업 신고를 할 때 보건복지부령으로 정하는 바에 따라 장기요양급여 제공 자료를 공단으로 이관하여야 한다. 다만, 휴업 신고를 하는 장기요양기관의 장이 휴업 예정일 전까지 공단의 허가를 받은 경우에는 장기요양급여 제공 자료를 직접 보관할 수 있다.

장기요양기관 폐업 신고서류
장기요양기관 및 재가장기요양기관이 폐업 또는 휴업을 하려는 경우에는 별지 제26호서식에 따른 신고서에 다음 각 호의 서류를 첨부하여 특별자치시장 · 특별자치도지사 · 시장 · 군수 · 구청장에게 제출하여야 한다. 1. 폐업 또는 휴업 의결서(법인만 제출한다) 1부 2. 수급자에 대한 조치계획서 1부 3. 장기요양기관 지정서 또는 재가장기요양기관 설치신고증명서(폐업의 경우에만 제출한다)

2) 장기요양기관 휴 · 폐업 신고 절차

① 법적근거

1. 「노인장기요양보험법」제36조, 동법 시행규칙 제28조
2. 「노인복지법」제40조, 제43조, 동법 시행령 제21조, 시행규칙 제30조, 제31조

② 신고내용

1. 「노인복지법」상 노인의료복지시설과 재가노인복지지설
   가. 신고기간 : 휴지 · 폐지 3개월 전까지
   나. 신고자 : 시설 설치자(대표자)
   다. 신고관청 : 해당 소재지 관할 시 · 군 · 구청
   라. 구비서류
      ㉠ 노인의료복지시설 또는 재가노인복지지설 폐지 · 휴지신고서
      ㉡ 폐지 또는 휴지 의결서(법인에 한함) 1부
      ㉢ 입소자(이용자)에 대한 조치계획서 1부
      ㉣ 시설(기관)설치신고필증(폐업에 한함) 1부
      ※ 시설 휴지 · 폐지 시 장기요양기관 폐업 · 휴업 신고도 병행
2. 장기요양기관 및 재가장기요양기관의 휴업 또는 폐업
   가. 신고기간 : 휴 · 폐업 예정일 30일 전까지
   나. 신고관청 : 해당 소재지 관할 시 · 군 · 구청

③ 구비서류

1. 장기요양기관 폐업 · 휴업신고서
2. 폐업 또는 휴업 결의서(법인에 한함) 1부
3. 수급자에 대한 조치계획서 1부
4. 장기요양기관 지정서 또는 재가장기요양기관 설치신고증명서(폐업에 한함)
5 장기요양 급여제공자료 이관계획서

3) 장기요양급여 제공 자료의 이관

① 장기요양기관 또는 재가장기요양기관의 장은 보존기간 중인 각 호의 자료를 휴업일 또는 폐업일까지 신청서(별지 제36호서식) 장기요양급여 제공자료 이관 목록표 및 장기

요양급여 제공자료 망실 및 훼손 목록표와 함께 공단에 이관하여야 한다.

② 장기요양기관급여 제공 자료를 직접 보관하고자 하는 장기요양기관 또는 재가장기요양기관의 장은 자체보관 신청서(별지 제36호서식)를 휴업 예정일 전까지 공단에 제출하여야 한다.

③ 신청서를 접수하는 때에는 이관 사실을 증명하는 접수증을 신청인에게 교부하여야 하고, 제2항에 따른 자체보관 신청서를 접수한 때에는 자체보관계획 등을 검토하여 자체보관을 허가할 수 있다.

■ 노인장기요양보험법 시행규칙 [별지 제26호서식] 〈개정 2020. 9. 29.〉

장기요양기관 ([ ] 폐업 [ ] 휴업 [ ] 지정 비갱신) 신고서

※ 아래의 작성방법 및 유의사항을 읽고 작성하시기 바라고, 색상이 어두운 란은 적지 않으며, [ ]에는 해당되는 곳에 √표를 합니다.

접수번호		접수일		처리기간	7일
장기요양 기관의 장 (대표자)	① 성명			② 생년월일	
	③ 주소 (전화번호:)				
④ 장기요양기관명		⑤ 장기요양기관기호		⑥ 전화번호	
⑦ 법인등록번호		⑧ 사업자등록번호			
⑨ 폐업일 · 지정 유효기간만료일 · 휴업기간	폐업일 또는 지정 유효기간 만료일	년 월 일			
	휴업기간	년 월 일부터 년 월 일까지			
⑩ 폐업 · 휴업 · 지정 비갱신 사유					
⑪ 연락처 (폐업 · 휴업 · 지정 유효기간 만료 후)	성명: 주소:		전화번호:		

「노인장기요양보험법」 제36조제3항 및 같은 법 시행규칙 제28조에 따라 폐업 또는 휴업하거나 장기요양기관의 지정을 갱신하지 않음을 신고합니다.

년 월 일

장기요양기관의 장(대표자) (서명 또는 인)

특별자치시장 · 특별자치도지사 · 시장 · 군수 · 구청장 귀하

첨부 서류	1. 폐업 또는 휴업 의결서(법인만 제출합니다) 1부 2. 수급자에 대한 다른 장기요양기관 또는 복지서비스의 연계 등 조치계획서 1부 3. 장기요양기관 지정서(휴업의 경우에는 제출하지 않습니다) 또는 재가장기요양기관 설치신고증명서(폐업의 경우에만 제출합니다) 4. 「노인장기요양보험법」 제35조의2에 따른 장기요양기관 재무회계에 관한 서류 중 결산보고서 1부

작성방법

①~③: 장기요양기관의 장(대표자)의 성명, 생년월일, 주소 및 전화번호를 적습니다.
④~⑥: 장기요양기관명, 장기요양기관기호 및 장기요양기관의 전화번호를 적습니다.
⑦: 장기요양기관의 운영형태가 법인인 경우 법인등록번호를 적습니다.
⑧: 장기요양기관의 사업자등록번호(고유번호)를 적습니다.
⑨: 폐업하려는 날짜, 지정 유효기간 만료일 또는 휴업하려는 기간을 적습니다.
⑩: 장기요양기관의 폐업 · 휴업사유 또는 지정을 갱신하지 않는 사유를 적습니다.
⑪: 폐업 · 휴업 또는 지정 유효기간 만료 이후의 연락처(성명, 전화번호, 주소)를 적습니다.

처리절차

신고서 제출	➡	접수, 검토 및 처리
신고인		처리기관 (특별자치시장 · 특별자치도지사 · 시 · 군 · 구)

210mm×297mm[백상지 80g/㎡]

■ 노인장기요양보험법 시행규칙 [별지 제36호서식] 〈개정 2020. 9. 29.〉

장기요양급여 제공자료 [ ]공단이관 [ ]자체보관 신청서

※ 뒤쪽의 작성방법 및 유의사항을 읽고 작성하시기 바랍니다. (제1쪽 앞면)

접수번호		접수일		처리기간	7일

① 장기요양기관 (신청인)	기관기호	기관명
	대표자 성명	전화번호
	폐업일 또는 지정 유효기간 만료일	휴업기간

② 자체보관 계획

보관기간		
보관장소		
보관책임자	성명	전화번호

③ 장기요양급여 제공자료 목록 및 수량 단위: 명 · 권 · 매 · 개

구분	공단이관 · 자체보관( )명( )권( )매, 분실 및 훼손( )명( )권( )매				
	년도	년도	년도	년도	년도
1. 장기요양급여계약에 관한 서류					
2. 장기요양급여제공기록지 등					
3. 방문간호지시서					
4. 장기요양급여비용 명세서 부본					
5. 제2호부터 제4호까지의 서류 중 전자문서로 기록 · 관리하고 있는 경우 그 전자문서					

※ 별지 제34호서식의 본인부담금수납대장을 작성하여 보존하는 경우에는 이를 제4호의 장기요양급여비용 명세서 대신 제출할 수 있습니다.

④ 장기요양급여 제공자료 인계 · 인수

구 분	인계자	인수자	비 고
성 명	(인)	(인)	
전화번호			

「노인장기요양보험법」 제36조제6항 및 같은법 시행규칙 제28조의2에 따라 위와 같이 장기요양급여 제공자료 [ ] 공단이관 [ ]자체보관 신청서를 제출합니다.

6. 장기요양기관 정보의 안내

장기요양기관은 수급자가 장기요양급여를 쉽게 선택하도록 하고 장기요양기관이 제공하는 급여의 질을 보장하기 위하여 장기요양기관별 급여의 내용, 시설 · 인력 등 현황자료 등을 공단이 운영하는 인터넷 홈페이지에 게시하여야 한다. 장기요양기관이 공단 인터넷 홈페이지에 게시하여야 하는 내용은 다음 각 호와 같다.

1. 시설의 구조, 설비 상태 및 건물 전경 등의 사진
2. 장기요양기관의 주소, 약도, 전화번호 및 홈페이지 주소
3. 장기요양기관에 소속된 인력 종류별 종사자 수 및 입소(이용)정원과 현재 입소(이용)한 인원
4. 장기요양기관에서 제공하고 있는 급여 종류
5. 장기요양급여 이용계약에 관한 사항
6. 비급여대상 항목별 비용

   장기요양기관은 상기의 내용이 변경되는 경우에는 공단의 인터넷 홈페이지에 지체없이 그 내용을 반영하여 게시하여야 한다.

7. 장기요양기관의 의무 및 교육기관 지정기준

1) 장기요양기관의 의무

① 장기요양기관은 수급자로부터 장기요양급여신청을 받은 때 장기요양급여의 제공을 거부하여서는 아니 되며, 다만, 입소정원에 여유가 없는 경우 등 정당한 사유가 있는 경우는 그러하지 아니하다.

② 장기요양기관은 장기요양급여의 제공 기준 · 절차 및 방법 등에 따라 장기요양급여를 제공하여야 한다.

③ 장기요양기관의 장은 장기요양급여를 제공한 수급자에게 장기요양급여비용에 대한 명세서를 교부하여야 한다.

④ 장기요양기관의 장은 장기요양급여 제공에 관한 자료를 기록 · 관리하여야 하며, 장기요양기관의 장 및 그 종사자는 장기요양급여 제공에 관한 자료를 거짓으로 작성하여

서는 아니 된다.

⑤ 장기요양기관은 제40조제1항 단서에 따라 면제받거나 같은 조 제3항에 따라 감경받는 금액 외에 영리를 목적으로 수급자가 부담하는 재가 및 시설 급여비용(본인일부부담금)을 면제하거나 감경하는 행위를 하여서는 아니 된다.

⑥ 누구든지 영리를 목적으로 금전, 물품, 노무, 향응, 그 밖의 이익을 제공하거나 제공할 것을 약속하는 방법으로 수급자를 장기요양기관에 소개, 알선 또는 유인하는 행위 및 이를 조장하는 행위를 하여서는 아니 된다.

⑦ 제3항에 따른 장기요양급여비용의 명세서, 제4항에 따라 기록 · 관리하여야 할 장기요양급여 제공 자료의 내용 및 보존기한, 그 밖에 필요한 사항은 보건복지부령으로 정한다.

2) 교육기관 지정기준 및 절차

① 방문간호 간호조무사 교육기관으로 지정받으려는 자는 신청서(별지 제9호의2서식)에 다음 각 호의 서류를 첨부하여 보건복지부장관에게 제출하여야 한다.

1. 교수요원(전공 전임교수 및 실습지도 겸직교수)의 성명 및 이력이 기재된 서류
2. 실습협약기관 현황 및 협약 약정서
3. 교육계획서 및 교과과정표
4. 당해 방문간호 간호조무사 교육과정에 사용되는 시설 및 장비현황

② 방문간호 간호조무사 교육기관으로 지정 받을 수 있는 기관은 간호학과가 있는 대학, 산업대학 또는 전문대학으로서 보건복지부장관이 고시하는 기준에 적합하여야 한다.

③ 보건복지부장관은 제1항에 따른 지정신청을 받은 경우 제2항에 따른 지정기준에 적합하면 지정서(별지 제9호의3서식)를 발급하여야 한다.

④ 제1항에 따른 방문간호 간호조무사 교육기관의 세부적인 지정절차, 교육과목 등 그 밖에 필요한 사항은 보건복지부장관이 정하여 고시한다.

■ 노인장기요양보험법 시행규칙 [별지 제9호의3서식]　　제　　호

방문간호 간호조무사 교육기관 지정서

기관명 :　　　　　　　　　　　　　　　　소재지 :

대표자 :　　　　　　　　　　　　　　　　교육생정원 :

「노인장기요양보험법 시행규칙」 제11조의2제3항에 따라 위와 같이 방문간호 간호조무사 교육기관으로 지정합니다.

년　　월　　일

보건복지부장관 **관인**

210㎜×297㎜(백상지 150g/㎡)

[별지 제9호의2서식]

방문간호 간호조무사 교육기관 지정 신청서

※ 아래의 작성방법 및 유의사항을 읽고 작성하시기 바라며, 어두운 란은 신청인이 적지 않습니다.

접수번호	접수일자	처리기간 60일

① 기관명			
② 소재지			
③ 신청인 성명		④ 전화번호	

⑤ 지정 받으려는 사항
가. 교육생정원 신청인원:
나. 교육개시 예정일:

「노인장기요양보험법 시행규칙」 제11조의2제2항에 따라 방문간호 간호조무사 교육기관의 지정을 받고자 관계서류를 첨부하여 신청합니다.

년　월　일

신청인　(서명 또는 인)

보건복지부장관 귀하

첨부서류	1. 교수요원(전공 전임교수 및 실습지도 겸직교수)의 성명 및 이력이 적힌 서류 2. 실습협약기관 현황 및 협약 약정서 3. 교육계획서 및 교과과정표 4. 해당 방문간호 간호조무사 교육과정에 사용되는 시설 또는 장비현황

작성방법 및 유의사항

①：신청한 기관명을 적습니다.
②：신청한 기관의 주소를 적습니다.
③ · ④：신청한 기관의 대표자 성명 및 전화번호를 적습니다.
⑤：지정 받으려는 교육생정원 신청인원과 교육개시 예정일을 적습니다.

처 리 절 차

신청서 제출	➜	접수 및 검토 (지정서 발급)	➜	지정서 수령
신청인		처 리 기 관 (보건복지부)		신청인

210mm×297mm[백상지 80g/㎡]

8. 겸직 · 병용 규정 및 촉탁의사 운영

1) 겸직 · 병용 규정

(1) 방문요양 등 재가장기요양기관과 관리책임자 겸직 가능 여부

방문요양 등 재가장기요양기관 관리책임자 : 시행규칙상 일정한 자격 요건을 갖추고 상근하는 자

(2) 재가장기요양기관 관리책임자의 자격요건

① 재가장기요양기관 관리책임자의 자격요건

1. 방문요양 · 목욕 : 사회복지사, 의료인 또는 실무경력 5년 이상인 요양보호사
2. 방문간호 : 의사, 한의사, 치과의사, 간호업무경력 2년 이상인 간호사
   사업에 지장이 없는 범위 내에서 겸직 가능한 재가급여 (시행규칙 별표1. 인력기준에 관한 특례)
3. 방문요양, 방문목욕, 방문간호의 관리책임자가 주야간보호 · 단기보호를 포함, 어느 하나 이상의 재가급여를 동시 관리하는 경우 관리책임자 겸직 가능 → 복지용구 사업소와 방문요양 등 재가장기요양기관의 '관리책임자'는 겸직 불가
4. 복지용구와 방문요양 사업을 함께 하려는 사업자 : 두 사업의 신청인(대표자)과 복지용구 사업의 관리 책임자를 겸하고 방문요양을 전담할 관리책임자를 별도로 두면 운영 가능

가. 겸직규정

병설 유형	겸직 운영
의료기관(보건소,보건의료원, 보건진료소 포함)과 방문간호의 병설운영	당해 의료기관의 간호사 또는 간호조무사 중 방문 간호를 제공할 수 있는 자격기준을 갖춘 자가 방문간호 겸직가능
재가급여사업을 사회복지시설과 병설운영	관리책임자 겸직가능(방문간호 포함시 관리책임자 : 간호사)
재가급여사업의 관리책임자가 어느 하나 이상의 재가 급여를 동시 관리	관리책임자 겸직가능(방문간호 포함시 관리책임자 : 간호사)

요양시설에서 방문요양사업을 병설	당해 요양시설에 배치된 요양보호사수가 최근 3개월 동안 법정 배치기준 초과 : 그 평균 초과인력이 방문요양의 요양보호사 겸직가능
사회복지시설에 주 · 야간보호시설을 병설	당해 시설의 간호(조무)사 또는 물리(작업)치료사가 주 · 야간시설 해당 업무 겸직 가능
단독주택, 공동주택에 10인 미만의 주 · 야간보호 시설 설치	• 관리책임자 • 요양보호사 자격보유자면 요양보호사 겸직가능 • 간호(조무)사 또는 물리(작업)치료사 자격보유자면 간호(조무)사 또는 물리(작업)치료사 겸직가능 → 상시 2인으로 운영 가능
방문간호와 방문요양, 방문목욕 병설	방문간호 간호사가 요양보호사 자격보유시 : 요양보호사 겸직가능
방문요양과 방문목욕	요양보호사 상호 겸직 가능
주 · 야간보호와 단기보호 함께 운영	• 사회복지사, 간호(조무)사, 물리(작업)치료사 : 상호겸직 가능(입소자수 : 주야간보호와 단기보호 입소자 수의 합) • 사회복지사 : 입소자 50명당 1명 • 간호(조무)사 : 입소자 25명당 1명 • 물리(작업)치료사 : 입소자 30명 이상시 1명

동일인(법인 또는 개인)이 동일 대지(또는 필지)에 2개 이상의 시설 설치운영시 시 · 군 · 구청장의 판단아래 겸직 가능

규정 : '10.1.1이후에 설치되는 시설에는 적용되지 않으므로 각각 시설장 갖추어야 함

나. 병용규정

병설 유형	공동 사용
의료기관(보건소, 보건의료원, 보건진료소 포함)과 방문 간호 병설운영	중복되는 시설 · 설비 · 비품 공용 가능
방문요양, 방문목욕 또는 방문간호사업을 사회복지 시설과 병설운영	중복되는 시설 · 설비 공용가능
재가급여를 제공하는 기관이 어느 하나이상의 재가 급여 동시 제공	중복되는 시설 · 설비 공용가능(생활실, 침실 제외)
사회복지시설에서 주야간보호 또는 단기보호사업을 함께 운영	중복되는 시설 · 설비 공용가능(생활실, 침실 제외)

사회복지시설 등에서 재가장기요양기관 '병설'이란 : 한 건물 안에, 혹은 같은 대지(동일필지 또는 한울타리 내) 안에 설치하는 것. 다만, 같은 대지 안의 다른 건물에 재가기관을 병설하면서 기존 건물의 시설 또는 설비를 공용하고자 할시 중증 수급자의 이동에 불편이 없는지 면밀히 판단, 필요시 각각의 건물 내에 별도의 시설을 구비

2) 협약의료기관 및 촉탁의사 운영

(1) 협약의료기관 및 촉탁의사 운영규정 도입 사유

진찰, 처방, 응급시 이송대책 등 의료적 측면을 강화, 입소노인에 대한 적정한 의료서비스 제공목적으로 협약의료기관제도 하였다.

(2) 운영규정 주요 내용

- 촉탁의 또는 협약의료기관 의사가 시설 방문하여 입소자 별, 2주에 1회 이상 진찰 등 실시한다.
- 가급적 가정의학과, 내과, 재활의학과, 신경과, 정신과 또는 한방신경정신과 등 노인성 질환과 관련된 과목으로 선정한다.
- 촉탁의 또는 협약의료기관의 의사는 입소자마다 환자의 건강상태와 치료에 관한 정보를 진료기록부에 기록 · 보관하여 환자치료에 이용한다.
- 간호사(간호조무사)는 시설 입소시 입소자마다 의식상태.호흡양상.소화기기능.일상생활 수행능력 정도 등이 있다.
- 건강수준을 평가, 기록 · 보관하여 시설 방문 의사가 활용하도록 한다.
- 간호사 등은 입소자마다 과거.현재 병력, 투약상태, 정서상태 등 환자의 간호에 관한 기록을 작성 · 보관하여 시설을 방문하는 의사가 이를 활용하도록 한다.
- 간호사 등은 입소자의 혈압 · 맥박 · 호흡 · 체온 등 건강상태를 매일 체크하여 건강관리기록부에 기록, 시설 방문 의사 등이 이를 활용하도록 한다.
- 입소자의 건강상태 악화 등 응급상황에 대처하기 위해 협약의료기관 등과 협의, 응급이송시스템을 갖추도록 한다.

3) 협약의료기관 및 촉탁의사 운영규정

① 「노인복지법 시행규칙」 별표 3 제1호 다목 및 별표 5 제1호 다목의 규정에 따라 노인주거복지시설 및 노인의료복지시설이 의료기관과 협약을 체결하거나 촉탁의사를 두는 경우 해당 협약의료기관의 의사 또는 촉탁의사(이하 "의사")가 시설을 방문하는 횟수 등 운영에 관하여 필요한 사항을 정함을 목적으로 한다.

② 협약체결 시설의 장은 붙임 1의 서식을 참고하여 해당 의료기관과 협약을 체결하되, 협약사항을 반드시 포함하여야 한다.

③ 과목 선정기준은 촉탁의사를 두거나 의료기관과 협약을 체결한 시설의 장은 가급적 가정의학과, 내과, 재활의학과, 신경과, 정신과 또는 한방 신경정신과 등 노인성 질환과 관련된 과목으로 선정하되, 입소자의 건강상태에 맞게 적절히 운영하여야 한다.

④ 의사의 입소자 방문횟수 의사는 시설을 방문하여 입소자 별로 2주에 1회 이상 진찰 등을 실시하여야 한다.

⑤ 입소자에 대한 의사의 진료기록부 작성 · 보관 의사는 입소자에 대한 효과적인 건강수준을 평가하게 하기 위하여 입소자마다 건강상태와 치료에 관한 정보를 붙임 2의 서식에 따른 진료기록부에 기록하여 그 원본을 의료기관에 보관하여야 한다. 다만, 입소자의 동의를 얻을 경우에 한하여 그 사본을 시설에 보관하도록 하며 입소자의 진찰 등에 이용하도록 하여야 한다.

⑥ 간호사 등의 입소자에 대한 건강수준 평가

시설의 장은 시설의 간호(조무)사로 하여금 입소자의 시설 입소시 붙임 3의 양식에 따라 입소자마다 건강수준을 평가 · 기록하여 보관하도록 하고, 붙임 4의 양식에 따라 입소자마다 간호기록을 작성 · 보관하게 하여 시설을 방문하는 의사가 이를 활용하도록 하여야 한다.

⑦ 입소자에 대한 간호사 등의 건강관리기록부 작성 보관

시설의 장은 시설의 간호(조무)사로 하여금 붙임 5의 서식에 따른 건강관리기록부에 입소자의 혈압 · 맥박 · 호흡 · 체온 등 건강상태를 매일 체크 · 기록하게 하여야 하며, 의사가 시설을 방문하였을 때에 건강관리기록을 보고 적절한 조치나 지도를 할 수 있도록 하여야 한다.

⑧ 응급이송시스템 구축

시설의 장은 입소자의 건강상태 악화 등 응급상황에 대처 하기 위하여 협약의료기관 등과 협의하여 응급이송시스템을 갖추어야 한다.

수행 Tip!

• 노인장기요양보험법 및 노인장기요양보험포털에서 지정 및 관리에 대한 자료수집 참고한다.

5-2 장기요양기관 현지조사

학습 목표

1 | 장기요양기관의 현지조사의 개요와 실시대상 및 절차에 대하여 알 수 있다.

1 현지조사

1) 현지조사 개요

(1) 개념

노인장기요양보험법 제61조에 따라 보건복지부장관 또는 특별자치시장 · 특별자치도지사 · 시장 · 군수 · 구청장이 그 소속공무원으로 하여금 장기요양기관 또는 장기요양급여를 받은 자 등에게 질문하거나, 관계서류 검사 등의 방법에 의하여 행하는 현장조사를 말한다.

(2) 조사목적

장기요양기관 운영의 적정성 등 장기요양사업 전반을 관리 · 감독(부적정한 경우 경고 · 지정취소 등 행정처분으로 감독의 실효성 확보)불법 · 부당행위를 한 장기요양기관을 적발하여 장기요양보험 부당이득을 환수하는 등 장기요양보험 재정 누수 방지 및 수급질서 확립과 제공된 급여가 법령 및 각종 고시 · 기준에 부합되는지 여부확인 등으로 수급권을 보호하기 위함이다.

(3) 국민건강보험공단의 역할

국민건강보험공단은 보건복지부 장관 등이 현지조사를 실시함에 있어 계획수립 단계부터 조사 대상기관 선정, 조사 실시, 부당금액 및 행정처분 세부내용 산출 등 현지조사와 관련된 제반업무에 인력 · 자료 등 필요한 사항을 지원한다.

(4) 현지조사 관련 법령

장기요양기관의 현지조사 관련 법적근거는 다음과 같다.

표 5-4 현지조사 관련 법적근거

구분		현지조사	부당이득금 환수	행정처분	과징금	과태료부과	벌칙부과
주체		보건복지부장관 특별자치시장 특별자치도지사 시장 · 군수 · 구청장	국민건강 보험공단	특별자치시장 · 특별자치도지사 시장 · 군수 · 구청장			법무부
법적근거	노인장기요양보험법	법 제61조	법 제43조	법 제37조 법 제 37조의3 법 제 37조의4 시행령 제15조의 3,4,5 시행규칙 제 29조 시행규칙 제29조의 4	법 제 37조의2 시행령 제15조 시행령 제15 조의2 시행규칙 제29 조의3	법 제 69조 시행령 제29조	법 제67조 법 제68조
	노인복지법	법 제61조	-	법 제 43조 시행규칙 31조	-	법 제61조의2 시행령 제27조	법 제55조의2 법 제55조의3 법 제55조의4
	사회복지사업법	법 제51조	-	법 제40조 시행규칙 제26조의2	-	법 제58조 시행령 제26조	법 제 54조
	관련법	행정조사기본법	-	행정절차법	-	질서위반행위 규제법	형법

2. 현지조사의 종류

(1) 정기(기획)조사

노인장기요양보험제도 운용상 또는 사회적 문제가 제기된 사안에 대해 제도개선 및 올바른 청구문화 정착을 위해 불법 · 부당의 개연성이 높은 기관 등을 대상으로 정기적으로 실시하는 것을 말한다.

(2) 수시(긴급)조사

노인장기요양보험법령 위반에 대한 신고나 민원이 접수된 경우 실시하는 것을 말하며, 또한 공단의 급여비용 심사결과, 이용지원 및 급여사후 관리과정 등에서 법령 등의 위반에 대한 혐의가 있거나, 다른 행정기관으로부터 부당청구 등 법령의 위반에 관한 혐의를 통보 또는 이첩 받는 경우와 거짓 부당청구 개연성이 높은 조사대상자가 증거인멸 또는 폐업 등의 우려가 있거나 사회적 문제가 야기된 사항 중 수급자 보호 등을 위해 긴급조사가 필요한 기관에 대하여 실시한다.

3. 현지조사 실시 및 조사내용

1) 조사반의 구성

보건복지부장관 또는 특별자치시장 특별자치도지사 시장 군수 구청장은 국민건강보험공단으로부터 조사인력을 지원 받아 현지조사반을 구성하며, 현지조사의 종류, 장기요양기관의 특성(급여종별, 청구건수 및 금액 등), 조사대상기간, 선정사유 등에 따라 조정 가능

- 현지조사주관기관의 담당공무원을 반장으로 하고, 공단의 선임자를 팀장으로 업무를 수행
- 동일대표자(친 인척 포함)가 개설한 기관 또는 부당 혐의와 관련 있는 기관은 연계하여 조사 가능

2) 현지조사 기간

현지조사기간은 기관당 4일을 원칙으로 하되, 필요한 경우 조정 가능 장기요양기관의 특성(급여종별 청구건수 및 금액 등) 및 조사대상기간, 선정사유 등에 따라 적정한 조사기간으로 조정

3) 조사대상 기간

조사선정사유 등을 감안하여 최소 6개월에서 최대 3년 범위 내에서 조사 가능

4) 조사대상

장기요양기관의 대표자 및 종사자와 장기요양급여를 받은 자, 그 외 불법 · 부당행위 관련기관 및 종사자를 대상으로 한다.

5) 조사내용

장기요양기관의 시설 · 인력기준 등 법규 준수 여부, 장기요양급여 제공 및 급여비용청구

의 적법 · 타당성 여부 등 노인장기요양보험 관련 제반 사항 등이다.(※ 단, 조사대상 기관의 특성이나 사전분석 결과 나타난 취약부분 등을 고려하여 특정부분만을 대상으로 조사 가능)

(1) 기본항목

- 장기요양기관의 시설, 인력 및 수급자 현황
- 법 제35조제4항의 장기요양급여 관련 서류의 기록 · 관리 여부
- 법 제37조제1항 및 제3항 각 호 위반여부
- 법 제69조 각 호 위반여부
- 자격 면허증 대여 등 관련법령 위반여부 등

(2) 장기요양급여비용 관련

- 급여제공기록지 및 관련 자료, 청구된 장기요양급여비용에 따른 실제 서비스 제공여부 등 장기요양급여비용의 부당청구 유무
- 기타 탈법적 방법에 의한 급여비용 청구 행위 여부

6) 장기요양기관 등에 요구사항

기관운영 및 장기요양급여와 관련하여 조사자가 요구하는 관계 자료의 제출 및 서류검사 등에 협조기관운영 및 장기요양급여와 관련하여 조사자의 관계인에 대한 질문 및 보고 등에 성실히 답변한다.

7) 현지조사 사후절차

(1) 부당이득금 징수

현지조사 지원 결과 장기요양기관이 불법 부당하게 급여비용을 지급받은 것으로 확인된 때에는 법 제43조에 의한 부당이득금 징수절차 진행한다.

(2) 행정처분

시장 군수 구청장은 법 제63조의 규정에 따라 지정취소, 업무정지, 폐쇄명령 대상 처분 당사자(장기요양기관)에 대하여 행정처분을 확정하기 이전에 반드시 청문 실시("경고"인 경우에는 청문을 실시하지 않으나, 처분 당사자는 의견제출 가능) 및 청문 실시 결과를 검토하고, 청문종료 후 지체 없이 법 시행규칙 제29조〔별표 2〕'행정처분의 기준'에 따라 행정처분을 확정하여 처분 당사자에게 통지하고 처분을 실시한다.

(3) 과징금부과

장기요양기관의 업무정지가 수급자에게 심한 불편을 줄 우려가 있는 등 보건복지부장관이 정하는 특별한 사유가 있다고 인정되는 경우 시행령 제15조〔별표 2〕'과징금 부과기준'에 따라 시장 군수 구청장이 업무정지명령에 갈음하여 과징금을 부과(법 제37조제1항 및 제3항 각호에 해당하는 행위에 한함)한다.

(4) 과태료 부과

법 제69조 및 시행령 제29조〔별표 3〕'과태료 부과기준'에 따라 장기요양기관(기관기호) 단위별 각 위반 항목별로 과태료를 부과한다.

(5) 타법령 위반사항 조치

현지조사 결과 타 법령 위반자를 확인한 경우, 현지조사 주관기관 (보건복지부 또는 시군구 등)으로 보고한다.

(6) 현지조사 권리구제제도

장기요양기관 현지조사 결과에 대한 권리구제제도는 의견제출, 이의신청, 청문, 행정심판, 행정소송 등이 있다.

수행 Tip!

- 노인장기요양보험법 및 장기요양보험포털에서 현지조사에 대한 자료수집 관리에 참고한다.

5-3 부당청구 장기요양기관 신고포상금 제도

학습 목표

1 | 부당청구 장기요양기관 신고포상금 제도에 대하여 알 수 있다.

1. 부당청구 장기요양기관 신고포상금 제도

1) 개요

노인장기요양보험 재정 누수를 방지하고 올바른 수급질서를 확립하기 위하여 부당한 방법으로 장기요양급여비용을 지급받은 장기요양기관을 신고한 사람에게 포상금을 지급하는 제도를 말한다.

2) 관련근거(포상금의 지급)

장기요양보험법 제64조에 따라 준용되는 「국민건강보험법」 제104조에 따른 포상금의 지급기준은 별표 3에 의하며, 포상금 지급신청서는 별지 제35호서식에 따른다.

[별표 3]

포상금 지급기준(제43조의2 관련)

신 고 인	지 급 기 준	
1. 요양보호사, 사회복지사, 간호사, 물리치료사, 기타 직원 등이 종사하거나 종사하였던 장기요양기관을 신고하는 경우 및 복지용구 제조업자 · 판매업자에게 고용되어 있거나 고용되었던 사람이 신고하는 경우	장기요양기관이 속임수나 그 밖의 부당한 방법으로 지급받은 장기요양 급여비용에 대한 징수금(이하"징수금"이라 한다)이 3만원 이상 500만원 이하인 경우	징수금 × 30/100
	징수금이 500만원 초과 2천500만원 이하인 경우	150만원+(500만원 초과 징수금 ×20/100)
	징수금이 2천500만원을 넘는 경우	2억원의 범위에서 550만원+(2천500만원 초과 징수금 ×10/100)

2. 장기요양급여를 받은 사람 또는 그 배우자와 직계존 · 비속이 그 장기요양급여 비용에 대하여 신고하는 경우	징수금이 2천원 이상 2만5천원 이하인 경우	1만원
	징수금이 2만5천원을 넘는 경우	500만원의 범위에서 징수금×40/100
3. 제1호 및 제2호 외의 경우	징수금이 2만원 이상 1천만원 이하인 경우	징수금 × 20/100
	징수금이 1천만원 초과 2천만원 이하인 경우	200만원+(1천만원 초과 징수금× 15/100)
	징수금이 2천만원을 넘는 경우	500만원의 범위에서 350만원+(2천만원 초과징수금 × 10/100)

3) 신고인

신고인은 내부종사자(장기요양기관에 종사하거나 종사하였던 자 또는 복지용구 제조 · 판매업자에게 고용되어 있거나 고용되었던 자), 또는 수급자 및 그 가족과 일반인이다.

4) 신고 방법

① 방문 · 우편 : 국민건강보험공단 전국 지사, 지역본부, 본부에서 접수한다.

② 인터넷 : 노인장기요양보험 홈페이지(www.longtermcare.or.kr) 접속하여 접수 (※ 민원상담실 → 포상금제도안내 → 부당청구 장기요양기관 신고 포상금제도 안내 클릭)

③ 공단직원의 출장방문 접수(☎ 신고상담 전용전화 : 033-811-2008 공단본부 업무담 당자와 직접 연결)가 있다.

5) 신고 대상

신고대상은 장기요양급여비용 부당청구와 관련된 모든 유형이다.

6) 부당청구 사례

- 입소시설에 실제 근무하지 않은 인력이 근무 중인 것으로 거짓 신고하거나 실제 근무한 것보다 기간 · 시간을 늘려서 신고한 경우
- 재가급여(방문요양, 방문목욕, 방문간호 등)를 제공하지 않거나 실제 제공한 일수보

다 · 시간을 늘려서 청구한 경우

- 대여 또는 구입하지 않은 복지용구를 거짓으로 청구한 경우 등이다.

7) 포상 금액

신고내용과 관련된 부당금액 중 공단부담금(공단이 장기요양기관에 지급한 금액)의 일정 비율을 포상금으로 지급한다(내부종사자 : 최고 2억원, 수급자 또는 그 가족 : 최고 500만원, 일반인 : 최고 500만원 임).

8) 포상금 지급 절차

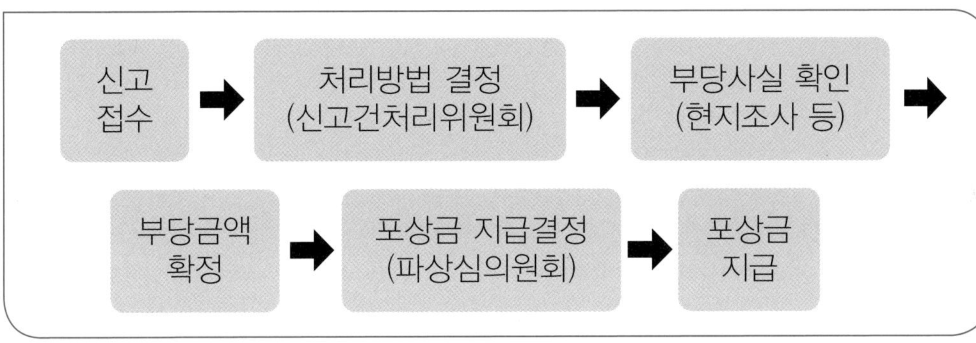

9) 신고인 보호 및 성실 신고의 의무

신고인에 대한 비밀보장, 신변보호, 책임감면, 불이익조치 금지 등이 있다.

※ '공익신고자 보호법' 적용하며, 신고인은 구체적 사실을 근거로 신고하여야 한다.

※ 신고내용이 무고 또는 허위인 경우에는 관련 법령에 따라 처벌될 수 있음

수행 Tip!

- 장기요양보험법 및 장기요양보험포털에서 부당청구기관 신고 포상금제도 에 대한 자료를 참고한다.

제6장

장기요양보험 청구 및 심사

6-1 | 장기요양비용 청구 자료관리

6-2 | 요양급여비용 청구명세서 작성

6-3 | 심사청구 및 지급내역서 분석

6-1 장기요양비용 청구 자료관리

학습 목표

1 | 장기요양급여비용 청구시스템과 명세서 작성요령을 수행할 수 있다.

1. 재가 및 시설 급여비용 청구

1) 급여비용청구

(1) 재가 및 시설 급여비용의 청구 및 지급

장기요양기관은 수급자에게 재가급여 또는 시설급여를 제공한 경우 국민건강보험공단에 장기요양급여비용을 청구하여야 하며, 국민건강보험공단은 장기요양기관으로부터 재가 또는 시설 급여비용의 청구를 받은 경우 이를 심사하여 장기요양에 사용된 비용 중 공단부담금(재가 및 시설 급여비용 중 본인일부부담금을 공제한 금액)을 당해 장기요양기관에 지급하여야 한다.

(2) 재가 및 시설 급여비용의 산정

재가 및 시설 급여비용은 급여종류 및 장기요양등급 등에 따라 장기요양위원회의 심의를 거쳐 보건복지부장관이 정하여 고시하며, 보건복지부장관은 재가 및 시설 급여비용을 정할 때 대통령령으로 정하는 바에 따라 국가 및 지방자치단체로부터 장기요양기관의 설립비용을 지원받았는지 여부 등을 고려할 수 있다.

▣ 재가 및 시설 급여비용(법 제38조, 제39조)

장기요양기관이 수급자에게 재가급여 또는 시설급여를 제공한 경우 공단에 장기요양급여비용을 청구하여야 하며 공단은 이를 심사하여 공단부담금(본인일부부담금을 공제한 금액)을 당해 장기요양기관에 지급한다. 재가 및 시설 급여비용은 급여종류 및 장기요양등급 등에 따라 장기요양위원회의 심의를 거쳐 보건복지부장관이 정하여 고시합니다.(→ 장기요양급여 제공기준 및 급여비용 산정방법 등에 관한 고시)

장기요양급여비용 등의 산정(장기요양급여비용 등에 관한 고시)

(3) 장기요양급여비용 산정의 일반원칙

① 장기요양급여는 장기요양인정서의 장기요양급여의 종류 및 내용에 따른 표준장기요양이용계획서 (장기요양 필요 영역 및 주요 기능 상태, 장기요양 목표, 장기요양 필요 내용, 수급자의 희망급여, 표준장기요양이용계획 및 비용, 유의사항 등)를 고려하여 필요한 범위 안에서 적정하게 제공하여야 한다.

② 장기요양급여비용은 급여종류별 급여비용 및 산정기준에 의하여 산정하되, 급여비용의 가산 및 감산에 의하여 산출된 금액에 10원 미만의 단수가 있을 때에는 4사5입 한다.

③ 타 법령에 의한 사회복지시설(「사회복지사업법」 제34조제2항의 규정에 의한 신고를 하지 아니하고 설치 · 운영되는 시설을 포함한다)에 입소 중인 수급자에게 제공한 장기요양급여 비용(복지용구를 포함)은 산정하지 아니한다. 다만, 「노인복지법」 제32조에 의한 노인복지주택에 입소 중인 경우 재가급여 비용은 그러하지 아니한다.

(4) 재가 및 시설 급여비용의 산정

재가 및 시설 급여비용은 급여종류 및 장기요양등급 등에 따라 제45조에 따른 장기요양위원회의 심의를 거쳐 보건복지부장관이 정하여 고시하며, 재가 및 시설 급여비용의 구체적인 산정방법 및 항목 등에 관한 필요한 사항은 보건복지부령으로 정한다. 재가 및 시설 급여비용의 산정방법 및 항목은 다음과 같다.

① 재가급여

가. 방문요양 및 방문간호 : 방문당 제공시간을 기준으로 산정한다.

나. 방문목욕 : 방문횟수를 기준으로 산정한다.

다. 주 · 야간보호 : 장기요양 등급 및 1일당 급여제공시간을 기준으로 산정한다.

라. 단기보호: 장기요양 등급 및 급여제공일수를 기준으로 산정한다.

마. 기타재가급여 : 복지용구의 품목별, 제공 방법별 기준으로 산정한다.

② 시설급여 : 장기요양 등급 및 급여제공일수를 기준으로 산정한다.

(5) 수급자 본인일부부담금

① 재가 및 시설 급여비용은 다음 각 호와 같이 수급자가 부담한다. 다만, 수급자 중 「국민기초생활 보장법」에 따른 수급권자는 그러하지 아니하다.

1. 재가급여 : 당해 장기요양급여비용의 100분의 15
2. 시설급여 : 당해 장기요양급여비용의 100분의 20

② 다음 각 호의 장기요양급여에 대한 비용은 수급자 본인이 전부 부담한다.

1. 이 법의 규정에 따른 급여의 범위 및 대상에 포함되지 아니하는 장기요양급여
2. 수급자가 제17조제1항제2호에 따른 장기요양인정서에 기재된 장기요양급여의 종류 및 내용과 다르게 선택하여 장기요양급여를 받은 경우 그 차액
3. 제28조에 따른 장기요양급여의 월 한도액을 초과하는 장기요양급여

③ 다음 각 호의 어느 하나에 해당하는 자에 대하여는 본인일부부담금의 100분의 50을 감경한다.

1. 「의료급여법」 제3조제1항제2호부터 제9호까지의 규정에 따른 수급권자
2. 소득 · 재산 등이 보건복지가족부장관이 정하여 고시하는 일정 금액 이하인 자. 다만, 도서 · 벽지 · 농어촌 등의 지역에 거주하는 자에 대하여 따로 금액을 정할 수 있다.
3. 천재지변 등 보건복지가족부령으로 정하는 사유로 인하여 생계가 곤란한 자

2. 장기요양급여비용의 청구 및 자료관리

1) 요양급여비용 청구 및 기재사항(법 제38조 1항)

① 장기요양기관은 장기요양급여비용을 청구하려는 경우에는 장기요양급여비용 청구서에 다음 각 호의 사항을 기재한 장기요양급여비용 청구명세서를 첨부하여 전자문서교환방식 또는 전산매체로 국민건강보험공단에 제출하여야 한다.

1. 장기요양기관의 장 또는 대표자의 인감증명서(법인인 경우에는 법인인감증명서)나 본인서명사실확인서 1부
2. 장기요양인정번호, 장기요양등급, 장기요양인정 유효기간 및 본인일부부담 감경 사항
3. 급여의 종류 및 내용, 급여 제공일자 및 제공시간 등
4. 장기요양급여비용, 본인일부부담금 및 비용청구액

② 장기요양기관은 장기요양급여비용을 최초로 청구하는 경우에는 장기요양기관 현황통보서(별지 제27호서식)를 공단에 제출하여야 한다.

③ 장기요양기관은 제2항에 따라 통보한 장기요양기관의 수령계좌번호 또는 사업자등록번호가 변경된 경우에는 변경된 날부터 15일 이내에 장기요양기관 변경사항통보서(별

지 제28호서식)를 공단에 제출하여야 한다. 다만, 장기요양급여비용 수령계좌번호가 변경된 경우에는 다음 각 호의 서류를 첨부하고 장기요양기관 변경사항통보서에 그 등록된 인감을 날인하여야 한다.

1. 장기요양기관의 장 또는 대표자의 인감증명서(법인인 경우 법인인감증명서)
2. 통장 사본 1부

④ 제2항 및 제3항(사업자등록번호가 변경된 경우에만 해당된다)에 따른 통보서를 제출받은 공단은 「전자정부법」 제36조제2항에 따른 행정정보의 공동이용을 통하여 사업자등록증을 확인하여야 한다. 다만, 장기요양기관의 장 또는 대표자가 확인에 동의하지 아니하거나 확인이 불가능한 경우에는 그로 하여금 그 사본을 첨부하도록 하여야 한다.

⑤ 장기요양급여비용의 청구방법, 청구시기, 장기요양급여비용 청구서 및 장기요양급여비용 청구명세서의 서식 · 작성요령 등 그 밖에 필요한 사항은 보건복지부장관이 정하여 고시한다.

2) 장기요양급여비용 명세서 및 자료의 기록 · 관리

장기요양급여비용명세서는 별지 제24호서식과 같으며, 장기요양기관은 수급자가 장기요양급여비용 명세서에 대하여 세부 산정 내역을 요구하면 이를 제공하여야 한다. 또한 장기요양기관은 수급자가 「소득세법」 제59조의4제2항에 따른 의료비공제를 받기 위하여 해당 연도의 장기요양급여비 납부내역의 확인을 요청한 경우에는 장기요양급여비 납부확인서(별지 제25호서식)를 발급하여야 한다.

장기요양기관 또는 재가장기요양기관의 장은 장기요양급여 제공에 관한 자료를 문서 또는 전자문서로 기록 · 관리하고, 이를 장기요양급여가 종료된 날로부터 5년간 보존하여야 한다.

① 장기요양 급여계약에 관한 서류

② 장기요양급여비용 청구서 및 장기요양급여비용 청구명세서

③ 장기요양급여제공기록지 등 장기요양급여비용의 산정에 필요한 서류 및 이를 증명하는 서류

④ 방문간호지시서

⑤ 장기요양급여비용 명세서 부본. 다만, 별지 제34호서식의 본인부담금수납대장을 작성하여 보존하는 경우에는 이를 장기요양급여비용 명세서 부본에 갈음한다.

그림 6-1 노인장기요양 급여비용 청구과정

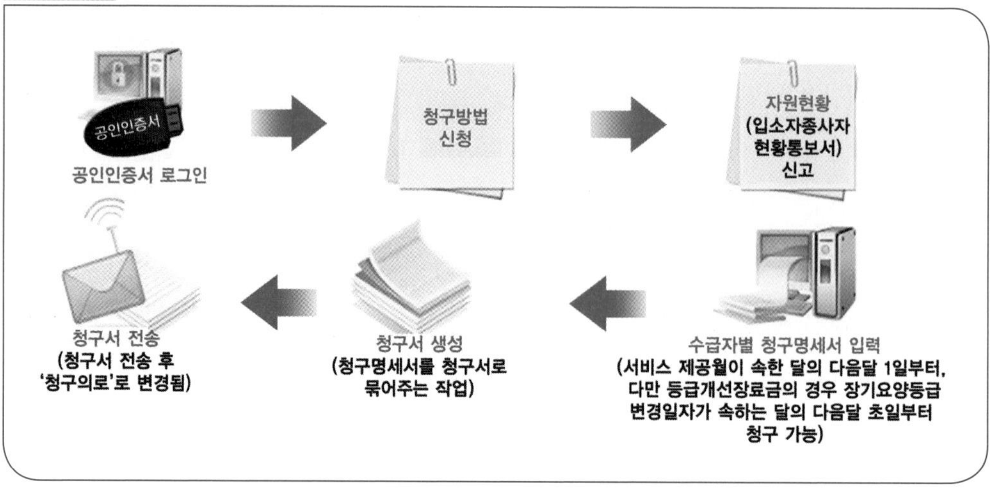

■ 노인장기요양보험법 시행규칙 [별지 제27호서식]

장기요양기관 현황통보서

(앞쪽)

<table>
<tr><td>① 장기요양기관명</td><td colspan="3"></td><td>② 장기요양기관 기호</td><td></td></tr>
<tr><td>③ 기관의 장(대표자)</td><td>성명</td><td colspan="2"></td><td>생년월일</td><td></td></tr>
<tr><td rowspan="2">④ 장기요양기관 주소</td><td rowspan="2" colspan="3"></td><td colspan="2">전화번호)</td></tr>
<tr><td colspan="2">팩스번호)</td></tr>
<tr><td rowspan="2">⑤ 기관의 장(대표자) 집주소</td><td rowspan="2" colspan="3"></td><td colspan="2">전화번호)</td></tr>
<tr><td colspan="2">휴대전화)</td></tr>
<tr><td>⑥ 사업자등록번호</td><td colspan="5"></td></tr>
<tr><td rowspan="2">⑦ 장기요양 급여비용
수령금융기관</td><td colspan="2">금융기관명</td><td>예금주</td><td colspan="2">계좌번호</td></tr>
<tr><td colspan="2"></td><td></td><td colspan="2"></td></tr>
</table>

「노인장기요양보험법 시행규칙」 제30조에 따라 장기요양기관현황을 통보합니다.

년 월 일

장기요양기관의 장(대표자) (서명 또는 인)

국민건강보험공단이사장 귀하

신청(신고)인 제출서류	없 음	수수료 없 음
담당 직원 확인사항	사업자등록증	

행정정보 공동이용 동의서

본인은 이 건 업무처리와 관련하여 담당 직원이 「전자정부법」 제36조제2항에 따른 행정정보의 공동이용을 통하여 위의 담당 직원 확인사항을 확인하는 것에 동의합니다.
*동의하지 아니하는 경우에는 신청인이 직접 관련 서류를 제출하여야 합니다.

장기요양기관의 장(대표자) (서명 또는 인)

210mm×297mm[백상지 80g/㎡]

■ 노인장기요양보험법 시행규칙 [별지 제24호서식]

장기요양급여비용 명세서

[ ] 퇴소

[ ] 중간

장기요양 기관기호		장기요양기관명	
주소	□□□-□□□	사업자등록번호	

성명	장기요양 인정번호	급여제공기간	영수증 번호
		. . . ~ . .	

항목			금액	금액산정내역		
급여	본인부담금①			총액(급여+비급여) ⑨(③+⑧)		
	공단부담금②			본인부담총액 ⑩(①+⑧)		
	급여 계③(①+②)					
비급여	식사재료비④			이미 납부한 금액 ⑪		
	상급침실 이용에 따른 추가비용⑤			수납금액 ⑫ (⑩-⑪)	카드	
					현금영수증	
	이 · 미용비⑥				현금	
					합계	
	기타⑦			현금영수증		
				신분확인번호		
				현금승인번호		
	비급여 계 ⑧(④+⑤+⑥+⑦)			※ 비고		

신용카드를 사용하실때	회원번호		승인번호		할부		사용금액
	카드종류		유효기간		가맹점번호		

년 월 일

장기요양기관명 : 대표자 : (인)

* 이 명세서(영수증)는 「소득세법」에 따른 의료비 또는 「조세특례제한법」에 따른 현금영수증(현금영수증 승인번호가 적힌 경우) 공제신청에 사용할 수 있습니다. 다만, 지출증빙용으로 발급된 현금영수증(지출증빙)은 공제신청에 사용할 수 없습니다.
* 이 명세서(영수증)에 대한 세부내역을 요구할 수 있습니다.
* 비고란은 장기요양기관의 임의활용 란으로 사용합니다. 다만, 복지용구의 경우 품목과 구입 · 대여를 구분하여 적으시기 바랍니다.

210mm×297mm[백상지 80g/㎡]

■ 노인장기요양보험법 시행규칙 [별지 제25호서식] 〈개정 2019. 6. 12.〉

(앞쪽)

장기요양급여비 납부확인서

발급번호:　　　　–

수급자 성명		주민등록번호	–
장기요양기관명		고유번호 (사업자등록번호)	
장기요양기관 주소 (전화번호)		대표자 성명	

　　년 장기요양급여비 납부내역

구분	급여비 내역								
	①총 액 (②+③+④)	급여					비급여	수급자 부담총액	
		② 공단 부담액	③수급자 부담액				④ 수급자 부담액	⑤ 수급자 부담액 (③+④)	⑥ 납부일
			총계	카드	현금 영수증	현금			
1월									
2월									
3월									
4월									
5월									
6월									
7월									
8월									
9월									
10월									
11월									
12월									
계									

⑦소득공제 대상액 총계(=③)	

※ 비급여항목(식사재료비, 상급침실이용료, 이미용비)은 소득공제 대상에 해당되지 않음

년　　월　　일

장기요양기관 장 (인)

※ 이 납부확인서는 「소득세법」에 따른 의료비 공제신청에 사용할 수 있습니다.

알림: 현금영수증 문의 126　인터넷 홈페이지 : http:/www.taxsave.go.kr

210mm×297mm[백상지 80g/㎡]

■ 노인장기요양보험법 시행규칙 [별지 제25호서식] 〈개정 2019. 6. 12.〉 (뒤 쪽)

(뒤 쪽)
작성방법 및 유의사항
①·②: 장기요양기관명 및 장기요양기관 기호를 적습니다. ③: 기관의 장(대표자)의 성명 및 생년월일을 적습니다. ④: 장기요양기관 주소 및 전화번호, 팩스번호를 적습니다. ⑤: 장기요양기관의 장(대표자) 집주소 및 전화번호 등을 적습니다. ⑥: 장기요양기관의 사업자등록번호를 적습니다. ⑦: 장기요양급여비용 수령 금융기관명, 예금주 및 계좌번호를 적습니다.

[별지 제34호서식]

본인부담금수납대장

년							
연번	월 일	성명	대상자 구분	수납금액(원)			
				계	급여	비급여	
					본인부담금	금액	항목
1							
2							
총계							

210mm×297mm[백상지 80g/㎡]

3. 재가급여전자관리시스템(RFID)

1) 개요

재가급여전자관리시스템은 장기요양요원이 수급자의 집(가정집 등 사적인 공간)을 방문하여 급여를 제공하는 방문요양, 방문목욕, 방문간호(가정방문급여)의 제공 내용을 무선 주파수 인식기술(RFID)을 이용하여 공단에 전송하고, 이를 급여비용 청구와 연계하는 것을 말한다. 즉 재가방문 서비스제공 시작 · 종료시간과 서비스 제공내용을 실시간 전송하여 이를 급여비용 청구 · 심사 · 지급과 연계한 시스템이다.

(1) 시스템 목적

① 수급자에게 적정 서비스 제공하고 급여제공 시작 및 종료시간 실시간 확인

② 급여제공내용 전송 및 청구자료 입력 등의 절차 간소화

③ 전송자료를 급여비용 청구와 연계, 수급자 서비스 보장, 기관의 행정능률 강화, 재정누수방지

④ 수급자(보호자)에게 실시간 알림서비스를 통한 알권리 보장 등

(2) 시스템 방식

재가급여전자관리는 전송기기에 따라 두 가지 방식으로 구성된다.

그림 6-2 시스템 방식

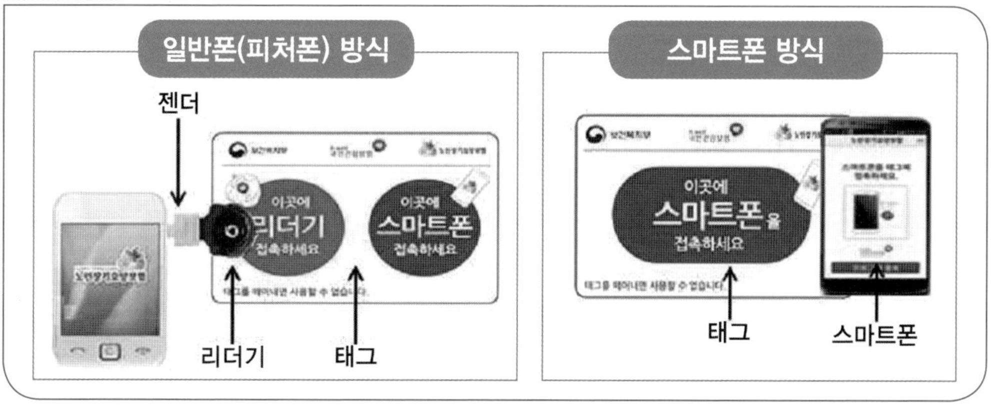

2) 장기요양급여비용 청구

수급자에게 재가급여 또는 시설급여를 제공한 경우 장기요양기관의 장이 장기요양급여

비용 청구서와 장기요양급여비용 청구명세서를 전자문서교환방식 또는 전산매체로 공단에 제출하여 장기요양급여비용을 청구하는 것을 말한다.

그림 6-3 노인장기요양 청구방법 신청 화면

3) 청구시기와 소멸시효

(1) 청구시기

급여제공일이 속한 날의 다음 달 초일부터 월별로 청구할 수 있다.(예) 2018. 1월 급여를 제공한 경우 2018. 2. 1.부터 청구 가능)

(2) 청구 소멸시효

장기요양기관이 급여비용을 받을 수 있는 권리는 청구할 수 있는 날로부터 3년간 이를 행사하지 아니하면 소멸시효가 만료된다.('청구할 수 있는 날'은 급여제공일이 속하는 달의 다음 달 초일임)

4) 청구명세서와 청구서

	청구서	청구명세서
공통점	• 자기요양급여의 종류 및 수급자 별로 각각 구분하여 청구 • 기관현황 및 종사자 현황 통보서는 급여종류별로 각각 구분 작성하여 제출	

<table>
<tr><td>차이점</td><td>• 청구명세서를 수급자 자격별, 급여종류별로 묶어 급여비용을 청구하는 문서
• 청구서 단위로 접수번호 부여</td><td>• 수급자 별로 급여제공내역을 작성하는 서식
• 수급자의 자격변동, 동급변경, 인정유효기간, 보장기관 변경 시 명세서 분리</td></tr>
</table>

① 공통점은 장기요양급여의 종류 및 수급자 별로 각각 구분하여 청구하고, 기관현황 및 종사자 현황 통보서는 급여종류별로 각각 구분 작성하여 제출한다.

② 차이점

청구명세서를 수급자 자격별, 급여종류별로 묶어 급여비용을 청구하는 문서이며, 또한 청구서 단위로 접수번호 부여하고 수급자 별로 급여제공내역을 작성하는 서식이다. 수급자의 자격변동, 등급변경, 인정유효기간, 보장기관 변경시 명세서는 분리한다.

5) 청구명세서 작성, 생성 및 전송 · 청구 · 심사 · 지급흐름도

청구명세서 작성부터 생성 및 전송, 청구 · 심사 · 지급흐름도는 다음과 같다.

그림 6-4 청구명세서 작성

그림 6-5 청구서생성 및 전송

그림 6-6 청구서생성 및 전송(심사흐름도)

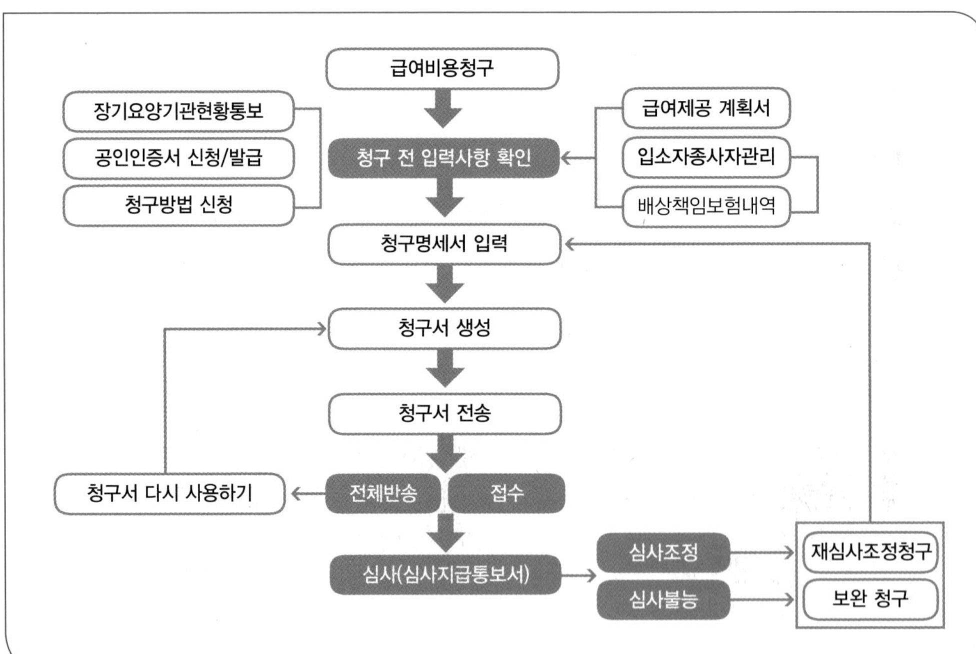

그림 6-7 장기요양급여비용 청구·심사 및 지급 처리 흐름도

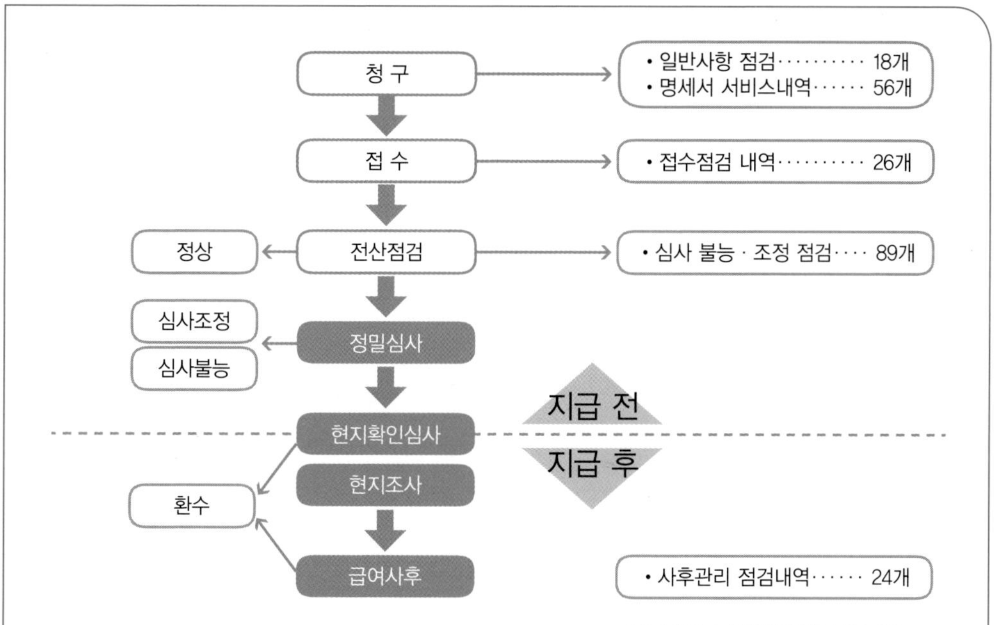

자료참고: 노인장기요양보험 포털

4. 장기요양급여비용 청구방법 신청

1) 청구방법

장기요양급여비용청구서에 명세서를 첨부하여 국민건강보험공단에 전자문서교환방식(노인장기요양보험포털, 재가급여전자관리시스템) 또는 전산매체로 제출하는 것을 말한다. 따라서 장기요양급여비용청구서 및 명세서를 작성하기 위해서는 먼저 건강보험공단 지사를 방문하여 공인인증서를 발급받아야 하며, 이후 발급받은 공인인증서로 노인장기요양포털에서 로그인(회원가입) 후 장기요양기관회원 서비스 ▶급여비용청구 메뉴에서 청구서 및 명세서를 작성하여 전송하면 된다.

또한, 최초 청구 시는 장기요양급여비용 청구 이전에 국민건강보험공단 지사에 "장기요양기관 현황통보서"를 제출하고 노인장기요양포털 장기요양급여비용 청구방법 신청란에서 "장기요양급여비용 청구방법 신청(변경)서"(별지 1호서식)를 전송하여야 한다.

① 전자문서교환방식 : 노인장기요양보험포털, 재가급여전자관리시스템

② 전산매체 : CD, 디스켓 제출

〔별지 제1호서식〕

장기요양급여비용 청구방법 신청(변경)서

□ 신청
□ 변경

장기요양기관 기호		장기요양 기관 명칭	

<table>
<tr><td rowspan="2">장기요양기관 유형(급여종류)</td><td>(구법) 노인요양 □</td><td>(구법) 노인전문요양 □</td><td>(현행법) 노인요양 □</td><td>노인요양 공동생활가정 □</td><td>단기보호전환 노인요양 □</td></tr>
<tr><td>방문요양 □</td><td>방문목욕□ / 방문간호□</td><td>주 · 야간보호 □</td><td>단기보호□</td><td>복지용구□</td></tr>
</table>

<table>
<tr><td>기관의 장(대표자) 성명</td><td colspan="3"></td><td>주민등록번호 (법인등록번호)</td><td></td></tr>
<tr><td>기관의 장(대표자) 주소</td><td></td><td>우편번호</td><td></td><td>전화번호</td><td>( ) –</td></tr>
<tr><td>기관의 장(대표자) 핸드폰 번호</td><td>( ) –</td><td colspan="4">□ 급여비용 청구와 관련된 접수 · 반송증 등 처리결과의 SMS 수신을 동의합니다.</td></tr>
<tr><td>장기요양 기관 주소</td><td></td><td>우편번호</td><td></td><td>전화번호</td><td>( ) –</td></tr>
<tr><td>최초신청</td><td colspan="5">□ 노인장기요양보험포털 □ 재가급여전자관리시스템 □ CD · 디스켓

※ 접수(반송)증 등은 청구방법과 동일(전산매체는 문서통보)하게 통보됩니다.
※ 장기요양기관기호가 동일한 경우 기관유형(급여종류) 추가 시에도 기 신청한 청구방법과 동일하게 신청(변경)하셔야 합니다.
※ 여러개의 기관유형(급여종류)이 있는 재가장기요양기관이 재가급여전자관리시스템을 신청(변경)한 경우 가정방문급여만 해당되며, 나머지 급여종류는 노인장기요양포털로 적용됩니다.</td></tr>
</table>

<table>
<tr><td rowspan="5">변경</td><td>구분</td><td>변 경 전</td><td>변 경 후</td></tr>
<tr><td>적용일자</td><td>년 월 급여제공 월까지</td><td>년 월 급여제공 월부터</td></tr>
<tr><td>청구방법</td><td>□ 노인장기요양보험포털
□ 재가급여전자관리시스템
□ CD · 디스켓</td><td>□ 노인장기요양보험포털
□ 재가급여전자관리시스템
□ CD · 디스켓</td></tr>
<tr><td>대 표 자 핸드폰번호</td><td>( ) –</td><td>( ) –</td></tr>
</table>

「장기요양급여비용 청구 및 심사 · 지급업무 처리 기준」제5조에 따라 장기요양급여비용 청구방법 신청(변경)서를 제출합니다.

. . .

장기요양기관의 장(대표자) (서명 또는 인)

국민건강보험공단 이사장 귀하

2) 청구방법 신청요령

장기요양기관이 장기요양급여비용을 최초로 청구하는 경우에는 청구 전에 장기요양 급여비용 청구방법 신청서를 건강보험공단에 제출하여야 하며, 기관 운영 중 청구방법을 변경하고자 하는 경우에도 사전에 장기요양급여비용 청구방법변경서(서식)를 건강보험공단에 제출하여야 한다.(기존 청구명세서가 있는 급여 제공월에는 청구방법 변경이 불가)

3) 청구방법 신청 및 변경방법

① 노인장기요양보험포털(www.longtermcare.or.kr) 로그인 급여비용 청구방법 신청 메뉴 클릭

② 청구방법(노인장기요양보험포털, 재가급여전자관리시스템) 선택

③ '적용시작 년월' 입력

④ 장기요양급여비용 청구와 관련된 접수(반려)증 등 처리결과의 SMS 수신을 동의하는 경우는 대표자 휴대폰 번호 입력

⑤ 입력내용을 최종 확인한 후 저장

그림 6-8 청구방법 신청 및 변경방법

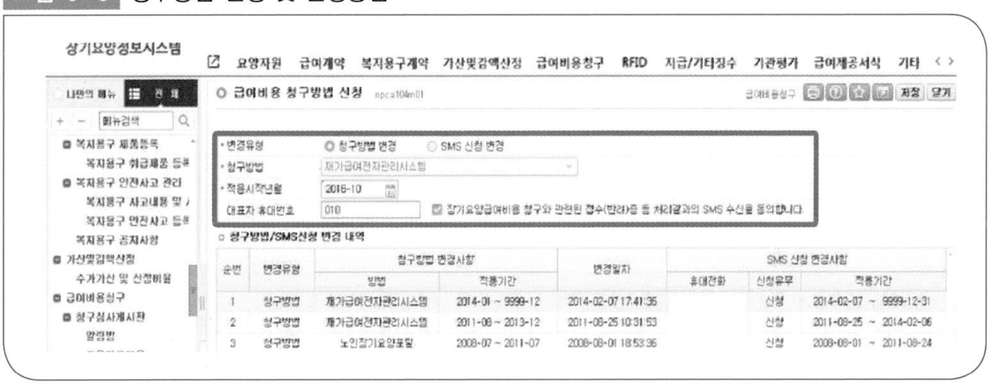

5. 급여비용 청구관련 제출자료

1) 급여비용청구 전 제출자료

(1) 장기요양급여 계약통보서(별지 제11호 서식)

① 장기요양기관은 장기요양급여 개시 전에 급여계약을 문서로 체결

② 장기요양기관은 수급자와 장기요양급여계약 체결 또는 계약내용 변경시 지체 없이 장기요양급여 계약통보서를 팩스나 공단이 운영하는 전자문서교환방식을 통하여 공단에 통보하여야 한다.

(2) 장기요양기관 관리현황 및 종사자 근무현황 통보

장기요양기관은 장기요양기관(노인요양시설, 단기보호, 주 · 야간보호) 관리현황 통보서, 장기요양기관(방문요양, 방문목욕, 방문간호) 관리현황 통보서와 장기요양기관(노인요양시설, 단기보호, 주 · 야간보호, 방문요양) 종사자 근무현황 통보서를 해당 급여제공 월의 급여비용 청구 전까지 전자문서교환방식으로 건강보험공단에 제출하여야 한다.

① 장기요양기관 관리현황 통보 내용 : 급여종류 · 기관유형(급여형태), 배상책임보험, 위탁사항, 입소자 입 · 퇴소 현황 등이 있다.

② 종사자 근무현황 통보 내용; 급여종류 · 기관유형(급여형태), 급여제공월, 성명, 생년월일, 직종, 근무형태, 근무시간 신고, 실 근무시간 근무내용(총 근무, 실근무, 휴가),기준시간 근무인정, 특례내용 등이 있다.

2) 급여비용 청구 시 제출자료

장기요양급여비용 청구서와 장기요양급여비용 청구명세서를 전자문서교환방식 또는 전산매체로 건강보험공단에 제출하여야 한다.

■ 노인장기요양보험법 시행규칙 [별지 제11호서식] 〈개정 2020. 9. 29.〉

장기요양급여 계약통보서(방문요양, 방문목욕, 방문간호, 복지용구)

※ 뒤쪽의 작성방법 및 유의사항을 읽고 작성하시기 바라며, 색상이 어두운 란은 적지 않습니다. (앞쪽)

접수번호		접수일			

① 수급자	성명		생년월일	
	장기요양등급		장기요양인정번호	

② 계약 당사자	장기요양기관명		장기요양기관기호	
	계약자 성명		수급자와의 관계	
	전화번호(휴대전화번호)		계약일	
	급여개시일		계약기간	~

③ 급여 계약 내용	급여 종류								
	월	일	이용시간	급여 비용	횟수/월	금액/월	요양보호사/간호(조무)사/치과위생사		
							성명	자격/면허번호	수급자와의 관계
		~	~						
		~	~						
	합계		(원)						

④ 복지용구 계약 내용	품목명	제품명	복지용구 표준코드	급여방식		판매일 또는 대여기간	금액
				구입	대여		
	합계	(원)					

⑤ 비급여 계약 내용	항목	기간	단가/일	개수(횟수)/월	금액
	합계	(원)			

「노인장기요양보험법 시행규칙」 제16조에 따라 수급자와 체결한 계약 내용을 위와 같이 국민건강보험공단에 통보합니다.

년 월 일

장기요양기관의 장(대표자) (서명 또는 인)

담당자: 전화번호: 전자우편주소:

국민건강보험공단 이사장 귀하

210mm×297mm[백상지 80g/㎡]

■ 노인장기요양보험법 시행규칙 [별지 제11호의2서식] 〈개정 2019. 6. 12.〉

장기요양급여 계약통보서(시설급여, 주 · 야간보호, 단기보호)

※ 뒤쪽의 작성방법 및 유의사항을 읽고 작성하시기 바라며, 색상이 어두운 란은 적지 않습니다. (앞쪽)

접수번호		접수일			

① 수급자	성명	생년월일
	장기요양등급	장기요양인정번호

② 계약 당사자	장기요양기관명	장기요양기관기호
	계약자 성명	수급자와의 관계
	전화번호(휴대전화번호)	계 약 일
	급여개시일	계약기간 ~

③ 급여 계약 내용	급여 종류				
	월	서비스 분류	급여비용	횟수/월	금액/월
	합계		(원)		

④ 비급여 계약 내용	항목	기간	단가/일	개수(또는 횟수)/월	금액
	합계	(원)			

「노인장기요양보험법 시행규칙」 제16조에 따라 수급자와 체결한 계약 내용을 국민건강보험공단에 통보합니다.

년 월 일

장기요양기관의 장(대표자) (서명 또는 인)

담당자: 연락처: 전자우편주소:

국민건강보험공단 이사장 귀하

210mm×297mm[백상지 80g/㎡]

6. 기관 현황 및 종사자 현황 통보서 작성요령

1) 기관 현황 통보서

(1) 급여종류

해당기관에서 제공하는 급여의 종류를 노인요양시설(노인요양공동생활가정 포함), 단기보호, 주 야간보호는 별지 제11호-2호 서식에, 방문요양, 방문목욕, 방문간호는 별지 제 11호 서식에 각각 구분하여 기재한다.

(2) 특례입소자

입소시설이 입소자의 장기입원 등으로 외박자가 발생한 경우, 외박기간이 10일을 초과한 때부터 외박자를 대신하여 입소한 수급자를 기재한다.

(3) 배상책임보험

수급자의 상해에 대비하기 위하여 가입한 배상책임보험내역은노인요양시설, 단기보호, 주 야간보호 기관은 보험회사명, 상품명, 보험증권번호, 보험유효(계약)기간, 배상책임범위를 기재하고 방문간호, 방문목욕, 방문간호기관은 직종별, 주민번호, 성명, 입사일, 보험회사명, 상품명, 보험증권번호, 보험유효(계약)기간을 기재한다.

(4) 입 · 퇴소(외박 포함) 현황

노인요양시설, 단기보호 기관은 수급자가 입 퇴소하거나 외박을 한 경우 입 · 퇴소시간, 외박시작일, 외박종료일을 기재한다.

① 등급 : 장기요양인정등급에 따라 1등급, 2등급, 3등급 및 등급외로 구분 기재한다.

② 대상자구분 : 일반대상자, 일반 감경대상자, 의료급여대상자, 기초생활수급권자, 보건복지부 장관이나 각급 지방자치단체장이 입소를 위탁한자(등급외자만 해당) 로 구분 기재한다.

③ 유효기간 : 장기요양인정서상의 유효기간을 기재한다.

④ 급여계약서 통보일자 : 등급자(1~3등급)는 급여계약서 통보일을 기재하고, 등급외자는 입소계약일자를 기재한다.

⑤ 사유 : 입소, 퇴소, 외박, 귀소, 특례입소, 특례퇴소 및 미입소로 구분 기재한다.

2) 종사자 근무현황 통보서

① 노인요양시설, 단기보호, 주 야간보호 기관은 매월 시장 군수 구청장에게 신고한 인력 중 해당 기관에 실제 근무하는 종사자 전원에 대해 월중 근무일자별 근무시간의 시작시간과 종료시간을 기재한다.

② 대상기간은 해당 급여제공월을 기재한다.

③ 직종

간호사, 간호조무사, 물리(작업)치료사, 요양보호사, 사회복지사, 의사 등으로 구분 기재한다.

④ 근무형태

전임, 겸임, 시간제 등으로 나누어 구분 기재한다.

⑤ 총 근무내역, 실 근무내역, 특례

1. 총 근무내역의 일수와 시간은 실 근무내역과 특례의 일수, 시간을 각각 합하여 기재한다.
2. 실 근무내역은 월 중 근무한 근무일수와 근무시간의 합을 각각 기재하되, 간호사, 간호조무사는 야간근무시간을 기재하고, 요양보호사는 야간근무시간과 주간근무시간을 나누어 기재한다.
3. 특례의 일수와 시간은 특례내역에 해당하는 근무일수과 근무시간을 각각 합하여 기재한다.

⑥ 특례내역

유급휴가, 휴직, 출산휴가, 퇴사 등의 내역을 기재한다.

수행 Tip!

- 노인장기요양보험포털에서 장기요양급여비용 청구에 대한 자료를 관리에 참고한다.

6-2 요양급여비용 청구명세서 작성

학습 목표

1 | 장기요양급여비용의 청구방법에 의한 명세서를 작성할 수 있다.

1. 장기요양급여비용 청구개요 및 방법

1) 청구개요 및 방법

(1) 청구개요

요양급여비용 청구방법, 심사청구서 명세서서식 및 작성요령은 보건복지부고시에 의거 아래와 같다.

(2) 요양급여비용 청구방법

국민건강보험공단에 전자문서교환방식(노인장기요양보험포털, 재가급여전자관리시스템) 또는 전산매체 중 선택하여 청구한다.

(3) 재가 및 시설 급여비용 산정

① 재가급여 중 방문요양 및 방문간호는 방문당 제공시간을 기준으로 산정하고, 방문목욕은 방문횟수를 기준으로, 주 · 야간보호는 장기요양 등급 및 1일당 급여제공시간을 기준으로, 단기보호는 장기요양 등급 및 급여제공일수를 기준으로, 기타재가급여는 복지용구의 품목별, 제공 방법별 기준으로 산정한다.

② 시설급여는 장기요양 등급 및 급여제공일수를 기준으로 산정한다.

(4) 청구시기(일정)

전자문서교환방식 또는 전산매체로 장기요양 급여비용을 청구할 경우에는 급여 제공일이 속한 달의 다음 달 초일부터 월별로 통합하여 청구하여야 하며, 수급자가 월을 초과하여 계속하여 시설에 입소 중인 경우에도 월 단위로 분할 청구하여야 한다.

2. 청구서 및 청구명세서 작성 요령

1) 청구서와 청구명세서의 구분

(1) 청구서의 구분

장기요양급여의 종류 및 수급자 별로 구분하여 청구하며, 동일한 장기요양기관에서 여러 종류의 재가급여를 실시하는 경우 방문요양, 방문목욕, 방문간호, 주 · 야간보호, 단기보호, 기타 재가급여별로 구분하여 청구한다.

(2) 청구명세서의 구분

동일 수급자에 대한 청구명세서는 월별로 통합하여 작성하며, 수급자의 장기요양등급, 본인일부부담률, 보장기관 등이 변동된 경우에는 청구명세서를 각각 작성하되, 동일 수급자의 청구명세서는 연이어 기재하여야 한다.

그림 6-9 요양급여비용 명세서작성 실습

2) 장기요양급여비용 청구서 및 장기요양급여비용 청구명세서

(1) 장기요양급여비용 청구서(별지2호 서식)

① 접수번호(※란)는 국민건강보험공단에서 기재하며, 청구구분란에는 원청구, 추가청구, 보완청구를 선택하여 ☑ 표기한다. 또한 장기요양기관 기호 및 명칭을 기재한다. (단, 의료급여수급권자의 경우,「의료급여법」에 의한 해당 보장기관 기호와 명칭을 기재)

② 장기요양기관유형(급여종류) 및 기타

청구명세서의 장기요양기관유형(급여종류)에 따라 해당 구분자를 ☑ 표기한다. 또한 기타 란에 등급개선장려금 청구명세서인 경우에 ☑ 표기한다.

③ 건수

장기요양기관유형(급여종류)에 따라 '건수'는 첨부되는 청구명세서의 건수를 기재하되, 전체 청구명세서의 합과 동일하여야 한다.

④ 장기요양급여비용총액, 가감후 총액, 본인일부부담금, 청구액

1. 가감산 미적용 장기요양기관

각 청구명세서상의 본인일부부담금 및 청구액을 각각 합산한 금액으로 기재하고, 장기요양급여비용총액은 본인일부부담금과 청구액을 합산하여 기재한다.

2. 가감산 적용 장기요양기관

장기요양급여비용총액은 각 청구명세서상의 가감전 본인일부부담금과 청구액을 합산하여 기재하고 가감후 총액은 각 청구명세서 상의 가감전 본인일부부담금과 가감후 청구액을 합산하여 기재한다.

⑤ 수급자 구분

수급자 구분에 따라 일반대상자, 의료급여수급권자로 선택하여 ☑ 표기한다.

⑥ 청구인

청구인 란에는 해당 장기요양기관의 대표자 성명을 기재한다.

⑦ 작성자

작성자 란에는 해당 청구서 및 청구명세서의 작성자 성명 기재(작성자가 2인 이상인 경우에는 책임자만 기재)

그림 6-10 요양비용청구 포털서비스 화면

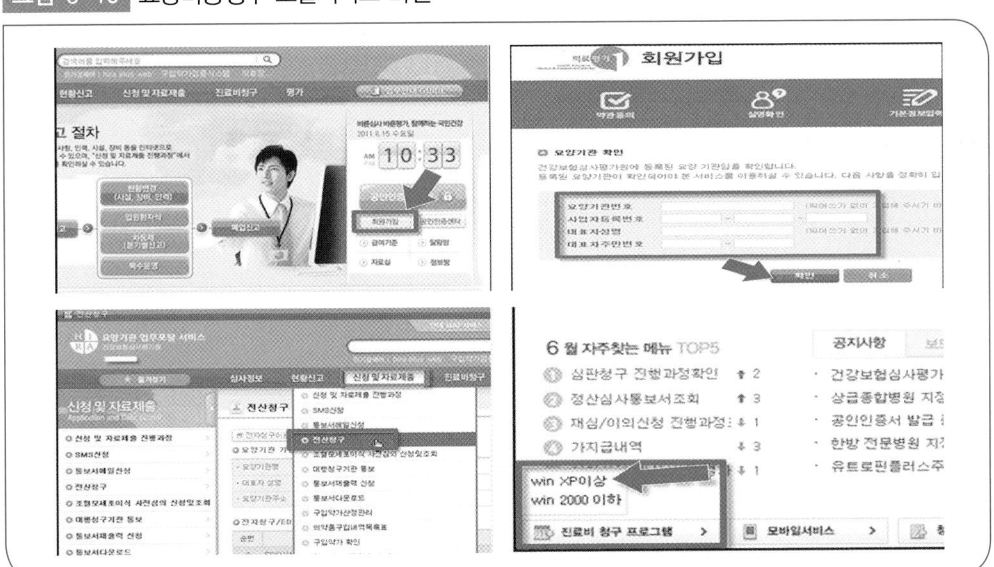

<table>
<tr><td colspan="7">[별지 제2호서식] (년 월분)
장기요양급여비용 청구서</td><td>※
접수
번호</td><td colspan="2"></td></tr>
<tr><td rowspan="2">장
기
요
양
기
관</td><td>기호</td><td></td><td>명칭</td><td></td><td>청구
구분</td><td>□ 1. 원청구
□ 2. 추가청구
□ 3. 보완청구</td><td>전화
번호</td><td colspan="2">– –</td></tr>
<tr><td>주소</td><td colspan="5">□□□-□□□</td><td>E-MAIL</td><td colspan="2"></td></tr>
<tr><td colspan="2" rowspan="2">장기요양기관
유형(급여종류)</td><td>(구법)
노인요양 □</td><td>(구법)
노인전문요양 □</td><td>(현행법)
노인요양 □</td><td colspan="2">노인요양
공동생활가정 □</td><td colspan="3">단기보호전환
노인요양 □</td></tr>
<tr><td>방문요양 □</td><td>방문목욕□</td><td>방문간호□</td><td>주 · 야간보호 □</td><td>단기보호□</td><td colspan="3">복지용구□</td></tr>
<tr><td colspan="2">기타</td><td colspan="8">등급개선장려금 □</td></tr>
<tr><td colspan="2">건수</td><td>장기요양급여비용총액</td><td colspan="2">가감후총액</td><td colspan="2">본인일부부담금</td><td colspan="3">청구액</td></tr>
<tr><td colspan="2"></td><td></td><td colspan="2"></td><td colspan="2"></td><td colspan="3"></td></tr>
</table>

「노인장기요양보험법」제38조제1항 및 동법 시행규칙 제30조에 따라 장기요양급여 비용를 청구합니다.

□ 일반대상자(일반, 저소득층 · 생계곤란경감대상)
□ 의료급여수급권자(국민기초, 의료급여)

첨 부 : 장기요양급여비용청구명세서 매

청구일자 : 년 월 일
청 구 인 : (서명 또는 날인)
작 성 자 : (서명 또는 날인)

국민건강보험공단 이사장귀하

(2) 장기요양급여비용 청구명세서(별지3호 서식/별지7호 서식)

① 청구구분란에는 원청구, 추가청구, 보완청구를 ☑ 표기한다.

② 장기요양기관기호와 기관명칭을 기재한다.

③ 청구명세서 일련번호는 수급자 구분별로 순차적으로 부여하고, 00001부터 연이어 기재한다.

④ 수급자 성명, 주민등록번호

1. 수급자의 성명과 주민등록번호를 기재하고, 성명은 한글로 성과 이름을 붙여서 기재하며, 주민등록번호 13자리 기재한다.
2. 시설입소자 중 주민등록번호 불명자에 대하여는 주민등록번호 칸에 시장 · 군수 · 구청장이 부여한 보장기관 관리번호를 기재한다.

⑤ 장기요양관리번호 및 등급

"장기요양인정서"상의 장기요양관리번호와 등급을 기재한다.

⑥ 보장기관기호 및 명칭

의료급여수급권자의 경우 「의료급여법」에 의한 해당보장기관기호와 명칭을 기재한다.

⑦ 수급자 구분

수급자 구분에 따라 일반, 의료급여수급권자 중 선택하여 표기한다.

⑧ 본인부담감경 구분 및 본인부담률

수급자 구분에 따라 일반, 감경(저소득층 · 생계곤란), 국민기초, 의료급여 중 선택하여 본인부담감경구분을 표기하고 해당 본인부담률 기재한다.

⑨ 당월급여개시일 및 최초 급여개시일

1. 당월 급여개시일은 시설(단기보호포함)에 당월 입소한 경우에는 입소한 일자를 기재하고, 월을 초과하여 분할청구 시에는 매월 1일로 기재, 재가급여를 제공하는 장기요양기관의 경우에는 당월의 최초 급여개시일자를 기재한다.
2. 최초 급여개시일은 시설급여를 제공하는 장기요양기관(단기보호포함)의 경우 수급자가 시설에 최초 입소한 일자를 기재한다(퇴소 후 재 입소한 경우에는 재입소한 일자 기재).

⑩ 총 급여일수

1. 입소시설(단기보호포함)은 장기요양급여를 제공한 실 입소일수를 기재하되, 급여비용을 산정한 외박일수와 입 · 퇴소일을 모두 포함하여 계산한다.

2. 주 · 야간보호 및 방문재가기관의 경우 급여제공 일수의 합을 기재한다.
3. 복지용구 구입 시는 구입일의 합을, 대여 시는 대여품목 중 최대 대여일수를 기재하되 사망일 이후 추가급여 등 예외적으로 인정하는 일수는 포함하지 않는다.

⑪ 장기요양인정유효기간

'장기요양인정서'상의 장기요양인정유효기간을 기재한다.

⑫ 급여제공 결과

시설에 입소중인 수급자의 경우 청구명세서 상 최종 급여제공일의 상태를 다음과 같이 구분하여 해당 코드를 기재한다.

구분코드	내용
계속(1)	청구명세서 최종 급여제공일 당시 계속 입소 중(외박포함) 이거나 계속 입소가 예정된 경우
퇴소(2)	입소중(외박포함) 퇴소의 경우
사망(3)	입소중(외박포함) 사망으로 인한 퇴소의 경우

▣ 수급자와 가족인 장기요양요원의 급여제공 여부

방문요양 및 방문목욕, 방문간호 급여를 제공한 장기요양요원이 수급자의 '배우자, 직계혈족 및 형제자매, 직계혈족의 배우자, 배우자의 직계혈족 및 배우자의 형제자매'에 해당하는 경우에는 "가족관계" 칸에 "가족관계 세부내용 코드"를 기재하고 방문간호의 경우에는 "가족여부"칸에 "Y"로 기재한다.

가족관계 세부내용코드

수급자와 요양보호사와의 관계			
	연번	관계	코드
요양보호사는 수급자의	1	처	S031
	2	남편	S032
	3	자(딸, 아들)	S033
	4	며느리(자부)	S034
	5	사위	S035
	6	형제자매	S036
	7	손자 · 손자며느리 · 손자사위	S037
	8	배우자의 형제자매 (시아주버니, 시동생, 시누이, 처남, 처형, 처제)	S038

	9	외손자 · 외손자며느리 · 외손자사위	S039
	10	부모(양부모 포함)	S040
	11	기타	S041

※ 기타 : 시부모, 장인장모, 시조부모, 조부모, 증조부모, 외조부모, 증손, 고손증손부, 고손부, 외증손부

1. 방문목욕 제공방법 구분

방문목욕을 제공하는 장기요양기관은 아래의 방문목욕 제공방법에 해당하는 구분코드를 기재한다.

구분코드	제공방법
S011	차량 내 목욕 제공 (욕조, 펌프 등을 갖춘 “이동목욕용” 등록차량 이용)
S012	차량이용 가정 내 목욕 제공 (욕조, 펌프 등 장비와 차량내 온수 사용)
S013	가정 내 목욕 제공 (가정 내 욕조 등을 이용한 경우)
S015	대중목욕탕 등에 수급자를 모시고 가서 목욕 급여를 제공하는 경우

2. 방문간호 세부내용 코드

방문간호를 제공하는 장기요양기관은 아래의 급여제공내용에 해당하는 구분코드를 기재한다.

구분코드	항목	급여제공내용
S021	기본	혈압, 맥박, 체온 측정
S022	질병관리	투약관리, 호흡관리, 상처관리, 욕창간호
S023	영양관리	경관영양, L-tube 교환 등
S024	배설관리	도뇨관, 방광세척, 방광훈련, 장루관리, 관장 등
S025	신체훈련	관절구축 방지를 위한 훈련
S026	인지훈련	인지기능장애 완화를 위한 훈련
S027	교육 · 상담	보호자나 수급자 교육, 가족상담 등

⑬ 가감산율 및 가감기간

입소시설(단기보호포함) 및 주 야간보호기관은 가감산율과 가감기간을 기재한다.

⑭ 보완 · 추가청구 시 기재사항

이미 통보된 장기요양급여비용 심사지급통보서에 기재된 접수번호, 명세서일련번호, 사유코드(추가청구 시에는 생략)를 기재한다. 보완청구의 경우 불능사유코드를 기재한다.

⑮ 장기요양급여내용

기관유형(급여종류)별 서비스 코드, 명칭, 제공일, 총 횟수, 단가, 소계 등을 기재한다. 단, 방문요양, 방문목욕, 방문간호 급여의 경우 서비스를 제공한 장기요양요원의 성명, 생년월일을 기재한다.

⑯ 서비스 제공시간

- 입소시설(단기보호포함)의 경우 입 · 퇴소 당일 입소시간 및 퇴소시간 기재한다.
- 방문요양, 방문목욕, 방문간호, 주 · 야간보호 기관의 경우 서비스 시작 시간 및 종료시간을 기재한다.
- 주 · 야간보호기관에서 미이용일에 대한 급여비용을 산정하는 경우에는 급여개시 전월 말일까지 공단에 통보한 장기요양급여 제공계획서상의 시작시간 및 종료시간을 기재한다.

⑰ 장기요양급여비용 총액

장기요양급여비용 총액은 산정총액에 수급자가 부담하지 아니하는 원거리교통비, 이동서비스, 인지활동형방문요양 요양보호사 가산, 프로그램관리자 가산, 방문간호 간호(조무)사 가산, 주 야간보호목욕서비스 가산 등을 합산하여 10원 미만은 절사한 금액을 기재한다.

⑱ 가산 후 총액

가산후 총액은 장기요양급여비용 총액에 가산금액을 합산하여 기재한다

⑲ 본인일부부담금

본인일부부담금은 산정총액에 본인일부부담률을 곱한 금액에서 10원미만을 절사한 금액을 기재, 청구액은 장기요양급여비용 총액에서 본인일부부담금을 공제한 금액을 기재한다.

⑲ 청구액

청구액은 장기요양급여비용 총액에서 본인일부부담금을 공제한 금액을 기재한다.

⑳ 특정내용

특정내용(별표1~7)은 청구내용에 대한 추가적 기술사항 등을 기재하는 것으로 급여내용 자료관리와 청구명세서조회 화면에서 기재하며, 따라서 청구내용에 대한 추가적 기술사항 등을 기재한다.

<table>
<tr><td colspan="6">[별지제7호서식] 입소시설(단기보호포함)
장기요양급여비용 청구명세서</td><td>청구
구분</td><td colspan="3">□ 1. 원청구
□ 2. 추가청구
□ 3. 보완청구</td></tr>
<tr><td>기관기호</td><td colspan="2"></td><td>기관명칭</td><td colspan="2"></td><td>일련번호</td><td colspan="3"></td></tr>
<tr><td>성명</td><td colspan="2"></td><td>주민등록번호</td><td colspan="2"></td><td>장기요양
인정번호</td><td colspan="3"></td></tr>
<tr><td>장기요양등급</td><td colspan="2"></td><td>보장기관기호</td><td colspan="2"></td><td>보장기관
명칭</td><td colspan="3"></td></tr>
<tr><td rowspan="2">수급자
구분</td><td rowspan="2">일반 □</td><td rowspan="2">의료급여 □</td><td rowspan="2">본인부담
감경구분</td><td>일반 □</td><td>국민기초 □</td><td rowspan="2">본인부담률</td><td rowspan="2" colspan="3"></td></tr>
<tr><td>기타 감경 □</td><td>의료급여 □</td></tr>
<tr><td>당월급여
개시일</td><td></td><td>최초 급여
개시일</td><td></td><td>총급여
일수</td><td></td><td>장기요양인정
유효기간</td><td></td><td>급여
제공
결과</td><td></td></tr>
<tr><td colspan="2">가감산율</td><td colspan="3">%</td><td>가감기간</td><td colspan="4">~</td></tr>
<tr><td colspan="3">원청구내역
※ 보완 · 추가 청구 시에만 기재합니다</td><td>접수번호</td><td></td><td>일련번호</td><td></td><td>불능
사유
코드</td><td colspan="2"></td></tr>
<tr><td colspan="10">장기요양급여내역</td></tr>
<tr><td colspan="2">일자</td><td rowspan="2">코드</td><td rowspan="2">명칭</td><td rowspan="2">단가</td><td rowspan="2">일수</td><td rowspan="2" colspan="4">소계</td></tr>
<tr><td>시작</td><td>종료</td></tr>
<tr><td></td><td></td><td></td><td></td><td></td><td></td><td colspan="4"></td></tr>
<tr><td></td><td></td><td></td><td></td><td></td><td></td><td colspan="4"></td></tr>
<tr><td colspan="2">장기요양급여
비용총액</td><td></td><td>가감총액</td><td></td><td>가감후총액</td><td colspan="4"></td></tr>
<tr><td colspan="2">본인일부부담금</td><td></td><td>청구액</td><td></td><td></td><td colspan="4"></td></tr>
<tr><td colspan="2" rowspan="2">특정내역</td><td>구분코드</td><td colspan="7">기재내역</td></tr>
<tr><td></td><td colspan="7"></td></tr>
<tr><td colspan="10">※외출 · 외박 후 귀소시에는 참고란에 일자를, 입 · 퇴소 당일의 경우에는 입 · 퇴소 시간을 기재하여주시기 바랍니다.</td></tr>
</table>

[별지 제3호서식] 방문요양

장기요양급여비용 청구명세서

청구 구분	□ 1. 원청구 □ 2. 추가청구 □ 3. 보완청구

기관기호			기관명칭			일련번호		
성명			주민등록 번호			장기요양 인정번호		
장기요양 등급			보장기관 기호			보장기관 명칭		
수급자 구분	일반 □	의료급여 □	본인부담 감경구분	일반 □	국민기초 □	본인부담률		
				기타 감경 □	의료급여 □			
당월급여 개시일	. . .		총급여일수			장기요양인정 유효기간		
원청구내용 ※ 보완 · 추가 청구 시에만 기재합니다.			접수번호		일련번호		불능사유 코드	

장기요양급여내용

코드	명칭	제공일		1	2	3	4	5	6	7	8	9	10	11	12	13	14	15	16	17	18	19	20	21	22	23	24	25	26	27	28	29	30	31	총횟수	단가	계	급여비용산정			산정총액
																																						비율	단가	소계	
		장기요양요원	A																																						
			B																																						
		시작시간																																							
		종료시간																																							
		가족관계																																							
		친족여부																																							

장기요양급여비용	총액	가산 후총액	본인일부 부담금	청구액	가산 후 청구액	가산기준금	가산	점수	수급자 수	가산금액

특정내용	구분코드	기재내용

[별지 제4호서식] 방문목욕 **장기요양급여비용 청구명세서**				청구 구분	□ 1. 원청구 □ 2. 추가청구 □ 3. 보완청구
기관기호		기관명칭		일련번호	
성명		주민등록 번호		장기요양 인정번호	
장기요양 등급		보장기관 기호		보장기관 명칭	
수급자 구분	일반 □ 의료급여 □	본인부담 감경구분	일반 □ 국민기초 □ 기타 감경 □ 의료급여 □	본인부담률	
당월급여 개시일	. . .	총급여일수		장기요양인정 유효기간	

원청구내용 ※ 보완 · 추가 청구 시에만 기재합니다.	접수번호		일련번호		불능사유 코드	

장기요양급여내용

코드	명칭	제공일		1	2	3	4	5	6	7	8	9	10	11	12	13	14	15	16	17	18	19	20	21	22	23	24	25	26	27	28	29	30	31	총횟수	단가	계	급여비용산정 비율	급여비용산정 단가	급여비용산정 소계	산정총액
		장기요양요원	A																																						
			B																																						
		시작시간																																							
		종료시간																																							
		가족관계																																							
		친족여부																																							
		초과사유 코드																																							
		목욕제공 방법																																							

장기요양급여비용	총액		본인일부 부담금		청구액	

특정내용	구분코드	기재내용

[별지 제5호서식] 방문간호

장기요양급여비용 청구명세서

청구구분	□ 1. 원청구 □ 2. 추가청구 □ 3. 보완청구

기관기호		기관명칭		일련번호	
성명		주민등록번호		장기요양인정번호	
장기요양등급		보장기관기호		보장기관명칭	
수급자구분	일반 □ 의료급여 □	본인부담감경구분	일반 □ 국민기초 □ 기타 감경 □ 의료급여 □	본인부담률	
당월급여개시일	. . .	총급여일수		장기요양인정유효기간	

원청구내용 ※ 보완·추가 청구 시에만 기재합니다.	접수번호		일련번호		불능사유코드	

장기요양급여내용

코드	명칭	제공일		1	2	3	4	5	6	7	8	9	10	11	12	13	14	15	16	17	18	19	20	21	22	23	24	25	26	27	28	29	30	31	총횟수	단가	계	급여비용산정 비율	급여비용산정 단가	급여비용산정 소계	산정총액
		장기요양요원	A																																						
			B																																						
		간호사여부																																							
		시작시간																																							
		종료시간																																							
		세부내용코드																																							
		가족여부																																							
		친족여부																																							

방문간호지시서	요양기관기호		요양기관명칭		발급일		유효기간		의사면허번호		방문횟수(주, 월)	
	요양기관기호		요양기관명칭		발급일		유효기간		의사면허번호		방문횟수(주, 월)	

장기요양급여비용	총액		본인일부부담금		청구액	

특정내용	구분코드	기재내용

[별지 제6호서식] 주 · 야간보호

장기요양급여비용 청구명세서

청구 구분	□ 1. 원청구 □ 2. 추가청구 □ 3. 보완청구

기관기호		기관명칭		일련번호	
성명		주민등록 번호		장기요양 인정번호	
장기요양 등급		보장기관 기호		보장기관 명칭	
수급자 구분	일반 □ 의료급여 □	본인부담 감경구분	일반 □ 국민기초 □ 기타 감경 □ 의료급여 □	본인부담률	
당월급여 개시일	. . .	총급여일수		장기요양인정 유효기간	

원청구내용 ※ 보완 · 추가 청구 시에만 기재합니다.	접수번호		일련번호		불능사유 코드	

장기요양급여내용

코드	명칭	제공일	1	2	3	4	5	6	7	8	9	10	11	12	13	14	15	16	17	18	19	20	21	22	23	24	25	26	27	28	29	30	31	총횟수	단가	계	급여비용산정 비율	급여비용산정 단가	급여비용산정 소계	산정총액
		시작시간																																						
		종료시간																																						
이동서비스																																								

장기요양급여비용	총액	가산 후 총액	본인일부부담금	청구액	가산 후 청구액	가산기준금	가산	점수	금액
							인력추가		
							간호사		
							야간직원		
							필요인력		
							맞춤형		

특정내용	구분코드	기재내용

297㎜×210㎜[일반용지60g/㎡(재활용품)]

<table>
<tr><td colspan="5">[별지 제9호서식] 복지용구
장기요양급여비용 청구명세서</td><td>청구
구분</td><td colspan="2">□ 1. 원청구
□ 2. 추가청구
□ 3. 보완청구</td></tr>
<tr><td>기관기호</td><td></td><td>기관명칭</td><td colspan="2"></td><td>일련번호</td><td colspan="2"></td></tr>
<tr><td>성명</td><td></td><td>주민등록
번호</td><td colspan="2"></td><td>장기요양
인정번호</td><td colspan="2"></td></tr>
<tr><td>장기요양
등급</td><td></td><td>보장기관
기호</td><td colspan="2"></td><td>보장기관
명칭</td><td colspan="2"></td></tr>
<tr><td>수급자
구분</td><td>일반 □ 의료급여 □</td><td>본인부담
감경구분</td><td>일반 □
기타 감경 □</td><td>국민기초 □
의료급여 □</td><td>본인부담률</td><td colspan="2"></td></tr>
<tr><td colspan="2">당월급여
개시일</td><td colspan="3">총급여일수</td><td colspan="3">장기요양인정 유효기간</td></tr>
<tr><td colspan="2">. . .</td><td colspan="3"></td><td></td><td colspan="2"></td></tr>
<tr><td colspan="2" rowspan="2">원청구내용
※ 보완 · 추가 청구 시에만 기재합니다.</td><td colspan="2">접수번호</td><td colspan="2">일련번호</td><td colspan="2">불능사유코드</td></tr>
<tr><td colspan="2"></td><td colspan="2"></td><td colspan="2"></td></tr>
<tr><td colspan="8">장기요양급여내용</td></tr>
</table>

<table>
<tr><td colspan="2">일자</td><td rowspan="2">구입/대여</td><td colspan="2">복지용구 인식번호</td><td rowspan="2">명칭</td><td rowspan="2">단가</td><td rowspan="2">일수(개수)</td><td rowspan="2">소계</td></tr>
<tr><td>시작</td><td>종료</td><td>제품분류
번호</td><td>일련번호</td></tr>
<tr><td></td><td></td><td></td><td></td><td></td><td></td><td></td><td></td><td></td></tr>
<tr><td colspan="3">장기요양급여비용 총액</td><td colspan="2"></td><td>본인일부
부담금</td><td></td><td>청구액</td><td></td></tr>
<tr><td colspan="2" rowspan="2">특정
내용</td><td>구분코드</td><td colspan="6">기재내용</td></tr>
<tr><td></td><td colspan="6"></td></tr>
</table>

210㎜×297㎜[일반용지60g/㎡(재활용품)]

3. 청구구분에 따른 청구방법

1) 원청구

원청구는 수급자에게 급여제공 후 급여비용을 최초로 청구하는 것을 말하며, 복지용구는 급여제공 월에 청구이력이 있으면 그 이후 구입 및 대여품목은 추가청구 한다.

(1) 원청구 유형

① 급여제공 후 최초로 급여비용을 청구하는 경우

② 원청구 후 "전체반려"되어 다시 청구하는 경우

③ 원청구 시 일부 수급자가 누락되어 누락된 수급자를 청구하는 경우

④ 원청구 시 급여제공일 전체의 급여비용 청구가 누락되어 누락된 일자의 급여비용을 청구하는 경우이다.

(2) 원청구 방법

① 청구명세서 작성 시 성명과 장기요양관리번호를 입력하고 조회하였으나 수급자 정보가 확인되지 않는 경우는 건강보험자격상의 성명, 주민등록번호 변경 여부를 확인한 후 변경된 내용으로 입력하여 청구하여야 한다.

② 청구 대상 월 자격변경내용에 수급자 자격변경 없이 자격취득일과 상실일 내용이 2개 이상인 경우 최종 자격취득일로 표시된 자격을 선택하여 해당 월의 급여제공내용을 하나의 명세서로 작성하여 청구한다.

③ 명세서 분리청구 대상

- 수급자 자격 변경 시 : 수급자구분 (일반↔의료급여) 본인부담률 (일반 ↔ 감경, 기초 ↔ 감경)
- 보장기관 변경 시 : 의료급여 수급자경우만 해당 (예: 서울시 ↔ 대전시
- 등급 변경 시(예 : 2등급 → 1등급 등)
- 인정유효기간 변경 시

④ 장기요양급여 계약통보서를 통보하지 않아 청구명세서 작성이 안 되는 경우

- 재가급여 및 시설급여 : 장기요양급여 계약통보서를 통보한 후 작성
- 복지용구 : 장기요양급여 계약통보서를 통보한 후 작성하며, 장기요양급여 계약통

보서의 판매일(또는 대여시작(종료)일)과 청구명세서의 판매일(또는 대여시작(종료)일)이 상이한 경우에는 실제 판매일(또는 대여시작(종료)일)을 확인한 후 실 급여제공일로 장기요양급여 계약통보서를 통보한 후 명세서를 작성한다.

⑤ 의료급여 수급권자의 입소이용의뢰서 미통보로 청구명세서가 작성이 완료되지 않는 경우는 해당 특별자치시장 · 특별자치도지사 · 시장 · 군수 · 구청장에서 공단으로 입소 · 이용의뢰서를 통보하였는지 여부를 확인한 후 급여비용을 청구한다.

⑥ 급여비용 청구 시 급여를 제공한 요양보호사가 조회되지 않는 경우는 특별자치시장 · 특별자치도지사 · 시장 · 군수 · 구청장에 요양보호사의 인력신고를 하지 않은 경우로 인력신고 후 청구한다(동일 요양보호사가 방문요양과 방문목욕의 급여제공을 모두 하는 경우에는 급여종류별로 각각 신고하여야 함)

⑦ 요양보호사가 자격이 있는 자가 급여를 제공하였을 경우 급여 청구가 가능한 날은

- 장기요양기관 근무시작일(입사일 이후)부터 근무종료일까지이며 근무종료일은 퇴사일 이전이어야 한다.
- 입사 · 퇴사 등으로 인력현황에 변경이 있을 때는 사유가 발생한 날부터 14일 이내에 특별자치시장 · 특별자치도지사 · 시장 · 군수 · 구청장에게 신고하여야 하며 입사신고를 하지 않은 경우는 급여비용을 청구할 수 없다.

⑧ 요양보호사 근무시작일(입사일)이 수급자에게 급여를 제공한 날 후인 경우 요양보호사 근무시작일(입사일)전에 제공한 급여비용은 청구할 수 없으므로, 근무시작일(입사일) 착오 신고여부를 관할 특별자치시장 · 특별자치도지사 · 시장 · 군수 · 구청장에 확인하여 정정 신고한 후 청구한다.

⑨ 수급자에게 월(연)한도액을 초과하여 서비스를 제공한 경우에는 월(연)한도액 범위 내에서 장기요양급여비용을 청구하여야 하며 월(연)한도액을 초과한 비용은 수급자가 부담하도록 한다.

⑩ 월 중 장기요양등급이 변경되는 경우에는 높은 등급의 월 한도액을 적용한다.

* 폐업기관의 경우는 폐업일 전일까지 급여비용 청구 가능하며, 폐업 후 공인인증서를 폐기한 경우는 공단 지사를 방문하여 '보건복지분야용 개인공인인증서'를 발급받아 노인장기요양보험포털 /로그인/폐업후인증서폐기기관 메뉴에서 로그인하면 급여비용 청구가 가능하다.

2) 보완청구

보완청구는 원청구 후 심사과정에서 심사불능으로 처리된 명세서를 보완하여 청구하는 것을 말하며, 필수기재사항 기재착오(수급자자격 구분착오 등) 등 청구명세서가 심사불능 처리되어 청구한 공단부담금을 지급받지 못한 경우, 해당 수급자의 청구명세서를 보완하여 전체 급여비용을 다시 청구하는 것을 말한다.

(1) 원청구한 명세서의 착오청구 등으로 심사불능 처리된 건에 대하여 해당내용을 보완하여 급여비용을 다시 청구한다.

(2) 보완청구 절차

원청구(기관) → 심사불능결정 통보(공단) → 심사불능 통보 건(심사지급통보서) 내용확인(기관) → 통보일 후 심사불능 사유의 해당내용을 보완하여 청구(기관)한다.

(3) 보완청구 방법

① 보완청구 시 원청구 접수번호, 명세서일련번호, 심사지급통보서에 기재된 심사불능코드 기재한다.

② 보완청구를 하였으나 다시 전체반려 된 경우는 전체반려 사유를 확인하여 사유에 따라 내용을 수정한 후 다시 보완청구 하여야 한다.

3) 추가청구

추가청구는 급여비용을 청구하여 이미 지급 받았으나 기 청구 시 해당일의 일부 서비스 급여비용이 누락된 경우 그 누락된 서비스 급여비용을 청구하는 것을 말한다. 추가청구는 누락분 추가청구, 산정비율 추가청구, 배상책임보험 추가청구, 가산금 추가청구가 있다.

(1) 원청구 한 명세서에 대하여 급여비용을 지급받았으나 해당 청구명세서 중 급여제공일 또는 급여제공시간 누락 등 급여비용의 일부가 누락 청구된 경우 누락된 급여비용만을 추가로 청구한다.

(2) 추가청구 절차

원청구(기관) → 심사지급(공단) → 심사지급통보서 통보(공단) → 통보일 후 누락된 급여비용 청구(기관)

(3) 추가청구 방법

① 1일 2회 서비스를 제공하였으나 원청구 시 1회만 청구한 경우는 누락된 2회째 급여비용을 추가청구 한다.

② 추가청구 시 원청구 내용을 입력
추가청구 명세서 작성 시 원청구하여 지급받은 접수번호와 해당 수급자 명세서 일련번호를 확인 한 후 원청구 내용에 원청구 접수번호, 명세서일련번호를 기재한다.

③ 추가청구를 하였으나 다시 "전체반려"된 경우는 전체반려 사유를 확인하여 사유에 따라 내용을 수정한 후 다시 추가청구 하여야 한다.

4) 재심사조정청구

심사조정 처리된 건을 청구하는 것을 말하며, 장기요양기관은 급여비용 등 공단의 심사지급 결정에 이의가 있는 경우 이의신청 전에 재심사조정청구를 신청할 수 있다.

4. 청구서 목록 및 청구 · 심사단계별 주요 처리방법

1) 처리상태

장기요양기관이 급여비용을 청구하면 청구부터 지급까지의 단계별 처리 상태를 실시간으로 청구서목록에 제공한다.

2) 바로가기 기능

바로가기 선택 시 처리 상태별 작업 화면으로 이동하여 원하는 작업 수행이 가능하다.

3) 처리 상태별 상세내용

표 6-1 처리 상태별 상세내용

처리상태	처리 상태별 상세내용	바로가기	기능설명
명세서작성 중	명세서를 작성중인 상태	명세서 작성하기	청구명세서로 이동
명세서 작성완료	전체 명세서 작성완료 후 처우개선지급명세서 생성 전 상태	처우개선지급 명세서생성	처우개선지급명세서 자동생성화면 이동

명세서 작성완료 (처우개선 작성 중)	처우개선지급명세서 자동생성 후 상태	처우개선지급 명세서 작성하기	처우개선지급명세서 화면으로 이동
명세서 작성완료 (처우개선 작성완료)	처우개선지급명세서 작성완료 후 제출한 상태	청구서 생성하기	청구서 화면으로 이동
청구자료 생성	명세서 작성완료 후 명세서를 청구서 별 묶음단위로 생성하기 위한 단계로 공단에 전송 전 상태	청구서 전송하기	청구서 화면으로 이동 (청구서 전송 가능)
청구의뢰	청구서를 생성하여 공단에 선송은 하였으나 공단에 접수되기 전 상태	처리내용 보기	청구서 화면으로 이동
공단 접수	정상 접수되어 접수번호 부여 후(접수증 및 반려증 출력가능) 심사부서로 물량이 분배되기 전까지의 상태		청구서 화면으로 이동되며, 접수 증 및 반려증 출력 가능
심사	심사부서의 물량이 분배되어 심사중인 상태		청구서조회 화면으로 이동
지급	급여비용 지급이 결정된 상태	심사지급결정 통보서 보기	심사지급결정통보조회 화면으로 이동
전체반려	접수 또는 심사단계에서 청구서가 반려된 경우	청구서 다시 사용하기	청구서 조회 화면으로 이동되며, 청구서 재생성 가능

4) 청구 · 심사단계별 주요 처리방법

(1) 청구서 생성 및 전송

명세서 작성 완료 후 청구서조회 및 전송관리 화면에서 '청구서생성' 버튼을 누르면 청구서가 생성되고 '청구서전송' 버튼이 활성화되며 '청구서전송'버튼을 누르면 전송 완료한다.

(2) 청구명세서 급여내용 입력 후 청구서 목록에서 청구금액이 "0원"으로 확인되는 경우 처리방법

청구금액은 청구명세서 작성 완료 후 청구서에서 '청구서생성' 버튼을 클릭하여야 생성된다.

(3) 접수번호 부여

'청구서목록'에서 처리상태가 '접수완료'로 변경되어야 접수번호가 부여되며, 이 경우 접수증이 전자문서교환방식으로 장기요양기관에 발급된다.

(4) 청구 후 착오 입력이 확인된 경우 처리방법

① 청구서 전송 전

- 청구서를 전송한 경우에는 수정이 불가하므로 청구서 전송 전 반드시 청구명세서의 입력된 내용을 확인한 후 전송하여야 한다.
- 청구서 전송 전에는 수정이 가능함. 수정하고자하는 내용에 따라 서비스내용입력(방문요양, 방문목욕, 방문간호), 급여내용자료관리, 청구명세서조회 화면에서 청구내용을 수정하여 청구진행 한다.

② 청구서 전송 후

청구취소는 청구착오나 기타의 이유로 청구명세서의 내용을 변경하거나 청구를 취소해야 하는 경우 이용할 수 있으며 청구서 전송 후 청구일을 포함하여 2일까지 이용 가능하다.

③ 청구착오 자진신고

청구취소 가능일 이후 청구일 포함 10일 이내 신고 가능하며, 청구착오 자진신고는 청구서가 접수 또는 심사 상태이면서 청구내용에 착오가 있을 때 명세서단위로 자진 신고하는 것으로 자진 신고한 명세서는 심사단계에서 심사불능 처리된다.

(5) 접수증 및 반려증 출력 방법

청구서목록에서 해당 접수번호 확인하며, 해당 접수번호의 처리상태(접수완료 또는 전체반려) 확인한다. 다음 바로가기의 '처리내역보기' 클릭하여 청구서조회 및 전송 관리화면으로 이동하여 청구명세서 접수(반려)증 출력 버튼을 클릭하여 출력한다.

(6) 전체반려건의 재청구 방법

① 전체반려는 접수단계나 심사단계에서 청구서가 반려된 것으로 최초청구의 청구구분과 동일하게 청구하여야 한다.

② 청구구분 착오로 반려된 경우는 청구구분을 맞게 보완하여 청구하여야 한다.

(7) 전체반려건과 심사불능 건 처리방법

① 전체반려 : 청구서 자체가 반려된 건으로 반려증에 기재된 반려사유를 확인하여 보완 후 다시 청구한다.

② 심사불능 : 청구명세서 일부 건이 청구착오 등으로 심사가 불가하여 심사불능 된 건

으로 해당 청구서의 급여비용을 지급받은 후 심사결정통보서의 심사불능 코드와 사유를 확인하여 보완청구 한다.

5) 청구 · 심사 게시판

(1) 청구 · 심사 게시판(심사게시판)이란?

장기요양급여비용 청구 · 심사와 관련한 안내사항 및 변경사항 등이 발생할 때 마다 국민건강보험공단(요양심사실)에서 직접 게재하여 장기요양기관이 활용할 수 있도록 하고, 업무에 필요한 서식, 법령 등을 손쉽게 조회할 수 있도록 개발한 정보시스템을 말한다.

(2) 심사게시판 구성

메뉴이름	기능
알림방	청구 · 심사관련 병경 내용 및 현안사항 안내
교육자료 모음	장기요양급여비용 청구 · 심사 관련 교육자료 제공
청구 · 심사 궁금해요	주요 문의 내용, 다빈도 착오 청구 내용 작성안내

자료출처: 국민건강보험공단 노인장기요양보험 포털

5. 장기요양급여비용 청구업무 처리기준(보건복지부고시)

1) 총 칙

(1) 목적

이 기준은「노인장기요양보험법」제38조 및 같은 법 시행규칙 제30조제5항 및 제31조제4항에 따라 보건복지부장관이 각각 정하도록 하는 장기요양급여비용의 청구방법, 청구시기, 청구서식 · 작성요령, 심사지급통보서의 서식, 장기요양급여비용의 심사 · 지급에 관한 사항과 그 밖에 필요한 사항을 규정함을 목적으로 한다.

(2) 청구인

장기요양급여비용 청구인은 해당 장기요양기관 또는 요양기관의 장(대표자)이 된다.

(3) 정보통신망 이용촉진 및 정보보호 등에 관한 법률의 준용

장기요양기관 또는 요양기관이 장기요양급여비용을 전자문서교환방식(노인장기요양보험포털 또는 재가급여전자관리시스템)으로 청구하는 경우 전자문서, 전자서명, 전자문서의 도달시기, 전자문서 내용의 추정 등은「정보통신망 이용촉진 및 정보보호 등에 관한 법률」의 관련규정을 준용한다.

(4) 작성방법

전자문서교환방식 및 전산매체로 장기요양급여비용을 청구하는 경우 이 처리기준에서 정하지 않은 세부 작성요령은 국민건강보험공단의 이사장이 정할 수 있다.

2) 장기요양급여비용 청구방법

(1) 장기요양급여비용 청구방법 신청

① 장기요양기관 또는 요양기관은 전자문서교환방식 또는 전산매체 중 한 가지의 방법을 선택하여 장기요양급여비용을 청구하여야 한다.

② 장기요양기관이 장기요양급여비용을 최초로 청구하는 경우에는 장기요양급여비용 청구 전에 별지 제1호서식의 장기요양급여비용 청구방법 신청서를 공단에 제출하여야 한다.

③ 장기요양기관은 제2항에 따라 통보한 장기요양급여비용 청구방법을 변경하고자 하는 경우에는 사전에 별지 제1호서식의 장기요양급여비용 청구방법 변경서를 공단에 제출하여야 한다.

(2) 장기요양급여비용 청구서 등의 제출

장기요양기관 또는 요양기관이 장기요양급여비용을 청구하고자 하는 때에는 다음 각 호의 서류를 전자문서교환방식 또는 전산매체로 공단에 제출한다.

① 별지 제2호서식(의사소견서), 제21호서식(재가장기요양기관설치신고서), 제22호서식(재가장기요양기관설치신고증명서), 제27호서식(장기요양기관현황통보서)의 장기요양급여비용 등 청구서

② 별지 제3호서식부터 제9호서식(의사소견발급의뢰서, 의사소견발급비용청구서, 장기요양인정조사표, 장기요양인정서, 표준장기요양이용계획서, 대리인지정서), 제23호서식(장기요양기관변경신고서), 제28호서식(장기요양기관변경사항통보서)의 장기요양급여비용 등 청구명세서

(3) 자료의 전송 및 자료제출 시기

① 장기요양기관 또는 요양기관은 전자문서교환방식으로 장기요양 급여비용을 청구할 때에는 전송한 전자문서가 공단에 접수되었는지 여부를 확인하여야 한다. 이 경우 접수일은 전송자료가 공단에 도달한 날로 한다.

② 전자문서교환방식으로 장기요양 급여비용을 청구하는 장기요양기관 또는 요양기관이 청구내역을 소명하기 위하여 장기요양급여제공기록지 등 기타 필요한 자료를 공단에 제출하고자 할 때에는 팩스 등을 이용할 수 있다. 이 경우 제출 자료는 장기요양급여비용 청구 전에 공단에 도달되어야 한다.

(4) 장기요양기관 관리현황 및 종사자 근무현황 통보

장기요양기관이 장기요양급여비용을 청구하고자 하는 때에는 별지 제10호서식의 장기요양기관(노인요양시설, 단기보호, 주 · 야간보호) 관리현황 통보서, 제11호서식의 장기요양기관(방문요양, 방문목욕, 방문간호) 관리현황 통보서("기관 현황 통보서")와 별지 제12호서식의 장기요양기관 종사자 근무현황 통보서("종사자 현황 통보서")를 해당 급여제공월의 급여비용 청구 전까지 전자문서교환방식으로 공단에 제출하여야 한다.

(5) 장기요양급여비용 청구시기

① 전자문서교환방식 또는 전산매체로 장기요양 급여비용을 청구할 경우에는 급여 제공일이 속한 달의 다음 달 초일부터 월별로 통합하여 청구하여야 한다.

② 수급자가 월을 초과하여 계속하여 시설에 입소 중인 경우에도 월 단위로 분할 청구하여야 한다.

③ 제1항에도 불구하고 보건복지부장관이 정하는 경우에는 급여제공일이 속한 달에 청구할 수 있다.

(6) 청구서와 청구명세서 등의 구분

① 청구서와 청구명세서는 장기요양급여의 종류 · 기관유형 및 급여형태, 수급자 구분별, 수급자별, 종사자별로 각각 구분하여 청구한다.

② 동일한 장기요양기관에서 여러 종류의 재가급여를 실시하는 경우에는 방문요양급여, 방문목욕급여, 방문간호급여, 주 · 야간보호급여, 단기보호급여, 기타 재가급여를 각각 구분하여 청구한다.

③ 기관 현황 및 종사자 현황 통보서는 장기요양급여의 종류 · 기관유형 및 급여형태별로 각각 구분 작성하여 제출한다.

(7) 청구명세서 구분 및 작성방법

① 동일 수급자에 대한 청구명세서는 제9조제3항 및 제10조제2항에 따라 월별로 통합하여 작성한다.

② 수급자의 장기요양등급, 본인일부부담률, 보장기관 등이 변동된 경우에는 청구명세서를 각각 작성하되, 동일 수급자의 청구명세서는 연이어 기재한다.

(8) 청구서와 청구명세서의 보관

청구인은 청구서와 청구명세서의 사본을 「노인장기요양보험법 시행규칙」 제27조에서 정한 바에 따라 보관한다.

(9) 접수

건강보험공단은 제6조에 따라 청구서 등이 접수된 경우에는 지체 없이 별지 제15호서식에 따른 접수증을 장기요양기관 또는 요양기관에 발급하여야 한다.

3) 청구서 및 청구명세서 작성요령

(1) 끝수계산

「노인장기요양보험법」 제64조 및 「국고금관리법」 제47조제1항의 규정에 따라 청구서와 청구명세서에 기재하는 금액 중 장기요양급여비용 총액, 본인일부부담금 및 청구액에 10원 미만의 끝수가 있을 때에는 그 끝수는 계산하지 아니하고 전액이 10원 미만일 때에도 그 전액은 계산하지 아니한다. 다만, 급여비용 가산 및 감액산정에 따라 산출된 금액 및 복지용구 제품별 월대여 가격 산정방법에 따라 산출된 금액의 10원 미만의 끝수가 있을 때에는 4사5입 한다.

(2) 한글 전용

청구서 및 청구명세서 등 장기요양급여비용 청구에 필요한 서류의 기재사항은 한글과 아라비아 숫자로 정확하게 기재한다. 다만, 전문용어 등 특수한 용어가 필요한 경우에는 영문 또는 한문으로 표기할 수 있다.

(3) 수급자 성명 및 생년월일

청구명세서 작성 시 장기요양인정서와 주민등록상의 성명 및 생년월일이 서로 다른 경우에는 주민등록상의 성명 및 생년월일을 기재하되, "명세서 특정내용"칸에 장기요양인정서상의 생년월일을 기재한다.

(4) 서비스코드

장기요양급여비용 청구 시 사용하는 급여종류별 서비스코드는 제4조에 따라 공단의 이사장이 정하는 세부 작성요령에 의한다. 다만, 복지용구품목코드는 법 제39조제1항에 따라 보건복지부장관이 고시한 제품분류번호 및 일련번호를 기재한다.

(5) 특정내용 등 기재

장기요양급여를 청구하는 경우에는 다음 각 호의 구분에 따라 해당하는 특정내용을 기재하여야 한다.

① 방문요양 급여비용 청구시 : 별지 제3호서식의 "가족관계" 칸은 별표 4의 "가족관계 세부내용 코드"에 따라 수급자와 요양보호사의 가족관계를 기재하고, 장기요양요원이 수급자의 가족(배우자, 직계혈족 및 형제자매, 직계혈족의 배우자, 배우자의 직계혈족 및 배우자의 형제자매) 및 민법에 의한 친족관계에 해당하는 경우에는 별지 제3호서식의 "친족여부" 칸에 "Y"로 기재한다.

② 방문목욕 급여비용 청구시 : 별지 제4호서식의 "가족관계" 칸은 별표 4의 "가족관계 세부내용 코드"에 따라 수급자와 요양보호사의 가족관계를 기재하고, 별지 제4호 서식의 "목욕제공방법" 칸은 별표 2의 "방문목욕급여 제공방법 구분코드"에 따라 기재하며, 별지 제4호서식의 "초과사유코드" 칸은 별표 1의 "S303"에 따라 기재하고, 장기요양요원이 수급자의 가족(배우자, 직계혈족 및 형제자매, 직계혈족의 배우자, 배우자의 직계혈족 및 배우자의 형제자매) 및 민법에 의한 친족관계에 해당하는 경우에는 별지 제4호서식의 "친족여부" 칸에 "Y"로 기재한다.

③ 방문간호 급여비용 청구시 : 별지 제5호서식의 "세부내용코드" 칸은 별표 3의 "방문간호급여 세부내용구분코드"에 따라 기재하고, 별지 제5호서식의 "가족여부" 칸은 급여를 제공한 장기요양요원과 수급자의 관계가 가족(배우자, 직계혈족 및 형제자매, 직계혈족의 배우자, 배우자의 직계혈족 및 배우자의 형제자매)인 경우 "Y"로 기재하며, 장기요양요원이 수급자의 가족(배우자, 직계혈족 및 형제자매, 직계혈족의 배우자, 배우

자의 직계혈족 및 배우자의 형제자매) 및 민법에 의한 친족관계에 해당하는 경우에는 별지 제5호서식의 "친족여부" 칸에 "Y"로 기재한다.

④ 급여유형별 급여비용 및 장기근속 장려금 청구시 : 별지 제3호서식부터 별지 제7호서식 및 별지 제28호서식의 "특정내용" 칸은 별표1의 "특정내용 구분코드"에 따라 기재한다.

⑤ 촉탁의 진찰비용 청구시 : 별지 제23호서식의 "진찰사유" 및 "진찰내용" 칸은 별표5, 별표6의 "촉탁의 진찰사유 구분코드" 및 별표7, 별표8의 "촉탁의 진찰내용 구분코드"에 따라 기재한다.

(6) 급여제공 결과

시설에 입소중인 수급자의 경우 청구명세서 상 최종 급여제공일의 상태를 다음과 같이 구분하여 해당 코드를 기재한다. 다만, 월중 청구명세서가 2개 이상으로 분리되는 경우에는 각각의 청구명세서 상 최종 급여제공일의 상태를 다음과 같이 구분하여 해당 코드를 기재한다.

① 청구명세서 최종 급여제공일 당시 계속 입소중(외박포함)이거나 계속 입소가 예정된 경우 : 계속(1)

② 입소중(외박 포함) 퇴소의 경우 : 퇴소(2)

③ 입소중 사망으로 인한 퇴소의 경우 : 사망(3)

④ 외박중 사망의 경우 : 외박 중 사망(4)

(7) 청구서 등 작성요령

장기요양급여비용 청구서 등 작성요령은 별첨1의 "청구서 및 청구명세서 작성요령", 별첨2의 "기관 현황 통보서 및 종사자 현황 통보서 작성요령", 별첨4의 "장기요양 촉탁의 활동비용 청구서 및 청구명세서 작성요령", 별첨5의 "장기근속 장려금 청구서 및 청구명세서 작성요령"과 같다.

별표 1 특정내용 구분코드

※ 청구내역에 대한 추가적 기술사항 등을 기재

- 항목의 특정내역 기재형식 중 숫자형은 9로, 문자형은 X로, 소숫점은 V로, 연월일은 CCYYMMDD로, 시간의 시 분은 HHMM으로 표기하며 괄호()는 크기를 나타냄

① 명세서일련번호 단위

<table>
<tr><th>구분코드</th><th>특정내용</th><th>특정내용 기재형식</th><th>작성요령 및 기재형식</th></tr>
<tr><td>M001</td><td>소명자료 구분</td><td>X(1)</td><td>전자문서교환방식, Fax 또는 우편 등으로 청구명세서와 관련된 소명자료를 첨부하는 경우 'Y'로 기재</td></tr>
<tr><td>M002</td><td>생년월일 상이건</td><td>9(13)</td><td>장기요양인정서와 주민등록상의 생년월일이 상이한 경우에는 주민등록상의 생년월일을 기재</td></tr>
<tr><td>M003</td><td>주 · 야간보호급여 월 20일 미만 이용 사유 및 치매전담형 주 · 야간보호급여 월 15일(인지지원등급은 9일)미만 이용 사유</td><td>9(1)/
X(700)</td><td>주 · 야간보호급여를 월 20일 미만 이용 및 치매전담형 주 · 야간보호급여 월 15일(인지지원등급은 9일) 미만 이용시는 해당 구분코드를 기재

〈월 20일 미만 이용 사유코드〉
<table>
<tr><th>구분코드</th><th>내용</th></tr>
<tr><td>1</td><td>천재지변</td></tr>
<tr><td>2</td><td>수급자의 입원</td></tr>
<tr><td>3</td><td>수급자의 사망</td></tr>
<tr><td>4</td><td>주 · 야간보호기관의 폐업 · 지정취소(폐쇄명령) · 업무정지</td></tr>
</table></td></tr>
<tr><td>M004</td><td>단기보호급여 월 15일 초과 이용 사유</td><td>9(1)/
X(700)</td><td>단기보호급여를 월 15일 초과 이용시는 해당 구분코드를 기재하되 구분코드 3의 경우는 그 내용을 직접기재

〈단기보호 월 15일 초과 이용 사유코드〉
<table>
<tr><th>구분코드</th><th>내용</th></tr>
<tr><td>1</td><td>가족 등의 외유 · 외출, 병원치료, 집안 경조사 등 갑작스런 사정으로 인해 수급자를 돌볼 수 없는 경우</td></tr>
<tr><td>2</td><td>주거환경의 일시적 변화(이사, 공사 등)</td></tr>
<tr><td>3</td><td>단기보호 급여 제공기간을 연장할 수밖에 없는 불가피한 사정이 있 경우</td></tr>
</table></td></tr>
</table>

<table>
<tr><td>M009</td><td>종사자 계속근무 인정 사유</td><td>9(1)/
X(700)</td><td>종사자가 퇴사, 휴직 등의 경우에도 계속 근무를 인정 사유에 해당하는 구분코드를 기재
<table>
<tr><th>구분코드</th><th>내용</th></tr>
<tr><td>1</td><td>종사자가 휴직 및 퇴사 후 3개월 이내 해당기관으로 재취업하는 경우</td></tr>
<tr><td>2</td><td>입소형, 가산형 종사자의 기관사정 등으로 월 120시간 미만 근무한 달이 3개월 이내인 경우</td></tr>
<tr><td>3</td><td>방문형 종사자의 휴직, 기관사정 등으로 월 60시간 미만 근무한 달이 12개월 이내인 경우</td></tr>
<tr><td>4</td><td>남녀고용평등과 일 · 가정 양립 지원에 관한 법률 제19조에 따라 육아휴직 후 해당 장기요양기관으로 복직하는 경우</td></tr>
<tr><td>5</td><td>대표자가 동일한 장기요양기관으로 기관기호 및 급여유형이 다른 기관에서 근무한 경우</td></tr>
<tr><td>6</td><td>근무하고 있는 장기요양기관이 급여유형이 변경되어 장기요양기관기호가 변경된 경우</td></tr>
<tr><td>7</td><td>근무하고 있는 장기요양기관이 중간에 합병 또는 포괄적 양수 · 양도 등으로 인해 장기요양기관기호가 변경되었다고 하더라도 직원에 대한 포괄적 고용승계가 이루어진 경우</td></tr>
<tr><td>8</td><td>기타</td></tr>
</table></td></tr>
<tr><td>M012</td><td>단기보호급여 월 9일 초과 이용 사유</td><td>9(1)/
X(700)</td><td>단기보호급여를 월 9일 초과 이용시는 해당 구분코드를 기재하되 구분코드 3의 경우는 그 내용을 직접기재
〈단기보호 월 9일 초과 이용 사유코드〉
<table>
<tr><th>구분코드</th><th>내용</th></tr>
<tr><td>1</td><td>가족 등의 외유 · 외출, 병원치료, 집안 경조사 등 갑작스런 사정으로 인해 수급자를 돌볼 수 없는 경우</td></tr>
<tr><td>2</td><td>주거환경의 일시적 변화(이사, 공사 등)</td></tr>
<tr><td>3</td><td>단기보호 급여 제공기간을 연장할 수밖에 없는 불가피한 사정이 있는 경우</td></tr>
</table></td></tr>
<tr><td>M999</td><td>기타내용</td><td>X(700)</td><td>기타 명세서 참고내용을 기재 – 평문(Free Text)
※ 영문(700자), 한글(350자)</td></tr>
</table>

② 제공일 단위

<table>
<tr><th>구분코드</th><th>특정내용</th><th>특정내용 기재형식</th><th>작성요령 및 기재형식</th></tr>
<tr><td>S301</td><td>2인의 요양보호사 동시 방문요양 급여 제공 사유</td><td>ccyymmdd/9(1)/X(700)</td><td>요양보호사 2인이 동시에 방문요양급여를 제공한 경우 수급자 등의 동의 내용과 신체적 · 정신적 상태에 관한 사항을 기재하되, 구분코드 3의 경우는 그 내용을 직접 기재
<table>
<tr><th>구분코드</th><th>내용</th></tr>
<tr><td>1</td><td>수급자 등의 신체적 · 정신적 상태</td></tr>
<tr><td>2</td><td>수급자 등의 폭력행위, 방해행위</td></tr>
<tr><td>3</td><td>기타</td></tr>
</table></td></tr>
<tr><td>S302</td><td>주 · 야간보호기관 숙박 제공 여부</td><td>ccyymmdd/99(1)/X(700)</td><td>천재지변 등 부득이한 사정으로 주 · 야간보호기관에서 연속하여 다음날까지 계속 보호하는 경우 급여제공일과 해당 구분코드를 기재하되, 구분코드 2의 경우는 그 내용을 직접 기재

〈숙박제공여부 구분코드〉
<table>
<tr><th>구분코드</th><th>내용</th></tr>
<tr><td>1</td><td>천재지변 등 부득이한 사유로 숙박제공</td></tr>
<tr><td>2</td><td>기타</td></tr>
</table></td></tr>
<tr><td>S303</td><td>방문목욕급여 주1회 초과 제공사유</td><td>ccyymmdd/9(1)/X(700)</td><td>방문목욕급여를 주1회 초과하여 제공한 경우 초과 급여제공일자에 해당 구분코드를 기재하되 구분코드 3의 경우는 그 내용을 직접 기재

〈방문목욕급여 주1회 초과사유 코드〉
<table>
<tr><th>구분코드</th><th>내용</th></tr>
<tr><td>1</td><td>요실금으로 피부의 건강유지 · 관리가 불가피한 경우</td></tr>
<tr><td>2</td><td>변실금으로 피부의 건강유지 · 관리가 불가피한 경우</td></tr>
<tr><td>3</td><td>기타 피부의 건강유지 · 관리가 불가피한 경우</td></tr>
</table></td></tr>
<tr><td>S304</td><td>목욕제공장소</td><td>ccyymmdd/9(1)/X(700)</td><td>방문목욕급여 제공방법(「장기요양급여 제공기준 및 급여비용 산정방법 등에 관한 고시」 제24조1항제2호)에 따라 가정이 아닌 장소에서 방문 목욕급여를 제공하는 경우 해당 구분코드를 기재하되 구분코드 3의 경우는 목욕장소를 직접 기재

〈목욕제공장소 코드〉
<table>
<tr><th>구분코드</th><th>내용</th></tr>
<tr><td>1</td><td>노인장기요양보험법 제31조 및 제 32조에 따라 목욕시실이 갖추어진 장기요양기관</td></tr>
<tr><td>2</td><td>공중위생관리법에 따라 목욕설비가 갖추어진 대중목욕탕</td></tr>
<tr><td>3</td><td>기타</td></tr>
</table></td></tr>
</table>

<table>
<tr><td>S306</td><td>인지활동형 방문요양급여 120분 미만 이용사유</td><td>ccyymmdd/
9(1)/X(700)</td><td>인지활동형 방문요양급여를 120분 이상 이용하지 못하는 경우 급여제공일자에 해당 구분코드를 기재하되 4의 경우는 직접 기재
〈120분 미만 이용사유 코드〉
<table>
<tr><th>구분코드</th><th>내용</th></tr>
<tr><td>1</td><td>천재지변</td></tr>
<tr><td>2</td><td>수급자 입원</td></tr>
<tr><td>3</td><td>사망</td></tr>
<tr><td>4</td><td>제공자-수급자 간 친밀한 관계가 형성되지 않은 경우</td></tr>
<tr><td>5</td><td>기타</td></tr>
</table></td></tr>
<tr><td>S307</td><td>5등급 수급자의 주 · 야간보호급여 8시간 미만 이용사유</td><td>ccyymmdd/
9(1)/X(700)</td><td>5등급 수급자가 주 · 야간보호급여를 1일 8시간 미만 이용한 경우 급여제공일자에 해당 구분코드를 기재하되 4의 경우는 직접 기재
〈주 · 야간보호급여 8시간 미만 이용사유 코드〉
<table>
<tr><th>구분코드</th><th>내용</th></tr>
<tr><td>1</td><td>천재지변</td></tr>
<tr><td>2</td><td>수급자 입원</td></tr>
<tr><td>3</td><td>수급자 사망</td></tr>
<tr><td>4</td><td>기타</td></tr>
</table></td></tr>
<tr><td>S308</td><td>5등급 수급자의 인지활동형 프로그램 외의 방문요양급여 이용 사유</td><td>ccyymmdd/
9(1)/X(700)</td><td>5등급 수급자의 인지활동형 방문요양급여 외의 방문요양급여 이용사유 코드를 기재
〈5등급 수급자의 인지활동형 방문요양급여가 아닌 방문요양급여 이용사유〉
<table>
<tr><th>구분코드</th><th>내용</th></tr>
<tr><td>1</td><td>주 · 야간보호급여를 1일 8시간 이상 이용</td></tr>
</table></td></tr>
<tr><td>S309</td><td>치매가족휴가제 24시간 방문요양 간호(조무)사 방문여부</td><td>ccyymmdd/
9(1)/X(700)</td><td>24시간 방문요양 급여제공 중에 방문한 간호(조무)사의 성명과 방문일시를 기재</td></tr>
<tr><td>S310</td><td>월 4일 270분 이상 연속 방문요양급여 제공 사유</td><td>ccyymmdd/
9(1)/X(700)</td><td>월 4일 270분 이상 연속하여 방문요양급여를 제공한 경우 수급자 등의 동의 내용과 요청사유를 기재</td></tr>
<tr><td>S999</td><td>기타 내용</td><td>ccyymmdd/
X(700)</td><td>서비스 제공일별 기타 참고내용을 기재 – 평문(Free Text)
※ 영문(700자), 한글(350자)</td></tr>
</table>

별표 2 방문목욕급여 제공방법 구분코드

구분코드	제공방법
S011	차량내 목욕 제공(욕조, 펌프 등을 갖춘 "이동목욕용" 등록차량 이용)
S012	차량이용 가정내 목욕 제공(욕조, 펌프 등 장비와 차량 내 온수 사용)
S013	가정내 목욕 제공(가정 내 욕조 등을 이용한 경우)
S015	대중목욕탕 등에 수급자를 모시고 가서 목욕 급여를 제공하는 경우

별표 3 방문간호급여 세부내용 구분코드

구분코드	항목	급여제공내용
S021	기본	혈압, 맥박, 체온 측정
S022	질병관리	투약관리, 호흡관리, 상처관리, 욕창간호
S023	영양관리	경관영양, L-tube 교환 등
S024	배설관리	도뇨관, 방광세척, 방광훈련, 장루관리, 관장 등
S025	신체훈련	관절구축 방지를 위한 훈련
S026	인지훈련	인지기능장애 완화를 위한 훈련
S027	교육 · 상담	보호자나 수급자 교육, 가족상담 등

별표 4 가족관계 세부내용 구분코드

수급자와 요양보호사와의 관계			
	연번	관계	코드
요양보호사는 수급자의 관계	1	처	S031
	2	남편	S032
	3	자(딸, 아들)	S033
	4	며느리(자부)	S034
	5	사위	S035
	6	형제자매	S036
	7	손자 · 손자며느리 · 손자사위	S037
	8	배우자의 형제자매 (시아주버니, 시동생, 시누이, 처남, 처형, 처제)	S038
	9	외손자 · 외손자며느리 · 외손자사위	S039
	10	부모(양부모 포함)	S040
	11	기타	S041

별표 5 촉탁의 진찰사유 구분코드((한)의과) S051

구분코드	항 목	급여제공내용
A	문제행동	(01)배회, (02)수면장애, (03)폭력적 행동, (04)과식, (05)목욕거부 등
B	낙상발생	(01)낙상발생
C	탈수	(01)점막건조, (02)소변량 감소, (03)피부긴장도 감소, (04)졸림, (05)피로, (06)체중감소, (99)기타
D	소화기계 장애	(01)설사, (02)변비, (03)구토, (99)기타
E	영양상태 변화	(01)식욕부진, (02)연하장애, (03)체중감소(최근 1개월내 5%이상 또는 6개월내 10% 이상), (99)기타
F	통증	(01)통증
G	피부손상	(01)욕창, (02)피부궤양, (03)창상, (04)두드러기, (05)국소감염, (99)기타
H	출혈	(01)혈뇨, (02)혈변, (03)흑변, (04)질출혈, (99)기타
I	빈혈	(01)빈혈
J	약물관리	(01)약물부작용; (02)약물처방 요청
K	감염관리	(01)열, (02)도뇨관 등 관리, (99)기타
L	의식상태 변화	(01)의식상태 변화
Z	기타	(99)기타

수행 Tip!

- 노인장기요양보험포털에서 장기요양급여비용 청구에 대한 최신자료를 청구업무에 참고한다.

6-3 심사청구 및 지급내역서 분석

학습 목표

1 | 장기요양보험의 급여비용을 청구기준에 의한 심사청구를 할 수 있다.
2 | 장기요양비용 심사결정내역을 수신하여 조정내역을 분석할 수 있다.
3 | 심사지급내역을 분석하여 이의신청이나 재심청구, 심사청구를 요청할 수 있다.

1. 장기요양급여비용 심사

1) 심사의 개요

요양비용심사제도는 요양기관이 수급자를 요양 후 건강보험공단에 요양비용을 청구 했을 때 공단에서 요양기관의 부당한 청구나 착오 등의 여부를 심사하는 것이다. 이는 요양비 청구 질서의 확립을 유도하고 보험재정을 보호하며, 각 요양기관의 요양서비스가 적정하게 이루어지도록 하는데 목적이 있다. 따라서 요양비 심사제도는 장기요양기관이 제공한 요양급여에 대하여 본인부담진료비를 제외한 공단부담금을 건강보험공단에 청구하였을 때 청구된 요양비가 적정하게 산정되었는지를 심사하는 제도이다.

(1) 심사의 필요성 및 의의

요양급여비용 심사는 관계법령에서 정한 기준과 규정에 근거하여 적정하게 요양급여가 제공되었는지 여부와 급여비용의 정확한 청구여부 등을 심사하여 장기요양기관의 부적정한 급여비용 청구를 방지하고 정확한 청구질서를 확립함으로써 보험재정 누수를 방지하기 위함이다.

(2) 심사의 법적 근거

요양기관으로부터 요양급여에 관한 비용의 청구가 있을 때는 건강보험공단이 요양급여비용를 심사하고 보건복지부령에 따라 건강보험공단이 요양급여비용을 지불하며 심사의 법적인 근거는 아래와 같다.

심사의 법적 근거
① 「노인장기요양보험법」제38조(재가 및 시설 급여비용의 청구 및 지급)
② 「노인장기요양보험법 시행규칙」제30조(장기요양급여비용의 청구 등)
③ 「노인장기요양보험법 시행규칙」제31조(장기요양급여비용의 심사 · 지급)

(4) 심사기준

심사기준은 요양기관이 청구한 요양급여비용의 심사 시 적합성 여부에 대한 판단기준을 의미하며 요양급여비용 청구에 대한 심사는 아래와 같다.

① 「노인장기요양보험법」제39조에 의한 장기요양급여 제공기준 및 급여비용 산정방법 등에 관한 고시

② 「노인장기요양보험법」제43조의 규정에 의하여 정하여진 장기요양급여비용의 내용 및 사실관계

③ 국민건강보험공단 이사장이 정한 장기요양급여비용 산정기준 등에 관한 세부사항

④ 장기요양급여심사위원회 의결사항

⑤ 보건복지부 행정해석 등이 있다.

2) 심사내용 및 방법

(1) 심사의 내용

장기요양급여비용의 청구를 받은 경우 각호의 사항이 적합한지를 심사하고 공단 이사장은 필요시 소속직원을 현지에 방문하여 확인하게 할 수 있다.

① 「노인장기요양보험법」제17조의 장기요양인정서에 기재된 장기요양급여의 종류와 내용

② 「노인장기요양보험법」제23조에 따른 장기요양급여의 제공기준

③ 「노인장기요양보험법」제39조에 따라 산정된 재가 및 시설급여의 내용

(2) 청구시기 및 심사기간

① 청구시기

요양비용은 신속 · 정확하게 청구하여 조기에 미수금을 회수하는 것이 필요하며, 급여제공일이 속한 날의 다음 달 초일부터 월별로 청구할 수 있다. 장기재원의 경우에는 월단위로 분할청구 하는 것이 경영과 미수금관리에 효율적이다.

② 심사기간

건강보험공단은 장기요양 급여비용의 청구를 받은 날로부터 30일 이내에 이를 심사하여야 하며, 그 내용이 기재된 장기요양급여비용 심사지급통보서를 전자문서교환방식을 통하여 장기요양기관에 통보한다.

(3) 장기요양시설의 명세서 청구절차

요양비용청구란 본인이 부담하는 진료비를 제외한 공단부담진료비를 청구하는 과정으로서 정해진 양식에 의거 정보통신에 의한 전자문서방식으로 요양비용을 청구하고 있다. 장기요양보험의 경우 요양비용 청구절차는 다음과 같다.

요양비용 청구절차
① 수급자 본인부담 계산→ ②공단부담 미수금 발생 → ③명세서 생성(Data정리)→ ④ 명세서출력 또는 전산화면 심사(요양급여사항)→ ⑤ 요양기관 자체심사(점검 및 확인)→ ⑥ 청구명세서 분류→ ⑦ 명세서 마감 및 청구액 품의→ ⑧ 공단 전송

그림 6-11 장기요양급여비용청구

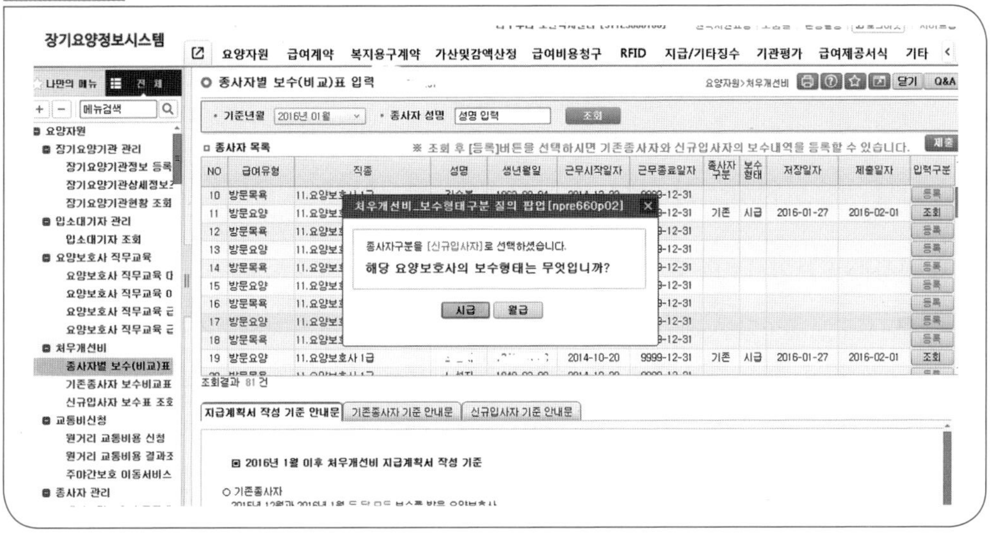

(4) 심사방법

① 요양시설의 자체 심사방법

심사방법에는 요양급여비용 생성에 의한 명세서출력심사와 전산화면 심사가 있다.

- 청구명세서에 의한 심사는 전산으로 출력된 요양급여비용명세서를 점검하고 대조·확인하는 심사방법으로 시간과 비용이 소요되는 단점이 있다.
- 전산화면심사는 청구명세서를 출력하지 않고 생성된 명세서를 전산화면으로 자격 확인 및 점검하는 방법으로 시간과 비용이 절약되는 장점이 있다.

② 건강보험공단의 심사

건강보험공단은 요양기관의 청구내용이 「노인장기요양보험법」 제39조에 의한 장기요양급여 제공기준 및 급여비용 산정방법 등에 관한 고시와 「노인장기요양보험법」제43조의 규정에 의하여 정하여진 장기요양급여비용의 내용 및 사실관계 등을 심사한다.

1. 전산점검심사

청구서 · 청구명세서에 대하여 수급자 자격 등 일반사항과 장기요양급여비용 청구내용을 비교적 단순화하거나 정형화된 전산프로그램으로 전산점검하여 심사 완결하는 방식을 말한다.

2. 정밀심사

전산점검심사결과 정밀심사 대상 건으로 분류되어 심사자에게 분배된 건에 대하여 심사자가 명세서 건별로 장기요양인정서에 기재된 장기요양급여의 종류와 내용, 장기요양급여의 제공기준, 재가 및 시설급여비용의 산정기준에 따라 적합하게 청구되었는지의 여부를 심사하는 과정을 말한다.

3) 심사관련 보완자료의 요청 및 심사 관련 현지확인

(1) 심사관련 보완자료의 요청

① 국민건강보험공단은 제6조에 따라 장기요양기관 또는 요양기관으로부터 제출받은 자료만으로 장기요양급여비용의 심사가 곤란하다고 인정되는 경우에는 법 제60조에 따라 장기요양급여제공기록지 및 장기요양급여비용명세서 사본 등 장기요양급여비용 심사에 필요한 보완자료의 제출을 장기요양기관에 요청할 수 있다.

② 보완자료의 제출을 요청하는 경우에는 공단은 10일의 기간을 정하여 요청하여야 하며, 동 기간 내에 보완자료를 제출하지 아니하는 경우에는 다시 7일의 기간을 정하여 보완자료의 제출을 요청할 수 있다.

③ 보완자료의 제출을 요청받은 장기요양기관 또는 요양기관이 보완자료를 제출하는데 소요된 기간은 장기요양급여비용 심사처리에 소요되는 기간에 포함하지 아니한다.

(2) 심사 관련 현지확인 절차

규칙 제31조제1항에 따라 건강보험공단의 소속직원이 심사를 수행함에 있어 현지를 방문하여 확인하는 경우에는 장기요양 급여비용 현지확인 통보서(별지 제16호서식)와 공단의 소속직원임을 증명할 수 있는 신분증을 제시하여야 한다.

4) 장기요양 급여비용의 심사 · 지급 및 가감지급기준

(1) 장기요양 급여비용의 심사 · 지급(법 제38조제2항)

① 국민건강보험공단은 장기요양 급여비용의 청구를 받은 경우에는 다음 각 호의 사항에 적합한지를 심사한다. 이 경우 공단의 이사장은 심사를 수행함에 있어 필요하면 소속 직원으로 하여금 현지를 방문하여 확인하게 할 수 있다.

1. 법 제17조제1항제2호에 따라 장기요양인정서에 기재된 장기요양급여의 종류와 내용
2. 법 제23조제3항에 따른 장기요양급여의 제공기준
3. 법 제39조제1항에 따라 산정된 재가 및 시설 급여비용의 내역

② 국민건강보험공단은 장기요양 급여비용의 청구를 받은 날부터 30일 이내에 이를 심사하여 그 내용이 기재된 장기요양급여비용 심사지급통보서를 전자문서교환방식 등을 통하여 장기요양기관에 통보하여야 하며, 그 심사지급통보서에 기재된 장기요양급여비용을 해당 장기요양기관에 지체없이 지급하여야 한다. 이 경우 심사기간을 산정함에 있어 공단의 이사장이 해당 장기요양기관에 심사에 필요한 자료를 요청한 경우 등 특별한 사유가 있는 경우에는 그에 소요되는 기간은 제외한다.

③ 제2항에도 불구하고 공단은 이미 납부한 본인일부부담금이 제2항에 따라 통보된 금액보다 과다한 경우에는 장기요양기관에 지급할 금액에서 그 과다하게 납부된 금액을 공제하여 해당 수급자에게 지급하여야 하며 그 공제내역을 장기요양기관에 통보하여야 한다.

④ 장기요양급여비용 심사지급통보서의 서식과 장기요양급여비용의 심사 · 지급에 필요한 사항은 보건복지부장관이 정하여 고시한다.

(2) 장기요양급여비용 심사지급결정 내용의 통보

① 건강보험공단은 장기요양 급여비용의 심사를 한 경우에는 별지 제17호서식, 제18호서식, 제24호서식부터 제26호서식에 따른 장기요양급여비용 심사 · 지급통보서, 별지 제29호서식 장기근속 장려금 심사지급통보서에 다음 각 호의 사항을 기재하여 장기요양기관 또는 요양기관에 통보하여야 한다.

1. 장기요양급여비용 청구서에 관한 사항
2. 장기요양급여비용 심사담당자의 성명 및 전화번호
3. 장기요양급여를 받은 수급자별 심사내용(심사조정 등이 있을 경우에 한한다)

4. 장기요양급여비용 심사조정사항이 있을 경우 사유별 조정내용 및 심사결정사항
5. 장기요양급여비용의 심사가 불가하거나 보류 중일 경우 그 내용
6. 장기요양급여를 받은 자의 수급자격이 없을 경우 그 내용

② 공단은 규칙 제31조제1항에 따른 현지 확인결과 새로운 조정사유를 확인한 경우에는 그 내용을 장기요양기관 또는 요양기관에 통보하여야 한다.

③ 공단이 장기요양기관 또는 요양기관에 지급할 장기요양급여비용은 법 제64조 및 「국고금관리법」 제47조제1항의 규정에 따라 청구명세서 별로 끝수처리 한다.

④ 공단은 장기요양급여비용의 심사결과 다음 각 호의 어느 하나에 해당하는 경우에는 그 공제내용을 장기요양기관 또는 요양기관에 통보하여야 한다.

1. 규칙 제31조제3항의 규정에 의하여 이미 납부한 본인일부부담금이 규칙 제31조제2항에 따라 통보된 금액보다 과다하여 장기요양기관에 지급할 금액에서 그 과다하게 납부된 금액을 공제한 경우
2. 「소득세법」 및 「지방세법」이 정하는 바에 따라 소득세 및 지방소득세를 원천징수하여 공제한 경우
3. 기타 장기요양급여비용의 차감이 있는 경우

⑤ 공단은 제25조에 따라 장기요양 급여비용의 심사지급 후 심사내용에 대한 확인 결과 정산사유가 발생한 경우 등에는 별지 제19호서식 및 별지 제20호서식에 따른 정산심사 결정통보서를 장기요양기관 또는 요양기관에 통보하여야 한다.

(3) 장기요양급여비용의 가감지급기준

법 제38조제3항에 따라 가산 또는 감액하여 지급하는 금액은 평가 대상 장기요양기관에 대하여 전년도에 공단이 심사하여 지급하기로 결정한 공단부담금의 100분의 5의 범위에서 보건복지부장관이 정하여 고시한 기준에 따라 산정한 금액으로 한다.

(4) 장기요양심사위원회의 구성

① 법 제55조제3항에 따라 공단에 두는 장기요양심사위원회는 위원장 1명을 포함한 50명 이내의 위원으로 구성한다.

② 심사위원회의 위원장은 공단의 이사장이 장기요양사업을 담당하는 공단의 상임이사 중에서 임명하고, 위원은 다음 각 호의 어느 하나에 해당하는 자 중에서 공단의 이사장이 위촉하거나 임명한다.

1. 「의료법」에 따른 의사 · 치과의사 · 한의사나 업무경력이 10년 이상인 간호사
2. 「사회복지사업법」에 따른 사회복지사로서 업무경력이 10년 이상인 자
3. 노인장기요양보험 업무를 담당하고 있는 공단의 임직원
4. 그 밖에 법학 및 장기요양에 관한 학식과 경험이 풍부한 자

③ 심사위원회 위원의 임기는 3년으로 하되, 한 차례만 연임할 수 있다. 다만, 공단 직원인 위원의 임기는 재임기간으로 한다.

2. 현지확인심사

1) 현지확인심사

장기요양기관이 수급자에게 장기요양급여 제공기준 절차에 따라 재가 또는 시설급여를 제공하고 공단에 청구한 급여비용에 대해 제출한 자료만으로는 청구내용의 적정 여부를 판단하는데 어려움이 있는 경우 공단직원이 현지를 방문하여 급여내용을 확인하는 일련의 과정을 말한다. 급여비용을 제출한 청구 자료만으로 심사가 곤란한 경우 심사의 한계성을 보완하여 심사의 정확성을 제고하고, 부당청구의 예방 및 건전한 청구질서를 확립하여 보험재정안정에 기여한다.

2) 관련근거

① 「노인장기요양보험법」제38조(재가 및 시설급여비용의 청구 및 지급)
② 「노인장기요양보험법 시행규칙」제31조(장기요양 급여비용의 심사 · 지급)
③ 「노인장기요양보험법」제60조(자료의 제출 등)
④ 「노인장기요양보험법」제43조(부당이득의 징수)

국민건강보험공단은 장기요양급여 받은 자 또는 장기요양급여비용을 받은 자가 다음 각 호의 어느 하나에 해당하는 경우 그 장기요양급여 또는 장기요양급여비용에 상당하는 금액을 징수한다.

1. 제28조의 월 한도액 범위를 초과하여 장기요양급여를 받은 경우
2. 제29조 또는 제30조에 따라 장기요양급여의 제한 등을 받을 자가 장기요양급여를 받은 경우

3. 제37조제1항제4호 · 제3항 제3호에 따른 거짓이나 그 밖의 부정한 방법으로 재가 및 시설 급여비용을 청구하여 이를 지급받은 경우
4. 그 밖에 이 법상의 원인 없이 공단으로부터 장기요양급여를 받거나 장기요양급여 비용을 지급받은 경우

3) 선정대상

① 현지확인심사 대상

1. 청구내용 현지확인심사

   현재 심사 중인 청구 분 급여비용을 대상으로 하며, 적정청구 여부확인에 필요한 사항을 중심으로 현지확인심사를 실시한다.

2. 기획 현지확인심사

   당월 청구 분을 포함하여 최근 심사 지급한 3개월분의 급여비용까지 대상으로 하여 청구 및 심사 지급 내용 전반에 걸쳐 현지확인심사를 실시한다.

② 확인내용은 • 급여비용 청구관련 인력 및 수급자 현황 확인 • 장기요양급여제공기록지 및 관련 자료와 청구된 급여비용 청구명세서 대조 확인 • 청구 관련 수가산정기준 위반여부 및 실제 제공여부 확인 • 전문인 배상책임보험 가입여부 확인 등이 있다.

③ 선정기준

「노인장기요양보험법 시행규칙」 제31조에 따라 심사과정에서 현지확인심사가 필요하다고 판단된 기관이며, • 가산금 추가청구기관 • 산정비율 추가청구기관 • 두 가지 이상의 재가급여 동시 산정 청구기관 • 방문목욕 주 1회 초과사유가 기타인 청구기관 방문간호 주 3회 초과 청구기관 • 복지용구 청구 후 급여계약 취소 기관 • 그 외에 기타 부당개연성이 있어 확인이 필요한 기관 등이다.

4) 기획 현지확인심사

①「노인장기요양보험법 시행규칙」 제31조에 따라 현지확인심사가 필요하다고 판단된 기관

1. 급여비용총액 등 청구실적이 종전보다 급증하거나 규모가 비슷한 다른 장기요양기관보다 상당히 높은 경우
2. 급여제공기록지 등 근거서류의 신빙성이 의심되는 기관
3. 수급내용확인 결과와 청구내용이 상이한 기관
4. 자료제출에 비협조적이거나 제출을 거부하고 있는 기관

5. 청구행태 상 부당청구의 개연성이 높은 기관

② 이용지원 과정이나 장기요양기관 관리 등에서 파악된 부당유형 및 착안사항에 대해 적정청구지원시스템 등을 활용하여 해당 유형으로 발췌된 장기요양기관 중 부당개연성이 있어 확인이 필요한 기관

③ 현지조사 선정의뢰실무회의 결과 현지확인심사 대상으로 결정된 기관

④ 민원(내부 종사자 제보) 등 문제 발생기관

⑤ 현지확인심사 후 기관 지도점검 대상으로 결정된 기관 중 2회 이상 미 시정한 기관

⑥ 청구내용 현지확인심사 실시결과 부당청구 확인기관 중 청구행태 미개선 기관

5) 현지확인심사 결과

① 청구내용 현지확인심사

확인심사 결과에 따라 해당 청구건에 대하여 심사결정 처리(정상지급, 심사조정, 심사불능 등)

② 기획 현지확인심사

심사과정과 결정에 있는 장기요양급여비용 중 장기요양기관(기관기호) 단위별로 확인된 월평균 부당금액과 부당청구액의 비율에 따라 부당이득금 환수결정 및 기관지도점검 또는 현지조사 의뢰한다.

3. 요양비용 청구 심사지급내역서 분석

1) 장기요양급여비용 심사지급결정 내용의 통보

① 건강보험공단은 장기요양 급여비용의 심사를 한 경우에는 장기요양급여비용 심사지급통보서(별지 제17호서식, 제18호서식, 제24호서식 부터 제26호서식), 장기근속 장려금 심사지급통보서(별지 제29호서식)에 다음 각 호의 사항을 기재하여 장기요양기관 또는 요양기관에 통보하여야 한다.

1. 장기요양급여비용 청구서에 관한 사항
2. 장기요양급여비용 심사담당자의 성명 및 전화번호
3. 장기요양급여를 받은 수급자별 심사내용(심사조정 등이 있을 경우에 한한다)
4. 장기요양급여비용 심사조정사항이 있을 경우 사유별 조정내용 및 심사결정사항

5. 장기요양급여비용의 심사가 불가하거나 보류 중일 경우 그 내용
6. 장기요양급여를 받은 자의 수급자격이 없을 경우 그 내용

② 공단은 규칙 제31조제1항에 따른 현지 확인결과 새로운 조정사유를 확인한 경우에는 그 내용을 장기요양기관 또는 요양기관에 통보하여야 한다.

⑤ 공단은 제25조에 따라 장기요양 급여비용의 심사지급 후 심사내용에 대한 확인 결과 정산사유가 발생한 경우 등에는 정산심사 결정통보서(별지 제19호서식 및 별지 제20호서식)를 장기요양기관 또는 요양기관에 통보하여야 한다.

2) 심사사후관리

심사사후관리란 요양급여비용 심사청구에 대하여 심사가 종결되고, 그 결과를 건강보험공단 및 요양기관에 통보한 후 심사가 심사기준에 의하여 정확하게 이루어졌는지를 재점검하여 부당청구 및 지급된 금액이 확인된 경우 이를 환수하고, 점검결과를 추후 심사과정에 반영하는 것을 말하며,

3) 요양급여비용 심사지급통보서

요양기관이 청구한 요양급여비용을 건강보험공단에서 심사한 후 그 내용이 기재된 요양(의료)급여비용 심사지급통보서를 당해 요양기관에 각 각 송부한다. 세부내역은 수진자본인 및 공단이 부담해야 할 심사결정금액과 수진자별 조정금액, 조정사유 등 심사결과를 기재한다.

① 심사조정 : 장기요양급여비용 청구내용을 산정기준, 행정해석 등의 기준을 적용하거나 장기요양기관에서 제출한 관련 자료를 확인하여 과다하게 청구한 급여비용을 적정급여비용으로 삭감하여 지급한다.

② 심사불능 : 장기요양급여비용 청구내용을 확인한 결과 수급자 자격관련 사항, 청구구분 등을 착오 청구하여 해당 명세서의 심사결정금액을 '0'원으로 하여 급여비용을 지급하지 않는 경우로 보완청구대상이 된다.

③ 전체반송 : 장기요양급여비용 청구내용을 확인한 결과 청구오류 등으로 심사 또는 지급처리가 곤란하여 급여비용을 지급할 수 없는 경우이며, 접수번호단위로 청구서(청구명세서)를 장기요양기관에 반려한다.

심사결과통보서를 분석 후 부당조정이 확인된 경우 정해진 서식에 의거 이의신청을 실시한다.(세부사항은 제8장 권리구제사항 참조)

[별지17호서식]

장기요양급여비용 심사지급통보서

장 귀하 기관기호 : 접수번호 : 심사차수: 지급차수: 담당자 : 전화번호 :

지급내용	심사결정일자		은 행		예금주명		계좌번호	

구분	지급일자	지급결정공단부담금 (심사결정 청구액) 판매금액 / 대여금액	원천징수세액			본인부담	가지급 정산금	환수정산금			공제처리	절사금액	증감액계	송금액
			세액계	소득세	주민세	환급금		가	나	다				

일련번호	수급자성명	수급자구분	주민등록번호		당월 급여개시일	청구사항			심사결정사항			본인부담환급금	감액내역			
			장기요양인정번호	등급	총급여일수	총액 / 가산 후 총액	본인일부부담금	청구액 / 가산금액	총액 / 가산 후 총액	본인일부부담금	청구액 / 가산금액	추가부담금	사유	감액	사유	감액
			심사내용													

합계	구분	건수	총액	가산 후 총액	본인일부부담금	청구액	가산 후 청구액	가산금액	본인부담환급금 / 추가부담금	구분	건수	총액
	청구사항									심사조정		
	심사결정									심사불능		

※ 본 심사지급통보서는 소득세법 제144조에 의한 원천징수영수증에 갈음한 자료입니다. (원천징수대상 장기요양기관에 한함.)

. . .

국민건강보험공단 이사장

[별지 제19호 서식]

장기요양급여비용 정산심사결정통보서

장기요양기관기호 : 명칭 : 담당자 전화번호 : 차수 :

접수번호	일련번호	수급자성명	주민등록번호	수급자구분	장기요양인정번호	원청구내용	등급	당월 급여개시일	총급여일수	청구총액	청구본인일부부담금	청구액	본인부담환급금(B-E)	증감내역 사유	증액 / 감액	비고
							〃	〃	〃	심결총액(A)	심결본인일부부담금 (B)	심결청구액(C)	추가부담금(E-B)			
						정산내용	〃	〃	〃	정산총액(D)	정산본인일부부담금(E)	정산청구액(F)	차감액(C-F)			

. . . .

국민건강보험공단 이사장

4) 심사결정내용 통보 장기요양급여비용 심사지급통보서

① 공단은 심사결정내용을 '장기요양급여비용 심사지급통보서'에 기재하여 통보

② 전자문서교환방식(EDI)으로 청구한 장기요양기관에 대하여는 '장기요양급여비용 심사지급통보서'를 작성하여 노인장기요양보험포털을 통하여 통보한다.

③ 전산매체로 청구한 장기요양기관에 대하여는 '장기요양급여비용 심사지급통보서'를 작성하여 우편 송부한다.

5) 심사지급통보서 분석상 심사 불능 · 보류 및 반송사유별 코드

심사지급통보서 분석상 심사 불능 · 보류 및 반송사유별 코드는 다음과 같다.

표 6-2 심사 불능·보류 및 반송사유별 코드

코드	사유
A00	청구방법 일치 여부 착오
A01	장기요양기관기호, 명칭(보장기관 기호,명칭) 기재 누락 또는 착오
A02	장기요양기관 지정일 이전 · 폐업일 이후, 지정취소일 이후 청구
	영업정지 기간내 또는 휴업기간 중 청구
A03	장기요양인정 유효기간 이전, 이후 청구 또는 사망일 이후 청구
A04	수급자 주민등록번호, 장기요양인정번호 기재 누락 또는 착오
A05	급여개시일 기재 누락 또는 착오
A06	총 장기요양급여비용 · 본인일부부담금 · 청구액, 청구건수와 명일련 순서 기재 누락 또는 착오
A07	입소일수 · 총급여일수 · 방문횟수 기재 누락 또는 착오
A08	장기요양기관의 기관유형(급여종류)에 따른 서비스 제공 내역 (서비스코드등)기재 누락 또는 착오
A09	수급자(본인일부부담률) 구분 착오
A10	시설급여 제한자의 시설급여 비용 청구
A11	요양등급 상이 청구
A12	보완청구 및 추가청구의 원청구 내역 기재 누락 또는 청구착오
A13	중복 청구
A14	장기요양기관 입소, 이용 의뢰서와 실 급여기관 상이 또는 급여제공일 상이건(의료급여 수급권자)
A15	장기요양급여계약내역서 미통보 또는 해지건에 대한 변경계약서 미통보 청구
A16	의료기관(사회복지시설)입원(입소)중 재가급여, 시설급여 비용 산정
A17	시설입소 중 재가서비스 산정
A18	장기요양요원 성명, 주민등록번호 기재 누락 또는 착오

A19	요양보호사 무자격자 청구
A20	요양보호사별(1급,2급) 서비스영역 외 청구
A21	방문간호지시서 발급 전 방문간호서비스 청구
A22	방문간호지시서 유효기간 180일 이후 서비스 청구
A23	복지용구 구입, 대여 품목의 구입 청구(기초생활수급권자)
A24	복지용구 구입전용 품목의 대여 청구
A25	단기보호시설 1회 90일 또는 연 180일 초과 이용
A26	소멸시효(3년)기간외 청구
A27	청구서와 청구명세서의 수급자구분, 청구구분, 급여제공월 상이 청구
A28	장기요양인정서상의 급여종류(시설,재가,특별현금급여)와 실급여종류 상이 청구
A30	수급자와 동거가족인 요양보호사 1일 120분 이상 청구
A31	수급자와 동거가족인 요양보호사 야간 또는 휴일 가산 청구
A32	수급자와 동거가족인 요양보호사가 2인 이상일 경우
A33	가지급기관의 청구명세서가 급여제공월과 청구월이 동일한 경우
A34	재가기관의 청구명세서가 급여제공월과 청구월이 동일한 경우
A35	15일 단위 청구기관의 급여제공일수 착오
A50	기타
A60	심사보류건

6) 요양기관의 공단 요양급여비용 심사지급통보서 분석

심사지급 통보서분석은 요양기관에서 청구된 비용에 대해 심사가 이루어지는 과정에서 보건복지부 고시나 요양급여기준, 심사기준, 요양기관 현황신고, 장기요양기관의 청구에 의해 공단에서 심사시 삭감(조정) 처리한 내역을 확인하는 과정으로 조정된 급여내역을 분석하여 재청구 또는 이의신청을 하기 위한 과정이다.

(1) 분석하는 방법

① 요양급여비용 심사결정금액의 정산내역서 - 삭감금액, 줄번호별 심사조정코드 확인

(2) 심사결과 분석

① 심사조정 ② 심사불능 ③ 전체반송 사유 등을 분석한다.

심사결과통보서를 분석 후 부당조정이 확인된 경우 정해진 서식에 의거 이의신청을 실시한다.(세부사항은 제8장 권리구제사항 참조)

4. 심사지급내역 분석 후 재청구 및 재심청구

1) 보완청구 및 추가청구

심사결과통보서를 분석 후 지급불능 건이나 누락건이 확인된 경우 정해진 서식에 의거 보완청구 및 추가청구를 실시한다(앞의 세부내용 참조)

① 보완청구는 요양기관에서 요양급여비용을 청구하였으나, 심사평가원에서 심사불능 처리된 건(반송건)에 대하여는 해당사유를 보완하여 명세서를 재작성하고, 심사청구서에 첨부하여 다시 청구한다.

② 추가청구는 요양기관이 요양급여비용을 지급받은 명세서 중 진료내역의 일부가 당초 청구시 누락되어 누락된 진료내역만을 추가로 청구하는 경우에는 심사청구서 및 명세서의 청구구분란에는 추가청구 구분코드("2")를 기재하고, 반드시 명세서의 청구구분란에 이미 통보된 원청구서의 접수번호,명세서 일련번호를 기재하여야

2) 이의신청

심사결과통보서를 분석 후 부당확인된 경우 정해진 서식에 의거 이의신청을 실시한다.(세부사항은 제8장 권리구제사항 참조)

3) 재심사 조정청구

(1) 신청개요

① 신청대상

심사 조정된 청구명세서에 대해 이의가 있는 경우 이의신청 이전에 급여비용 재심사조정청구를 신청할 수 있다.

② 신청기간

장기요양급여비용 심사지급통보서가 해당기관에 도착한 다음날로부터 기산하여 90일 이내 하여야 한다(기간만료일(공단 도착일)이 공휴일인 경우 그 다음날까지 임).

③ 처리기간

공단은 특별한 경우를 제외하고 재심사조정청구를 관련문서가 접수된 날로부터 30일 이내에 결정 처리한다.

(2) 신청방법

① 전자문서교환방식(노인장기요양보험포털)은 장기요양기관회원서비스/16.장기요양급여비용 재심사 청구 메뉴에서 작성하여 신청한다.

② 서면청구는 재심사조정청구 서식에 급여제공기록지 등 관련 자료를 첨부하여 우편 송부한다.

5. 장기요양급여관리 및 직원교육

① 장기보험의 급여관리 사항은 매년 보건복지부에서 급여비용이 개정 고시되고, 또한 심사기준과 지침, 유권해석, 질의회신, 심사사례 등이 변경될 수 있으므로 청구부서에서는 변경된 주요 내용을 관련된 직원들에게 교육이 필요하다.

② 요양기관에서 공단으로 청구 후 정산지급내역서(심사결과내역서)를 분석하여 주요사항에 대해서는 해당부서에 교육(또는 공지) 또는 협조요청이 필요하다.

③ 건강보험공단 등에서 새로운 기준이나 지침이 요양기관에 통보(공지)시는 해당부분을 요약 · 정리하여 관련 부서에 알려서 수급자관리에 참고가 되도록 한다.

④ 노인장기요양보험포털 홈페이지를 수시 접속하여 주요 공지사항 및 질의회신사항과 민원사례 등 자료를 수집하여 심사청구에 활용하도록 한다.

⑤ 상기사항을 참고하여 제공한 급여에 대한 누락을 방지하고, 비용청구의 효율성을 제고할 수 있도록 관리가 필요하다.

수행 Tip!

• 장기요양급여 비용청구 및 심사기준에 대한 자료수집과 노인장기요양보험포털의 질의응답사례를 실무에 활용한다.

제 7 장

권리구제 및 행정처분

7-1 이의신청 및 심사청구

학습 목표

1 | 장기요양보험의 이의신청 및 심사청구를 할 수 있다.

1. 권리구제제도 개요

1) 권리구제제도

권리구제(權利救濟)는 행정청 등의 행정행위(공권력 행사, 처분)로 인해 국민의 기본적 권리가 침해당했을 때 이를 조사하여 피해자의 권리를 침해가 없었던 상태로 원상회복시키는 절차를 말한다.

2) 관련근거

- 「노인장기요양보험법」제55조(이의신청)
- 「노인장기요양보험법」제56조(심사청구)
- 「노인장기요양보험법」제57조(행정소송)

3) 노인장기요양보험법 상 권리구제

노인장기요양보험법 상 권리구제에는 이의신청과 심사청구 및 행정소송이 있다.

2. 이의신청 및 심사청구

1) 이의신청

장기요양인정 장기요양등급 장기요양급여 부당이득 장기요양급여비용 또는 장기요양보험료 등에 관한 공단의 처분에 이의가 있는 자는 국민건강보험공단에 이의신청을 할 수 있다.

2) 심사청구(행정심판)

「노인장기요양보험법」제55조에 따른 이의시청에 대한 결정에 불복하는 자는 결정처분을 받은 날부터 90일 이내에 장기요양심판위원회에 심사청구를 할 수 있다.

3) 행정소송

국민건강보험공단의 처분에 이의가 있는 자와 「노인장기요양보험법」제55조에 따른 이의신청 또는 제56조에 따른 심사청구에 대한 결정에 불복하는 자는 「행정소송법」으로 정하는 바에 따라 행정소송을 제기할 수 있다

(1) 이의신청

① 개요

가입자 및 피부양자의 장기요양인정 장기요양등급 장기요양급여 부당이득 장기요양급여비용 또는 장기요양보험료 등에 관한 공단의 처분에이의가 있는 자가 이의신청을 제기한 경우 장기요양심사위원회의 심리절차를 통해 국민의 권리, 이익의 침해를 구제하기 위한 절차를 말한다.

② 이의신청

이의신청(異議申請, Einspruch)은 장기요양인정, 장기요양등급, 장기요양급여, 부당이득, 장기요양급여비용 또는 장기요양보험료 등에 관한 공단의 처분에 이의가 있는 자가 이의신청을 제기한 경우 장기요양심사위원회의 심리절차를 통해 국민의 권리, 이익의 침해를 구제하기 위한 제도이다.

③ 이의신청 기간 및 결과통보

- 기간 : 장기요양인정 · 장기요양등급 · 장기요양급여 · 부당이득 · 장기요양급여비용 또는 장기요양보험료 등에 관한 공단의 처분에 이의가 있는 자는 공단에 이의신청(별지 제32호서식)을 처분이 있은 날부터 90일 이내에 문서로 하여야 한다. 다만, 정당한 사유로 본문의 기간 이내에 이의신청을 할 수 없었음을 소명한 때는 그러하지 아니하다.
- 결과통보 : 이의신청을 받은 공단은 이의신청을 받은 날부터 60일 이내에 결정하여야 하며, 다만, 부득이한 사정이 있으면 30일의 범위 안에서 결정기간을 연장할 수 있다. 국민건강보험공단은 이의신청 결정기간을 연장하면 지체 없이 이의신청인에게 그 사유와 연장기간을 통보(별지 제33호서식)하여야 한다.

④ 이의신청 대상

장기요양인정, 장기요양 부당이득 징수, 장기요양등급, 장기요양급여 비용의 심사 · 지급, 장기요양급여, 장기요양보험료 등이다.

⑤ 신청자격

본인, 배우자, 신청인 또는 배우자의 사촌이내의 혈족, 다른 법률의 규정에 의하여 대리를 할 수 있는 자, 법인인 경우 소속 임직원, 변호사 등이다.

<table>
<tr><td colspan="6">■ 노인장기요양보험법 시행규칙 [별지 제32호서식] 〈개정 2021. 6. 30.〉</td></tr>
<tr><td colspan="6">심사청구서</td></tr>
<tr><td colspan="5">※ 뒤쪽의 작성방법 및 유의사항을 읽고 작성하시기 바라며, 어두운 난은 청구인이 적지 않습니다.</td><td>(앞쪽)</td></tr>
<tr><td>접수번호</td><td></td><td>접수일</td><td></td><td>처리재기간</td><td>60일</td></tr>
<tr><td rowspan="2">① 청구인
(처분을 받은 자)</td><td colspan="3">성명</td><td colspan="2">주민등록번호</td></tr>
<tr><td colspan="5">주소
(전화번호:)</td></tr>
<tr><td>② 처분의 요지</td><td colspan="5">(처분을 한 분사무소:) (여백부족시 별지 사용)</td></tr>
<tr><td>③ 처분이 있은
(도달한) 날</td><td colspan="5">년 월 일</td></tr>
<tr><td>④ 심사청구의
취지 및 이유</td><td colspan="5">(여백부족시 별지 사용)</td></tr>
<tr><td colspan="6">「노인장기요양보험법」 제55조제1항 및 같은 법 시행규칙 제39조제1항에 따라 국민건강보험공단의 처분에 대하여 위와 같이 심사를 청구합니다.

년 월 일

청구인
성명 : (서명 또는 인)

대리인
성명 : (서명 또는 인)
주민등록번호 :
청구인과의 관계 :
주소 :
전화번호 :

국민건강보험공단 이사장 귀하</td></tr>
<tr><td colspan="6"></td></tr>
<tr><td>첨부서류</td><td colspan="5">주장하는 사실을 증명할 수 있는 자료</td></tr>
<tr><td colspan="6">210mm×297mm[백상지 80g/㎡]</td></tr>
</table>

⑥ 이의신청 방법 및 처리절차

노인장기요양보험운영센터에 서면신청(방문,우편,팩스)이나 국민건강보험공단(전국 지사, 지역본부 및 본부)을 직접 방문하거나 우편, 팩스 및 온라인으로 신청하면 된다.

그림 7-1 이의신청 처리절차

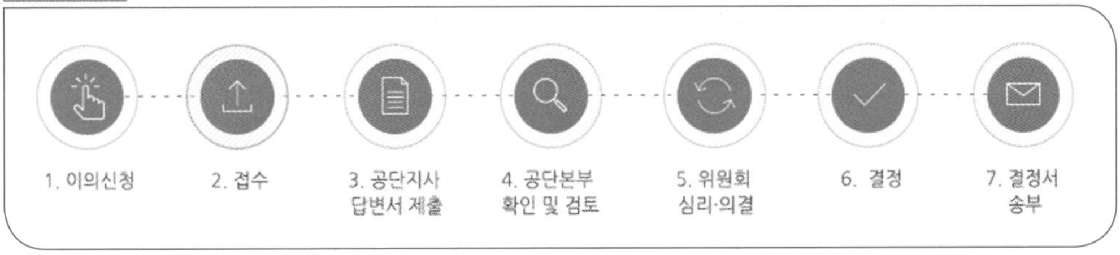

⑦ 이의신청의 결정

- 인용결정은 본안심리의 결과 이의신청이 이유 있고 원래의 처분 또는 부작위가위법 또는 부당하다고 인정하여 신청의 취지를 받아들이는 결정을 말한다.
- 기각결정은 이의신청이 이유 없다고 인정하여 신청을 배척하고 원처분을 지지하는 결정을 말한다.
- 각하결정은 심사신청의 제기요건을 충족하지 않는 부적합한 이의신청에 대하여본안에 대한 심리를 거절하는 내용의 결정을 말한다.

⑧ 이의신청의 취하

신청인은 이의신청에 대한 재결이 있을 때까지는 신청의 전부 또는 일부를 취하 할 수 있다.

⑨ 이의신청 심리

이의신청 사건을 심리 · 의결하는 장기요양심사위원회는 사회 각 분야를 대표하는 위원들로 구성되어 있다. 위원회에서는 신청인 및 피신청인이 제출한 자료 등을 포함한 증거자료 및 전문가 자문 등을 통해 공단의 처분이 적법, 타당했는지를 심리한다.

■ 노인장기요양보험법 시행규칙 [별지 제33호서식] 〈개정 2021. 6. 30.〉

심 사 결 정 서

제 호

청구인 성 명: 주민등록번호:

주 소:

대리인 성 명: 주민등록번호:

주 소:

주문:

원 처분 요지:

심사청구 취지:

결정이유:

년 월 일

국민건강보험공단이사장 **직인**

※ 이 결정에 대하여 불복할 때에는 이 결정서를 받은 날부터 90일 이내에 보건복지부에 설치되어 있는 장기요양재심사위원회에 재심사청구하거나, 관할 법원에 행정소송을 제기할 수 있습니다.

210mm×297mm[백상지 80g/㎡]

2) 심사청구

(1) 심사청구

심사청구(審査請求)는 위법이나 부당한 행정 처분에 대하여 그 취소, 변경 등을 요구하여 관계 행정 기관에 재심사를 청구하는 행위를 말한다.

국민건강보험공단의 이의신청결정에 불복하는 분은 공단의 이의신청결정을 받은 날부터 90일 이내에 보건복지부에 설치되어 있는 장기요양 심판위원회에 심사청구를 서식(별지 37호 서식)에 의하여 할 수 있다. 또한 이의신청에 대한 결정에 불복하는 자는 결정처분을 받은 날부터 90일 이내에 장기요양심판위원회에 심사청구를 할 수 있다.

(2) 심사청구의 방식 및 내용

이의신청 결정에 대하여 심사청구를 하려는 자는 다음의 사항을 적은 심사청구서에 주장하는 사실을 증명할 수 있는 자료를 첨부하여 장기요양심판위원회에 제출하여야 한다.

① 청구인 및 처분을 받은 자의 성명, 주민등록번호 및 주소

② 원처분을 한 자(공단의 분사무소가 원처분을 한 경우에는 그 분사무소의 장을 말한다)

③ 원처분의 요지 및 처분이 있었던 것을 알게 된 날

④ 심사청구의 취지 및 이유

⑤ 청구인이 처분을 받은 자가 아닌 경우에는 처분을 받은 자와의 관계

⑥ 첨부자료의 표시

⑦ 심사청구에 관한 고지 유무 및 그 내용

(3) 심사청구 결정기간

심사청구를 받은 공단은 심사청구를 받은 날부터 60일 이내에 결정해야 한다. 다만, 부득이한 사정이 있으면 30일의 범위 안에서 결정기간을 연장할 수 있다.

(4) 재심사청구

심사청구에 대한 결정에 불복하는 사람은 그 결정통지를 받은 날부터 90일 이내에 장기요양재심사위원회에 재심사를 청구할 수 있다.

3) 행정소송

행정소송(行政訴訟, administrative litigation)은 행정청의 위법한 처분 그 밖에 공권력의 행사 · 불행사 등으로 인한 국민의 권리 또는 이익의 침해를 규제하는 소송절차를 말한다. 국민건강보험공단의 처분에 이의가 있는 자와 이의신청 또는 심사청구에 대한 결정에 불복하는 자는 「행정소송법」으로 정하는 바에 따라 행정소송을 제기할 수 있다. 따라서 행정소송은 국민건강보험공단의 처분에 이의가 있는 분과 이의신청결정에 불복하는 분은 행정소송법에 따라 공단의 처분이 있음을 안 날부터 90일(처분이 있은 날부터 1년) 이내에 행정소송을 제기할 수 있다.

■ 노인장기요양보험법 시행규칙 [별지 제37호서식] 〈개정 2021. 6. 30.〉

재심사청구서

※ 뒤쪽의 작성방법을 읽고 작성하여 주시기 바라며, 어두운 난은 청구인이 적지 않습니다. (앞쪽)

접수번호		접수일		처리기간	60일

청구인	성명		주민등록번호
	전화번호(자택)	(휴대전화)	전자우편주소
	주소		처분을 받은 자와의 관계
처분을 받은 자	성명		주민등록번호
	주소		
피청구인	국민건강보험공단	재결청	보건복지부장관

심사결정서를 받은 날	년 월 일
심사결정서의 요지	
재심사청구 취지 및 이유	(여백부족시 별지 사용)
재심사청구에 관한 고지 유무	고지 내용
증거서류	

「노인장기요양보험법」 제56조제1항 및 같은 법 시행규칙 제40조제1항에 따라 위와 같이 국민건강보험공단의 심사청구 결정에 대한 재심사를 청구합니다.

	년 월 일	
	청구인	(서명 또는 인)
	대리인	(서명 또는 인)

장기요양재심사위원회 귀하

210mm×297mm[백상지 80g/㎡]

		(뒤쪽)
첨부서류	재심사청구 이유에서 주장하는 사실을 증명할 수 있는 자료	수수료 없음

작성방법
1. "처분을 받은 자"가 "청구인"과 동일한 경우에는 중복하여 적지 않습니다. 2. "심사결정서의 요지"란에는 재심사청구의 대상이 되는 국민건강보험공단의 구체적인 심사결정의 내용을 적습니다. 3. "재심사청구 취지 및 이유"란에는 장기요양재심사위원회의 심의를 요구하는 사항과 재심사청구를 하게 된 법률상 및 사실상의 근거가 되는 내용을 적으며, 여백이 부족한 경우에는 별지에 적습니다. 4. "재심사청구에 관한 고지 유무" 및 "고지 내용"란에는 심사청구에 대한 결정통보 시 국민건강보험공단의 재심사청구 안내 유무 및 그 내용을 적습니다 5. "증거서류"란에는 재심사청구의 취지 및 이유를 증명할 수 있는 자료의 목록을 적고, 관련 자료를 첨부합니다. 6. 대리인이 재심사청구를 하는 경우에는 대리인이 기명날인이나 서명을 하고, 위임장과 대리인임을 증명할 수 있는 서류를 제출합니다.

처리절차								
청구서 작성	➡	접수 및 확인	➡	장기요양재심사위원회 심의 · 의결	➡	심의결과 통보	➡	결정서 수령
청구인		처 리 기 관 (보건복지부)		처 리 기 관 (보건복지부)		처 리 기 관 (보건복지부)		청구인

수행 Tip!

- 노인장기요양보험법 및 장기요양보험포털의 권리구제에 관한 자료를 수집하여 활용한다.

7-2 과징금 · 벌칙 및 과태료

학습 목표

1 | 장기요양보험의 과징금 및 벌칙과 과태료에 대하여 알 수 있다.

1. 과징금 및 과태료

1) 과징금

(1) 과징금

과징금(過徵金: Penalty surcharge)이란 행정청이 일정한 행정법상의 의무를 위반하거나 이행하지 않을 때에 위반한 자에게 부과 징수하는 금전적 제재를 의미한다.(독점규제 및 공정거래에 관한 법률 제10장의2)

(2) 과징금 부과 기준

법 제37조의2제1항 및 제2항에 따라 과징금을 부과하는 위반행위의 종류와 위반 정도 등에 따른 과징금의 금액은 아래 별표 2와 같다.

(3) 과징금의 부과 및 납부

① 특별자치시장 · 특별자치도지사 · 시장 · 군수 · 구청장은 법 제37조의2에 따라 과징금을 부과하려면 그 위반행위의 종류와 과징금의 금액 등을 구체적으로 적어 과징금을 납부할 것을 서면으로 통지하여야 하며, 통지를 받은 자는 통지받은 날부터 20일 이내에 과징금을 특별자치시장 · 특별자치도지사 · 시장 · 군수 · 구청장이 정하는 수납기관에 납부하여야 한다. 다만, 천재지변이나 그 밖의 부득이한 사유로 그 기간에 과징금을 납부할 수 없을 때에는 그 사유가 없어진 날부터 7일 이내에 납부하여야 한다.

② 특별자치시장 · 특별자치도지사 · 시장 · 군수 · 구청장은 제37조제1항제4호에 해당하는 행위를 이유로 업무정지명령을 하여야 하는 경우로서 그 업무정지가 해당 장기요양기관을 이용하는 수급자에게 심한 불편을 줄 우려가 있는 등 보건복지부장관이 정하는 특별한 사유가 있다고 인정되는 경우에는 업무정지명령을 갈음하여 거짓이나 그 밖의 부정한 방법으로 청구한 금액의 5배 이하의 금액을 과징금으로 부과할 수 있다.

■ 노인장기요양보험법 시행령 [별표 2] [시행일: 2019. 12. 12.]

과징금 부과 기준(제15조 관련)

1. 법 제37조제1항제1호의2 · 제2호 · 제3호 · 제3호의2 · 제3호의3 · 제3호의4 · 제3호의6 · 제3호의7 · 제5호 · 제6호(제6호의 경우 법 제37조의2제1항 단서에 따라 보건복지부령으로 정하는 경우는 제외한다)에 해당하는 경우의 과징금 부과 기준
   가. 과징금의 금액은 해당 위반행위에 대한 업무정지기간(가중 또는 감경을 한 경우에는 그에 따라 가중 또는 감경된 기간을 말하며, 업무정지 1개월은 30일로 산정한다. 이하 같다)에 다목의 업무정지 1일당 과징금 금액을 곱하여 산정한다.
   나. 가목에 따라 산정한 과징금 금액이 2억원을 넘는 경우 과징금 금액은 2억원으로 한다.
   다. 업무정지 1일당 과징금 금액은 제공하는 장기요양급여의 종류별로 장기요양기관을 다음 표와 같이 구분하여 그 장기요양기관의 연간 총 수입금액별로 정한 업무정지 1일당 과징금 금액으로 한다.

등급	연간 총 수입금액(단위: 백만원)				업무정지 1일당 과징금 금액 (단위: 천원)
	법 제23조제1항제1호가목부터 다목까지에 따른 재가급여를 제공하는 장기요양기관	법 제23조제1항제1호라목 및 마목에 따른 재가급여를 제공하는 장기요양기관	법 제23조제1항제1호바목에 따른 재가급여를 제공하는 장기요양기관	법 제23조제1항제2호에 따른 시설급여를 제공하는 장기요양기관	
1	20 이하	20 이하	20 이하		55
2	20 초과 30 이하	20 초과 30 이하	20 초과 30 이하	30 이하	90
3	30 초과 40 이하	30 초과 40 이하	30 초과 40 이하	30 초과 40 이하	130
4	40 초과 50 이하	40 초과 50 이하	40 초과 50 이하	40 초과 50 이하	160
5	50 초과 60 이하	50 초과 60 이하	50 초과 60 이하	50 초과 60 이하	200
6	60 초과 70 이하	60 초과 70 이하	60 초과 70 이하	60 초과 70 이하	230
7	70 초과 80 이하	70 초과 80 이하	70 초과 80 이하	70 초과 80 이하	260
8	80 초과 90 이하	80 초과 90 이하	80 초과 90 이하	80 초과 90 이하	300
9	90 초과 100 이하	90 초과 100 이하	90 초과 100 이하	90 초과 100 이하	330
10	100 초과 120 이하	100 초과 120 이하	100 초과 120 이하	100 초과 120 이하	350
11	120 초과 140 이하	120 초과 140 이하	120 초과 140 이하	120 초과 140 이하	410
12	140 초과 160 이하	140 초과 160 이하	140 초과 160 이하	140 초과 160 이하	460
13	160 초과 180 이하	160 초과 180 이하	160 초과 180 이하	160 초과 180 이하	530
14	180 초과 200 이하	180 초과 200 이하	180 초과 200 이하	180 초과 200 이하	591
15	200 초과 300 이하	200 초과 300 이하	200 초과 300 이하	200 초과 300 이하	778
16	300 초과 400 이하	300 초과 400 이하	300 초과 400 이하	300 초과 400 이하	1,090
17	400 초과 500 이하	400 초과 500 이하	400 초과 500 이하	400 초과 500 이하	1,400
18	500 초과 600 이하	500 초과 600 이하	500 초과 600 이하	500 초과 600 이하	1,710
19	600 초과 700 이하	600 초과 700 이하	600 초과 700 이하	600 초과 700 이하	2,030
20	700 초과 800 이하	700 초과 800 이하	700 초과 800 이하	700 초과 800 이하	2,340

21	800 초과 900 이하	800 초과 900 이하	800 초과 900 이하	800 초과 900 이하	2,670
22	900 초과 1000 이하	900 초과 1000 이하	900 초과 1000 이하	900 초과 1000 이하	2,960
23	1000 초과 1200 이하	1000 초과	1000 초과 1200 이하	1000 초과 1200 이하	3,440
24	1200 초과 1400 이하		1200 초과 1400 이하	1200 초과 1400 이하	4,020
25	1400 초과 1600 이하		1400 초과 1600 이하	1400 초과 1600 이하	4,680
26	1600 초과 1800 이하		1600 초과 1800 이하	1600 초과 1800 이하	5,300
27	1800 초과 2000 이하		1800 초과 2000 이하	1800 초과 2000 이하	5,880
28	2000 초과		2000 초과	2000 초과 2200 이하	6,620
29				2200 초과 2500 이하	7,280
30				2500 초과 3000 이하	8,560
31				3000 초과	11,590

비고

1. 총 수입금액은 장기요양사업으로 해당 장기요양기관이 공단에서 지급받은 장기요양급여비용의 금액과 수급자로부터 받은 본인부담금 금액의 합계로 한다.
2. 연간 총 수입금액은 해당 장기요양기관에 대한 행정처분일이 속한 연도의 전년도 1년간의 총 수입금액으로 한다. 다만, 신규 개설, 휴업 또는 재 개설 등으로 전년도 1년간의 총 수입금액을 산출할 수 없는 경우에는 최근의 분기별, 월별 또는 일별 수입금액을 기초로 연간 총 수입금액을 산출한다.
3. 과징금 부과 대상 장기요양기관이 위 표의 구분에 따른 두 종류 이상의 장기요양급여를 제공하는 장기요양기관인 경우 먼저 그 각각의 연간 총 수입금액을 기준으로 각각의 과징금을 산정한 후, 그 각각의 과징금을 합하여 해당 과징금 부과 대상 장기요양기관에 대한 과징금의 총 금액을 산정한다.

2. 법 제37조제1항제4호에 해당하는 경우의 과징금 부과 기준

과징금의 금액은 해당 위반행위에 대한 업무정지기간별로 법 제37조제1항제4호에 따라 청구된 재가급여 및 시설급여의 비용(이하 "부당금액"이라 한다)에 다음 각 목의 구분에 따른 배율을 곱하여 산정한다.

가. 업무정지기간이 10일 이하인 경우 : 총 부당금액의 2배
나. 업무정지기간이 10일 초과 30일 이하인 경우 : 총 부당금액의 3배
다. 업무정지기간이 30일 초과 50일 이하인 경우 : 총 부당금액의 4배
라. 업무정지기간이 50일을 초과하는 경우 : 총 부당금액의 5배

(4) 벌칙 대상

① 다음 각 호의 어느 하나에 해당하는 자는 2년 이하의 징역 또는 2천만원 이하의 벌금에 처하도록 되어있다.

1. 제31조를 위반하여 지정받지 아니하고 장기요양기관을 설치 · 운영하거나 거짓이나 그 밖의 부정한 방법으로 지정받은 자
2. 제32조를 위반하여 신고하지 아니하고 재가장기요양기관을 설치 · 운영하거나 거짓이나 그 밖의 부정한 방법으로 신고한 자
3. 제35조제5항을 위반하여 본인일부부담금을 면제 또는 감경하는 행위를 한 자

4. 제35조제6항을 위반하여 수급자를 소개, 알선 또는 유인하는 행위를 하거나 이를 조장한 자
5. 제62조를 위반하여 업무수행 중 알게 된 비밀을 누설한 자

② 다음 각 호의 어느 하나에 해당하는 자는 1년 이하의 징역 또는 1천만원 이하의 벌금에 처한다.

1. 제35조제1항을 위반하여 정당한 사유 없이 장기요양급여의 제공을 거부한 자
2. 거짓이나 그 밖의 부정한 방법으로 장기요양급여를 받거나 다른 사람으로 하여금 장기요양급여를 받게 한 자
3. 정당한 사유 없이 제36조제2항에 따른 권익보호조치를 하지 아니한 사람

2. 과태료

(1) 과태료

과태료(過怠料: fine)는 행정법에서 일정한 의무를 이행하지 않거나 가벼운 벌칙을 위반한 사람에게 부담해서 국가에 납부하게 하는 금전을 말한다. 또한 과태료는 행정법상의 제재인 점에서 형법상의 형벌인 벌금 과료와는 구별되며, 형벌의 성질을 가지지 않는 법령위반에 대하여 과해지는 금전벌을 의미한다.

(2) 과태료 대상

① 정당한 사유 없이 다음 각 호의 어느 하나에 해당하는 자에게는 500만원 이하의 과태료를 부과한다.

② 제33조를 위반하여 신고하지 아니하거나 거짓이나 그 밖의 부정한 방법으로 신고한 자

③ 제34조를 위반하여 장기요양기관에 관한 정보를 게시하지 아니하거나 거짓으로 게시한 자

④ 제35조제3항을 위반하여 수급자에게 장기요양급여비용에 대한 명세서를 교부하지 아니하거나 거짓으로 교부한 자

⑤ 제35조제4항을 위반하여 장기요양급여 제공 자료를 기록·관리하지 아니하거나 거짓으로 작성한 사람

⑥ 제36조제1항 또는 제5항을 위반하여 폐업·휴업 신고 또는 자료이관을 하지 아니하거

나 거짓이나 그 밖의 부정한 방법으로 신고한 자

⑦ 제37조의4제4항을 위반하여 행정제재처분을 받았거나 그 절차가 진행 중인 사실을 양수인등에게 지체 없이 알리지 아니한 자

⑧ 거짓이나 그 밖의 부정한 방법으로 수급자에게 장기요양급여비용을 부담하게 한 자

⑨ 제60조 또는 제61조에 따른 보고 또는 자료제출 요구 · 명령에 따르지 아니하거나 거짓으로 보고 또는 자료제출을 한 자나 질문 또는 검사를 거부 · 방해 또는 기피하거나 거짓으로 답변한 자

⑩ 거짓이나 그 밖의 부정한 방법으로 장기요양급여비용 청구에 가담한 사람

(3) 과태료 징수

과태료는 대통령령으로 정하는 바에 따라 관할 특별자치시장 · 특별자치도지사 · 시장 · 군수 · 구청장이 부과 · 징수한다.

■ 노인장기요양보험법 시행령 [별표 3] 〈개정 2020. 9. 29.〉

과태료의 부과기준(제29조 관련)

1. 일반기준

가. 위반행위의 횟수에 따른 과태료의 부과기준은 최근 1년간 동일한 위반행위로 과태료 부과처분을 받은 경우에 적용한다. 이 경우 위반행위에 대하여 과태료 부과처분을 한 날과 그 부과처분 이후에 다시 같은 위반행위를 하여 적발된 날을 기준으로 하여 위반횟수를 계산한다.

나. 가목에 따라 가중된 부과처분을 하는 경우 가중처분의 적용 차수는 그 위반행위 전 부과처분 차수(가목에 따른 기간 내에 과태료 부과처분이 둘 이상 있었던 경우에는 높은 차수를 말한다)의 다음 차수로 한다.

다. 위반행위가 둘 이상인 경우에는 각 위반행위에 따른 제2호의 과태료 금액을 합산하여 부과한다. 다만, 합산하는 경우에도 법 제69조에 따른 과태료 금액의 상한을 넘을 수 없다.

라. 특별자치시장 · 특별자치도지사 · 시장 · 군수 · 구청장은 다음의 어느 하나에 해당하는 경우에는 제2호에 따른 과태료 금액의 2분의 1 범위에서 그 금액을 줄일 수 있다. 다만, 과태료를 체납하고 있는 위반행위자에 대해서는 그렇지 않다.

1) 위반행위자가 자연재해 · 화재 등으로 재산에 현저한 손실이 발생하거나 사업여건의 악화로 사업이 중대한 위기에 처하는 등의 사정이 인정되는 경우

2) 그 밖에 위반행위의 정도, 위반행위의 동기와 그 결과 등을 고려하여 줄일 필요가 있다고 인정되는 경우

마. 특별자치시장 · 특별자치도지사 · 시장 · 군수 · 구청장은 다음의 어느 하나에 해당하는 경우에는 제2호에 따른 과태료 금액의 2분의 1 범위에서 그 금액을 늘릴 수 있다. 다만, 늘리는 경우에도 법 제69조에 따른 과태료 금액의 상한을 넘을 수 없다.

1) 위반행위가 고의나 중대한 과실로 인한 것으로 인정되는 경우

2) 법 위반상태인 기간이 6개월 이상인 경우

3) 그 밖에 위반행위의 정도, 위반행위의 동기와 그 결과 등을 고려하여 늘릴 필요가 있다고 인정되는 경우

2. 개별기준

(단위: 만원)

위반행위	근거 법조문	과태료 금액		
		1차 위반	2차 위반	3차 이상 위반
가. 법 제33조를 위반하여 변경지정을 받지 않거나 변경신고를 하지 않은 경우 또는 거짓이나 그 밖의 부정한 방법으로 변경지정을 받거나 변경신고를 한 경우	법 제69조제1항제2호	50	100	200
나. 법 제34조를 위반하여 장기요양기관에 관한 정보를 게시하지 않거나 거짓으로 게시한 경우	법 제69조제1항제2호의2	50	100	200
다. 법 제35조제3항을 위반하여 수급자에게 장기요양급여비용에 대한 명세서를 교부하지 않거나 거짓으로 교부한 경우	법 제69조제1항제2호의3	50	100	200
라. 법 제35조제4항을 위반하여 장기요양급여 제공 자료를 기록 · 관리하지 않거나 거짓으로 작성한 경우	법 제69조제1항제3호	50	100	200
마. 법 제35조의4제2항 각 호의 어느 하나를 위반한 경우	법 제69조제1항제3호의2	100	200	300
바. 법 제36조제1항 또는 제6항을 위반하여 폐업 · 휴업 신고 또는 자료이관을 하지 않거나 거짓이나 그 밖의 부정한 방법으로 신고한 경우	법 제69조제1항제4호	50	100	200
사. 법 제37조의4제4항을 위반하여 행정제재처분을 받았거나 그 절차가 진행 중인 사실을 양수인등에게 지체 없이 알리지 않은 경우	법 제69조제1항제4호의2	500		
아. 거짓이나 그 밖의 부정한 방법으로 수급자에게 장기요양급여비용을 부담하게 한 경우	법 제69조제1항제6호	100	200	300
자. 법 제60조 또는 법 제61조에 따른 보고 또는 자료제출 요구 · 명령에 따르지 않거나 거짓으로 보고 또는 자료제출을 한 경우나 질문 또는 검사를 거부 · 방해 또는 기피하거나 거짓으로 답변한 경우	법 제69조제1항제7호			
1) 법 제60조에 따른 자료제출 요구에 따르지 않거나 거짓으로 자료제출을 한 경우		100	200	300

2) 법 제61조제1항 · 제2항(장기요양기관은 제외한다)에 따른 보고 또는 자료제출 명령에 따르지 않거나 거짓으로 보고 또는 자료제출을 한 경우나 질문 또는 검사를 거부 · 방해 또는 기피하거나 거짓으로 답변한 경우		150	300	500
차. 거짓이나 그 밖의 부정한 방법으로 장기요양급여비용 청구에 가담한 경우	법 제69조제1항제8호	100	200	300
카. 법 제62조의2를 위반하여 노인장기요양보험 또는 이와 유사한 용어를 사용한 경우	법 제69조제1항제9호	50	100	200

3. 장기요양기관 재무 · 회계기준 및 행정처분 기준

1) 장기요양기관 재무 · 회계기준

장기요양기관의 장은 보건복지부령으로 정하는 재무 · 회계에 관한 기준에 따라 장기요양기관을 투명하게 운영하여야 한다. 다만, 장기요양기관 중 「사회복지사업법」 제34조에 따라 설치한 사회복지시설은 같은 조 제3항에 따른 재무 · 회계에 관한 기준에 따르도록 되어 있다.

2) 장기요양급여 제공의 제한

특별자치시장 · 특별자치도지사 · 시장 · 군수 · 구청장은 장기요양기관의 종사자가 거짓이나 그 밖의 부정한 방법으로 재가급여비용 또는 시설급여비용을 청구하는 행위에 가담한 경우 해당 종사자가 장기요양급여를 제공하는 것을 1년의 범위에서 제한하는 처분을 할 수 있다. 따라서 특별자치시장 · 특별자치도지사 · 시장 · 군수 · 구청장은 처분을 한 경우 지체 없이 그 내용을 공단에 통보하여야 한다.

3) 행정처분의 기준

법 제37조제1항 · 제3항 및 제37조의5제1항에 따른 행정처분의 기준은 별표 2와 같다.

■ 노인장기요양보험법 시행규칙 [별표 2] 〈개정 2020. 9. 29.〉

행정처분의 기준(제29조 관련)

1. 일반기준

가. 위반행위의 횟수에 따른 행정처분의 기준은 최근 5년간 같은 위반행위로 행정처분을 받은 경우에 적용한다. 이 경우 기준 적용일은 위반행위에 대하여 행정처분을 한 날과 그 행정처분 이후 다시 같은 위반행위를 하여 적발된 날을 기준으로 하여 위반행위의 횟수를 계산한다.

나. 위반행위가 둘 이상인 경우에는 다음의 기준에 따라 처분한다.

1) 위반행위가 둘 이상인 경우로서 각각의 위반행위에 대한 처분기준(법 제37조제1항제4호에 해당하는 경우로서 그 위반행위에 대한 처분기준이 업무정지인 경우에는 제외한다)이 다른 경우에는 그 중 무거운 처분기준에 따른다.

2) 둘 이상의 위반행위(법 제37조제1항제4호에 해당하는 경우는 제외한다)에 대한 처분기준이 동일한 업무정지인 경우에는 6개월을 넘지 아니하는 범위에서 각각의 위반행위에 대한 처분기준에 따른 업무정지 기간을 합산하여 처분한다.

3) 법 제37조제1항제4호에 해당하는 경우를 포함한 둘 이상의 위반행위에 대한 처분기준이 동일한 업무정지인 경우에는 6개월을 넘지 않는 범위에서 법 제37조제1항제4호에 해당하는 경우에 대한 처분기준을 우선 적용하여 처분하고, 6개월 중 나머지 기간의 범위에서 나머지 위반행위에 따른 업무정지기간을 합산하여 처분한다.

다. 다음의 어느 하나에 해당하는 경우에는 제2호의 개별기준에도 불구하고 지정취소할 수 있다.

1) 위반행위가 중대한 경우(위반행위가 고의나 중대한 과실로 인한 경우 등 위반행위의 정도, 위반행위의 동기와 그 결과 등을 고려하여 그 처분 기준을 가중할 필요가 있다고 인정되는 경우를 말한다)로서 장기요양기관의 정상적인 운영이 불가능하다고 인정되는 경우

2) 위반행위가 둘 이상인 경우로서 다음의 어느 하나에 해당하는 경우

가) 처분할 위반행위가 4종 이상인 경우

나) 처분할 위반행위가 제2호가목13)가)부터 마)까지의 행위 중 2종 이상인 경우

라. 하나의 위반행위에 대한 행정처분이 업무정지처분에 해당하는 경우는 위반행위의 동기, 내용, 정도 및 결과 등을 고려하여 그 처분기준의 2분의 1의 범위에서 감경하여 처분할 수 있다. 다만, 다음의 어느 하나에 해당하는 경우에는 그렇지 않다.

1) 법 제37조제1항제4호에 해당하는 경우 중 거짓으로 급여비용의 전부 또는 일부를 청구한 경우

2) 법 제37조제1항제5호에 해당하는 경우

2. 개별기준

가. 장기요양기관에 대한 기준(법 제37조제1항제4호는 제외한다)

위반행위	해당 조항	행정처분 기준			
		1차 위반	2차 위반	3차 위반	4차 위반
1) 거짓이나 그 밖의 부정한 방법으로 지정을 받은 경우	법 제37조제1항제1호	지정 취소			
2) 법 제28조의2를 위반하여 급여외행위를 제공한 경우. 다만, 장기요양기관의 장이 그 위반행위를 방지하기 위하여 해당 업무에 관하여 상당한 주의와 감독을 게을리하지 않은 경우는 제외한다.	법 제37조제1항제1호의2	경고	업무정지 1개월	업무정지 3개월	지정 취소

3) 법 제31조제2항에 따른 지정기준에 적합하지 않은 경우	법 제37조제1항제2호	경고	업무정지 7일	업무정지 15일	지정 취소
4) 법 제32조의2 각 호의 어느 하나에 해당하게 된 경우. 다만, 같은 조 제7호에 해당하게 된 법인의 경우 3개월 이내에 그 대표자를 변경하는 경우는 그렇지 않다.	법 제37조제1항제2호의2	지정취소			
5) 법 제35조제1항을 위반하여 장기요양급여를 거부한 경우	법 제37조 제1항제3호	경고	업무정지 1개월	업무정지 3개월	지정 취소
6) 법 제35조제5항을 위반하여 본인부담금을 면제하거나 감경하는 행위를 한 경우	법 제37조제1항제3호의2	업무정지 1개월	업무정지 3개월	지정취소	
7) 법 제35조제6항을 위반하여 수급자를 소개, 알선 또는 유인하는 행위 및 이를 조장하는 행위를 한 경우	법 제37조제1항제3호의3	업무정지 1개월	업무정지 3개월	지정취소	
8) 법 제35조의4제2항 각 호의 어느 하나를 위반한 경우	법 제37조제1항제3호의4	경고	업무정지 1개월	업무정지 3개월	지정 취소
9) 법 제36조제1항에 따른 폐업 또는 휴업 신고를 하지 않고 1년 이상 장기요양급여를 제공하지 않은 경우	법 제37조제1항제3호의5	지정 취소			
10) 법 제36조의2에 따른 시정명령을 이행하지 않거나 회계부정 행위가 있는 경우	법 제37조제1항제3호의6				
가) 고의 또는 중과실로 시정명령을 이행하지 아니한 경우		업무정지 3개월	업무정지 6개월	지정 취소	
나) 고의 또는 중과실로 회계장부를 작성하지 아니하거나 허위로 작성한 경우		업무정지 3개월	업무정지 6개월	지정 취소	
다) 가)또는 나)외의 경우		업무정지 1개월	업무정지 3개월	지정 취소	
11) 정당한 사유 없이 법 제54조에 따른 평가를 거부 · 방해 또는 기피하는 경우	법 제37조제1항제3호의7	경고	업무정지 1개월	업무정지 3개월	지정 취소
12) 법 제61조제2항에 따른 자료제출 명령에 따르지 아니하거나 거짓으로 자료제출을 한 경우나 질문 또는 검사를 거부 · 방해 또는 기피하거나 거짓으로 답변한 경우	법 제37조 제1항제5호	업무정지 6개월	지정 취소		

13) 장기요양기관의 종사자 등이 다음 각 목의 어느 하나에 해당하는 행위를 한 경우. 다만, 장기요양기관의 장이 그 행위를 방지하기 위하여 해당업무에 관하여 상당한 주의와 감독을 게을리하지 않은 경우는 제외한다.	법 제37조 제1항제6호				
가) 수급자의 신체에 폭행을 가하거나 상해를 입히는 행위		업무정지 6개월	지정 취소		
나) 수급자에게 성적 수치심을 주는 성폭행, 성희롱 등의 행위		지정취소			
다) 자신의 보호 · 감독을 받는 수급자를 유기하거나 의식주를 포함한 기본적 보호 및 치료를 소홀히 하는 방임행위		업무정지 3개월	업무정지 6개월	지정 취소	
라) 수급자를 위하여 증여 또는 급여된 금품을 그 목적 외의 용도에 사용하는 행위		업무정지 1개월	업무정지 3개월	지정 취소	
마) 폭언, 협박, 위협 등으로 수급자의 정신건강에 해를 끼치는 정서적 학대행위		업무정지 6개월	지정 취소		
14) 업무정지기간 중에 장기요양급여를 제공한 경우	법 제37조 제1항제7호	지정취소			
15) 「부가가치세법」 제8조에 따른 사업자 등록 또는 「소득세법」 제168조에 따른 사업자등록이나 고유번호가 말소된 경우	법 제37조 제1항제8호	지정취소			

나. 장기요양기관이 법 제37조제1항제4호에 해당하는 경우의 기준

1) 1차 위반 시의 기준: 다음 표에 따른 업무정지

(단위 : 일)

구분	부당청구액의 비율				
월평균 부당금액	0.5% 이상 1% 미만	1% 이상 2% 미만	2% 이상 3% 미만	3% 이상 4% 미만	4% 이상 5% 미만
15만원 이상 25만원 미만			10	20	30
25만원 이상 40만원 미만		10	20	30	40
40만원 이상 80만원 미만	10	20	30	40	50

80만원 이상 240만원 미만	20	30	40	50	60
240만원 이상 840만원 미만	30	40	50	60	70
840만원 이상 3천만원 미만	40	50	60	70	80
3천만원 이상	50	60	70	80	90

비고
1. 월평균 부당금액은 조사대상기간 동안 거짓이나 그 밖의 부당한 방법으로 공단에게 장기요양급여비용을 부담하게 한 금액과 거짓이나 그 밖의 부당한 방법으로 수급자에게 본인부담금을 부담하게 한 비용을 합산한 금액을 조사대상기간의 월수로 나눈 금액으로 한다.
2. 부당청구액의 비율(%)은 (총 부당금액/장기요양급여비용총액)X100으로 산출한다.
3. 장기요양급여비용총액은 조사대상기간에 공단이 심사결정한 장기요양급여비용의 합산 금액으로 한다. 다만, 장기요양급여비용의 심사청구가 없어 심사결정 총장기요양급여비용을 산출할 수 없는 경우에는 총 부당금액을 장기요양급여비용총액으로 본다.
4. 부당청구액의 비율이 5% 이상인 경우에는 초과 1%마다 업무정지기간을 3일씩 가산하되, 그 부당청구액의 비율의 소수점 이하는 1%로 본다. 다만, 업무정지기간을 가산하는 경우에도 총 업무정지기간은 6개월을 넘을 수 없다.

2) 2차 위반 시의 기준: 지정취소

다. 장기요양기관 종사자에 대한 기준

위반행위	해당 조항	행정처분 기준	
		1차 위반	2차 이상 위반
거짓이나 그 밖의 부정한 방법으로 재가급여비용 또는 시설급여비용을 청구하는 행위에 가담한 경우	법 제37조의5제1항	장기요양급여 제공의 제한 6개월	장기요양급여 제공의 제한 12개월

4) 행정제재처분 사실의 통보

행정제재처분을 받았거나 그 절차가 진행 중인 자는 「우편법 시행규칙」 제25조제1항제4호가목 및 다목에 따른 내용증명 및 배달증명의 방법으로 지체없이 행정제재처분을 받은 사실 또는 행정제재처분의 절차가 진행 중인 사실을 양수인 등에게 통보하여야 한다. 따라서 행정제재처분 관련 사실을 통보하는 경우에는 다음의 내용 모두를 명시하여야 한다.

① 행정제재처분의 처분청

② 행정제재처분의 내용 및 사유

③ 행정제재처분 대상 위반행위 및 그 적발일

④ 행정제재처분의 처분일

⑤ 해당 장기요양기관이 제공하는 장기요양급여의 종류

⑥ 행정제재처분 대상 장기요양기관의 명칭, 대표자 성명 및 장기요양기관의 소재지

[별지 제28호의3서식]

행정처분 통보서

연번	기관명 (급여종류)	기관기호	대표자 (생년월일)	소재지	위반내용	행정처분 내용	처분기간	조사주체 (지방자치체, 보건복지부)

수행 Tip!

• 노인장기요양보험법 및 장기요양보험포털의 행정처분에 관한 자료를 수집하여 활용한다.

제8장

장기요양기관 평가

8-1 장기요양기관 평가 및 인증

학습 목표

1 | 장기요양기관의 평가기준과 실시방법 및 절차를 알 수 있다.
2 | 장기요양기관의 평가기준에 의한 평가업무를 수행할 수 있다.

1. 장기요양기관 평가

1) 평가개요

(1) 평가의 의의

장기요양서비스의 질 향상을 도모하고 국민의 알권리 보장 및 장기요양기관의 선택권을 확대하기 위해 2009년에 장기요양급여 평가를 도입 시행 후 2011년부터는 전체기관을 대상으로 의무평가로 전환하여 실시하고 있다. 따라서 평가는 장기요양기관이 수급자에게 제공하는 서비스수준에 관한 올바른 정보제공과 서비스의 질적인 수준향상을 위해 실시하고 있으며, 평가 이후 실제로 수급자는 장기요양서비스를 제공받고 있는 기관의 질적 수준 등을 가늠할 수 있게 되었다. 또한 시설환경은 다른 시설과 운영수준을 객관적으로 비교하여 개선함으로써 한 단계 높은 서비스 수준을 향상시키는 계기가 되었다.

(2) 평가의 목적

장기요양기관의 수준 높은 양질의 서비스 제공을 유도함으로써 궁극적으로 어르신들의 삶의 질 향상과 가족의 경제활동 참여율을 높여 윤택한 생활을 도모하기 위한 것이다. 따라서 건강보험공단은 장기요양기관이 제공하는 장기요양급여 내용에 대한 지속적인 관리를 위해 평가를 수행하고, 평가결과를 서비스 개선에 적극 활용하는 등 평가를 통해 보험자로서의 역할에 최선을 다하고 있다. 또한 평가결과를 공개하여 수급자의 알권리를 충족하고 수급자의 장기요양기관 선택권을 확대하기 일환으로 실시함을 목적으로 한다.

그림 8-1 평가의 목적

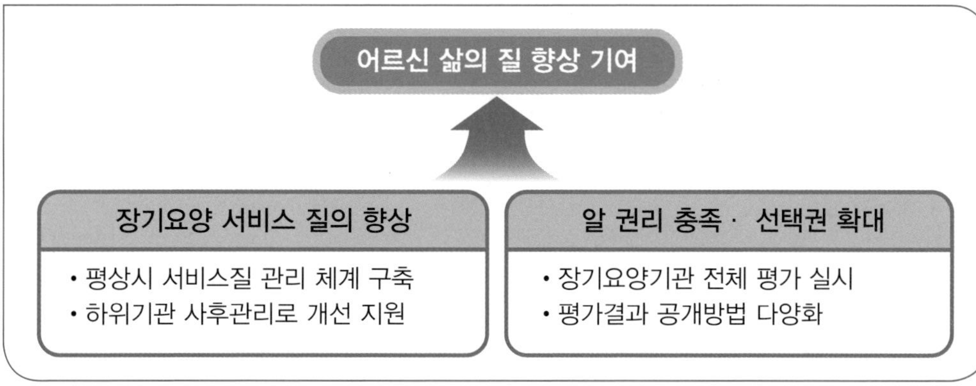

(3) 장기요양급여의 관리 · 평가

건강보험공단은 노인장기요양보험법 제54조 2항에 따라 장기요양기관이 제공하는 장기요양급여 내용을 지속적으로 관리 · 평가하여 장기요양급여의 수준이 향상되도록 노력하여야 하며, 건강보험공단은 장기요양기관이 장기요양급여의 제공 기준 · 절차 · 방법 등에 따라 적정하게 장기요양급여를 제공하였는지 평가를 실시하고 그 결과를 공표하는 등 필요한 조치를 할 수 있다.

(4) 장기요양기관 평가 내용

건강보험공단은 장기요양급여의 종류별로 다음의 사항에 대하여 평가를 실시하며, 평가는 정기평가와 수시평가로 구분하여 실시하고 평가결과를 공단의 홈페이지 등에 공표하도록 되어 있다. 또한 평가의 방법 그 밖에 평가에 필요한 사항은 보건복지부장관이 정하여 고시한다.

① 장기요양기관을 이용하는 수급자의 권리와 편의에 대한 만족도
② 장기요양기관의 급여제공 과정
③ 장기요양기관의 운영실태, 종사자의 전문성 및 시설 환경
④ 그 밖에 장기요양기관의 운영 개선에 관한 사항

※ 2021년도 장기요양기관(시설급여) 평가지표 및 매뉴얼 개정 공개(노인장기요양보험 홈페이지)

(5) 자료의 제출

국민건강보험공단은 장기요양급여 제공내용 확인, 장기요양급여의 관리 · 평가 및 장기요양보험료 산정 등 장기요양사업 수행에 필요하다고 인정할 때 다음 각 호의 어느 하나에 해

당하는 자에게 자료의 제출을 요구할 수 있으며, 자료의 제출을 요구받은 자는 성실히 이에 응하여야 한다.

1. 장기요양보험가입자 또는 그 피부양자 및 의료급여수급권자
2. 수급자 및 장기요양기관

(6) 용어정의

① "평가등급"이라 함은 평가결과를 등급으로 구분한 것을 말한다.

② "평가기준"이라 함은 급여종류별로 장기요양급여가 적정하게 제공되었는지 여부를 측정하기 위한 장기요양기관 평가매뉴얼과 장기요양기관 평가조사표를 말한다.

③ "평가지표"는 장기요양기관의 급여수준을 판단 · 비교하기 위한 기준을 제시하며, 급여종별로 대 · 중 · 소분류 영역으로 구분되며 평가대상에 따라 장기요양기관, 종사자, 수급자 평가지표로 구성된다.

④ "평가매뉴얼"은 평가에 관한 일반사항과 평가지표별 기준, 지표적용기간, 확인방법, 관련근거 등으로 구성되어 있으며, 관련 법령이나 규정 중 장기요양기관이 반드시 준수해야 하는 사항과 장기요양기관의 급여수준 향상을 위한 바람직한 방향을 제시한다.

2) 장기요양기관 평가 및 방법

(1) 법적근거

장기요양기관 평가에 대한 법적인 근거는 다음과 같다.

① 「노인장기요양보험법」제38조(재가 및 시설 급여비용 청구 및 지급)

> 공단은 제54조제2항에 따른 장기요양기관의 장기요양급여 평가결과에 따라 장기요양급여비용을 가산 또는 감액 조정하여 지급할 수 있다.

② 「노인장기요양보험법」제54조(장기요양급여의 관리 · 평가)

> ① 공단은장기요양기관이 제공하는 장기요양급여 내용을 지속적으로 관리 · 평가하여 장기요양급여의 수준이 향상되도록 노력하여야한다.
> ② 공단은 장기요양기관이 장기요양급여의 제공기준 · 절차 · 방법 등에 따라 적정하게 장기요양급여를 제공하였는지를 평가를 실시하고, 그결과를 공단의 홈페이지 등에 공표하는 등 필요한 조치를 할 수 있다.

③ 「노인장기요양보험법 시행규칙」제15조(수급자에 대한 안내)

> 장기요양기관은 운영규정의 개요, 종사자 근무체계, 제공하는 장기요양급여의 종류, 비급여대상, 항목별 비용 및 평가결과, 그 밖에 장기요양급여의 선택에 도움이 되는 중요 사항을 수급자가 잘 볼 수 있는 곳에 게시하여야 한다.

④ 「노인장기요양보험법 시행규칙」제31조의2(장기요양급여비용의 가감지급기준)

> 건강보험공단은 제54조제2항에 따른 장기요양기관의 장기요양급여평가 결과에 따라 장기요양급여비용을 가산 또는 감액 조정하여 지급할 수 있다.

- 「노인장기요양보험법」제60조(자료의 제출 등) 및 제69조(과태료)
- 「노인장기요양보험법 시행규칙」제38조(장기요양기관 평가 방법 등)
- 장기요양기관 평가관리 시행세칙
- 장기요양기관 평가관리 업무처리지침 등

(2) 평가 대상기관

① 평가대상기관은 평가개시 전전년도까지 노인장기요양보험법 제31조 및 제32조에 따라 지정 또는 설치된 장기요양기관으로 한다.

② 건강보험공단은 제1항의 규정에 불구하고 효율적 평가수행을 위하여 휴업중인 장기요양기관 등의 경우 평가대상기관에서 제외할 수 있다.

* 평가불가기관은 평가예정일 현재 폐업 및 지정취소된 장기요양기관이다.

> 폐업 및 지정취소 이외의 사유로 평가불가 처리한 장기요양기관은 정기평가를 실시한 다음해에 수시평가 대상으로 선정

(4) 평가주기 및 특징

① 장기요양기관 평가방법 등에 관한 고시 제4조제1항에 따라 장기요양기관 정기평가를 받은 기관부터 평가주기는 3년을 적용하여 실시하고 있다

② 평가결과를 규모별 A~E의 5개 등급으로 점유율에 따라 강제 배분하던 상대평가 방식에서 절대기준에 따라 상위점수별 A~E의 5개 등급으로 결정하는 절대평가 방식으로 전환하였다. 높은 점수를 받고도 상위등급 진입이 어려웠던 불 형평성 해소 및 서비스 질 향상에 대한 동기를 부여하고, 평가결과 하위기관에 대하여는 다음해에 수시평가를 의무화하여 서비스 질 제고를 유도하고 있다.

(5) 평가의 일반원칙

장기요양기관 평가를 실시함에 있어 그 자율성과 독립성이 보장될 수 있도록 하며, 평가는 신뢰성과 공정성이 확보될 수 있도록 객관적이고 전문적인 방법으로 실시한다. 따라서

장기요양기관 평가에 대한 충분한 정보제공을 통하여 평가과정에 관련자의 참여가 원활히 이루어질 수 있도록 하여야 한다.

3) 장기요양기관 평가 종류 및 대상 · 평가기준

(1) 평가 종류

① 정기평가

3년마다 시설급여와 재가급여를 구분하여 평가를 실시하며 정기평가 30일 전까지 평가대상, 평가기간, 평가방법 및 절차 등에 대한 계획을 공고하고 있다.

② 수시평가

정기평가결과 하위등급의 장기요양기관에 급여제공 수준 정기평가를 실시한 다음해에 수시평가를 실시하고 있다.

- 자체평가 운영 : 장기요양기관이 자체평가로 서비스 수준 사전 확인한다.
- 노인장기요양보험포털 홈페이지 ▶공인인증서로그 ▶기관평가 ▶자체평가 ▶자체평가 등록을 한다.

그림 8-2 연도별 평가 진행 내용

(2) 평가대상

① 시설급여 : 노인요양시설, 노인요양공동생활가정

② 재가급여 : 방문요양, 방문목욕, 방문간호, 주 야간보호, 단기보호, 복지용구

표 8-1 지역본부별 평가대상기관 현황

2020.12.28. 기준 (단위 : 개소)

구분	총계	30인 이상	10인 이상 30인 미만	10인 미만
총계	5,246	1,833	1,645	1,768
서울강원	798	216	191	391
부산경남	395	206	106	83

대구경북	628	211	170	247
호남제주	695	246	271	178
대전충청	721	247	237	237
인천경기	2,009	707	670	632

자료출처 : 국민건강보험공단(노인장기요양보험 홈페이지)

(3) 평가기준

① 평가지표

㉠ 정의 : 장기요양기관의 급여제공 내용과 수준을 비교하여 판단하기 위한 기준

㉡ 근거 : 「장기요양기관 평가 방법 등에 관한 고시」제3조3

㉡ 구성 : 대분류 중분류 소분류 영역으로 분류

표 8-2 평가지표 분류

대분류(5개영역)	중분류
기관운영	• 기관관리, 인적자원관리, 정보관리, 질 관리
환경 및 안전	• 위생 및 감염관리, 시설 및 설비관리, 안전관리
수급자 권리보장	• 수급자 권리, 기관 책임
급여제공과정	• 급여개시, 급여계획, 급여제공
급여제공결과	• 수급자 상태, 만족도 평가
별도가점	• 가점

② 평가매뉴얼

평가에 관한 일반사항, 관련법령이나 규정 중 장기요양기관이 반드시 준수해야 하는 사항과 장기요양급여의 수준향상을 위한 바람직한 방향을 제시하고 있다. 또한 평가에 관한 일반사항 및 법령이나 규정 중 장기요양기관이 준수해야 하는 사항을 포함하고 있으며, 장기요양기관의 서비스 수준 향상을 위한 바람직한 방향을 제시한다.

그리고 평가에 필요한 정보 및 구체적인 평가기준을 제시함으로써 평가의 공정성과 객관성을 확보하며, 평가지표 및 매뉴얼 개선 과정에 전문가, 장기요양기관 및 협회 의견, 장기요양기관 평가결과 등을 반영한다.

㉠ 구성

- 평가방향 : 평가지표의 목적
- 평가기준 : 평가지표의 구체적인 내용 및 관련근거
- 평가척도 : 채점기준 및 적용결과 우수, 양호, 보통, 미흡, 해당없음,

㉡ 평가문항 척도

- 우수 : 평가지표 해당 점수의 100%
- 양호 : 평가지표 해당 점수의 75%
- 보통 : 평가지표 해당 점수의 50%
- 미흡 : 평가지표 해당 점수의 0%
- 해당없음 : 평가지표 적용불가(총 점수 산출할 때 제외)

㉡ 평가기관 점수 산정방법: 평가점수는 장기요양기관 평가지표의 대분류별 점수에 환산점수(배점비중)을 적용하여 100점 만점으로 환산하며, 100점 만점으로 환산한 점수에 별도 가점을 합산하여 산정한다.

③ 평가조사표

평가지표 및 매뉴얼에 따라 장기요양급여가 적정하게 제공되는지 여부를 측정하는 도구를 의미한다. 구성은 평가지표 항목과 평가매뉴얼 평가기준 문항으로 구성되어 각 문항별점수 및 평가 척도 제시한다.

- 평가지표에 따라 장기요양급여가 적정하게 제공되는 여부를 측정하기 위한 조사표
- 문항구성은 평가문항별 평가항목과 점수 및 평가척도로 구성

④ 장기요양기관(시설급여) 평가지표 현황

장기요양기관 시설급여의 평가지표 및 점수구성 현황은 다음과 같다.

표 8-3 시설급여 평가지표 현황(2021년)

※2021년 장기요양기관(시설급여) 평가지표 현황 (단위: 개, 점수)

급여 종류	구 분	계	대분류영역				
			기관 운영	환경 및 안전	수급자 권리보장	급여제공 과정	급여제공 결과
노인요양 시설	문항수	50	12	12	5	15	6
	점수	100	15	28	12	35	10
	환산점수	100	15	28	12	33	10
노인요양공동 생활가정	문항수	48	11	12	5	14	6
	점수	97	14	28	12	33	10
	환산점수	100	15	28	12	35	10

※ 장기요양기관 평가관리 시행세칙 제16조(평가등급)

① 평가점수는 고시제3조제2항에 따른 별표 1의 장기요양기관 평가지표의 대분류별 점수에 환산 점수(배점비중)를 적용하여 100점 만점으로 환산한다.

평가지표 (시설급여)

1. 평가지표

대분류	중분류	소분류	지표번호	평가요소	항 목	점수
기관운영	기관관리	운영원칙 및 체계	1	운영규정	기관운영에 필요한 운영규정을 갖추고, 그에 따라 기관을 운영합니다.	1
			2	운영계획 및 평가	연도별 운영계획에 따라 기관을 운영하고 평가 후 차기 연도 계획에 반영합니다.	1
			3	운영위원회	운영위원회를 정기적으로 개최하고, 그 결과를 기관운영에 반영합니다.	1
	인적자원관리	인력운영	4	인력기준	인력기준을 준수합니다.	1
			5	인력추가배치	인력을 법적 기준보다 추가 배치하여 운영합니다.	1
			6	경력직	해당 기관에서 2년 이상 근무한 직원의 비율이 높습니다.	1
			7	인적자원 개발	직원의 역량강화를 위한 교육 등 인적자원 개발을 위해 노력합니다.	3
		직원의 후생복지	8	건강검진	직원의 건강관리를 위한 정기검진을 매년 실시합니다.	1
			9	직원건강관리	직원의 건강관리를 위해 노력합니다.	1
			10	직원복지향상	직원의 복지향상을 위해 노력합니다.	2
	자원활용	지역사회 자원 활용	11	지역사회자원 활용 및 교류	지역사회자원 활용 및 교류를 통해 수급자에게 다양한 서비스가 이루어지도록 노력합니다.	2
환경 및 안전	시설 및 설비관리	시설, 설비	12	시설기준	시설기준을 준수합니다.	1
			13	특별침실	노인질환의 종류 및 정도에 따른 특별침실을 두고 있습니다.	1
		환경조성	14	안전하고 쾌적한 환경조성	수급자가 안전하고 쾌적한 환경에서 생활할 수 있도록 시설환경을 조성합니다.	3
			15	낙상예방 환경조성	수급자의 낙상을 방지하기 위해 시설환경을 조성합니다.	3
	위생 및 감염관리	위생관리	16	식품위생관리	식품, 식당, 조리실 등을 위생적으로 관리합니다.	2
		감염관리	17	감염관리활동	수급자와 직원의 안전을 위해 감염관리 활동을 실시합니다.	2
			18	감염병관리	수급자에 대한 감염병 건강진단을 정기적으로 실시하며, 발생 시 즉시 필요한 조치를 합니다.	2

대분류	중분류	소분류	지표 번호	평가요소	항 목	점수
환경 및 안전	안전 관리	안전, 설비	19	소화설비	화재 등 재난 상황에 대비할 수 있도록 소화설비를 관리합니다.	2
		안전, 설비	20	전기가스설비	화재 예방을 위해 전기가스설비를 관리합니다.	2
		응급 및 재난상황	21	재난상황 대응	화재, 지진 등 재난 상황에 대비할 수 있도록 훈련을 실시합니다.	3
			22	응급상황 대응	응급상황에 관한 대응체계를 갖추고, 응급상황 발생 시 적절히 대처합니다.	3
			23	야간보호	야간에 수급자의 안전을 위해 노력합니다.	1
수급자 권리 보장	수급자 권리	수급자 알권리	24	수급자의 알권리 보장	수급자에게 급여이용에 대한 정보를 제공하여 급여선택권 보장을 위해 노력합니다.	2
		수급자 (보호자) 참여	25	수급자 (보호자) 참여강화	기관운영 및 서비스 제공과정에서 수급자와 보호자의 의견이 충분히 반영되도록 노력합니다.	2
	수급자 존엄성	노인 인권	26	존엄성 및 사생활 보장	수급자의 존엄성과 사생활 보호를 위해 노력합니다.	3
			27	노인인권 보호	수급자 학대를 예방하고, 신체적 구속을 하지 않는 등 노인인권보호를 위해 노력합니다.	4
급여 제공 과정	급여 개시	통합적 사정	28	통합적 사정	수급자의 건강상태와 개인적 특성 등을 고려한 종합적 욕구사정을 실시합니다.	4
	급여 계획	급여 계획	29	급여계획수립 및 제공	종합적인 욕구사정 등을 바탕으로 개별 급여계획을 세우고, 급여계획에 따라 급여를 제공합니다.	4
	급여 제공	급여제공 성과평가	30	급여제공 결과평가	급여제공에 대한 결과를 정기적으로 평가하고 기록합니다.	2
		사례 관리	31	사례관리	수급자에 대한 체계적인 사례관리를 실시합니다.	2
		청결 도움	32	수급자 청결서비스	수급자의 기능 상태에 따라 세면, 구강, 몸단장(의복), 목욕서비스를 제공합니다.	3
		식사 도움	33	식사제공	수급자의 기능 상태에 따라 식사를 제공합니다.	3
		배설 도움	34	배설관리	수급자의 기능 상태에 따라 배설서비스를 제공합니다.	3
		욕창예방 및 관리	35	욕창예방	욕창발생위험이 있는 수급자에 대해 적절히 관리합니다.	2
			36	욕창관리	욕창발생 수급자에 대한 적절한 조치 및 관리를 위해 노력합니다.	3

대분류	중분류	소분류	지표번호	평가요소	항 목	점수
급여 제공 과정	급여 제공	의료 관리	37	간호 및 의료서비스	수급자에게 적정한 간호 및 의료서비스 제공을 위해 노력합니다.	2
			38	투약 및 약품관리	약품을 안전하게 관리하고, 수급자의 투약 관련 정보를 숙지하여 정확하게 투약합니다.	1
		재활	39	기능회복훈련	수급자의 신체자립능력 유지를 위해 기능회복훈련을 실시합니다.	2
			40	물리치료	물리(작업)치료사가 수급자의 신체기능을 파악하여 계획을 수립하고 급여를 제공합니다.	2
		프로그램	41	인지기능증진 서비스	치매 등 수급자의 개별 특성을 고려한 서비스 제공을 위해 노력합니다.	3
			42	여가활동 서비스	수급자의 다양한 여가활동 욕구 충족을 위한 프로그램을 실시합니다.	3
급여 제공 결과	수급자 상태	수급자 등급	43	등급현황	입소 후 급여를 제공받은 수급자의 등급이 유지·호전되었습니다.	1
		수급자 관리	44	욕창현황	수급자의 욕창 발생률이 낮으며, 치유율이 높습니다.	2
			45	유치도뇨관 현황	수급자의 유치도뇨관 삽입률이 낮으며, 제거율이 높습니다.	2
			46	배설기능 현황	입소 후 수급자의 배설기능상태가 유지·호전되었습니다.	1
	만족도 평가	만족도 평가	47	유선만족도	보호자는 기관에서 제공하는 서비스에 만족합니다.	3
			48	평가자의견	기관의 임직원은 수급자에게 최상의 서비스 제공을 위해 노력합니다.	1

2. 점수구성

대분류	중분류	문항 수	점수	환산 점수 (배점 비중)
총합계	13	48	100	100
기관운영	기관관리	3	3	15
	인적자원관리	7	10	
	자원 활용	1	2	
	합계	11	15	

환경 및 안전	시설 및 설비관리	4	8	25
	위생 및 감염관리	3	6	
	안전관리	5	11	
	합계	12	25	
수급자 권리보장	수급자 권리	2	4	11
	수급자 존엄성	2	7	
	합계	4	11	
급여제공과정	급여개시	1	4	39
	급여계획	1	4	
	급여제공	13	31	
	합계	15	39	
급여제공결과	수급자 상태	4	6	10
	만족도 평가	2	4	
	합계	6	10	

⑤ 평가 내용(사례)

평가지표 22 응급상황대응	1. 응급상황에 관한 대응체계를 갖추고, 응급상황 발생 시 적절히 대처합니다.	점수 3

가. 응급상황에 신속하게 대처하기 위한 체계를 갖추고, 응급상황에 적절히 대처하는지 평가합니다

평가기준	평가방법
1) 응급의료기기를 갖추고 있으며, 적정 관리를 한다.	현장
2) 응급의료기기 : 산소통, 산소마스크(연결 캐뉼라 포함), 흡인기, 설압자, 기도확보장치(Airway)	
3) 기관 내부에 응급상황 알림장치가 설치되어 있으며 정상적으로 작동한다.	현장
4) 설치장소 : 침실, 화장실, 목욕실에 각각 1개 이상	
5) 응급상황 대응 방법을 숙지하고 발생 시 적절하게 대처한다.	면담
6) 응급상황 : 낙상, 질식, 경련, 화상, 심정지 등	

점수	채점기준
3	평가기준을 모두 충족함 2.25 : 평가기준 중 2개 항목을 충족함
1.5	평가기준 중 1개 항목을 충족함 0 : '보통'의 기준을 충족하지 못함

평가지표 30 급여제공 결과평가	4. 급여제공에 대한 결과를 정기적으로 평가하고 기록합니다.	점수 2

가. 급여계획에 따라 제공한 급여제공 결과를 정기적으로 평가하고, 급여계획을 재작성하는 등 급여의 질향상을 위해 노력하는지 평가합니다.

평가기준	평가방법
1) 개별 급여계획에 따른 급여제공 결과를 반기별 1회 이상 정기적으로 평가한다.	기록
2) 확인사항 : 일자, 총평 또는 종합소견, 작성자	
3) 개별 급여계획에 따른 급여제공 결과를 연 1회 이상 정기적으로 평가한다.	기록
4) 확인사항 : 일자, 총평 또는 종합소견, 작성자	
5) 급여제공 평가결과를 반영하여 개별 급여계획을 재 작성한다.	기록

점수	채점기준	
우수(2)	평가기준 중 ①,③번 항목을 충족함	양호(1.5): 평가기준 중 ②,③번 항목을 충족함
보통(1)	평가기준 중 ①번 항목을 충족함	미흡(1) ; '보통'의 기준을 충족하지 못함

2. 평가방법 및 수행체계

1) 평가방법

① 평가는 기관의 관련 문서나 자료, 기관 내 외부 환경, 직원 및 수급자 대상 관찰 면담 시연, 공단 전산 자료, 보호자 유선 확인 등의 방법으로 실시한다.

② 노인장기요양보험 정보시스템이나 기관 홈페이지를 통하여 기관현황 등을 파악하고, 필요한 경우 사전에 자료를 요청하여 평가를 실시한다.

③ 평가기준의 충족 여부를 확인하기 위해 영수증, 지출내역 등 관련 증빙자료를 요청할 수 있다.

④ 분기, 반기, 연 1회 등 주기를 확인하는 평가기준은 시행 일자를 확인한다.

⑤ 전산프로그램을 활용하여 자료를 생산 관리하는 경우 개별 아이디 및 비밀번호 로그인을 원칙으로 한다. 다만, 국가에서 제공한 전산프로그램(1365, VMS)은 인정한다.

⑥ 평가관련 자료는 평가 당일 평가 종료시까지 확인된 자료만 인정한다. 단, 유선만족도 등 일부 지표는 공단의 별도계획에 따라 평가한다.

2) 평가수행체계

① 평가주체는 노인장기요양보험법 제54조(장기요양급여의 관리 · 평가)에 따라 보험자인 건강보험공단이 평가를 수행한다.

② 평가수행조직평가수행 주체인 공단은 평가의 공정성 확보를 위하여 평가위원회 및 평가자문위원회를 설치 · 운영하고, 공단 본부 · 지역본부별로 체계적으로 역할을 분담하여 평가를 수행한다.

그림 8-3 장기요양기관 평가수행체계

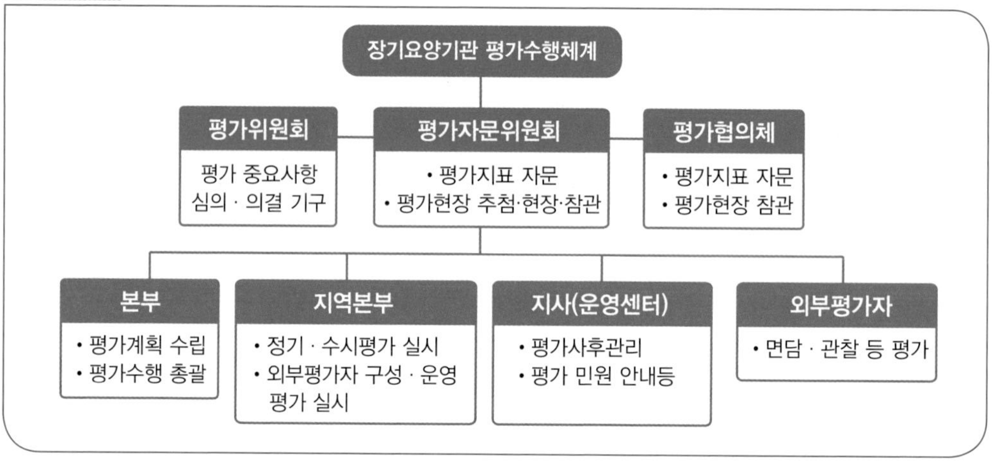

3) 역할 및 담당업무

(1) 장기요양기관 평가위원회

(역할) 장기요양기관 평가의 중요사항을 심의 · 의결하는 기구로 이해관계자, 전문가 등이 참여해 공정성 및 신뢰성 확보

- 연간 평가계획, 평가등급 결정 · 조정 및 가산지급 등 심의

※ 고시 제7조(평가위원회) 및 시행세칙 제4조(평가위원회의 운영)

(구성) 위원장을 포함하여 총 13명으로 본부에 구성

* 노인단체 소비자단체 시민단체 및 장기요양기관 등을 대표하는 단체가 추천하는 자, 노인장기요양보험에 관한 학식과 경험이 풍부한 자, 보건복지부 소속 5급 이상 담당 공무원, 시 군 구 소속 5급 이상 담당 공무원, 공단 노인장기요양보험 담당 상임이사와 2급 이상 직원 1인 등

① 평가지표 자문위원회

(역할) 평가지표 신설 또는 변경 시 전문가 자문 및 의견수렴 등

(구성) 위원장을 포함하여 총 13명으로 본부에 구성

* 노인단체 · 소비자단체 · 시민단체 및 장기요양기관 등을 대표하는 단체가 추천하는 자, 노인장기요양보험에 관한 학식과 경험이 풍부한 자, 보건복지부 소속 5급 이상 담당공무원, 노인장기요양보험 담당 상임이사와 2급 이상 직원 1인 등

② 평가 자문위원회

(역할) 평가현장 참관을 통한 객관성 확보 및 이견조정 · 자문 등

※ 동일법인 직원, 시설운영자 등 시설 관계자 및 이해관계인은 참관 배제

(구성) 위원장을 포함하여 총 15명 이상으로 지역본부에 구성

* 장기요양기관협회 관계자, 전문가 및 공무원 등

③ 평가협의체

(역할) 평가계획, 지표개선, 결과공개 등 평가제도 운영 전반에 관한 의견수렴

(구성) 보호자, 노인 소비자단체 등 분야별 총 34인으로 본부에 구성

* 보호자, 노인 소비자 단체 등 가입자(11명), 장기요양기관 기관협회 · 직능단체(간호사, 사회복지사)등을 대표하는 단체가 추천하는 공급자(13명), 학계(3인), 공무원(4인), 공단 등(3인)

(2) 본부

- 연간 평가계획 수립, 대상기관 선정 및 가산지급 등 평가 총괄
  - 평가자 교육, 평가결과 모니터링, 외부평가자 선정 계획수립 등
  - 신규개설기관 및 평가결과 하위기관 서비스 질 관리 계획수립 등
- 장기요양기관 평가위원회 및 평가지표자문위원회 설치 운영
- 평가대응반 구성 · 운영
  - (구성) 요양심사실장, 요양평가부장 및 직원등
  - (역할) 평가기준 적용에 대한 이견 조정 및 신속한 민원해결 등

(3) 지역본부

- 연간 평가계획에 따른 평가실시계획 및 평가일정 수립
  - 평가자문위원회 참관 계획수립 및 평가결과 하위기관 사후관리 등

※ 동일법인 직원, 시설운영자 등 시설 관계자 및 이해관계인은 참관 배제

- 평가팀 운영 및 평가 실시
  - 기관평가는 공단 평가자 2명, 면담 관찰평가는 외부평가자 1~2명
  - 외부평가자 관리, 평가예정 및 실시 통보, 평가결과 검증 등

(4) 공단 지사(운영센터)

- 평가 관련 민원 안내 및 '20년 평가결과 사후관리 실시 등

(5) 외부평가자 … 별도 계획에 따라 모집공고 후 선발하여 구성 · 운영

- (역할) 면담 · 관찰 · 시연평가 실시 등

3. 평가절차 및 평가예정 통보

1) 평가절차

(1) 평가절차

① 평가자는 평가예정일 7일 전까지 해당 장기요양기관에 평가예정통보서를 서면으로 통보하고, 평가 3일 전까지 도달 여부를 확인한다(미도달 시 팩스나 전자우편으로 다시 통보)

② 장기요양기관은 노인장기요양보험 홈페이지에서 평가예정일 7일 전부터 평가일 확인이 가능하다.

③ 노인장기요양보험 홈페이지(www.longtermcare.or.kr) 로그인→기관평가→평가예정일 조회

④ 장기요양기관이 천재지변 등의 불가피한 사유로 평가예정일에 평가를 받을 수 없는 경우 공단에 장기요양기관 평가 연기요청서를 제출하여야 하며, 공단은 연기여부를 결정 후 평가예정일을 다시 정하여 평가예정통보서를 평가실시 전일까지 장기요양기관에 재 통보하고 평가기간 내에 평가를 수행한다.

(2) 평가수행

표 8-4 평가수행절차

구분	내용
기관방문 및 면담	• 평가팀 평가자 2인1조 기관 방문※ 기관 규모 등에 따라 평가자 추가 투입 • 평가실시통보서, 공단 신분증 제시 및 평가개요 설명
평가수행 및 평가항목 확인	• 기관 대표자 또는 담당자 입회하에 기관평가 • 평가문항별 근거자료 및 현장 확인
평가결과 상담, 총평 및 확인서명	• 평가결과 상담 및 총평 기록 • 평가자 2인, 기관 대표자(담당자) 서명 또는 날인 • 평가조사표 사본 교부
수급자 · 종사자평가수행	• 주야간 · 단기보호 · 복지용구(종사자): 기관평가 중 평가팀이 실시 • 방문요양 · 목욕 · 간호 · 복지용구(수급자): 기관평가 종료 후, 운영센터 평가담당자 2인 또는 1인이평가실시

① 재가급여기관은 기관평가, 수급자(방문) 평가 및 종사자(방문) 평가를 종합적으로 실시하며, 수급자의 서비스 만족도(유선) 조사는 상 · 하반기 2회 공단 고객센터 협조를 받아 실시한다.

② 평가결과에 이견이 있거나 추후 논란의 여지가 있다고 판단되는 경우관련자료 사본을 평가조사표에 첨부3) 평가 또는 자료제출 거부 시 조치사항

- 평가관련 자료의 제출을 요구받은 자는 「노인장기요양보험법」 제60조에 따라 자료제출 요구에 성실히 응하여야 하며, 제출을 거부한 기관은 동법 제69조에 따라 과태료 부과대상임을 안내한다.
- 평가거부기관 명단을 노인장기요양보험 홈페이지 공개 및 관할 시 · 군 · 구에 통보한다.
- 평가조사표에 평가거부사유 및 서명을 받거나 평가거부사유를 평가자가 직접 작성하고 평가자 2명이 연대하여 서명함으로써 평가가 종료된다.

(2) 평가예정통보

국민건강보험공단은 고시 제4조제1항, 제2항 및 제3항에 따라 평가대상 장기요양기관에 "장기요양기관평가예정통보서"(별지 제4호서식)를 평가실시 7일 전까지 통지하여야 한다.

① 평가자는 평가예정일 7일 전까지 해당 장기요양기관에 '평가예정통보서'를 서면으로 통보하고, 평가 3일 전까지 도달 여부 확인하고 있다.

장기요양기관은 노인장기요양보험 홈페이지에서 평가예정일 7일 전부터 평가일 확인 가능하며, 노인장기요양보험 홈페이지로그인 / 기관평가 / 평가예정일 조회

② 장기요양기관이 천재지변 등의 불가피한 사유로 평가예정일에 평가를 받을 수 없는 경우 공단에 '장기요양기관 평가 연기요청서'를 제출하여야 하며, 공단은 연기여부를 결정 후 평가예정일을 다시 정하여 평가예정통보서를 평가실시 전일까지 장기요양기관에 재통보하고 평가기간 내에 평가 수행하고 있다.

③ 평가절차는 크게 3단계(계획공고, 평가실시, 결과공표)로 구분된다.

공단은 장기요양급여 평가계획을 수립하고 장기요양기관 평가위원회에서 심의하여 평가개시 30일 전까지 노인장기요양보험 홈페이지에 공고한다.

3) 평가 연기요청

장기요양기관평가예정통보서를 받은 장기요양기관이 천재지변 등의 사유로 평가에 응할 수 없는 경우에는 평가예정일 전에 장기요양기관평가연기요청서(별지 제3호서식)를 공단에 제출하여야 한다.

4) 평가자료의 확보

국민건강보험공단은 효율적인 평가를 위하여 필요한 경우 평가예정통지를 한 장기요양기관에 대하여 평가실시 전에 미리 평가 관련 자료의 제출을 요구할 수 있다.

4. 평가실시 및 평가자 비밀유지

(1) 평가실시

장기요양기관 평가예정통보서를 평가실시 7일 전까지 서면으로 통보하며 평가자가 평가를 실시한다. 평가조사표에 장기요양기관의 장(또는 관계자)과 평가담당자가 서명 날인함으로써 평가를 종료한다.

① 평가자는 장기요양기관을 방문하여 서류 또는 현장을 확인하는 방법 등으로 평가를 실

시하며, 이 경우 평가자는 신분증 및 장기요양기관평가통보서(별지 제5호서식)를 해당 장기요양기관에 제시하여야 한다.

② 장기요양기관의 장 또는 관계자는 평가실시 후 [별표 2] 평가조사표를 확인하고 서명 또는 날인하여야 한다.

③ 평가를 받은 장기요양기관은 평가관련 의견을 평가 종료 후 7일 이내에 노인장기요양보험 홈페이지 평가의견 수렴방에 등록할 수 있다. 이 경우 공단은 수렴된 의견을 반영하도록 노력하여야 한다.

④ 평가팀장은 법 제54조제3항에 따라 평가팀장은 건강보험공단 직원으로 한다.

⑤ 장기요양기관 대표자 또는 관계자 면담은 평가예정일에 장기요양기관을 방문하여 국민건강보험공단직원 신분증 제시하며, 장기요양기관 평가통보서와 안내문 제공, 평가 개요 등 설명하고 있다.

- 평가매뉴얼을 토대로 관련 자료와 현장 확인 및 질문 등으로 평가 실시 및 평가조사표에 기재한다.
- 평가조사표에 따라 상담 · 총평을 실시한 후, 평가자와 장기요양기관 대표자(또는 관계자)가 각각 서명 또는 날인하고 1부를 복사하여 장기요양기관에 교부한다.

평가의견수렴방 운영
장기요양기관의 평가의견 개진 및 만족도 조사 등 노인장기요양보험 홈페이지로그인 / 기관평가 / 평가의견수렴방

- 재가기관의 경우 기관평가 이후 수급자 및 종사자 평가 등을 실시하고 있다.

[별지 제5호 서식]

장기요양기관 평가통보서

(정기 · 수시)

1. 기관명 : (0-00000-00000)
2. 평가일 : 20 년 월 일
3. 평가범위 : 장기요양기관 평가방법 등에 관한 고시 제3조제2항에 의한 평가지표에 관한 사항
4. 평가자 : 국민건강보험공단 ㅇㅇㅇ외 ㅇ명

「노인장기요양보험법」제54조 및 제60조에 따라 위와 같이 장기요양기관 평가를 실시하오니 관련자료 제출 등에 적극 협조하여 주시기 바랍니다.

20 년 월 일

국민건강보험공단 이사장

※ 필요시 평가기간 연장 및 인원을 추가 투입할 수 있음

※ 평가를 거부하는 등 평가자료를 제출하지 않거나 거짓 자료를 제출한 경우 「노인장기요양보험법」 제69조에 따라 과태료 부과 대상임

2) 비밀의 유지

평가위원회 및 자문위원회의 각 위원, 평가자는 직무상 알게 된 비밀을 공개하거나 타인에게 누설하여서는 아니 되며, 각 위원, 평가업무를 수행하는 외부평가자는 보안서약서(별지 제6호서식)를 제출하여야 한다.

5. 평가등급의 결정 및 평가결과의 공표

1) 평가등급

① 평가점수는 고시 제3조제2항에 따른 별표 1의 장기요양기관 평가지표의 대분류별 점

수에 환산점수(배점비중)를 적용하여 100점 만점으로 환산하며, 100점 만점으로 환산한 점수에 별도가점을 합산하여 산정한다.

② 평가등급은 제1항의 규정에 의하여 산출된 점수 또는 점수의 분포 등을 고려하여, 급여종류별로 5개 등급으로 결정한다. 이 경우 평가등급의 표기는 알파벳 및 한글로 표기한다.

2) 평가등급의 조정

건강보험공단은 제16조제2항의 규정에 불구하고, 다음의 경우 평가위원회의 심의를 거쳐 평가등급을 조정할 수 있다.

① 평가대상 장기요양기관이 정당한 사유 없이 평가자료 제출을 거부하거나 허위자료를 제출하는 경우

② 장기요양기관이 행정처분을 받았거나 행정처분 이외 기타 부득이한 사유로 등급조정이 필요한 경우 등이다.

3) 평가등급 결정 및 조정

시설 규모 및 급여종류와 관계없이 A~E의 5개 등급으로 결정하며, 평가등급 결정은

• 5등급(A~E) 절대평가 … 절대평가등급 기준에 따라 등급을 결정한다.

등급	내용
A등급(최우수)	평가점수 90점 이상이면서 대분류 영역 각 70점 이상
B등급(우수)	평가점수 80점 이상이면서 대분류 영역 각 60점 이상
C등급(양호)	평가점수 70점 이상이면서 대분류 영역 각 50점 이상
D등급(보통)	평가점수 60점 이상이면서 대분류 영역 각 40점 이상
E등급(미흡)	D등급 기준을 충족하지 못하는 기관

• 등급 조정 사유가 발생한 기관은 조정된 등급으로 결정하고 있다.

① 평가등급 차하위 조정대상

직전 평가 가산지급일부터 당해 평가 가산지급일 사이에 노인장기요양보험법 위반으로 행정처분을 받은 기관. 다만, 노인학대로 행정처분을 받은 기관은 최하위로 조정한다.

② 평가등급 최하위 결정대상

거짓자료를 제출한 기관, 전산프로그램을 악용해 평가 자료를 거짓으로 조작한 기관, 기관 소속 직원이 아닌 사람이 서비스 제공기록 등을 대리 및 거짓으로 작성한 기관, 노인학대로 인하여 행정처분을 받은 기관이 될 수 있다.

4) 평가결과의 공표

장기요양기관 평가위원회에서 평가결과 공개범위와 방법을 심의하여 노인장기요양보험 홈페이지 등에 평가결과를 공표하고 또한 인정자에게 제공하는 장기요양기관 현황표에 '대분류영역별 수준' 및 '평가등급(A~E)을 공개하여 국민의 기관 선택권 및 알권리를 보장하고 있다.

① 건강보험공단은 장기요양기관이 법 제54조제2항에 따라 장기요양급여를 적정하게 제공하는지의 여부를 수급자 등이 알 수 있도록 평가결과를 평가위원회의 심의를 거쳐 노인장기요양보험 홈페이지 등에 공개하여야 한다. 이 경우 규모별, 지역별로 구분하여 공개할 수 있다.

② 공단은 장기요양기관이 제11조에 따른 장기요양기관 평가연기요청서를 제출하지 아니하고 평가를 거부하거나, 정당한 사유 없이 제14조제2항에 따른 평가조사표의 서명을 거부하는 때에는 평가위원회의 심의를 거쳐 평가결과 공표 시 그 명단을 공개하고 관할 시 · 군 · 구에 통보할 수 있다.

그림 8-4 장기요양기관평가 우수기관

000노인요양시설은 국민건강보험공단이 실시한 제6회 장기요양기관 평가대회에서 최우수기관으로 선정됐다고 3일 밝혔다. 이번 성과는 지난 해 3~12월 전국 3623개소를 대상으로 △기관운영 △환경 및 안전 △권리 및 책임 △급여제공 △제공결과 등 5개 항목을 평가한 결과로 서천군노인요양시설은 시설급여 분야에서 A등급을 받았다.

▣ 평가결과공표방법은 노인장기요양보험홈페이지 및 장기요양기관현황에 공개하고 있다.

- 대분류영역별점수를 100점만점으로 환산해 40점부터 50점 미만까지는 0.5(★)개부여, 50점부터 90점까지는 5점간격으로 아래와 같이 0.5(★)개단위로 부여, 40점 미만은 공란으로 표시
- 최하위(E)등급조정사유에 따라 평가등급이 조정된 기관에 대해서는 대분류영역별 수준이 홈페이지 및 수급자제공용 장기요양기관현황에 조회(표기)되지 않도록 함

구분	40점이상 ~ 50점미만	50점이상 ~ 55점미만	55점이상 ~ 60점미만	60점이상 ~ 65점미만	65점이상 ~ 70점미만
개수	0.5	1	1.5	2	2.5
표시	☆	★	★☆	★★	★★☆

구분	70점이상 ~ 75점미만	75점이상 ~ 80점미만	80점이상 ~ 85점미만	85점이상 ~ 90점미만	90점이상
개수	3	3.5	4	4.5	5
표시	★★★	★★★☆	★★★★	★★★★☆	★★★★★

※ 평가비대상 : 휴 · 폐업, 업무정지, 지정취소 등 평가를 거부한 기관은 평가결과를 공표할 때 노인장기요양보험 홈페이지에 평가결과를 '평가거부'로 표기하며, 명단을 공개하고 관할시 · 군 · 구에 통보한다.

수시평가

수시평가는 평가결과 하위기관에 대해 서비스 질 향상을 위한 수시평가(재평가)를 별도 계획에 따라 실시하며, 대상기관은 정기평가를 실시한 다음해에 수시평가를 실시한다. 또한 수시평가를 실시한 기관은 수시평가 결과를 정기평가와 같은 방법으로 공개하며, 수시평가 실시기관에 대해서는 가산금을 지급 하지 않는다. 수시평가대상은

- 정기평가결과 최하위(E)등급 장기요양기관
- 휴업 및 업무정지 등의 사유로 정기평가를 받지 못한 장기요양기관이다.
  * 정기평가결과 지적된 미흡사항을 개선한 후 수시평가를 신청한 장기요양기관에 대하여는 정기평가를 실시한 다음해에 수시평가를 실시할 수 있음

▣ 기타사항

평가를 받고 휴업 또는 폐업한기관은 노인장기요양보험홈페이지에 해당사유와 함께 등급을 공개한다.

7. 가산금 지급 및 평가결과 활용

1) 가산금 지급기준

정기평가결과 시설규모별 상위 20% 이하 범위에 속한 A등급 장기요양기관만 지급하고 있다.

※ 시설 규모별 상위 20%를 초과하는 A등급 장기요양기관은 가산금 지급 대상에 해당되지 않음

※ A등급이 시설 규모별 상위 20% 미만인 경우에는 해당 장기요양기관만 가산금 지급정기평가결과 시설규모별 상위 10% 범위내 기관은 평가 직전년도에 심사해 지급하기로 결정한 공단부담금의 2%, 규모별 상위 10% 초과 20% 이하 범위 내 기관은 공단부담금의 1%를 지급한다.

※ 시설규모 구분(3분류) : 30인 이상, 10인 이상~30인 미만, 10인 미만

※ 동점기관은 급여종류별 대분류영역 환산점수(배점비중) 순으로 순위 결정

평가실시결과(사례)
201X년 정상평가 기관은 급여종별 5,331개소 중 평가 불가사유에 해당되는 기관 819개소를 제외한 소(84.6%)에 대하여 평가를 실시하였다. 정상 평가 실시율은 급여종별로 주야간보호 90.5%(579개소) 가장 높았고, 방문요양 86.8%(2,767개소), 복지용구 85.6%(410개소), 방문간호 83.7%(82개소), 방문목욕 73.8%(643개소) 순이었으며, 단기보호 56.4%(31개소)로 가장 낮게 나타났다.

2) 가산금 지급제외 기준

① 평가등급 하향 조정사유가 발생한 기관

② 2018년 평가대상기관은 직전 정기평가 가산지급일(2019.6.20.)부터 2022년 가산 지급일전에 휴업, 업무정지, 폐업한 장기요양기관

③ 현지조사 결과 부당청구기관, 수사기관에 수사 의뢰된 기관(부당청구 노인학대 형사사건 등)은 행정처분 결과가 나올 때까지 가산 지급을 보류함

④ 기타사유로 가산이 부적절하다고 평가위원회가 심의 의결한 기관 등이다.

3) 평가결과 활용

정기평가결과 최우수기관(상위 20% 범위에 속한 A등급 기관)에게 인센티브(가산금)를 지급하는 등 장기요양급여 질 향상을 지속적으로 유도하며, 평가결과를 공개하여 소비자 알 권리 충족 및 선택권 확대를 위해 노력하여야 한다. 또한 평가결과 하위기관에 대해서는 수시평가(재평가) 및 평가 사후관리를 실시하는 등 급여수준 향상을 위하여 지속적으로 지원하며, 평가결과를 장기요양기관의 지정권자인 시장 · 군수 · 구청장에게 통보하여 기관의 관리 · 감독에 활용할 수 있다.

4) 평가결과 권리구제 절차 안내

(1) 평가결과에 대한 이견신청

평가기준적용에 이견이 있는 경우 평가기간 종료일로부터 30일 이내 관할지역본부에 관련서류 첨부하여 문서로 제출하면 된다.

(2) 평가결과에 대한 이의제기

공단의처분이 있은 날부터 90일 이내 공단에 문서로 이의신청이 가능하며, 이의신청결정에 불복할 경우 결정처분을 받은날 부터 90일 이내 보건복지부에 설치되어 있는 장기요양심판위원회에 심사청구가 가능하다.

수행 Tip!

- 노인장기요양보험법 및 장기요양보험포털 홈페이지를 검색하여 관련 자료를 수집 활용한다.

제9장

노인성질환 관리

9-1 노인보건

학습 목표

1 | 노인보건의 개념과 노화현상에 대하여 알 수 있다.
2 | 노인성질환의 특징과 종류 및 노인의 사망원인을 알 수 있다.

1. 노인보건

1) 노인보건의 의의

인구의 고령화 경향이 가속화되어 최근에는 노인문제에 대한 대응책이 사회문제화 되고 있으며, 또한 노인문제는 다방면에 걸쳐 제기되나 건강문제와 관련하여 노화현상으로 인한 기능저하와 만성 퇴행성질환으로 의료비가 크게 증가하고 있다. 노인보건이란 노인을 대상으로 연구하는 학문으로 노년에 대한 사항들 중에서 주로 보건에 관한 문제를 다루는 것을 말한다. 노인들은 여러 질병을 동시에 보유하고 있는 경우가 많아 매우 복합적이고 다양하며, 특히 생활습관과 관련된 노인성 질환은 치료가 어려울 뿐만 아니라 기능장애가 동반되는 경우가 많아 사회적으로 큰 부담이 되고 장기적인 관리가 필요하다.

2) 노인보건관리의 중요성

노인은 노화현상으로 인해 신체 · 생리적 기능 저하와 경제 · 사회적 활동력 감소로 의존성을 나타낸다. 특히 노년기에 있어 건강유지는 개인의 복지상태와도 직접 연관되기 때문에 노인 개개인은 일상생활 중에 건강추구 행위를 하게 되나, 신체적 기력의 쇠퇴에 따른 활동의 둔화현상으로 인해 건강관리를 포함한 건강추구 행위 자체에 있어서도 제한을 받게 된다. 노인보건은 노인의 일상적 활동능력, 질병 이환율, 사망원인, 스스로 인식하고 있는 건강상태 등을 노인문제로 보고 있다. 따라서 노인보건은 노인의 노화의 진행을 가능한 억제하며, 노인들의 건강을 유지시키고 질병을 감소하게 하여 수명을 연장시키는 역할은 물론, 노인이 지역사회에서 의미 있는 삶을 영위할 수 있도록 한다는 점에 의의가 있다. 노인보건이 중요한 문제로 대두된 배경으로는 평균수명의 연장으로 노인인구의 증가와 노인인구의 증가에 따른 노화의 기전이나 유전적 조절 등에 관한 관심이 고조되고 있으며, 또한 노인인구의 증가에 따라 질병의 유병률과 발병률이 급격히 증가하고 있다.

3) 노인의료의 특징

① 노인의 질병이나 장애는 만성적이고 복잡하여 장기간의 관리가 필요하다.

② 노인의 보건의료 요구는 다른 연령층에 비해 높으나 노인의 의료비 부담 능력은 일반적으로 낮아 의료이용에 대하여 제한을 가져다 줄 수 있으며, 의료 이용 시 가족에게 부담을 주게 된다.

③ 노인을 포함하여 그 가족에게는 인생의 종말을 대비한 관리가 필요하다.

④ 젊은 연령층에 비해 현저히 많은 양의 수발과 돌봄을 필요로 한다.

4) 노화 및 노화현상

① 노화란 시간의 흐름에 따라 신체전반에 일어나는 점진적변화로 기능적인 약화 혹은 쇠약의 특징을 수반하는 자연스러운 현상으로, 노화과정은 모든 사람에게 보편적으로 일어나며, 평생 동안 계속되는 과정으로 생명의 시작과 함께 시작되며 신체세포의 모양, 구성성분들이 변화하는 것을 모두 의미한다. 따라서 노화란 수정에서부터 출생, 성장 그리고 죽음에 이르기까지 생물이 시간의 경과와 더불어 서서히 모든 장기의 기능이 저하하여 체내의 항상성이 붕괴되어 버린 과정을 말한다. 노화와 달리 노쇠(senescence)는 노화과정 중에서 급격히 쇠퇴하는 마지막 단계를 말한다.

② 노화현상은 신체의 모든 기관은 운동에 의한 적당한 자극이 노화의 진행을 방지할 수 있다. 특히 근골격계의 변화와 순환기능, 소화기능, 호흡기능, 내분비기능, 신경기능, 감각기능 등의 감퇴현상이 나타난다.

(1) 근골격계의 변화

골실질과 골밀도의 감소로 골절이 잘되고 흉곽의 후굴과 추간판의 두께가 얇아짐을 볼 수 있으며, 따라서 신장이 줄게 된다. 관절도 약간 굴절되며 지지하는 인대가 약해져 가동성이 약해지며 근육통제에 장애가 일어나 근력의 저하와 피로도가 높아진다.

(2) 소화기계의 변화

치아의 상실과 소화기능과 운동능력의 저하로 위산의 분비량도 감소되어 영양물질의 흡수 능력이 떨어지며 장기능의 약화와 섬유질이 적은 음식의 섭취로 변비가 잘 발생한다.

(3) 순환기능의 저하

노령화로 심장에는 특별한 변화가 없으나 혈관벽의 경화성 변화가 있으며, 혈관 전반에 탄력성이 저하되고 혈압도 연령증가와 더불어 상승되는 경우가 많다.

(4) 호흡계의 변화

폐포의 감소와 탄력성의 저하로 폐활량과 최대 환기량이 줄고 따라서 특이한 노인성 폐기종이 나타난다. 그 외 기관지의 섬모활동의 감소로 분비물 배설기능이 저하되어 호흡기계의 감염이 잘 발생한다.

(5) 비뇨생식기계의 변화

신장혈량공급의 감소가 오며 이로 인해 신장기능의 저하가 나타난다. 따라서 신사구체의 여과력이 떨어지고 신세뇨관의 기능도 저하된다. 방광기능과 괄약근의 퇴화는 요실금 또는 소변정체를 일으켜 방광염을 유발한다. 남자에게서는 전립선의 비대로 배뇨곤란이 오며, 여자의 경우에는 폐경이후 난소와 자궁위축이 온다.

(6) 신경계의 퇴행성 변화

신경세포의 손실과 기능의 저하로 시력, 청력, 촉각, 미각, 후각 등의 감각기능이 저하되며 반응속도가 느려져 각종사고가 빈발한다.

(7) 정신기능의 변화

인식력, 시각적 파악 등이 저하되며 특히 비판력이나 모순의 발견력이 뚜렷이 저하되고 피부감각이나 후각 등도 퇴화되며, 시력의 저화와 건망증의 증가, 비정상적인 반응, 과민성 등이 증가한다.

5) 노인의 유병률 및 사망원인

(1) 노인의 유병률

노년기에는 다른 연령층에 비하여 상대적으로 질병에 이환될 확률이 높으며, 여러 가지 질병을 복합적으로 갖고 있는 경우가 많다. 노인의 상병구조는 만성 퇴행성 질환이라는 특성과 장기간의 치료를 요하는 건강문제를 안고 있으므로 노인의 의료 이용률은 증가하게 된다. 질병별 유병률은 지역과 연령에 따라 다르게 나타난다. 즉, 관절통, 만성 요통, 소화기계 만성질환은 군 지역에 사는 노인들이 시 지역에 사는 노인들보다 유병률이 높게 나타나며, 호흡기계 질환, 만성요통, 골절, 백내장 등은 연령이 증가하면서 유병률이 높아지는 경향을 보인다. 노인의 질병은 젊은 사람에 비해 발생률이 높고, 치명률이 높다는 것 이에도 중복질환을 가지며, 만성질환이 많고, 재발하기 쉽다는 몇 가지 특징을 가지고 있다.

(2) 노인의 사망원인

우리나라 65세 이상 남녀 노인의 사망원인 질환은 대부분 만성 질환으로 남녀 모두에게나 나타난 주요 사망원인은 암, 심장질환 뇌혈관 질환으로 나타나 젊었을 때의 생활양식에 의해 영향을 받고 있음을 간접적으로 시사하고 있다. 통계청의 사망원인 분석에 의하면 2020년 연령대별 3대 사망원인은 60대, 70대, 80세 이상 모두 암, 심장질환, 뇌혈관 질환 순으로 나타났다

표 9-1 60대 이후 3대 사망원인 구성비 및 사망률

(단위 : %, 인구 10만명 당)

연령(세)	1위			2위			3위		
	사망원인	구성비	사망률	사망원인	구성비	사망률	사망원인	구성비	사망률
60–69	악성신생물	42.4	270.6	심장질환	8.8	55.9	뇌혈관질환	6.1	38.9
70–79	악성신생물	35.7	677.5	심장질환	9.9	186.3	뇌혈관 질환	7.5	142.3
80 이상	악성신생물	17.6	1375.6	심장질환	12.4	971.5	뇌혈관 질환	10.5	819.2

수행 Tip!

- 노인보건에 대한 전문서적 및 통계청 홈페이지를 통하여 질병에 대한 지식을 습득한다.

9-2 노인성질환 관리

학습목표

1 | 노인성질환의 특징과 예방 및 건강관리에 대하여 알 수 있다.

1. 노인성질환

1) 질병(Disease)

질병(disease)이란 한 유기체의 정상적인 생명기능을 방해하거나 변형시키는 손상을 의미한다. 인간에게 있어서 질병이란 넓은 의미에서는 극도의 고통을 비롯해 스트레스, 사회적인 문제, 신체기관의 기능 장애와 죽음에 까지를 포괄한다. 질병은 감염성 생물(세균 · 바이러스 · 곰팡이 · 기생충 등)이나 무생물인 유해물질(독소, 이온화 방사선 등) 같은 외부인자의 침입으로 발생할 수 있으며, 선천적이거나 후천적인 해부학적 결함이나 신체기능 이상 등의 생물 내부의 내인성 변화로 인해 일어날 수도 있다.

2) 감염성 질환과 비감염성 질환

질병은 감염성 질환과 비감염성 질환으로 크게 구별되고 있으며, 병원체의 감염으로 발생한 질병을 감염성 질환이라고 하고 이 질환이 감염성을 가지고 새로운 숙주에게 감염을 시켜 질병이 발생하는 것을 감염병이라고 한다. 비감염성 질병이란 고혈압, 당뇨병, 암과 같이 전염되지 않는 질병으로 병원체 없이 일어나며 생활 방식, 환경, 유전 등 여러 가지 원인이 복합적으로 영향을 미쳐 질병을 유발한다.

3) 노인성 질병

노인성 질병이란 「노인장기요양보험법」제2조제1호에서 "대통령령으로 정하는 노인성 질병"이란 별표 1에 따른 질병을 말한다.(제1장 장기요양보험제도의 노인성 질병의 종류 참조)

4) 노인성 질환의 특징

노인의 질병은 젊은 사람에 비해 발생률이 높고, 치명률이 높다는 것 이에도 중복질환을 가지며, 만성질환이 많고, 재발하기 쉽다는 몇 가지 특징을 가지고 있다. 노년기에 잘 나타나는 만성병 중, 특히 생명에 영향을 미치는 대표적 질환으로는 동맥경화, 고혈압, 뇌졸중, 악성 신생물, 심장질환, 당뇨, 호흡기 질환, 빈혈, 골관절 질환, 감각기 질환, 치아질환, 정신장애 등이 있으며, 노인질환의 특징은 다음과 같다.

① 병인이 불분명하고 선천적 원인(유전, 체질 등)과 후천적 원인(생활환경, 식사, 기왕증)이 복잡하게 상관하여 질병이 시작된다고 본다.

② 발병시기가 불분명할 때가 많으며, 서서히 가벼운 병상으로부터 만성으로 이행하거나 진행하며, 점차 중병의 기능장애로 발전된다.

③ 동일한 질병이라도 성인병과 노년기와의 병상 및 임상형태가 다르며, 병증이 심해도 증상은 가볍던지 그 경과가 느리던지 하여 상당한 차이점이 있다.

④ 병증이 있는 장기 이외의 부위에 노화의 형태에 따라 장애가 미치기 쉬우며, 합병증을 일으키기 쉽다. 따라서 병명이 복잡해질 경우가 많다

2. 신경계 질환 및 예방

1) 뇌졸중(Cerebral apoplexy)

뇌졸중이란 뇌혈관 장애로 인한 질환 및 사고의 총칭으로, 고혈압, 영양의 불균형, 과로, 한랭에의 폭로가 원인이 되어 발생한다. 뇌졸중 중에는 뇌출혈, 뇌혈관 색전, 종양, 뇌막하출혈증 등이 있는데 이들은 모두 의식장애 및 운동장애를 가져온다. 뇌졸중은 노인의 사인으로 1위를 차지하고 있고, 노인에 있어서 치명율이 높을 뿐만 아니라 지역에서는 와상상태와 치매의 주요 원인이 되고 있다. 뇌졸중을 일으키는 원인인 생활환경, 생활양식 그 자체가 노인에게는 바람직하지 않은 것이므로 이를 제거하도록 하여야 한다. 뇌졸중에는 뇌경색, 뇌출혈 등이 있다.

(1) 뇌경색증(Cerebral Infarction)

뇌경색증(Cerebral Infarction)은 뇌동맥에 혈액이 공급되지 않아 급작스럽게 진행되

는 국소적인 신경 결손 증상을 말한다.

뇌경색(腦梗塞症)의 부위는 목부분에 있는 경동맥, 척추-기저동맥에서부터 우리 뇌 안의 아주 작은 지름의 동맥까지로 어디서든 혈관이 막힐 수 있으며, 이로 인해 혈관이 지배하던 부위의 뇌가 괴사함으로써 지속적인 증상이 남게 된다.

뇌조직은 평상시에도 많은 양의 혈류를 공급받고 있다. 그런데 다양한 원인으로 인하여 뇌혈관에 폐색(혈관 등을 이루는 관이 막히는 경우)이 발생하여 뇌에 공급되는 혈액량이 감소하면 뇌조직이 기능을 제대로 하지 못하게 된다. 뇌혈류 감소가 일정 시간 이상 지속되면 뇌조직의 괴사(조직이나 세포의 일부가 죽는 것)가 시작된다. 뇌조직이 괴사되어 회복 불가능한 상태에 이르렀을 때 이를 뇌경색(cerebralinfarction)이라고 한다.

① 증상

갑작스럽게 발생하는 편측마비, 안면마비, 감각이상, 구음장애(발음이 어눌해지는 현상) 등이 흔히 발생한다. 따라서 뇌경색의 증상은 혈관이 막힌 부위에 따라서 다양하게 나타날 수 있으며, 반신불수, 언어장애, 시야장애, 어지러움증, 의식소실 등 막힌 혈관의 위치에 따라 다양하게 나타날 수 있다.

② 진단 및 검사

전문의의 진찰과 혈액검사 및 심전도검사와 뇌전산화 촬영(CT)이나 자기공명영상(MRI), 경동맥초음파 등 검사를 통해 뇌신경 및 뇌혈관의 상태를 파악하여 진단한다.

③ 치료

초급성기가 경과한 이후 병원에 도착한 환자의 경우 급성기 합병증 발생을 막기 위한 보존적 치료를 시행하고, 혈소판억제제를 투여하여 뇌졸중의 재발을 막는 치료를 시행한다. 동시에 적극적인 재활치료를 통해 장기적으로 뇌기능이 회복될 수 있도록 하며, 또한 뇌졸중의 원인인 고혈압, 당뇨, 고지혈증, 심장 부정맥 등에 대한 치료도 반드시 병행되어야 한다.

가. 약물요법(혈전용해제, 항혈전제)

- 혈전용해제 : 뇌혈관이 막혀 뇌혈류가 차단되면 뇌조직은 불과 몇 시간 내에 되돌이킬 수 없는 손상이 오므로, 수시간 이내에 막힌 뇌혈관에 혈전 용해제를 투여하므로써 혈관을 막고 있는 혈전을 녹여, 뇌혈류를 재개시켜야 한다.
- 항혈소판제제 : 동맥 경화 상태의 혈관벽에서 혈전이 생기게 되는데, 이를 방지하기 위해 항혈소판제제를 투여해야 한다.

- 항응고제 : 심장 질환에 의한 뇌색전증, 혈관 박리 등에 의한 뇌경색인 경우 피의 응고를 저지시키기 위해 사용한다.

나. 비약물요법(혈관성형술, 스텐트삽입술, 경동맥 내막절제술)

두 개 내외 뇌동맥이 심하게 좁아진 경우 약물 요법만으로는 뇌졸중 재발을 막는데 역부족일 수 있다. 따라서 뇌동맥의 협착 정도 및 양상, 기타 환자 조건에 따라 좁아진 혈관을 넓혀 주는 스텐트삽입술이나 동맥경화 자체를 없애 주는 경동맥 내막절제술을 시행하기도 한다.

④ 예방방법

고혈압, 당뇨, 고지혈증, 심장 부정맥 등의 위험 인자를 갖고 있는 사람은 그렇지 않은 사람에 비해 뇌졸중의 발생 위험이 크게 증가한다고 알려져 있다. 따라서 적절한 운동, 식이요법 및 해당 질환에 대한 약물치료를 통해 위험 인자를 적극적으로 줄여 나가는 것이 매우 중요하다.

⑤ 생활 가이드 및 식이요법

고혈압, 당뇨, 고지혈증, 심장 부정맥 등의 위험 인자를 갖고 있는 사람은 그렇지 않은 사람에 비해 뇌졸중의 발생 위험이 훨씬 높다고 알려져 있다. 따라서 적절한 운동, 식이요법 및 증상 치료를 위한 약물복용을 통해 위의 위험 인자를 적극적으로 치료하는 것이 매우 중요한 뇌졸중 예방법이다.

식이요법은 고칼로리 및 고지방 음식을 피하고 신선한 야채를 많이 섭취하는 것이 중요하다.

(2) 뇌출혈(Cerebral hemorrhage)

뇌출혈(腦出血: Cerebral hemorrhage)이란 뇌혈관벽의 약한 부분이 터져 생긴 출혈이 원인이 되어 일어나는 뇌혈관장애를 말하며, 뇌실 내의 세동맥 파열로 혈액이 주위의 신경조직을 손상함으로써 의식장애나 발신불수 등의 기능마비를 초래하게 된다. 뇌출혈의 원인은 동맥경화와 고혈압 등이며, 발작 동기가 되는 것은 기온의 급변, 급격한 충격, 과로, 배변시의 복압에 의한 혈압의 급상승 때문등이 있다.

① 증상

뇌내출혈의 병태는 우선 일시적으로 출혈한 혈액이 굳어져 생긴 혈종(hematoma)이 직접 뇌실질을 파괴하며, 거기에 뇌부종(cerebraledema)이나 순환장애에 의한 2차적인 뇌손상이 가해진다. 주요 증상으로는 두통, 현기증, 마비 등의 증상에 이어 발작, 구토가 일어나게 된다.

뇌실질내출혈의 경우 대개 갑자기 쓰러지면서 "어지럽다", "머리가 아프다" 등을 호소하며 구토가 나타나기도 한다. 또한 몸의 한쪽이 마비되어 움직이지 않고 의식이 점차 나빠진다. 지주막하 출혈인 경우 며칠 전에 두통, 어지러움증, 일시적 반신마비, 언어 및 시야장애 등과 같은 전조 증상이 나타나며. 이러한 전조 증상 없이 머리가 터질 듯한 심한 두통 후 의식장애, 경부통, 구토 등이 동반하는 경우도 있다.

③ 진단

전문의의 진찰과 혈액검사 및 심전도검사와 컴퓨터단층촬영(CT)과 자기공명영상(MRI) 등으로 두개내의 출혈 여부를 확인할 수 있으며, 지주막하 출혈이 발생한 때는 뇌혈관조영 검사를 행해 동맥류를 진단한다.

④ 치료

뇌출혈 시 절대안정이 필요하며, 뇌부종을 가라앉히기 위해 고농도 포도당, 덱사메타존, 만니톨 등을 투약할 수 있고, 뇌의 혈액순환을 회복시키는 주사와 지혈제, 진정제 등을 사용할 수 있다. 고혈압성 뇌출혈은 혈종의 크기가 작으며 환자의 증상이 경미한 때는 약물치료를 시행하고 혈종의 크기가 중등도 이상이며 마비가 있으면 머리뼈에 조그마한 구멍을 내서 관을 넣어 혈종을 뽑아내는 수술을 할 수 있다.

⑤ 주의사항

고혈압이 있는 경우 급격한 온도 변화나 혈압 변화를 피해야하며, 추우면 혈관이 수축해 혈압을 높여 혈관이 터지기 쉽기 때문에 겨울철에는 갑자기 추운 곳으로 나오는 것을 피해야 한다. 또한 과로를 피하고 일상생활에서 스트레스를 잘 해소해야 하고, 충분한 수면을 취하고 규칙적인 운동을 통해 비만을 예방하는 것이 필요하다. 그리고 변비가 생기지 않도록 주의하고 과도한 소금은 섭취하지 않도록 한다. 또한 고지혈증, 동맥경화를 예방할 수 있는 식이요법과 고칼로리 및 고지방 음식을 피하고 신선한 야채를 많이 섭취하는 것이 중요하다.

2) 치매(dementia)

치매(dementia, 癡呆)는 뇌의 신경세포가 대부분 손상되어 장애가 생기는 대표적인 신경정신계 질환이며, 정신(지적) 능력과 사회적 활동을 할 수 있는 능력의 소실되는 것을 말한다. 또한 치매는 노년기의 대표적인 정신장애로 정상적으로 활동하던 사람에게 기억력 장애가 주로 나타나는 질환으로 뇌의 병변에 의하여 기억장애, 사고장애, 판단장애, 식별력장애, 계산력장애 등과 같은 인지기능과 고등정신기능이 감퇴되고 정서장애, 성격변화, 일상생활 동작능력장애 등이 수반됨으로써 직업, 일상적 사회활동 또는 대인관계에 장애를 일으키는 질환이다.

① 원인

치매의 50~60%는 알츠하이머(Alzheimer disease : AD)이고, 20~30%는 혈관성 치매(vascular dementia)인 중풍 휴유증으로 뇌신경세포가 파괴되어 일어나며, 나머지는 일산화탄소중독증의 휴유증, 두부외상, 알코올과 파킨슨병이 원인인 것으로 알려져 있다. 알츠하이머병은 두뇌의 수많은 신경세포가 서서히 쇠퇴하여 뇌조직이 소실되고 뇌가 위축되게 된다.

혈관성 치매란 뇌안에서 혈액순환이 잘 이루어지지 않아 서서히 신경세포가 죽거나, 갑자기 큰 뇌혈관이 막히거나 뇌혈관이 터지면서 뇌세포가 갑자기 죽어서 생기는 치매를 말한다.

② 진단

치매의 진단은 먼저 환자와 보호자를 통해 간단한 병력을 청취하고 간단한 선별검사를 통해 인지 능력을 평가한다. 정밀검사에서 환자의 인지 능력이 저하된 것이 확인되면 치매라 진단할 수 있고, 치매의 여러 원인을 찾기 위한 혈액 검사, 뇌영상 검사(MRI 등)을 받게 된다.

그림 9-1 정신질환 진단 의료장비

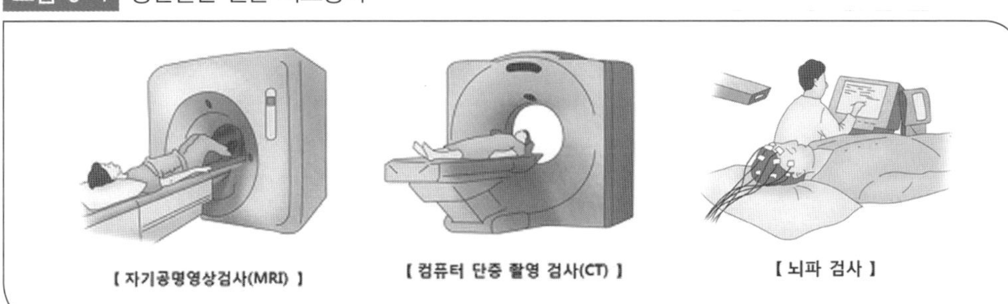

③ 증상

치매의 경우 가장 흔하게 나타나는 기억력 감퇴뿐 아니라 언어능력, 시공간 파악능력, 인격 등의 다양한 정신능력에 장애가 발생함으로써 지적인 기능의 지속적 감퇴가 초래된다.

㉠ 기억력저하 : 건망증이라면 어떤 사실을 기억하지 못하더라도 힌트를 주면 금방 기억을 되살릴 수 있지만 치매에서는 힌트를 주어도 모르는 경우가 많다.

㉡ 언어장애 : 가장 흔한 증상은 물건의 이름이 금방 떠오르지 않아 머뭇거리는 현상인 '명칭 실어증'이다.

㉢ 시공간 파악능력 저하 : 길을 잃고 헤매는 증상이 나타날 수 있습니다. 초기에는 낯선 곳에서 길을 잃는 경우들이 나타나지만 점차 진행되면 자기 집을 못 찾는다거나, 심한 경우 집 안에서도 화장실이나 안방 등을 혼동하는 경우도 있다.

㉣ 계산능력의 저하 : 거스름돈과 같은 잔돈을 주고받는데 자꾸 실수가 생기고, 전에 잘하던 돈 관리를 못하게 되기도 한다.

㉤ 성격변화와 감정의 변화 : 매우 흔하게 나타날 수 있는 증상으로, 예를 들어 과거에 매우 꼼꼼하던 사람이 대충대충 일을 처리한다거나 전에는 매우 의욕적이던 사람이 매사에 관심이 없어지기도 한다. 또한 감정의 변화도 많이 관찰되는데 특히 우울증이 동반되는 경우가 많다. 수면장애가 생길 수도 있어 잠을 지나치게 많이 자거나 반대로 불면증에 시달리기도 한다.

④ 치료

원인적 접근과 약물치료(콜린성약제, NMDA 수용체 차단제 등), 기타 접근방법이 있으며, 환자를 위해 기본적 일상생활이 최대한 스스로 유지할 수 있게 하는 작업요법, 인지기능 강화요법 등의 다양한 프로그램등의 참여함으로써 삶의 질을 향상시킬 수 있다.

⑤ 예방 및 주의사항

치매의 증상 및 종류는 다양하며 현재까지 발생기전이 확실히 규명되지 않았고 원인을 치료할 수 있는 치료법도 미비한 상태이다. 따라서 미리 예방하는 것이 중요하므로 일반적으로 권장되는 것은 두뇌 회전을 많이 시킬 수 있는 놀이를 하거나 책을 읽는 것이 좋으며, 건전한 수준의 게임, 바둑, 카드놀이와 같은 종합적인 인지 능력을 요구하는 놀이가 건망증 예방에 도움이 된다. 또한 신문이나 책을 읽거나 글을 쓰는 것이 효과적이며, 건강한 식습관을 가지고 신선한 야채섭취와 적절한 운동을 한다. 또한 지나친 음주와 흡연을 인지 기능에 나쁜 영향을 미치므로 삼가는 것이 좋으며, 충분한 수면을 취하는 것이 좋다.

(1) 알츠하이머 치매(alzheimer's disease)

알츠하이머병은 치매를 일으키는 가장 흔한 퇴행성 뇌질환으로, 1907년 독일의 정신과 의사인 알로이스 알츠하이머(AloisAlzheimer) 박사에 의해 최초로 보고되었다. 알츠하이머병[alzheimer's disease]은 치매의 원인으로 가장 빈번한 질환으로 전체 치매환자의 50~60% 정도가 알츠하이머병에 의한 치매증상을 보이는 것으로 알려져 있다. 알츠하이머병은 이상 단백질들(아밀로이드 베타 단백질, 타우 단백질)이 뇌 속에 쌓이면서 서서히 뇌신경세포가 죽어나가는 퇴행성 신경질환이다. 여기서 퇴행성의 의미는 정상적인 사람에서 나이가 들면서 서서히 세포가 손상되어 점차적으로 증세가 나타나는 경우를 말한다. 즉 치매를 일으키는 가장 흔한 퇴행성 뇌질환으로 서서히 발병하여 기억력을 포함한 인지기능의 악화가 점진적으로 진행되는 병을 말한다.

① 증상

알츠하이머병은 그 진행과정에서 인지기능 저하뿐만 아니라 1. 기억력 감퇴 2. 언어능력 저하 2. 언어장애=실어증 6. 판단력 장애 3. 시공간파악능력(지남력)의 저하 8. 우울증상, 9. 감정변화, 10. 야간착란 4. 판단력 및 일상생활수행능력의 저하 5. 정신행동증상 이외에도 성격변화, 초조행동, 우울증, 망상, 환각, 공격성 증가, 수면장애, 무감동 및 무관심 등 이른바 '정신행동증상'이 흔하게 동반되고 신체적인 합병증까지 나타나게 된다.

또한 신체 증상으로는 알츠하이머병이 상당히 진행되면 대소변 실금이 나타나고, 몸이 경직되고 보행장애가 나타나 거동이 힘들어진다. 거동 장애와 더불어 욕창, 폐렴, 요도감염, 낙상 등의 신체적 문제가 합병증으로 나타나기가 쉽다.

③ 진단

알츠하이머병 진단에 있어 환자에 대해 가장 잘 알고 있는 보호자의 보고를 통한 정확한 병력 청취가 매우 중요하다. 의사는 이전에 비해 기억력을 포함한 인지 기능의 변화가 있는지, 있다면 언제부터 어떠한 양상으로 나타났는지 확인하고, 신체검사와 신경학적 및 신경심리검사(기억력, 언어능력, 인지기능), 정신상태 검사, 심전도검사, 일상생활 기능수준 검사, 혈액 검사 등의 실험실 검사, 뇌영상학검사(MRI,

CT, PET) 신경심리검사 등을 통해 진단을 한다.

④ 치료

알츠하이머병의 근본적인 치료방법은 아직 개발되지 않았지만 증상을 완화시키고 진행을 지연시킬 수 있는 약물이 임상현장에서 사용되고 있다. 또한 환자를 위해 기본적 일상생활이 최대한 스스로 유지할 수 있게 하는 작업요법, 인지기능 강화요법 등의 다양한 프로그램 등의 참여함으로써 삶의 질을 향상시킬 수 있다.

⑤ 예방법

건강한 생활을 통해 상당부분 예방 가능하며, 고혈압, 당뇨, 심장병 등 합병증 예방과 지나친 과음과 흡연을 삼가하고, 건강한 식습관과 체력에 맞게 일주일에 3일 이상 하루 30분 이상 적절한 운동을 하는 것이 좋다.

(2) 혈관성치매(vascular dementia)

혈관성 치매(血管性癡呆, vascular dementia)는 뇌에 혈액 공급에 문제가 생기는 뇌경색으로 인한 치매를 말하며, 노인에게 일어나는 치매 중 발병률을 기준으로 알츠하이머병 다음으로 흔한 치매의 질환을 말한다. 또한 혈관성 치매는 뇌동맥 경화로 인한 뇌혈류의 감소 또는 뇌졸중 이후에 발생하며, 치매에서 보이는 증상이 나타나고, 이것이 뇌혈관질환과 직접적인 관련이 있다는 뇌 영상 검사상 뚜렷한 증거가 있을 때 진단하게 된다. 병력 상 뇌졸중 또는 뇌출혈이 발생한 후 기억력 저하 및 인지기능의 저하가 나타나며, 다발성 뇌경색과 같은 뇌혈관 질환이 여러 차례 발생한 후, 병변의 부위가 작거나 일회성이었으나 증상을 보이는 경우 등 여러 종류의 혈관성 이상 증상 및 기전에 의해 발생할 수 있다.

① 증상

혈관성 원인으로 생기는 지능 및 운동 장애. 뇌동맥 경화, 뇌졸중, 마음탓 뇌경색 따위로 발생하며, 기억 장애가 뚜렷하지 않을 수 있고 수행 기능의 소실 등 피질하 기능 저하가 현저하게 나타난다. 따라서 혈관성 치매에서는 기억력 감퇴, 언어 능력 저하, 시공간파악능력 저하, 판단력 및 일상생활 수행능력의 저하 등의 인지기능 저하, 무감동, 우울, 불안, 망상, 환각, 배회, 공격성, 자극 과민성, 이상 행동, 식이 변화, 수면 장애 등의 정신행동 이상 외에 비교적 초기 단계부터 편측운동마비, 편측감각저하 또는 소실, 시야장애, 안면 마비, 발음 이상, 삼키기 곤란, 보행장애, 사지경직 등 다양한 신경학적 이상 증상이 자주 동반된다.

② 진단

전문의의 진찰과 여러 검사를 실시하는데 뇌MRI(핵자기 공명)촬영, 단일광자방출촬영(SPECT), 혈액검사(간 기능, 신장기능, 빈혈 검사), 뇌파검사, 갑상선 기능검사 등을 실시하고 있다. 그리고 인지기능검사에서 치매로 진단되면 그 원인을 알기 위한 이차적인 검사가 필요하며, 뇌자기공명영상(MRI), PET 등의 영상검사와 신경심리검사, 일상생활 기능수준 검사 등으로 진단한다.

③ 치료

혈관성 치매의 예방과 근본적 치료는 그 원인이 되는 뇌졸중의 예방과 치료에서 시작된다. 고혈압, 당뇨, 고지혈증, 비만, 흡연, 심장질환 등 뇌혈관 질환의 발생 또는 악화에 기여할 수 있는 혈관성 위험 요인에 대한 치료 및 관리가 매우 중요하다. 아울러 뇌혈관 질환의 재발이나 악화를 방지하기 위해 아스피린 등의 혈소판 응집억제제나 와파린 등의 항응고제, 혈류순환개선제 등을 투여한다. 또한 인지기능저하 증상을 개선하기 위해 기억력 훈련, 인지재활치료, 현실 지남력 훈련 등이 활용된다.

④ 예방법

건강한 생활을 통해 상당부분 예방 가능하며, 고혈압, 당뇨, 심장병 등 합병증 예방과 지나친 과음과 흡연을 삼가하고, 건강한 식습관과 체력에 맞게 일주일에 3일 이상 하루 30분 이상 적절한 운동을 하는 것이 좋다.

3) 파키슨병(Parkinson disease)

파킨슨병은 안정시 진전(resting tremor), 근육경직, 운동완서(bradykinesia) 등의 3가지 대표증상이 나타나는 신경계 퇴행성장애이다. 뇌졸중만큼 흔히 발생하는 질병은 아니나 장기간에 걸쳐 병리과정이 진행되면서 노인의 삶 전반에 부정적인 영향을 미치며, 주로 50대 이후에 발병하며 70대의 발병이 가장 흔하고, 80대 이후의 발병은 매우 드물다. 파킨슨병 환자들 중 약 5%의 환자만이 유전성 질환이고, 90% 이상은 모두 특발성이며, 아직 파킨슨병에 잘 걸리게 되는 위험요인으로 정확하게 밝혀진 사항은 없다.

① 증상

파킨슨병의 증상은 근육경직, 자율신경장애, 근육의 떨림, 느린 움직임, 진전, 부정확한 조준, 신체적이거나 정신적인 활동을 잘 개시하지 못함, 그리고 공간적인 혼미 등이다. 대부분의 환자들은 발병 초기에 우울해지는데, 우울증은 단지 이 병에 대한 반응으로 나타나는게 아니라 병의 일부일 수도 있다. 가장 눈에 잘 띄는 증상으로 주로 편한 자세로 앉아 있거나 누워 있을 때 나타나고, 손이나 다리를 쓰거나 움직일 때 사라진다.

② 진단

파킨슨병을 확진할 수 있는 검사는 없다고 아직 알려져 있으며. 전문의의 진찰소견이 가장 중요한 진단 방법이다. 흔히 파킨슨병 '사촌'이라고 불리는 파킨슨유사증후군이 파킨슨병과 구별해야 할 중요한 질병으로 파킨슨유사증후군에는 진행성핵상마비, 다발성신경계위축, 혈관성파킨슨증후군, 정상압뇌수두증 등이 있다. 뇌자기공명영상(MRI)이나 뇌 PET 촬영 등이 도움이 된다.

③ 치료

치료는 기본적으로 약물치료를 원칙으로 하고 있으며, 항파킨슨제제에는 여러가지 종류가 있지만 도파민제제가 가장 효과적이다. 그러나 장기간 도파민제제를 사용하였을 경우 후기운동합병증이 발생할 수 있다. 이러한 경우에는 뇌심부자극술이라는 수술적 치료방법을 고려할 수 있다.

4) 진전(수전증)

수전증(Tremor)은 몸이 떨리는 증상인 진전증이 손에서 나타나는 것을 의미하며 수전증(essentialtremor)이라고 하며, 진전증은 다양한 원인에 의해 발생할 수 있다. 진전증은 손 이외에도 머리, 목, 턱, 혀, 목소리, 드물게는 다리와 발도 떨릴 수 있으며, 특별한 원인 없이 발생한 진전증을 본태성 진전이라고 부른다.

① 증상

본태성 진전의 특징은 손에 힘을 줄 때에 더 심해지고, 마음을 안정시키거나 술을 마시면 증상이 약해지는 것이다. 반대로 파킨슨 병에서의 손떨림은 힘을 빼고 있을 때에 더 심해진다. 본태성 진전 그 자체는 건강에 큰 해가 없지만, 다른 사람이 볼 때에 불안해서 손을 떨거나, 고개를 흔드는 것으로 오해를 할 수 있다는 것이 문제가 되기 때문에, 이 질환을 갖고 있는 사람은 사회생활에 큰 어려움을 겪는다.

② 진단

전문의의 진찰과 떨림의 원인을 알기 위해서는 갑상선기능항진증이나 저혈당 등의 이차적인 요인이 있는지를 혈액검사를 통해서 구별할 수 있다. 또, 진전 분석

(tremor recording)이라는 신경생리학적 검사를 통하여 진전의 원인이 중추신경계의 이상에 인한 것인지, 항진된 생리적 진전인지 등을 구분할 수 있다. 또한 자세한 진찰을 통하여 파킨슨병으로 인한 진전을 구분할 수 있다.

③ 치료

본태 떨림(수전증)의 경우 프로프라놀롤(propranolol) 등의 베타아드레날린차단제 사용이 주로 추천되고, 효과가 충분하지 못할 때는 항경련제인 프리미돈(primidone)이나 가바펜틴(gabapentin) 등을 사용할 수 있다. 다른 종류의 떨림은 대부분 원인 질환을 치료하는 것으로 떨림을 치료하는데, 떨림으로 인해 생활이 크게 불편한 경우에는 약물치료 등으로 증상을 조절한다. 수술방법으로는 뇌심부자극 수술이 있다.

(자료출처 참고 : 서울아산병원 질환백과, 서울대학교병원 의학정보, 세브란스병원 의학정보, 삼성서울병원 건강의학센터 의학정보, 국립암센터 질환정보, 보건복지부 및 대한의학회 건강의학정보, 각 병원건강검진센터 홈페이지)

3. 소화기계 및 호흡기 · 심장 · 내분비계 질환

1) 위염(Gastritis)

위염은 병리학적으로 위 점막에 염증 세포의 침윤이 있는 상태로 정의하고 있으며, 시간적 개념에 따라 급성과 만성으로 나눌 수 있으며, 이 밖에도 조직학적 소견, 해부학적 분포 및 병적 기전에 따라 분류되고 있다. 위염의 내시경적 소견에 따라 발적성 위염, 미란성 위염, 출혈성 위염, 담즙 역류성 위염, 만성 표재성 위염, 위축성 위염, 화생성 위염, 비후성 위염 등으로 분류하기도 한다.

① 원인

급성 위염의 원인에는 헬리코박터균의 급성 감염, 세균감염, 기생충(예 : 생선회 섭취 후 아니사키스 감염), 진균감염, 심한 스트레스(외상, 화상, 패혈증 등), 알콜, 약물[아스피린, 진통 소염제(NSAIDs)], 강산, 강알칼리 용액 등이 있다.

② 증상

급성 위염의 경우에는 명치 부위의 갑작스런 통증과 구역 및 구토 등이 발생한다.

만성 위염의 경우 아무런 증상이 없는 경우부터 소화불량증과 같은 상복부 동통, 식후 심와부의 그득함, 복부 팽만감, 조기 팽만감, 구역, 속쓰림 등이 발생할 수 있다.

③ 진단

일반적으로 증상에 따른 경험적 약제를 투여한다. 그러나 악성 종양의 가능성을 배제해야 하는 40세 이상 환자나 경고 증상(삼킴 곤란, 지속적인 구토, 체중 감소, 위장관 출혈의 증거)이 있는 환자, 증상에 따른 경험적 치료에도 호전이 없는 환자에서는 위내시경 검사를 시행하여 진단한다. 내시경 검사상 나타나는 징후를 통해 위염을 분류하고, 원인에 대한 감별이 꼭 필요한 경우에는 조직검사를 병행한다.

④ 치료

위내시경 소견상 만성 위축성 위염이나 화생성 위염이 발견되는 경우, 위암의 빈도가 증가하는 것으로 알려져 있기 때문에 최소 1년에 한 번씩은 위내시경 검사를 시행하는 것이 좋다.

그림 9-2 위장검사 및 위염

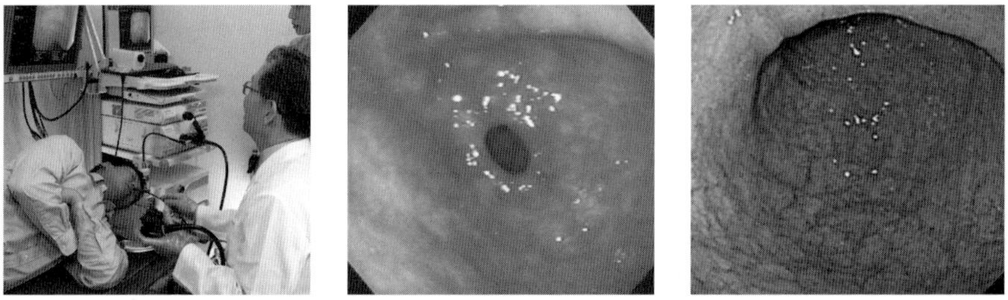

2) 지방간(Fatty liver)

정상적인 간에는 지방이 5% 정도 존재하는데 간의 무게의 5% 이상으로 지방이 침착된 경우를 지방간이라고 한다. 지방 중에서 중성지방(트리글리세라이드)이 간세포에 축적되는데 음식물 등을 통하여 섭취한 지방질을 원활하게 처리하지 못하여 지방간이 발생한다.

① 원인

지방간의 4대 원인은, 과도한 음주, 비만(복부비만), 당뇨병, 고질혈증 등이다. 지방간은 그 원인에 따라서, 알콜성 지방간과 비알콜성 지방간으로 분류된다.

② 진단

간이 나빠질 수 있는 다른 원인이 없는지 확인하기 위해여 혈액을 통한 간기능 검사와 초음파 검사를 시행한다. CT, MRI 검사가 필요할 수 있으며 간혹 확진이 되지 않는 경우는 드물게 간생검을 통한 조직검사도 시행한다.

③ 치료

지방간의 원인을 제거(술, 비만 원인, 당뇨환자 식이요법 등)하는 것이 가장 중요한 치료 방법이다.

④ 주의사항

지방간은 다른 질병과 같이 건강한 생활습관을 유지하는 것이 중요하다. 적당한 식사와 규칙적인 운동, 적절한 체중을 유지하고, 흡연과 과도한 음주를 하지 않는 것이 지방간의 질병을 예방하고 치료하는 방법이며 동시에 건강한 생활을 할 수 있는 지름길이다.

3) 알코올성 지방간(Alcohol Fatty liver)

알코올성 간질환은 과다한 음주에 인해 발생하는 간질환을 의미하며, 지방간에서부터 간염, 간경변 및 이에 의한 말기 간부전에 이르기까지 다양한 질환을 말한다.

① 증상

침묵의 장기 '간' 답게 알콜성 지방간 자체의 증상은 거의 없다. 증상이 있어도 극히 미미하기 때문에 증상을 느껴 내원하는 경우는 없다. 직장마다 혹은 개인이 건강 진단을 받으면서 우연히 발견하는 경우가 많다. 또한 피로, 무기력함, 식욕부진, 오른쪽 갈비뼈 아래 부위의 팽만감이나 불편감 등을 느낀다.

② 진단

혈액검사와 간 초음파 검사에 의하여 진단을 하며. 즉 과량의 술을 장기간 마신 사람이 혈액 간기능 검사에 이상이 있고, 간 초음파에서 지방 축적 소견이 보이면 진단이 가능하다.

③ 치료

알콜성 지방간은 술만 끊으면 정상으로 되돌아올 수 있는 병이다. 술 때문에 부족한 영양분을 충분히 보충하면 비교적 빨리 회복할 수 있다. 하지만 소홀히 여겨 방치할 경우 간염이나 간경화로 발전돼 생명을 잃을 수 있다.

4) 간경화증(Liver Cirrhosis)

간경화는 학술적 병명인 간경변증의 일반화된 명칭이다. 어떤 원인이든 간세포손상(간염)이 장기간 지속되면 간에 흉터가 쌓이는 간섬유화증이 진행하게 되는데, 간경변증은 간섬유화증이 가장 심한 상태를 말한다.

① 원인

우리나라에서 간경변증의 원인으로는 만성 B형간염이 약 70% 정도로 가장 많고 알코올성 간염, 만성 C형간염이 다음으로 많다. 그 외에도 지방간염, 자가면역성간염, 경화성 담관염과 윌슨병 등의 유전질환도 간경변을 유발할 수 있다.

② 증상

초기 간경변증의 경우 대부분 증상이 없다. 증상은 간경변증의 중기부터 합병증으로 나타나는데, 이런 경우를 '비대상성 간경변'이라고 한다. 식욕부진, 소화불량, 복부불쾌감 등 비특이적 증상들이 나타날 수 있고, 복수가 차면 복부팽만감과 하지부종이 발생하고 심할 경우 숨이 차기도 한다.

③ 진단

㉠ 임상 검사

- 간효소치의 상승은 경화가 진행되면 오히려 떨어진다.
- 응고 검사 이상이 흔히 발견된다.
- 알부민 수치가 감소한다.
- 빈혈과 혈소판 감소증이 자주 관찰된다.
- 황달지수(빌리루빈)가 상승한다.
- BUN, Cr의 상승은 탈수나 간신 증후군을 시사한다.

㉡ 복수 천자

복수가 처음 발생하거나 갑자기 악화될 때에는 분석을 위해 복수천자를 시행한다.

㉢ 초음파검사 및 CT

초음파검사로는 복수를 발견하고 간과 담관의 해부학적 이상을 감별한다. CT 로는 간과 비장의 모양, 간경화 특징, 문맥 고혈압 등을 잘 관찰할 수 있다.(상부위장과 내시경검사)간경변증의 합병증인 정맥류 형성 등을 확인하기 위해 시행한다.

④ 경과/합병증

㉠ 소화기 출혈

위-식도 정맥류가 가장 흔한 원인이지만, 20% 정도가 위염, 위십이지장 궤양, 위암 등의 다른 원인으로 발생한다.

㉡ 복수 및 황달

복수는 문맥 고혈압으로 인한 신장의 염분 저류 등으로 발생하며, 황달은 간 기능 저하로 발생한다. 또한 간성 뇌증은 간의 대사성 기능 저하와 문맥 고혈압으로 발생하며, 간신 증후군은 신장의 명백한 병리 소견이 없이 간경변증으로 인해 신부전이 발생한다.

㉢ 치료

간경변증의 치료는 크게 원인 치료와 간섬유화를 역전시키는 치료로 나눌 수 있으며, 주로 간경변증의 원인에 대한 치료를 하게 된다. 가장 중요한 원인인 만성 B형간염과 C형간염에 대해서는 매우 효과적인 약제들이 이미 개발되어 있으므로, 간경변증의 초기에 잘 치료하면 악화를 막을 수 있다. 어떤 원인이든 금주 역시 매우 중요하다.

2) 만성 기관지염(chronic bronchitis)

만성기관지염은 기관이나 기관지 내에 기침을 일으킬 정도로 많은 양의 점액이 생산되는 상태로, 보통 기침 가래가 1년에 3개월 이상 지속되고 최소한 2년 이상 증상이 지속될 때를 말한다. 보통 감기가 오래 지속되거나 흡연으로 인한 만성기관지염으로 유발될 수 있다.

① 원인

흡연, 대기 오염, 직업적 노출 등의 자극이 기관지 손상을 일으킬 수 있으며 이로 인해 만성 기관지염이 발병하는 것으로 추정하고 있다.

② 증상

만서기침, 가래, 운동시 호흡곤란이 주증상이다. 가래는 대개 하얀색이나 약간의 노란색을 띄는 점액성이며 아침에 많이 나오는 경향이 있다. 병이 진행할 경우 비교적 수개월에서 수년에 걸쳐 서서히 호흡곤란이 심해져 약간의 활동에도 호흡곤란을 느끼게 된다.

③ 진단

만성 기관지염의 진단을 위해 사용하는 검사들은 폐기능 검사, 단순 흉부 방사선 촬영(Chest X-ray), 흉부 전산화 단층촬영(Chest CT), 기관지 내시경(Bronchoscopy) 등이 있다.

④ 치료

기침, 가래와 함께 일상 생활에 장애를 주지 않을 정도의 가벼운 호흡곤란만 있는 질병 초기에는 기침을 억제하고 가래를 묽게 하여 잘 뱉어내게 하는 약을 복용하고 호흡곤란이 급성으로 악화될 때에만 일시적으로 기도 확장제를 흡입하도록 한다.

4. 심장 및 내분비계 질환

1) 고혈압증(Hypertension)

고혈압증은 다른 질환의 근본적 원인이 되는 만성 성인병으로, 가장 흔하고 관리가 잘 안 되기 때문에 조용한 살인자(silent killer)라고도 한다. 혈압과 맥압은 산업사회에서 연령과 함께 점차 증가 추세에 있으며, 고혈압은 노인에서 자주 나타난다. 65세 이상 노인의 45∼50% 이상이 고혈압으로 나타났다. 노인의 고혈압은 주요 사인이 되고 또한 심근경색증, 뇌졸중, 심부전, 말초혈관 질환의 원인이다. 노년기에는 동맥혈관의 경직성의 증가로 인해 수축기 혈압이 이완기 고혈압에 비하여 더 흔하게 나타난다. 일반적으로 이완기 혈압 90mmHg 이상, 수축기 혈압 140mmHg 이상일 때를 고혈압이라고 정의하고 있다. 그러나 건강한 사람도 연령, 성별, 신체적조건, 운동, 정서반응, 수면, 소화, 하루 중 측정시간 및 계절 등에 다라서 상당한 변동이 있기 때문에 안정한 후 최소한 3회 이상을 측정한 후 판정하는 것이 정확하다. 고혈압 대상자 대부분은 증상이 없다. 모호한 불편감, 피로, 두통, 비출혈, 어지러움은 초기 지표이다. 심한 고혈압은 진동하는 후두통, 특히 아침에 흔하며 여러 시간 후에 사라진다. 심계항진, 흉부통증, 호흡곤란, 좌심실의 비대 등이 있으며, 치료로는 식이요법과 약물요법이 있다. WHO가 규정하고 있는 고혈압증의 분류에는 저혈압은 최고혈압 100mmHg와 최저혈압 60mmHg 이하이고, 적정 또는 정상혈압은 수축기혈압이 120~130mmHg, 이완기혈압이 80~85mmHg,경계고혈압은 90~95mmHg, 140~160mmHg, 고혈압은 수축기혈압인 최고혈압이 160mmHg이상, 확장기혈압인 최저혈압이 95mmHg 이상을 기준으로 하고 있다.

① 식이요법

비만증과 고혈압은 상관관계가 깊다. 따라서 체중 감소만으로도 혈압을 떨어뜨릴 수 있으므로 체중이 정상이 될 때까지 저칼로리 식이로 제한한다. 당질과 지방섭취

제한, 특히 동물성 지방에 포함되어 있는 콜레스테롤과 염분을 제한하고 술, 담배, 커피, 홍차 등 자극성 식품을 금지 또는 제한한다.

② 약물요법

약물요법의 결정은 심장이나 신장, 뇌, 눈과 같은 기관에 손상이 있는 경우, 남성인 경우 50세 이하에 시작하며, 특히 가족 중에 당뇨병 및 고지혈증 병력이 있거나 담배를 많이 피우는 사람이 있는 경우에는 더 빨리 시작하여야 한다. 혈압강하제로는 혈관이완제(중추신경계나 말초신경계에 작용하여 혈관이완), 교감신경차단제(교감신경의 자극을 억제하여 혈관수축을 막아 혈압을 낮추는 작용), 장기제제 등이 있다.

③ 예방

㉠ 고혈압의 유전관계가 농후한 가족 간의 결혼을 금하고 순환기계 장애가 있는 사람은 심신의 안정을 도모한다.

㉡ 가능한 한 체중이 초과되지 않도록 하고 자극제나 지나친 흡연은 금한다.

㉢ 고칼로리, 고염식을 피하고 흡연, 음주를 금한다.

㉣ 조기발견과 조기치료를 위해 자각증의 유무에 상관없이 정기적인 신체검사로 혈압측정을 한다.

2) 동맥경화증(Atherosclerosis)

동맥경화증이란 일반적으로 대동맥이나 중증도의 동맥의 혈관 내벽이 국소적으로 비후되어 혈관의 탄력성이 줄어들고, 혈류를 방해하거나 콜레스테롤이나 중성지방, 유리지방산 같은 지질이 축적되어 동맥이 막혀서 혈액순환이 정상으로 이루어지지 못하는 질병이다. 따라서 예방적관리는 고혈압, 비만증, 당뇨병의 치료와 음주, 흡연, 긴장 등을 피하는 것이 중요하다.

① 원인

고혈압, 당뇨병, 고콜레스테롤혈증, 흡연, 비만, 연령 등의 다양한 위험 인자들이 복합적으로 관여한다. 관상동맥에 의한 심근경색과 허혈성 뇌혈관 질환의 주요 원인이다. 허혈성 뇌졸중을 일으키는 혈관협착은 동맥경화의 주요원인이다.

② 증상

신장손상, 관상동맥질환, 뇌나 사지로의 순환장애 등이 발생할 수 있으며, 동맥경화가 극도에 달하여 동맥내강의 70%이상이 막혔을 때 그 말초부위로의 혈류가 감소하여 비로소 증상을 느끼게 된다. 즉 환자는 아무 불편을 느끼지 않으면서도 사실은 동맥경화가 상당히 진행되어 있는 경우가 많다.

③ 진단

동맥경화가 발생한 부위에 따라 혈액검사, 도플러검사, 사지혈압검사, 심전도 등의 검사를 시행하여 진단한다. 뇌경색이 생긴 경우 일차적으로 CT 혹은 MRI를 통해 뇌경색 부위를 진단하고 혈관을 보는 검사 (CT, MR 혈관조영검사, 혈관조영술, 경동맥, 경두개 도플러초음파검사)로 좁아진 혈관부위를 찾아내게 된다.

④ 치료

금연, 저지방식, 혈당조절, 혈압조절 등의 환자 본인의 자기 관리가 필요하며, 병원에서 적절한 치료를 받아야 된다. 동맥경화로 인한 협착이 심하지 않은 경우 항혈소판제제 등의 약물로 예방적 치료를 받게 된다. 협착이 심한 경우 약물로는 좁아진 혈관의 회복을 기대하기 어렵기 때문에 중재적 시술이나 수술로 치료받게 된다. 중재적 시술로는 혈관을 넓혀주기 위한 풍선을 이용한 혈관성형술, 스텐트삽입술이 있으며 수술로는 동맥내막절제술, 동맥우회로수술 등이 있다.

3) 심근경색증(Myocardial Infarction)

심근경색증은 심장의 근육은 심장표면에 관상동맥이라고 불리는 3개의 주요 혈관들로부터 산소와 영양소들을 공급 받는다. 일반적으로 말하는 관상동맥 질환이란, 동맥경화증이 심해져서 관상동맥의 협착이 진행되고 이로 인하여 심장 근육의 혈류공급에 장애가 생기는 병을 지칭한다.

일반적으로 관상동맥의 내경이 약 70%까지 막힐 때까지 별다른 증상을 느끼지 못하며 그 이상이 막히게 되면 비로서 협심증 증세를 나타내게 된다. 관상동맥의 협착으로 인하여 심장 근육으로의 혈액 공급이 한때 불충분하게 되어도 단시간 동안에 혈류가 다시 흐르면 심장 근육은 죽지(괴사, necrosis)않고 회복하게 되는데 이를 협심증(Angina Pectoris)이라고 하고, 혈류가 개통되지 않아 그 부위의 심장 근육이 괴사하는 것을 심근경색(Myocardial Infarction)이라 한다.

① 원인

심근경색증은 고지혈증, 흡연, 당뇨, 고혈압, 복부비만, 운동부족, 심리적 스트레스 등의 여러 가지 위험인자로 인해 동맥경화증이 생기고 진행되어 콜레스테롤, 지방

성분, 칼슘, 기타 성분 등이 관상동맥의 내면에 축적되어 혈관 벽은 두꺼워지고 그 내경은 점차 감소하게 된다.

② 증상

가슴의 통증 또는 가슴을 짓누르는 압박감이 30분 이상 지속되는 것이 심근경색의 주된 증상입니다. 협심증의 경우 휴식을 취하면 통증이 완화되나 심근 경색의 경우는 휴식과 관계없이 격렬한 통증을 호소하게 된다.

③ 진단

심전도, 혈액검사(트로포닌 또는 CK-MB 등), 심장초음파, 운동부하검사, 핵의학 검사, 관상종맥조영술, 심장 CT, MRI, 경동맥 초음파 등으로 진단한다.

④ 치료

㉠ 내과적 치료

동맥경화증의 예방과 진행을 막기 위해 고혈압이나 고콜레스테롤혈증을 교정하며, 혈전형성을 억제하는 약물요법, 관상동맥의 협착 부위를 넓혀주는 경피적 관상동맥성형술(Percutaneous Transluminal Coronary Angioplasty : PTCA) 등이 있다.

㉡ 외과적 치료

관상동맥의 협착부위를 다른 혈관을 이용하여 우회로를 만들어줘 혈류 공급을 가능하게 해주는 관상동맥우회술(coronary artery bypass grafting, CABG)이 가장 보편적으로 시행되고 있다.

㉢ 주의사항

동맥경화증의 위험인자인 당뇨, 고혈압, 고지질혈증, 가족력, 비만 등을 적절히 조절하고 정기적으로 전문의와 상의하는 것이 최선의 방법이다.

4) 협심증(Angina Pectoris)

협심증은 심장에 혈액을 공급하는 혈관인 관상동맥이 동맥경화증으로 좁아져서 생기는 질환이다. 관상동맥 내부의 동맥경화성 변화는 사실상 20대 초반부터 진행되며 혈관 면적의 70% 이상이 좁아지면 협심증 증상이 발생할 수 있다. 심근경색증은 관상동맥이 완전히 막혀서 발생하는데 반해, 협심증은 어느 정도의 혈류는 유지되므로 운동 시와 같은 심장근육의 산소요구량이 상대적으로 증가하는 상황에서 주로 증상이 나타난다.

① 원인

흡연, 고지혈증, 당뇨병, 고혈압 등이 명백한 위험인자로 확립되어 있으며, 그 외에도 비만, 운동부족, 스트레스 등이 가능한 위험인자로 거론되고 있다.

② 증상

협심증이 발생하면 가장 흔히 경험하게 되는 것이 가슴 통증 (흉통)이다. 환자에 따라 조금씩 다를 수 있지만 대개 '가슴을 짓누르는 듯 하다', '빠개지는 것 같다', '고춧가루를 뿌려 놓은 것 같다', '벌어지는 것 같다', '숨이 차다' 등으로 표현하는 경우가 많다. 협심증의 흉통 중 가장 중요한 특징은 안정 시에는 통증이 없다가 심장 근육에 많은 산소가 필요한 상황, 즉 운동이나 무거운 물건을 드는 경우, 차가운 날씨에 노출될 때, 흥분한 경우 등에 증상이 주로 유발된다.

③ 진단

가슴통증으로 의심되면 각종 심장 정밀검사로 정확한 진단을 내릴 수 있다. 심전도, 심장 초음파, 핵의학 영상 검사 등이 진단에 이용될 수 있으며, 운동이나 약물을 이용하여 인위적으로 심장에 부하를 가한 후 이들 검사를 시행하여 더욱 정확한 진단을 내리기도 한다. 검사 결과로 심각한 협심증이 의심되는 경우에는 많은 경우에 관상동맥 조영술을 시행한 후, 스텐트 등을 이용한 관상동맥 중재시술이나 관상동맥 우회 수술 등의 치료를 받게 된다.

④ 치료

협심증의 치료는 병의 진행 정도에 따라 다양한 방법이 선택될 수 있다. 병의 정도가 경미하다면 약물치료로도 가능하겠으나 근래에는 환자의 증상을 조기에 완화시키고 재발을 막기 위하여 많은 경우에 '관상동맥 중재시술'이나 '수술'을 하는 경향이 있다.

'관상동맥중재시술'은 '관상동맥확장성형술' 또는 '관상동맥 스텐트삽입술'을 일컫는 말로서 관상동맥조영술과 같은 방법으로 관상동맥에 관을 삽입하고 가는 철사를 통해서 막힌 혈관 부위를 풍선이나 스텐트로 확장시키는 방법이다. 수술과 달리 마취를 하지 않아도 되고, 회복 기간이 짧으며, 흉터도 남지 않아 최근의 협심증 치료에서 가장 많은 부분을 차지하고 있다.

5) 고지혈증(Hyperlipidemia)

고지혈증이란 혈액 속에 지방 성분이 높은 상태를 말한다. 일반적으로 총콜레스테롤이 240mg/*dl*을 넘거나, 중성지방이 200mg/*dl* 이상일 때 고지혈증이라고 한다. 콜레스테롤에는 저밀도 지단백(LDL) 콜레스테롤과, 고밀도 지단백(HDL) 콜레스테롤 등 두 가지 중요한 콜레스테롤의 형태가 있다. LDL-콜레스테롤은 혈중 총 콜레스테롤의 3/4을 차지하며 간으로부터 세포로 콜레스테롤을 운반하고 신체 요구량보다 많을 경우 혈관벽에 들러붙어 동맥경화를 일으킨다. 반면 HDL-콜레스테롤은 세포로부터 간으로 콜레스테롤을 운반하여 간에서 콜레스테롤을 대사하게 하는 청소부의 역할을 하므로 수치가 높은 것은 동맥에서 콜레스테롤을 제거하여 심장 질환과 뇌졸증에 대한 예방 효과를 나타난다.

① 원인

㉠ 음식물 ㉡ 유전적 요인 ㉢ 나이와 성별 ㉣ 비만 ㉤ 운동부족 ㉥ 과음 ㉦ 흡연 ㉧ 스트레스 ㉨ 약물 등의 원인이 있다.

② 증상

혈중 콜레스테롤이나 중성지방의 증가는 동맥경화, 고혈압, 심혈관계 질환 등의 위험요인이 되므로 합병증이 발생하면 위험하다. 대부분 무증상이나 유전적 소인에 의한 가족성 고지혈증이 있는 경우 황색종, 황색판종, 하지의 아킬레스건과 같은 신체의 다양한 힘줄 부위, 피부에 콜레스테롤 침작으로 생기는 황색종, 눈꺼풀에 생기는 황색판종이 생긴다.

③ 진단

공복시에 혈액 내의 콜레스테롤, 중성지방, HDL-콜레스테롤, LDL-콜레스테롤 수치를 측정한다.

④ 치료

식사 조절과 규칙적인 운동을 통한 생활습관 개선 및 적절한 체중을 유지하고, 약물치료를 하는 것이 치료의 중심이다. 운동을 지속하게 되면 대게 HDL콜레스테롤은 90%가 증가하고 중성지방은 70%가 감소한다.

⑤ 주의사항

건강한 식생활과 함께 규칙적인 운동을 계속하면 고지혈증을 예방하는 데 도움이 된다. 지방이 많이 든 육고기, 팜 오일이나 코코넛 오일, 전유로 만든 유제품 등은 가능한 한 제한하고, 신선한 과일과 야채, 현미 잡곡 빵과 씨리얼, 저지방의 유제품 등을 먹는 것이 좋다.

6) 당뇨병(Diabetes mellitus)

당뇨병은 탄수화물의 섭취로 형성된 혈당량이 정상인 보다 늦게 떨어지는 증후군으로서 체내 탄수화물 대사이상 질병으로 췌장에서 분비하는 인슐린(insulin)이 부족하거나 그 이용률이 나빠서 생기는 질병이다. 한국인의 식생활이 서구화되고 운동부족이나 스트레스의 증가 등으로 당뇨병 환자도 급격히 증가되고 있다. 또한 당뇨병은 직접적인 사인이 되는 빈도는 많지 않으나, 합병증으로 인한 폐해가 극심하므로 중요한 질병이다.

① 원인

당뇨병은 제1형과 제2형으로 구분되는데, 제1형 당뇨병은 이전에 '소아 당뇨병'이라고 불렸었으며, 인슐린을 전혀 생산하지 못하는 것이 원인이 되어 발생하는 질환이다. 인슐린이 상대적으로 부족한 제2형 당뇨병은 인슐린 저항싱(Insulinresis-tance: 혈당을 낮추는 인슐린 기능이 떨어져 세포가 포도당을 효과적으로 연소하지 못하는 것)을 특징으로 한다. 제2형 당뇨는 식생활의 서구화에 따른 고열량, 고지방, 고단백의 식단, 운동 부족, 스트레스 등 환경적인 요인이 크게 작용하는 것으로 보이지만, 이 외에 특정 유전자의 결함에 의해서도 당뇨병이 생길 수 있으며, 췌장 수술, 감염, 약제에 의해서도 생길 수 있다.

② 증상

약한 고혈당에서는 대부분의 환자들이 증상을 느끼지 못하거나 모호해서 당뇨병이라고 생각하기 어렵다. 혈당이 많이 올라가면 갈증이 나서 물을 많이 마시게 되고, 소변량이 늘어 화장실을 자주 가게 된다. 또한 체중이 빠지게 된다. 오랜 기간 고혈당 상태가 유지되면 신체에서 여러 합병증이 발생하는데, 대표적인 것이 망막병증(실명할 수 있음), 신기능장애(신기능 저하로 심할 경우 투석이 필요함), 신경병증(저림, 통증)이고, 심혈관계 질환의 위험이 높아지게 된다. 당뇨병의 3대증상은 다음(多飮 : polyphagia), 다식(多食 : polydypsia), 다뇨(多尿 : polyuria)라고 한다.

③ 진단

혈액검사로 진단한다. 증상이 없는 경우 8시간 이상 금식 후에 측정한 혈당이 126mg/dL 이상이거나, 경구 당부하검사 2시간 후 혈당이 200mg/dL 이상인 경우를 당뇨병이라 한다. 물을 많이 마시거나 소변이 많아지고 체중이 감소하는 동시에 식사와 무관하게 측정한 혈당이 200mg/dL이상일 때도 당뇨병으로 진단한다.

④ 치료

먹는 혈당강하제는 크게 인슐린 분비 촉진제와 인슐린 감수성 개선제로 나뉜다. 인슐린 분비 촉진제는 설폰요소제(sulfonylurea)와 메글리티나이드(meglitinide)계가 있다. 설폰요소제는 흔히 처방되는 약으로, 저혈당 상태를 유발할 수 있다는 것을 제외하고는 큰 부작용이 없는 편이며, 아마릴(성분 : 글리메프라이드 glimepiride), 디아미크롱(성분명 : 글리클라자이드 gliclazide), 다오닐(성분명 : 글리벤클라마이드 glibenclamide) 등이 이에 속한다.

⑤ 당뇨병의 합병증

당뇨병의 합병증으로는 당뇨병성 세소혈관증(망막증, 신증, 신경증), 동맥경화증, 고혈압증, 감염증을 들 수 있다. 이 외에 당뇨병 환자에서 출현하는 신장애에는 당뇨병성 신증, 신감염증, 신염, 신부종증 등이 있으나, 이 중에서도 가장 중요한 것은 당뇨병성 신증과 신우신염 등이다.

⑥ 예방과 관리

㉠ 식사요법 : 올바른 식사요법을 계속하기 위해서 환자와 가족에게 교육지도 하여야 하며 식품 교환표를 사용한 당뇨병 식사의 방법을 지도하는 것이 좋다.

㉡ 경구제 요법 : 식사요법을 제일로 하며 약물요법을 병행하도록 한다. 혈당강하제 투여시 항상 저혈당에 주의하여 적응에 대응해서 투여하여야 한다.

㉢ 인슐린요법: 경구제로 효과가 보이지 않는 사람과 체중감소가 심하고 공복시 혈당치가 20mg/dl을 넘는 사람, 탈수로 허탈해지기 쉬우며 용이하게 고혈당상태가 되는 사람, 감염증에 의해 통제가 불량한 사람 등은 인슐린요법의 적응이라고 할 수 있다.

㉣ 운동요법: 식사요법에 의한 체중의 조절과 운동요법의 지속은 고혈압과 심기능에 좋은 영향을 미칠 뿐 아니라 골, 관절 질환에도 치료적 효과를 줄 수 있어 식후에 정해진양의 운동을 하는 것이 중요하다

5. 근골격계 질환

근골격계의 만성 질환은 노인의 운동기능을 손상시키고 결과적으로 자가 간호와 기동성을 제한한다. 금전관리, 요리, 운전, 집 관리 등의 도구적인 일상생활 활동 기능은 물론 목욕, 식사 등 기본적인 일상생활 활동 기능이 손상되기도 한다. 이러한 기능이 손상되면 노인은 독립적으로 생활할 수 없게 되고, 자긍심의 저하로 우울을 경험하여 삶의 질이 낮아진다.

1) 요통(Low back pain)

요통이란 허리부위에서 다리까지 광범위하게 나타나는 통증을 말한다. 의학 보고서에 의하면 직장생활하는 남성의 1/4은 1년 동안 한번 이상 요통 경험을 갖고 있고, 그들 중 1/12은 직장 근무를 못하고 휴식을 취해야 할 정도이다. 따라서 직장 남성의 60%는 요통을 경험하게 되며, 45세 이상의 연령층에서 심장질환과 류머티스 관절염 다음으로 요통 환자가 많은 것으로 보고되고 있다.

그림 9-3 요통

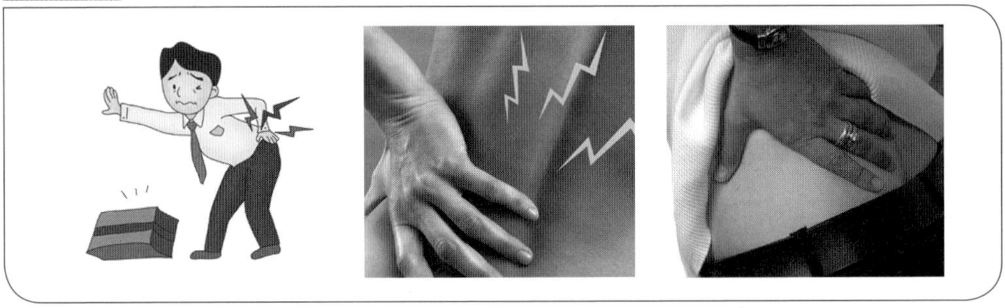

① 원인

㉠ 긴장된 자세 ㉡ 근력의 불균형 ㉢ 근육경련(좌상이나 염좌)

㉣ 골다공증에 의한 척추 손상

㉤ 척추질환을 가지고 있거나 생리통이나 골반 내에 염증이 있거나 스트레스, 긴장, 불안 등이 있을 때도 요통이 생길 수 있다.

② 증상

요통은 심한 통증으로 움직이지 못하거나 심하게 움직이지 않으면 별 다른 이상 증상이 없는 경우 등 증상은 매우 다양하다. 그리고 요통이 나타난 원인에 따라 증상이 다르게 나타나며, 허리가 아닌 다리에 저림이나 통증이 나타날 수 있고 또한 체중감소나 발열 등 전신적인 증상이 나타날 수 있다

③ 진단

요통의 진단으로는 1. 환자의 병력 2. 엑스레이 3. 정밀검사-척추강내 조영술, 컴퓨터단층촬영, 자기공명영상(MRI) 4. 전기생리학적검사-근전도와 피부체성 감각 유발전위 등의 검사를 할 수 있다.

④ 치료

요통은 대부분 자연 치유고, 보존적 치료로 통증이 완화될 수 있으며, 요통환자 중 2% 정도만 수술적 치료를 필요로 한다. 보존적 치료로는 급성기에는 물리치료나 약물치료를 할 수 있으며, 만성요통일 경우에는 올바른 자세와 허리를 강화시키는 운동이 필요하다.

(2) 관절염(Arthritis)

관절염은 관절 사이 완충 역할을 해 주는 연골이 파괴되고 관절에 염증성 변화가 일어난 상태를 말한다. 관절은 두 개 또는 그 이상의 뼈들이 맞닿는 곳을 말하며 관절을 이루는 뼈들의 끝은 연골이라는 부드러운 재질로 싸여 있다. 연골은 쿠션 역할을 하여 관절이 쉽게 움직이도록 도와 주는 역할을 하고, 활막이라 불리는 섬유질 막으로 싸여 마찰하는 것을 방지해 주는 활액을 분비한다. 이곳에 염증이 생기면 흔히 말하는 관절염이 되는 것인데, 관절인 경우에는 부종, 통증, 관절이 뻣뻣한 증상 등을 동반한다. 대개 관절염의 경우 생기는 염증은 일시적인 것이 많지만 때로는 장기적이면서 영구적인 문제를 일으키기도 한다. 관절염의 종류에는 골관절염(퇴행성 관절염)과 류마티스성 관절염이 있다.

(3) 류마티스 관절염(Rheumatoid Arthritis)

류마티스 관절염은 관절 주위를 둘러싸고 있는 활막이라는 조직의 염증 때문에 일어나는 질환이다. 이 활막이 존재하는 모든 관절, 즉 움직일 수 있는 거의 모든 관절을 침범하는 질환으로서 수개월에서 수년에 걸쳐 진행되는 소위 만성 질환이다.

① 원인

정확한 원인은 알려져 있지 않지만, 현대의학의 발전에 힘입어 어느 정도 윤곽은 알 수 있게 되었다. 유전적으로 류마티스 관절염의 소인이 있는 사람이 어떤 외부자극을 받으면 인체 내의 면역체계가 자신의 몸을 비정상적으로 공격하여 염증이 발생

한다고 추정하고 있다.

② 증상

초기 증세는 주로 손마디가 뻣뻣해지는 것인데 특히 아침에 자고 일어난 직후에 심하며 1시간 이상 관절을 움직여야만 뻣뻣한 증세가 풀린다. 이러한 관절의 뻣뻣한 증상은 심한 경우 하루 종일 지속되기도 한다. 동시에 환자들은 손마디가 붓고 통증을 동반하여 손을 쓸 수가 없다고 호소한다. 무릎이나 팔꿈치, 발목, 어깨, 발까지 침범하는 경우도 흔하고 통증이 있는 마디를 만지면 따뜻한 열감을 느낄 수 있다.

③ 진단

류마티스관절염의 진단은 주로 문진과 진찰로서 이루어진다. 류마티스 관절염은 다른 많은 종류의 관절염과 비슷하기 때문에, 또는 바이러스 감염 후에도 일시적으로 비슷한 증상이 나타날 수 있기 때문에 최소한 6주 이상 지속적인 증상이 있는 경우에만 류마티스관절염으로 진단하며, 혈액 검사, 엑스레이 검사 등을 보조적으로 사용한다.

그림 9-4 관절염 원인 및 진단

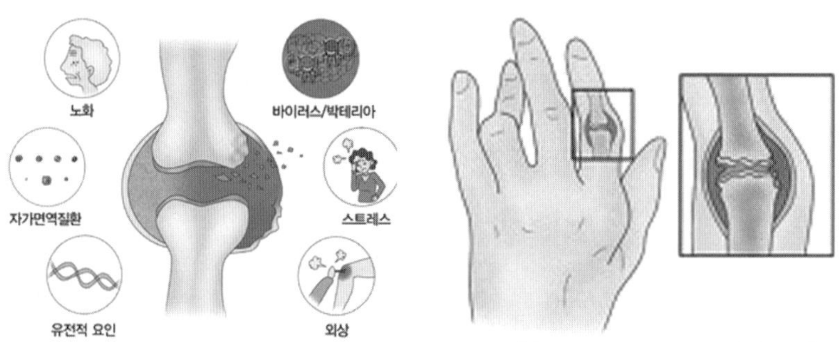

[관절염의 원인] [류마티스 관절염의 병리소견]

④ 치료

약물요법으로는 비스테로이드소염제, 호르몬의 일종인 스테로이드 제제 같은 1차약과 인체의 면역체계에 영향을 주어 류마티스 관절염 자체를 억제하는 2차약 등이 있다.

6. 악성종양(암)

1) 암(cancer)

암은 세포조직의 과잉 성장으로 인해 발생하는 악성종양으로 정상적인 속도와 크기로분열 성장해야 하는 세포가 통제를 받지 않고 계속 분열하여 성장이 제멋대로 일어나면 정상조직이 암으로 변화되는 것을 말하며, 또한 암은 처음 생겨난 부위에 국한되지 않고 혈관이나 림프관 등 여러 경로를 따라 다른 신체 부위로 이식되어 그곳에 정착 증식하게 되는 전이의 특성을 가지는 것을 의미한다.

2) 종양과 암의 비교

종양은 비정상적으로 생성된 모든 혹 덩어리를 말하며, 일단 종양이 발견되었을 때는 양성인지 악성인지를 구별한다. 양성종양은 그 범위가 제한적이며 근본적으로 사람에게 해를 입히거나 생명을 위협하지 않으며 쉽게 절제 할 수 있고 예후가 좋아 큰 문제가 되지 않으나, 악성종양은 체내에서 특정 공간을 차지할 뿐만 아니라 아주 무절제하게 빠른 속도로 자라며 주변의 정상조직을 파고들어 수술적 절제나 완치가 어렵고 생명에 아주 중대한 위협이 될 수 있다.

3) 악성신생물(Malignant neoplasm)

무제한의 세포분열로 증식력이 매우강하고 주위의 조직에 대하여 침윤성과 파괴성이 있으며, 몸 전체에 퍼져서 치명적인 해를 주는 종양을 의미한다.

따라서 악성 신생물은 조기발견을 위하여 증상이 없더라도 검사를 행하는 것이 원칙이다. 악성종양이란 정상세포 이외의 세포가 생체기능에 아무런 필요도 없이 증식하여 인접조직을 파괴하여 기계적, 내분비적 또는 화학적으로 장애를 일으키고 원발 부위에서 다른 부위로 전이(metastasis)해서 증식하는 능력을 가진 질환군으로서 암(cancer)이라고 일컫는다.

(1) 암의 원인

암을 일으키는 원인은 정확히 알려져 있지 않으나 내적 요인과 외적 요인으로 구분할 수 있다. 내적 요인으로는 유전인자, 면역학적 요인을 들 수 있고 외적 요인으로는 화학 발암물

질, 대기오염, 자외선, 방사선, 바이러스, 약물, 식이 등을 들 수 있다.

(2) 암의 일반적 증상

증상은 암의 종류에 따라 차이가 있으나 일반적으로 암의 조기증상에 유의해야 할 점은

① 소화불량이나 속쓰림(위암) ② 유방에 무통성의 응어리 및 유두 출혈(유방암)

③ 계속되는 기침이나 혈담(폐암) ④ 성대의 변성이나 목이 쉼(후두암)

⑤ 쉽게 피로가 오고 안색이 나빠짐(대부분의 암의 공통 증상)

⑥ 대변의 습관 변화와 설사와 변비의 교차(대장암)

⑦ 구강이나 피부의 잘 낫지 않는 궤양(구강암 · 피부암)

⑧ 배뇨 곤란이나 혈뇨(신장암 · 방광암 · 전립선암)

⑨ 질(膣)의 부정출혈 및 나쁜 분비물(자궁경부암)

⑩ 보통 사마귀나 검은 사마귀가 커지거나 빛깔 변조(기저세포암 · 흑색종) 등으로 이럴 때는 전문의사의 진단을 반드시 받아서 암성 여부를 확인해야 한다.

(3) 진단

의사의 시진(視診)과 촉진(觸診), 의료장비에 의한 방사선진단법 · 초음파진단법 · 내시경법 · 전산화단층촬영법(CT) · 자기공명전산화촬영법(MRI), 양전자단층촬영법(PET) 등이 있고, 혈청검사에 의한 종양표식인자 검출법 등이 있으나 최종적으로 암조직 생검(生檢, Biopsy)으로 확진한다.

(4) 암의 치료

암의 치료는 수술 · 방사선요법 · 항암화학요법 등의 3대 치료법이 널리 사용되며 병용되는데, 수술 및 방사선요법은 주로 국소 치료방법이며, 항암화학요법은 전신 치료 방법이다. 이 밖에도 몇 가지 종양에 따라서는 면역요법 · 고열요법 및 영양요법 등을 행하고 있다.

(5) 예방방법

암의 1차적인 예방방법은 암 발생에 원인이 되는 물질과 환경에 노출되지 않도록 산업장이 일반 환경의 개선이나 특별한 보호대책을 강구하는 것이다. 2차적인 예방으로는 암의 조기발견과 치료이다. 조기진단을 위해서는 정기적인 신체검사가 필요하며 암에 기인하는 경한 증세라도 암과 유관한 증상이 발생했을 때는 곧 진단을 받는 것이 좋다.

7. 노년기의 건강관리

노년기의 건강관리는 노화현상의 유전적 영향도 있지만 환경적요인이 크게 작용한다. 주로 과로, 음식물, 영양, 생활양식, 질병감염, 운동량 부족, 활동량 등에 따라 개인차가 크게 나타나므로 40세 이후의 건강관리는 정기적 건강진단, 식사조절, 강한 육체노동과 감정적자극의 감소, 적당한 운동, 취미생활, 여행, 휴식 등의 활동이 필요하다. 특히 모든 가족은 항상 관심을 가지고 동기부여와 격려 속에 생활에 참여할 수 있도록 기회를 많이 만들어 드리고 또한 꾸준하게 취미생활을 할 수 있도록 관심을 가져야 한다. 따라서 노년기를 건강하게 보내기 위해서는 식사, 배설, 수면 등의 일상생활 활동을 적절히 하고, 정신적으로 충실한 생활을 하는 것이 중요하다. 이를 위해서는 노화현상이 나타나기 시작하는 40대 이전에 일상생활을 통한 올바른 생활습관을 갖는 것이 중요하다.

그리고 우리나라 노인의 문제로는 ① 경제적 문제 : 소득의 감소와 경제적 의존 ② 건강문제 : 의료비 부담과 건강문제 ③ 여가문제 : 특별한 사회적 서비스 프로그램 ④ 소외와 고독문제 : 심리 사회적 갈등, 소외 및 고독문제 등이 있다.

1) 생활습관

인간의 생리기능 리듬과 생활리듬을 조화시키는 것은 노년기 건강유지에 가장 필요한 조건이다. 환경조건은 될 수 있는 한 일정하게 유지하고 일상생활도 규칙적으로 하여 체력에 맞추어 무리하지 않게 하고 생리적 리듬을 깨뜨리지 않도록 생활을 설계하여야 한다.

2) 식사

노인은 대사 기능이 저하하고 운동량이 감소하기 때문에 영양섭취가 부족하면 곧 영양장애를 일으키고 또 지나치게 많으면 각종 장애를 일으키기 쉽다. 노인의 하루 소요 열량은 성인의 20% 감량으로 약 2,000cal, 단백질은 신체조직을 형성하는데 사용되므로 노인의 경우는 1일 65～70g, 체중 1kg당 1.0～1.5g이 필요하다.

그림 9-5 위를 건강하게 하는 식품과 위염에 좋은 음식(예)

3) 배설

장의 운동기능 저하와 식사량 감소와 더불어 소화가 잘되는 음식을 먹기 때문에 대변 양이 줄어든다. 또한 전신운동이 줄어들어 복근력도 약해지며, 항문괄약근이 완화되기 쉽고 방광괄약근의 힘도 약해진다. 남성에서는 전립선의 비대로 배뇨장애가 오기 쉬우며 방광벽이 위축되어 작아지게 된다. 규칙적인 배설을 위해 매일 정해진 시간에 화장실에 가는 습관을 들이고 낮 동안에 적당하게 몸을 움직여 장의 연동운동을 촉진한다.

4) 수면

노년기의 수면은 일반적으로 얕고 짧은 경향이 있다. 낮 동안의 활동량이 적어 적절한 피로가 없으며, 낮잠 등으로 야간에 숙면이 잘 안되며 또한 야간 빈뇨 등으로 수면이 중단되기 쉽다. 낮 시간의 활동과 수면과는 하나의 리듬을 가지므로 낮 시간은 되도록 자지 않도록 하며, 몸을 움직여서 가볍게 피로를 느끼는 것이 야간에 깊은 수면을 취할 수 있게 된다.

5) 운동

노년기의 운동은 피로하지 않을 정도로 매일 규칙적으로 적당하게 행하는 것이 바람직하다. 체력, 예비력은 개인차가 크므로 개인에게 알맞게 적절한 운동을 하도록 하며, 운동도중에 휴식을 하거나 운동 후는 충분한 휴식을 취하도록 한다. 실외에서 운동을 할 때에는 겨울과 여름에 특히 날씨에 주의하며, 겨울에는 하루 중에서 따뜻한 시간에 실시하고 여름에는 아침과 저녁의 서늘한 때를 이용한다.

6) 정기적 검진

적어도 매년 1회 또는 2회 정도가 바람직하며, 조기발견, 조기치료는 병상의 조정이 가능하고 합병증을 예방할 수 있어 수명 연장에 도움이 된다.

수행 Tip!

- 노인성질환의 예방과 관리에 대한 기초의학지식을 전문서적 및 홈페이지(의학정보)를 통하여 습득한다.

제10장

요양기관 분류 및 고객관리

10-1 요양기관 분류

학습 목표

1 | 요양기관을 분류하고 진료과목별 서비스범위를 알 수 있다.
2 | 우리나라의 의료전달체계의 제도에 대하여 알 수 있다.
3 | 의료수가제도 및 진료비 본인부담에 대하여 알 수 있다.

1. 요양기관 및 의료기관 분류

1) 요양기관

국민건강보험법상 요양기관은 ① 의료법 제3조에 의하여 개설된 의료기관 (9종) ② 약사법에 의하여 등록된 약국 및 한국희귀 · 필수의약품센터 ③ 지역보건법에 의한 보건소, 보건의료원 및 보건지소 ④ 농어촌 등 보건의료를 위한 특별조치법에 의하여 설치된 보건진료소가 있다.

2) 의료법에 따른 의료기관의 구분

(1) 의원급 의료기관

의사, 치과의사 또는 한의사가 주로 외래환자를 대상으로 각각 그 의료행위를 하는 의료기관으로서 의원, 치과의원, 한의원이 있다.

(2) 조산원

조산원은 조산사가 조산과 임부 · 해산부 · 산욕부 및 신생아를 대상으로 보건활동과 교육 · 상담을 하는 의료기관을 말한다.

(3) 병원급 의료기관

의사, 치과의사 또는 한의사가 주로 입원환자를 대상으로 의료행위를 하는 의료기관으로서 그 종류는 병원 · 치과병원 · 한방병원 및 요양병원은 30개 이상의 병상(병원 · 한방병원만 해당) 또는 요양병상(요양병원만 해당하며, 장기입원이 필요한 환자를 대상으로 의료행위를 하기 위하여 설치한 병상을 말함)을 갖추어야 한다.

(4) 종합병원

종합병원이라 함은 의사, 치과의사 또는 한의사가 주로 입원환자를 대상으로 의료행위를 하는 의료기관으로서 그 종류는 다음과 같다.

① 종합병원은 다음의 요건을 갖추어야 한다.

1. 100개 이상의 병상을 갖추고 있어야 한다.
2. 100병상 이상 300병상 이하인 경우에는 내과 · 외과 · 소아청소년과 · 산부인과 중 3개 진료과목, 영상의학과, 마취통증의학과와 진단검사의학과 또는 병리과를 포함한 7개 이상의 진료과목을 갖추고 각 진료과목마다 전속하는 전문의를 두어야 한다. 300병상을 초과하는 경우에는 내과, 외과, 소아청소년과, 산부인과, 영상의학과, 마취통증의학과, 진단검사의학과 또는 병리과, 정신건강의학과 및 치과를 포함한 9개 이상의 진료과목을 갖추고 각 진료과목마다 전속하는 전문의를 두어야 한다.

② 종합병원은 제1항 제2호 또는 제3호에 따른 진료과목(필수진료과목) 외에 필요하면 추가로 진료과목을 설치 · 운영할 수 있다. 이 경우 필수진료과목 외의 진료과목에 대하여는 해당 의료기관에 전속하지 아니한 전문의를 둘 수 있다.

그림 10-1 서울소재 상급종합병원

표 10-1 의료기관의 분류

구분	내용
종합병원	– 100병상 이상 300병상 이하인 경우에는 내과 · 외과 · 소아청소년과 · 산부인과 중 3개 진료과목, 영상의학과, 마취통증의학과와 진단검사의학과 또는 병리과를 포함한 7개 이상의 진료과목을 갖추고 각 진료과목마다 전속하는 전문의를 갖춘 의료기관 – 300병상을 초과하는 경우에는 내과, 외과, 소아청소년과, 산부인과, 영상의학과, 마취통증의학과, 진단검사의학과 또는 병리과, 정신건강의학과 및 치과를 포함한 9개 이상의 진료과목을 갖추고 각 진료과목마다 전속하는 전문의를 갖춘 의료기관 – 상급종합병원은 중증질환에 대하여 난이도가 높은 의료행위를 전문적으로 하는 종합병원으로서 보건복지부령이 정하는 시설. 인력. 장비 및 진료과목 등 전문성이 강화된 기준을 갖춘 의료기관(필수진료과목(9개) 포함 20개 이상의 전문과목 각 과목마다 전문의 1인 이상)

<table>
<tr><td rowspan="2">병원</td><td>병원(병원, 치과병원, 한방병원)</td><td>- 의사, 치과의사 또는 한의사가 주로 입원한자를 대상으로 의료행위를 하는 의료기관(30개 이상의 입원병상 시설을 갖추어야 하며 단, 치과병원은 입원시설을 제한 받지 않음)</td></tr>
<tr><td>요양병원</td><td>- 의사 또는 한의사가 그 의료를 행하는 곳으로서 요양환자 30인 이상을 수용할 수 있는 입원시설을 갖추고 주로 장기요양을 요하는 입원환자를 대상으로 의료행위를 하는 의료기관(노인복지법에 따른 노인전문병원, 정신보건법 제3조 제3호에 따른 정신의료기관 중 정신병원, 장애복지법 제58조 제1항 제2호에 따른 의료재활시설로서 요건을 갖춘 의료기관 포함)
- 입원대상은 노인성질환, 만성질환자 및 외과적 수술 후 또는 상해 후의 회복기간에 있는 자로서 주로 요양을 필요로 하는 자. 다만, 정신질환자(노인성치매 제외) 및 전염성 질환자는 입원 대상으로 하지 아니함(의료법시행규칙 제28조의 4)</td></tr>
<tr><td rowspan="3">의원</td><td>의원</td><td rowspan="3">- 의사, 치과의사 또는 한의사가 주로 외래환자를 대상으로 각각 그 의료행위를 하는 의료기관(입원시설은 29실 이내로 운영할 수 있음)</td></tr>
<tr><td>치과의원</td></tr>
<tr><td>한의원</td></tr>
<tr><td colspan="2">조산소</td><td>- 조산사가 조산과 임부, 해산부, 산욕부 및 신생아를 대상으로 보건활동과 교육, 상담을 하는 의료기관</td></tr>
</table>

3) 병원의 진료과목

병원의 진료과는 아래와 같이 26개 진료과(세부분과 제외)로 분류하고 있다.

① 내과(Internal Medicine : IM/내과의 분과로는 소화기, 순환기(심장), 호흡기, 내분비, 신장, 혈액종양, 알러지, 류마티스, 감염내과 등)

② 외과(General Surgery : GS)

③ 흉부외과(Chest Surgery : CS)

④ 신경외과(Neuro Surgery : NS)

⑤ 정형외과(Orthopedic Surgery : OS)

⑥ 성형외과(Plastic Surgery : PS)

⑦ 산부인과(OBestetrics & GYnecology : OB & GY)

⑧ 소아청소년과(Pediatric and Adolescent Medicine : PED)

⑨ 안과(OPhthalmology : EYE)

⑩ 이비인후과(Ear Nose & Throat : ENT)

⑪ 피부과(Dermatology : DER)

⑫ 비뇨의학과(Urology : Uro)

⑬ 신경과(Department of Neurology : NR)

⑭ 재활의학과(Rehabilitation Medicine : RM)

⑮ 마취통증의학과(Anesthesiology & pain Medicine : AN)

⑯ 진단검사의학과(Laboratory Medicine : LM)

⑰ 병리과(Pathology : Path)

⑱ 가정의학과(Family Medicine : FM)

⑲ 핵의학과(Nuclear Medicine : NM)

⑳ 응급의학과(Emergency Medicine : EM)

㉑ 정신건강의학과(Psychiatry : PSY)

㉒ 예방의학과(Preventive Medicine : PM)

㉓ 직업환경의학과(Occupational & Environmental Medicine : OE)

㉔ 영상의학과(Radiology : RI)

㉕ 결핵과(Tuberculosis : TB)

㉖ 방사선종양학과(Radiation Onconlogy : RT)로 분류되어 있다.

4) 전문센터 및 특수클리닉

병원의 전문 진료 및 특수질환의 치료를 위해 진료 각과와 협진체계를 구축하여 전문센터와 특수클리닉을 운영하고 있다. 운영의 효율성요소로는 특수질환 진료에 대한 이용편리와 신속한 진료 및 치료기간 단축, 병원의 특성화사업 및 대외 경쟁력강화 기여 등이 있다. 전문센터와 특수클리닉은 병원의 규모와 기능, 진료능력, 시설 및 의료장비보유, 특수성에 따라 개설된 센터와 특수클리닉은 다르나 일반적으로 운영되는 센터와 클리닉은 아래와 같다.

(1) 전문센터

암, 응급의료, 건강증진, 뇌혈관 또는 뇌신경, 심장, 척추/관절, 뇌졸중, 국제진료(외국인진료), 소화기내시경, 대장항문, 임플란트, 스포츠건강의학, 장기이식, 재활센터 등이 있다.

(2) 특수클리닉

당뇨, 갑상선, 고혈압, 치매, 척추, 관절, 뇌신경, 호흡기, 천식, 비만, 난청, 대장항문, 인공신장, 전립선, 여성건강, 스트레스심리상담, 요실금클리닉 등이 있다.

2. 상급종합병원 및 전문병원

1) 상급종합병원

상급종합병원이란 중증질환에 대하여 난이도가 높은 의료행위를 전문적으로 행하는 종합병원으로, 보건복지부장관이 지정하는 의료기관을 말하며, 2022년 1월 기준 전국에 총 45개병원이 지정 운영되고 있다. 지정 기준은 진료기능, 교육기능, 인력 · 시설 · 장비, 질병군별 환자의 구성비율, 의료서비스 수준, 진료권역별 소요병상 충족도 등으로 구분하여 3년마다 평가를 하여 지정(재지정)하고 있다. 상급종합병원으로 지정되면 건강보험수가 종별가산율(30%)이 적용되게 된다.

2) 전문병원

전문병원이란 의료법 제3조5의 [전문병원의 지정 및 평가 등에 관한 규칙]에서 정하는 요건을 충족시키는 병원급 의료기관 중 난이도가 높은 의료행위를 하는 병원으로, 매 3년마다 엄격한 심사를 통해 선정(평가)하고 있다. 이에 지난 2011년부터 보건복지부는 의료서비스 질을 향상시키고 의료기관의 기능 재정립 및 병원의 전문화 · 특성화를 통한 중소병원의 경쟁력을 확보하는 등 의료서비스 체계를 개선하고자 전문병원제도를 운영하고 있다. 이 제도는 특정 진료과목을 특화함으로써 환자들에게 양질의 진료 서비스를 제공하겠다는 취지로, 의료기관 가운데 특정 진료과목 및 특정 질환 등에 대해 비교적 난도가 높은 진료를 시행 중인 병원을 '전문병원'으로 지정하는 제도이다. 전문병원은 2022년 1월 기준 전국 101개 병원이 지정되어 운영되고 있다.

3. 응급의료기관

1) 응급의료기관

응급의료에 관한법률(제2조)에 의한 응급의료기관이란 의료법 제3조에 따른 의료기관 중에서 이 법에 따라 지정된 ① 중앙응급의료센터 ② 권역응급의료센터(권역과 외상) ③ 전문응급의료센터 ④ 지역응급의료센터 ⑤ 지역응급의료기관을 말한다. 응급의료기관을 운영하는 병원은 2021년 12월 기준 전국에 약 430개 의료기관이 있다. 응급의료기관으로 지정되면 응급의료관리료를 산정할 수 있다. 응급의료센터는 종합병원 이상이어야 하고 보건복지부장관(중앙, 권역) 또는 시 · 도지사(지역)가 지정하고 있으며, 지역응급의료기관은 시장 · 군수 · 구청장이 관할 지역의 주민에게 적절한 응급의료를 제공하기 위하여 종합병원과 의료법 제3조에 따른 의원 및 병원 중에서 지역응급의료기관을 지정할 수 있다.

4. 병원의 의료정보시스템

의료정보는 환자의 진료과정에서 수집된 정보를 의미하며 이 자료들로부터 연구분석된 정보들을 의료현장에서 생성되는 모든 정보를 말한다. 의료정보란 진료정보, 건강관리정보(검진데이터), 의료지식을 정보처리기술과 네트워크를 활용하여 저장, 공유, 검색 및 전달함으로써 환자의 진료와 처방에 사용하는 모든 과정을 의미하며, 처방전달시스템(OCS: Order Communication System), 전자의무기록시스템(EMR: Electronic Medical Record), 영상정보시스템(PACS: Picture Archiving and Communication System), 원격의료 등과 같은 의료종합시스템 등을 모두 포괄하는 개념이다. 따라서 병원정보시스템은 의료정보학의 응용을 컴퓨터와 통신기술을 임상에 적용한 시스템이라고 할 수 있다.

5. 환자의 분류 및 진료구분 · 수납방법

1) 환자분류 및 유형

보험급여종류별 환자분류는 아래와 같이 구분하고 있다.

① 건강보험환자

건강보험환자는 국민건강보험법에 의하여 건강보험 수가를 적용받는 환자를 말한다.

② 의료급여환자

의료급여환자는 의료급여법에 의하여 의료급여 적용대상(1종, 2종)이 되는 환자를 말한다.

③ 산재보험환자

산재보험환자는 산업재해보상보험법에 의하여 산재보험이 적용되는 환자를 말한다.

④ 자동차보험환자

자동차보험환자는 자동차손해배상보장법에 의하여 자동차보험이 적용되는 환자를 말한다.

⑤ 일반환자

상기환자 외 일반수가의 적용을 받는 환자를 말한다. 또한 특정수가를 기준으로 계약한 기관의 환자라도 건강보험, 의료급여, 산재보험, 자동차보험 이외의 환자는 일반환자로 적용한다(예, 미용성형목적 환자, 해외 입국환자 등)

2) 진료형태에 의한 분류

진찰료는 의사가 문진과 시진, 청진, 타진, 촉진 등의 방법으로 환자의 병이나 증상을 살피는 것을 진찰이라고 하며, 진찰을 받게 되면 진찰료가 발생한다. 진찰료는 초진료와 재진료로 구분된다.

① 초진 : 진료 전문과목별로 처음 내원한 환자에 해당된다. 또한 해당 상병의 치료가 종결된 후 동일 상병이 재발하여 내원한 경우도 초진 환자로 본다.

② 재진 : 해당상병으로 치료과 종결되지 아니하고 계속 진료를 받는 경우에 해당된다.

그림 10-2 외래업무 절차

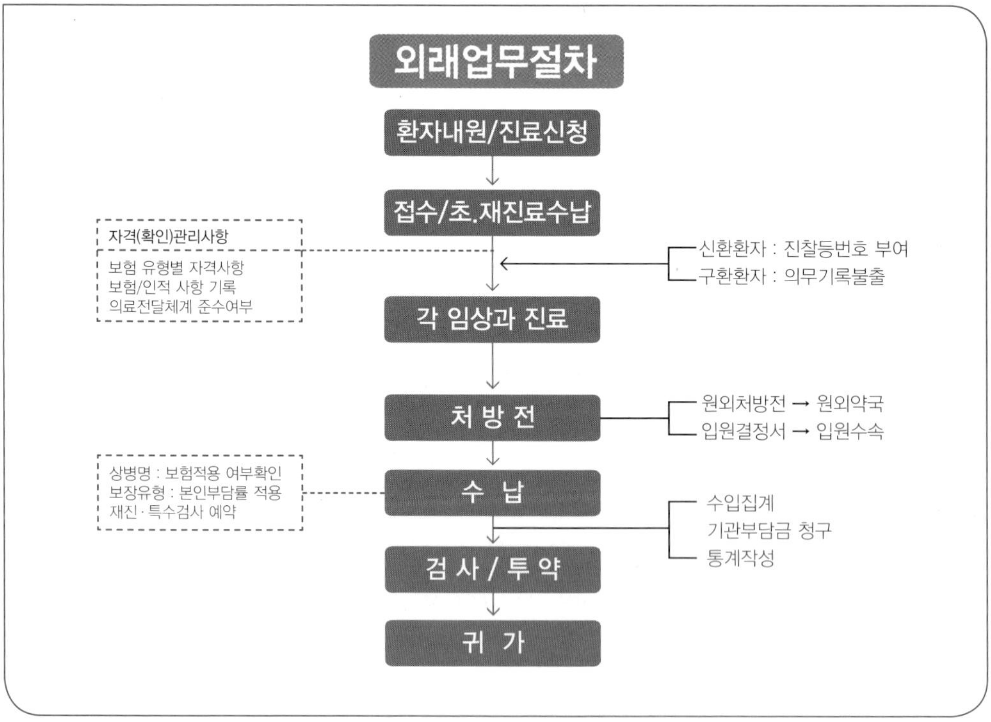

3) 수납방법

수납방법에는 창구직접수납, 자동계좌이체, 무인수납, 하이패스 수납방법 등이 있다.

① 창구 직접 수납(현금 및 신용카드)

진료 후 창구에서 환자 또는 보호자가 창구직원에게 직접 수납하는 방법이다.

② 진료비 자동계좌 이체(오픈카드 서비스)

진료비자동계좌이체는 환자 또는 보호자가 지정한 예금통장에서 진료비가 자동으로 이체되어 대기시간이 필요 없는 편리한 수납제도이다. 따라서 환자나 보호자가 신용카드를 미리 병원에 등록시켜 놓으면, 진료비나 검사비 등이 발생시 원무창구에 수납하지 않아도 자동으로 결제가 가능한 수납방법이다.

③ 무인수납기 이용 수납

환자의 수납 대기시간 불만을 해소하고자 자동화기기를 이용한 신속한 서비스를 제공하고 위해 도입된 것으로 환자나 보호자가 직접 무인수납기를 통하여 수납하는 방법이다. 기능에 따라 당일외래진료비(당일 진료비, 예약접수비, 검사비 수납)와 건강보험 환자만 수납이 가능하고 산정특례환자는 확인이 필요하다.

④ 진료비 하이패스 (Hi-Pass) 수납

환자 또는 보호자가 신용카드를 병원에 등록, 당일 진찰과 검사가 모두 종료된 후 한번에 결재하는 진료비 일괄 후불 결제 서비스로서 현재는 주로 대형병원만 시행하고 있으나 점점 확대하여가는 추세이다.

6. 의료수가제도

1) 의료수가

의료수가(醫療酬價)란 요양급여비용으로 의료행위에 대한 대가로 지불하는 비용으로서 건강보험공단과 환자가 의사나 약사 등의 의료서비스 제공자에게 의료행위에 대해 제공하는 비용을 말한다. 일반적으로 치료원가와 의사、간호사 등 보건의료인의 인건비와 전기료 등 의료기관 운영에 따른 부대비용을 합친 금액을 기준으로 결정된다. 의료수가는 = 상대가치점수×환산지수로 산출된다.

2) 의료수가의 종류 및 고시기관

우리나라의 의료수가를 적용하는 방법은 크게 건강보험수가와 산업재해보상보험수가, 자동차보험수가 및 일반수로 분류할 수 있다. 이들 수가는 기본적으로 보건복지부장관이 고시하는 건강보험수가에 근간을 두고 행위료 가산율 및 대상을 조정하여 적용하는 형태를 취하고 있다.

의료수가의 종류 및 고시기관은 다음과 같다.

표 10-2 의료수가의 종류 및 고시기관

수가종류	고시기관	비고
건강보험수가	보건복지부	행위별수가, 포괄수가제
의료급여수가	보건복지부	행위별수가, 포괄수가제
산재보험수가	고용노동부	
자동차보험수가	국토교통부	
일반수가	병원(홈페이지 게시)	상급병실료 등 비급여수가

3) 우리나라의 의료수가

(1) 행위별수가제(Fee-For-Service : FFS)

행위별수가제(fee-for-service)는 의료기관에서 의료인이 제공한 의료서비스(행위, 약제, 치료재료 등)에 대해 서비스별로 가격(수가)을 정하여 사용량과 가격에 대해진료비를 지불하는 제도로 우리나라는 1977년 의료보험 도입 당시부터 채택하고 있다. 따라서 진료에 소요되는 약제 또는 재료비를 별도로 산정하고 의료인이 제공한 진료의 개별행위마다 일정한 값을 정하여 의료비를 지급하는 성과불제도이다. 그러나 요양병원인 경우는 입원환자의 특성을 고려하여 일당정액제를 시행하고 있다.

(2) 포괄수가제(Diagnosis Related Groups : K-DRG) 및 신포괄제

① DRG는 입원환자에게 미리 정해진 일정액을 지불하는 제도(진단명 기준 포괄수가제)로서 제공된 의료서비스의 단위당 가격과 서비스의 양에 따라 진료비를 보상해주는 제도이다.

우리나라는 1997년 시범사업을 거처 2003년 9월부터 4개 진료과(외과, 이비인후과, 안과, 산부인과) 7개 질병군(수정체 수술(소절개, 대절개, 양안, 단안/편도 및 아데노

이드 절제술(연령)/충수절제술(복잡한 주진단, 복강경)/서혜 및 대퇴부 탈장수술(연령, 복강경, 편측, 양측)/항문수술(원형자동문합기 이용, 복수, 주요, 기타)/자궁적출 및 기타 자궁 및 자궁부속기 수술(복강경)/제왕절개분만(단태아, 다태아)의 입원환자에 대해 요양기관이 행위별수가제 또는 포괄수가제 중에서 선택하는 방식으로 시행되어오다가 2012년 7월 1일부터 병원 및 의원, 2013년 7월 1일부터는 종합병원 및 상급종합병원으로 확대 시행되고 있다.

② 신포괄지불제는 행위별수가제와 일부 질병군(7개 질병군)에만 적용하는 기존 포괄수가제도를 개선하기 위해 개발된 대안적 모델인 '신포괄수가제'는, 포괄적 보상(기준 수가+일당수가)과 행위별 보상방식이 혼합 · 적용된 지불제도이다. 시범사업은 2009년 4월 국민건강보험공단 일산병원에서 처음 시작된 이후 2012년 7월 1일부터 서울의료원 등 지역거점 공공병원 42개 기관(시범요양기관)을 대상으로 실시하고 있으며, 또한 급성기병원 및 종합병원 중 일정요건을 갖춘 요양기관에 대하여 공모를 거쳐 2018년 8월부터 확대 실시하고 있다.

4) 의료수가의 종류

(1) 건강보험수가

국민건강보험법 및 보건복지부고시(요양급여비용)에 의해 의료기관에서 의료인이 제공한 의료 서비스 (행위, 약제, 치료재료 등)에 대해 서비스 별로 가격(수가)을 정하여 사용량과 가격에 의해 진료비를 지불하는 제도로 우리나라는 건강보험 도입 당시부터 적용하고 있다. 따라서 상대가치점수 × 환산지수와 의료기관 종별가산율로 산출된다.

(2) 의료급여수가

의료급여법 및 보건복지부고시(요양급여비용)에 의해 의료기관에서 의료인이 제공한 의료 서비스 (행위, 약제, 치료재료 등)에 대해 서비스 별로 가격(수가)을 정하여 사용량과 가격에 의해 적용되는 수가를 말한다.

(3) 산재보험수가

고용노동부장관이 고시하는 수가로서 일반사업장 근로자의 업무와 관련된 질병이나 부상으로 인하여 진료 받는 경우에 산정하는 수가이다. 산재수가는 건강보험수가를 기반으로 하되 행위료가산율을 별도로 산정하며, 건강보험에서 비급여 인정되는 보조기, 치과보철료,

제증명발급료 등에 대하여는 별도의 급여수가를 고시하고 있으며 또한 초음파, MRI 등 특수촬영은 급여범위가 건강보험보다 확대되어 있다.

(4) 자동차보험수가

국토교통부장관의 고시에 의하여 자동차사고 피해자에게 적용하는 수가이며, 의료기관에서는 가해자가 가입한 손해보험회사나 자동차공제조합으로부터 진료비를 수령한다. 자보수가는 산재수가와 마찬가지로 건강보험수가를 기반으로 하되 행위료가산율을 별도로 산정하며, 건강보험에서 비급여 인정되는 보조기, 치과보철료, 제증명발급료 등에 대하여는 별도의 급여수가를 고시하고 있으며 또한 초음파, MRI 등 특수촬영은 급여범위가 건강보험보다 확대되어 있다.

(5) 일반수가

병원이 자체적으로 임의로 결정한 수가로서 보험급여가 적용되지 아니하는 비급여 등의 수가를 의미하며, 상급종합병원 1인실료, 종합병원의 상급병실차액, 종합검진료, 미용목적 성형수술료, 제증명료 등이 있다.

(6) 외국인 진료수가

국내 보험이 없는 외국인에 대하여 진찰료, 입원료, 행위, 약제, 치료재료 등에 대하여 의료수가를 책정하여 적용하고 있는 수가를 말하며, 의료기관 종별로 수가는 상이하다.

5) 비급여

비급여(非給與)란 요양급여에서 제외되는 범위는 질병, 부상의 치료목적이 아니거나, 업무 또는 일상생활에 지장이 없는 질환, 기타 보험급여의 원리에 부합하지 않는 것으로서 보험급여가 되지 않고 전액 환자가 부담하는 것을 의미한다. 비급여 대상의 항목에는 행위 · 약제 및 치료재료 등이 있다.

(1) 비급여 진료비용 등의 고지 및 표시

의료법 및 의료법시행규칙에 의한 비급여 진료비용의 고시 및 표시사항은 다음과 같다.

① 의료기관 개설자는"국민건강보험법 제41조 제3항"에 따라 요양급여의 대상에서 제외되는 사항 또는 "의료급여법 제7조 제3항"에 따라 의료급여의 대상에서 제외되는 사항의 비용(비급여 진료비용)을 환자 또는 환자의 보호자가 쉽게 알 수 있도록 보건복지부령으로 정하는 바에 따라 고지하여야 한다.

② 의료기관 개설자는 보건복지부령으로 정하는 바에 따라 의료기관이 환자로부터 징수하는 진료기록부 사본 · 진단서 등 제증명수수료의 비용을 접수창구 등 환자 및 환자의 보호자가 쉽게 볼 수 있는 장소에 게시하여야 한다.

③ 의료기관 개설자는 제1항 및 제2항에서 고지 · 게시한 금액을 초과하여 징수할 수 없다.

④ 인터넷 홈페이지를 운영하는 병원급 의료기관은 제1항 및 제2항의 사항을 제1항 및 제2항의 방법 외에 이용자가 알아보기 쉽도록 인터넷 홈페이지에 따로 표시하여야 한다.

(2) 비급여의 유형

비급여의 유형에는 치료적 비급여와 제도 비급여 및 선택 비급여로 크게 3종류로 분류할 수 있다.

① 치료적 비급여는 질병의 진단 · 치료 등을 목적으로 하지만, 보건복지부에서 비급여로 정하여 고시한 항목(등재 비급여)으로 다빈치로봇수술, 체외충격파치료[근골격계질환] 등이 있으며, 건강보험 급여항목이지만 급여기준(적응증, 개수 등)에 따라 비급여로 적용되고 있는 항목(기준비급여)으로는 초음파검사료, MRI 진단료, 진정내시경검사 환자관리료 등이 해당된다.

② 제도 비급여는 제도적 규정에 따라 비급여로 정한 경우로 상급병실료 차액과 진단서 발급료(제증명수수료)가 해당된다.

③ 선택 비급여는 일상생활에 지장이 없는 질환의 치료나 신체적 필수 기능개선을 직접 목적으로 하지 않는 진료로서 미용목적 성형수술, 라식 · 라섹수술, 골드크라운[금니]가 해당된다.

(3) 비급여 대상

국민건강보험요양급여기준에 관한 규칙 제9조제1항 관련 비급여 대상은 아래와 같다.

① 다음 각목의 질환으로서 업무 또는 일상생활에 지장이 없는 경우에 실시 또는 사용되는 행위 · 약제 및 치료재료

가. 단순한 피로 또는 권태

나. 주근깨 · 다모(多毛) · 무모(無毛) · 백모증(白毛症) · 딸기코(주사비) · 점(모반) · 사마귀 · 여드름 · 노화현상으로 인한 탈모 등 피부질환

다. 발기부전(impotence) · 불감증 또는 생식기 선천성기형 등의 비뇨생식기 질환

라. 단순 코골음

마 질병을 동반하지 아니한 단순포경(phimosis)

바. 검열반 등 안과질환

사. 기타 가목 내지 바목에 상당하는 질환으로서 보건복지부장관이 정하여 고시하는 질환

② 다음 각목의 진료로서 신체의 필수 기능개선 목적이 아닌 경우에 실시 또는 사용되는 행위 · 약제 및 치료재료

가. 쌍꺼풀수술(이중검수술), 코성형수술(융비술), 유방확대 · 축소술, 지방흡인술, 주름살제거술 등 미용목적의 성형수술과 그로 인한 후유증치료

나. 사시교정, 안와격리증의 교정 등 시각계 수술로서 시력개선의 목적이 아닌 외모개선 목적의 수술(단, 만 10세 미만 사시교정은 급여대상임)

다. 저작 또는 발음기능개선의 목적이 아닌 외모개선 목적의 악안면 교정술 및 교정치료

라. 관절운동 제한이 없는 반흔구축성형술 등 외모개선 목적의 반흔제거술

마. 안경, 콘텍트렌즈 등을 대체하기 위한 시력교정술

바. 기타 가목 내지 바목에 상당하는 외모개선 목적의 진료로서 보건복지부장관이 정하여 고시하는 진료

③ 다음 각목의 예방진료로서 질병 · 부상의 진료를 직접목적으로 하지 아니하는 경우에 실시 또는 사용되는 행위 · 약제 및 치료재료

가. 본인의 희망에 의한 건강검진(법 제52조의 규정에 의하여 공단이 가입자 등에게 실시하는 건강검진 제외)

나. 예방접종(파상풍 혈청주사 등 치료목적으로 사용하는 예방주사 제외)

다. 구취제거, 치아 착색물질 제거, 치아 교정 및 보철을 위한 치석제거 및 구강보건증진 차원에서 정기적으로 실시하는 치석제거. 다만, 치석제거만으로 치료가 종료되는 전체 치석제거로서 보건복지부장관이 정하여 고시하는 경우는 제외한다(만 19세 이상후속처치 없이 치석제거만으로 치료가 종료되는 환자는 연 1회 보험급여 대상임)

라. 불소국소도포, 치면열구전색 등 치아우식증 예방을 위한 진료(치아우식증에 이환되지 않은 순수 건전치아를 가진 만 14세 이하 소아의 제1 큰 어금니 및 제2 큰 어금니에 대한 치면열구전색 제외)

마. 멀미 예방, 금연 등을 위한 진료

바. 유전성질환 등 태아의 이상 유무를 진단하기 위한 세포유전학적검사

사. 장애인 진단서 등 각종 증명서 발급을 목적으로 하는 진료

아. 기타 가목 내지 마목에 상당하는 예방진료로서 보건복지부장관이 정하여 고시하는 예방진료

④ 보험급여시책상 요양급여로 인정하기 어려운 경우 및 그 밖에 건강보험급여원리에 부합하지 아니하는 경우로서 다음 각목에서 정하는 비용 · 행위 · 약제 및 치료재료

가. 가입자등이 다음 표에 따른 요양기관으로서 다음 각 항목 중 어느 하나의 요건을 갖춘 요양기관에서 1개의 입원실에 1인(「의료법」 제3조제2항제1호에 따른 의원급 의료기관 및 제3호나목에 따른 치과병원의 경우 3인 이하)이 입원할 수 있는 병상(이하 "상급병상"이라 한다)을 이용한 경우에는 다음 표의 구분에 따라 부담하는 비용. 다만, 격리치료 대상인 환자가 1인실에 입원하는 경우 등 보건복지부장관이 정하여 고시하는 불가피한 경우에는 비급여대상에서 제외한다.

요양기관 구분	비용
「의료법」 제3조제2항제1호에 따른 의원급 의료기관	제8조에 따라 고시한 요양급여대상인 입원료 외에 추가로 부담하는 입원실 이용 비용
「의료법」 제3조제2항제3호나목에 따른 치과병원	
「의료법」제3조제2항제3호가목에 따른 병원 중 진료과목에 소아청소년과 또는 산부인과를 둔 병원으로서 보건복지부장관이 정하여 고시하는 요건을 갖춘 병원(이하 "아동 · 분만병원"이라 한다)	
상급종합병원	입원실 이용 비용 전액
「의료법」 제3조제2항제3호에 따른 병원급 의료기관(치과병원 및 아동 · 분만병원은 제외한다)	

상급종합병원 및 종합병원 2,3인실 입원료 보험적용 및 본인부담률

2018년 7월 1일부터 2인실, 3인실에 입원한 경우 보험급여 적용(병실별 고시수가)을 받게 되며, 상급종합병원의 1인실(특실포함) 이용자는 상급병실료 전액을 본인이 부담(비급여대상)부담한다. 입원료의 본인부담은 상급종합병원의 경우 2인실은 50%, 3인실은 40%, 4인실은 30%, 5인실은 20%를 본인이 부담하며, 종합병원의 2인실은 40%, 3인실은 30%, 4인실 이상은 20%를 본인이 부담한다.

(가) 의료법령에 따라 허가를 받거나 신고한 병상 중 입원실 이용비용을 입원료만으로 산정하는 일반병상을 다음의 구분에 따라 운영하는 경우. 다만, 규칙 제

12조제1항 또는 제2항에 따라 제출한 요양기관 현황신고서 또는 요양기관 현황 변경신고서 상의 격리병실, 무균치료실, 특수진료실 및 중환자실과 「의료법」 제27조제3항제2호에 따른 외국인환자를 위한 전용 병실 및 병동의 병상은 일반병상 및 상급병상의 계산에서 제외한다.

㉮ 의료법령에 따라 신고한 병상이 10병상을 초과하는 「의료법」 제3조제2항제1호의 의원급 의료기관, 같은 항 제3호나목의 치과병원, 같은 법 제3조의5제1항에 따른 지정을 받은 산부인과 또는 주산기(周産期) 전문병원 및 아동 · 분만병원: 일반병상을 총 병상의 2분의 1 이상 확보할 것

㉯ 「의료법」 제3조제2항제3호에 따른 병원급 의료기관(치과병원 및 아동 · 분만병원을 제외한다) : 일반병상을 총 병상의 5분의 3 이상 확보할 것

㉰ 「의료법」 제3조제2항제3호마목의 종합병원 및 같은 법 제3조의4제1항에 따른 지정을 받은 상급종합병원: 일반병상을 총 병상의 5분의 4 이상 확보할 것

(나) 의료법령에 의하여 신고한 병상이 10병상 이하인 경우

나. 가목에도 불구하고 다음 각 항목에 해당하는 경우에는 다음의 구분에 따른 비용

(가) 가입자등이 「의료법」 제3조제2항제3호라목에 따른 요양병원(「정신보건법」 제3조제3호에 따른 정신의료기관 중 정신병원, 「장애인복지법」 제58조제1항제4호에 따른 장애인 의료재활시설로서 「의료법」 제3조의2의 요건을 갖춘 의료기관은 제외) 중 입원실 이용비용을 입원료만으로 산정하는 일반병상(규칙 제12조제1항 또는 제2항에 따라 제출한 요양기관 현황신고서 또는 요양기관 현황변경신고서 상의 격리병실, 무균치료실, 특수진료실 및 중환자실과 「의료법」 제27조제3항제2호에 따른 외국인환자를 위한 전용 병실 및 병동의 병상은 제외한다)을 50퍼센트 이상 확보하여 운영하는 요양병원에서 1개의 입원실에 5인 이하가 입원할 수 있는 병상을 이용하는 경우: 제8조제4항 전단에 따라 고시한 입원료 외에 추가로 부담하는 입원실 이용 비용

(나) 가입자등이 ①의목(가)에서 정한 요건을 갖춘 상급종합병원, 종합병원, 병원 중 「호스피스 · 완화의료 및 임종과정에 있는 환자의 연명의료결정에 관한 법률」 제25조에 따라 호스피스전문기관으로 지정된 요양기관에서 1인실 병상을 이용하여 같은 법 제28조에 따른 호스피스 · 완화의료를 받는 경우(격리치료

대상인 환자가 1인실에 입원하는 경우, 임종실을 이용하는 경우 등 보건복지부장관이 정하여 고시하는 불가피한 경우는 제외한다): 제8조제4항 전단에 따라 고시한 호스피스 · 완화의료 입원실의 입원료 중 4인실 입원료 외에 추가로 부담하는 입원실 이용 비용

다. 법 제51조에 따라 장애인에게 보험급여를 실시하는 보장구를 제외한 보조기 · 보청기 · 안경 또는 콘택트렌즈 등 보장구. 다만, 보청기 중 보험급여의 적용을 받게 될 수술과 관련된 치료재료인 보건복지부장관이 정하여 고시하는 보청기는 제외한다.

라. 보조생식술(체내 · 체외인공수정 포함)시 소요된 비용(삭제)

마. 친자확인을 위한 진단

바. 치과의 보철(보철재료 및 기공료 등을 포함한다) 및 치과임플란트를 목적으로 실시한 부가수술(골이식수술 등을 포함한다). 다만, 보건복지부장관이 정하여 고시하는 만 65세 이상인 사람의 틀니 및 치과임플란트는 제외한다.

사. 이 규칙 제8조의 규정에 의하여 보건복지부장관이 고시한 약제에 관한 급여목록표에서 정한 일반의약품으로서 「약사법」 제23조에 따른 조제에 의하지 아니하고 지급하는 약제

아. 「장기등 이식에 관한 법률」에 따른 장기이식을 위하여 다른 의료기관에서 채취한 골수 등 장기의 운반에 소요되는 비용

자. 「마약류 관리에 관한 법률」 제40조에 따른 마약류중독자의 치료보호에 소요되는 비용

차. 이 규칙 제11조제1항 또는 제13조제1항의 규정에 따라 요양급여대상 또는 비급여대상으로 결정 · 고시되기 전까지의 행위 · 치료재료(「신의료기술평가에 관한 규칙」 제2조제2항에 따른 평가 유예 신의료기술을 포함하되, 같은 규칙 제3조의4에 따른 신의료기술평가 결과 안전성 · 유효성을 인정받지 못한 경우에는 제외한다). 다만, 제11조제9항 또는 제13조제1항 후단의 규정에 따라 소급하여 요양급여대상으로 적용되는 행위 · 치료재료(「신의료기술평가에 관한 규칙」 제2조제2항에 따른 평가 유예 신의료기술을 포함한다)는 제외한다.

카. 「신의료기술평가에 관한 규칙」 제3조제8항제2호에 따른 제한적 의료기술

파. 「의료기기법 시행규칙」 제32조제1항제6호에 따른 의료기기를 장기이식 또는 조직이식에 사용하는 의료행위

타. 그 밖에 요양급여를 함에 있어서 비용효과성 등 진료상의 경제성이 불분명하여 보건복지부장관이 정하여 고시하는 검사 · 처치 · 수술 기타의 치료 또는 치료재료

⑤ 보건복지부장관이 정하여 고시하는 질병군에 대한 입원진료의 경우에는 제(1)호 내지 제(4)호(제4호 하목을 제외한다), 제(7)호에 해당되는 행위 · 약제 및 치료재료. 다만, 제(2)호 ⑦목, 제(3)호 ⑦목, 제4호 ⑫목은 다음 각목에서 정하는 경우에 한한다.

가. 보건복지부장관이 정하여 고시하는 행위 및 치료재료

나. 질병군 진료 외의 목적으로 투여된 약제

⑤의2. 영 제21조 제3항 제3호에 따른 완화의료 입원진료의 경우에는 제(1)호부터 제(3)호까지, 제(4)호 (나)목(2) · ⑫목에 해당되는 행위 · 약제 및 치료재료. 다만, 제2호사목, 제(3)호 ⑧목 및 제4호 ⑫목은 보건복지부장관이 정하여 고시하는 행위 및 치료재료에 한정한다.

⑥ 건강보험제도의 여건상 요양급여로 인정하기 어려운 경우

가. 보건복지부장관이 정하여 고시하는 한방물리요법

나. 한약첩약 및 기상한의서의 처방 등을 근거로 한 한방생약제제

⑦ 약사법령에 따라 허가를 받거나 신고한 범위를 벗어나 약제를 처방 · 투여하려는 자가 보건복지부장관이 정하여 고시하는 절차에 따라 의학적 근거 등을 입증하여 비급여로 사용할 수 있는 경우. 다만, 제5조제4항에 따라 중증환자에게 처방 · 투여하는 약제 중 보건복지부장관이 정하여 고시하는 약제는 건강보험심사평가원장의 공고에 따른다.

7. 의료전달체계 및 요양급여

1) 의료전달체계

의료전달체계(health care delivery system)란 사회적 자원인 의료자원에 대한 국민들의 보편적 접근성을 보장하고, 의료자원의 효율적 이용을 도모하여 궁극적으로 국민의 총 의료비를 절감하기 위해 도입된 제도이다.

2) 건강보험 및 의료급여 의료전달체계

의료전달체계는 의료자원의 효율적 공급과 대형병원의 집중현상방지 및 의료기관간의 균

형적 발전을 도모하기 위해 시행하고 있으며, 건강보험은 1단계 및 2단계 진료체계로 의료급여는 1단계(1차)-2단계(2차)-3단계(3차) 진료체계로 운영되고 있다.

(1) 건강보험 요양급여 절차

① 요양급여는 1단계 요양급여와 2단계 요양급여로 구분하며, 가입자 또는 피부양자(가입자)는 1단계 요양급여를 받은 후 2단계 요양급여를 받아야 한다.

② 1단계 요양급여는 상급종합병원을 제외한 요양기관에서 받는 요양급여(건강진단 또는 건강검진을 포함)를 말하며, 2단계 요양급여는 상급종합병원에서 받는 요양급여를 말한다.

③ 상급종합병원에서 1단계 진료를 받을 수 있는 경우

가. 응급의료에 관한 법률 제1호에 해당하는 응급환자인 경우

나. 분만의 경우

다. 치과에서 요양급여를 받는 경우

라. 장애복지법 제32조에 따른 등록 장애인 또는 단순 물리치료가 아닌 작업치료 · 운동 치료 등의 재활치료가 필요하다고 인정되는 자가 재활의학과에서 요양급여를 받는 경우

마. 가정의학과에서 요양급여를 받는 경우

바. 당해 요양기관에서 근무하는 가입자가 요양급여를 받는 경우

사. 혈우병환자가 요양급여를 받는 경우

④ 가입자 등이 상급종합병원에서 2단계 요양급여를 받고자 하는 때에는 상급종합병원에서의 요양급여가 필요하다는 의사소견이 기재된 건강진단. 건강검진결과서 또는 별지 제4호서식의 요양급여의뢰서를 건강보험증 또는 신분증명서(주민등록증, 운전면허증 및 여권)와 함께 제출하여야 한다.

그림 10-3 건강보험환자 요양급여절차

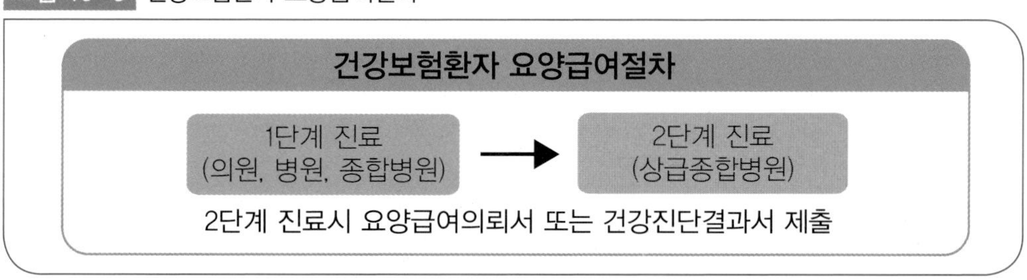

(2) 의료급여 요양급여 절차(체계)

의료자원의 효율적 활용과 대형병원으로의 환자 집중현상 방지, 의료급여 기금의 재정안정화를 기하기 위하여 1단계-2단계-3단계체계로 운영하고 있다. 따라서 의료급여 수급권자가 의료급여를 받고자 하는 경우에는 먼저 제1차 의료급여기관, 제2차 의료급여기관, 제3차 의료급여기관의 순서로 단계적으로 이용하여야 하며, 반드시 "의료급여의뢰서"(별지 제3호 서식)를 발급 받아 단계별로 제출해야 한다.

■ **의료급여기관의 이용절차는 아래 다음과 같다.**

그림 10-4 의료급여기관 이용절차

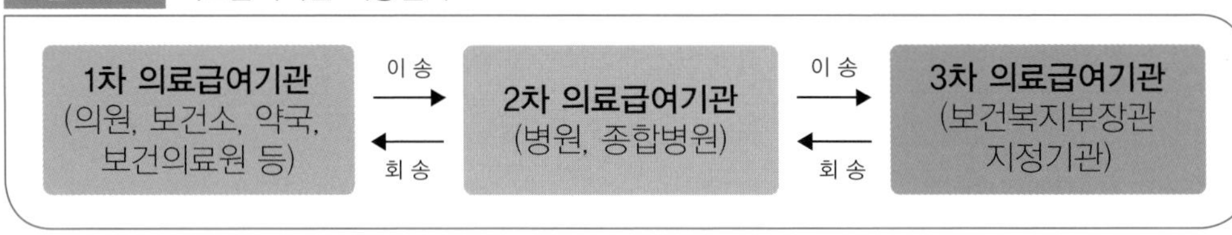

▣ **수급절차 미 이행 경우**

요양급여기준과 수급절차에 의하여 서류를 제출하지 아니하고 이용한 경우는 보험급여가 되지 않으며, 해당보험 수가의 100%를 전액 환자본인이 부담하도록 되어 있다.

8. 진료비 본인부담

1) 진료비 본인부담 형태

건강보험 환자가 의료이용 시 부담하는 비용은 본인일부부담, 전액본인부담, 비급여 항목들의 금액으로 구성하고 있다. 본인일부부담제도 종류는 환자가 비용을 분담하는 방식에 따라 정률제, 정액제, 급여상한제, 급여제한제 등으로 구분하고 있다.

2) 요양급여비용 본인부담률 부담액

요양급여비용 중 본인이 부담할 비용의 부담률 및 부담액은 아래와 같다.

(1) 외래진료

외래진료의 경우 및 보건복지부장관이 정하는 의료장비ㆍ치료재료를 이용한 진료의 경우에는 다음의 구분에 따라 계산한 금액이 적용된다.

표 10-3 외래진료 본인부담액

의료기관 종별	소재지	환자구분	본인부담액
상급 종합 병원	모든 지역	일반환자	**진찰료 총액 + (요양급여비용 총액 − 진찰료총액) × 60/100** 다만, 임신부 외래진료의 경우에는 요양급여비용 총액의 40/100으로 한다.
		의약분업 예외환자	진찰료 총액 + (요양급여비용 총액 − 약값 총액 − 진찰료 총액) × 60/100 + 약값 총액×30/100
종합 병원	동지역	일반환자	**요양급여비용 총액 × 50/100**(임신부 외래진료의 경우에는 30/100)
		의약분업 예외환자	(요양급여비용 총액 − 약값 총액) × 50/100 + 약값 총액 ×30/100
	읍 · 면 지역	일반환자	요양급여비용 총액 × 45/100
		의약분업 예외환자	(요양급여비용 총액 − 약값 총액) × 45/100 + 약값 총액 × 30/100
병원, 치과병원, 한방병원, 요양병원	동지역	일반환자	**요양급여비용 총액 × 40/100**(임신부 외래진료의 경우에는 20/100)
		의약분업 예외환자	(요양급여비용 총액 − 약값 총액) × 40/100 + 약값 총액 × 30/100
	읍 · 면 지역	일반환자	요양급여비용 총액 × 35/100(임신부 외래진료의 경우에는 20/100)
		의약분업 예외환자	(요양급여비용 총액 − 약값 총액) × 35/100 + 약값 총액 × 30/100
의원, 치과의원, 한의원, 보건의료원	모든 지역	일반환자	**요양급여비용 총액 × 30/100**(임신부의 외래진료의 경우에는 10/100) 다만, 요양급여를 받는 사람이 65세 이상이면서 해당 요양급여비용 총액이 보건복지부령으로 정하는 금액을 넘지 않으면 보건복지부령으로 정하는 금액)
보건소, 보건지소, 보건진료소	모든 지역	일반환자	요양급여비용 총액 × 30/100(요양급여비용 총액이 보건복지부령으로 정하는 금액을 넘지 않으면 보건복지부령으로 정하는 금액)

(2) 입원진료

① 요양급여비용총액(식대제외)의 100분의 20과 입원기간 중 식대의 100분의 50을 더한 금액을 부담한다.

② 상급종합병원에 2인실에 입원한 경우 병실료는 50%, 3인실은 40%, 4인실 30%, 4인실 이상은 20%를 본인이 부담한다. 그러나 상급종합병원을 제외한 종합병원의 2인실은

40%, 3인실은 30%, 4인실 이상에 입원한 경우는 고시수가의 20%만 본인부담 한다.

③ 건강보험 입원료체감제에 따른 본인부담은 입원 1일~15일까지 본인부담률은 20%, 16일째부터 30일까지는 30%, 31일째부터의 입원료에 대한 본인부담률을 40%로 한다(다만, 요양병원 입원 환자 및 보건복지부장관이 정하여 고시하는 질병으로 입원 진료를 받는 환자의 경우는 환자 특성을 고려하여 적용하지 않음)

④ 입원기간 중 식대는 50% 부담한다.

⑤ 자연분만은 식대를 제외한 본인부담이 없으며, 제왕절개분만은 5% 부담한다.

(3) 약국의 경우

① 진료를 담당한 의사 또는 치과의사가 발행한 처방전에 따라 의약품을 조제받은 경우에는 요양급여비용 총액의 100분의 30(요양급여를 받는 사람이 65세 이상인 경우 요양급여비용 총액이 보건복지부령으로 정하는 금액을 넘지 않으면 보건복지부령으로 정하는 금액)을 부담한다.

② 상급종합병원 또는 종합병원의 의사가 발행한 처방전에 따라 질병의 중증도를 고려하여 보건복지부장관이 정하여 고시하는 질병에 대한 의약품을 조제받은 경우

가. 상급종합병원의 의사가 발행한 처방전에 따라 의약품을 조제 받은 경우: 요양급여비용 총액의 100분의 50을 부담한다.

나. 종합병원의 의사가 발행한 처방전에 따라 의약품을 조제받은 경우: 요양급여비용 총액의 100분의 40을 부담한다.

(4) 외래진료 등 요양급여비용 총액조건 및 본인부담액

만 65세 이상인 가입자 및 피부양자가 의원, 치과의원, 한의원 및 보건의료원에서 요양급여를 받는 경우의 본인부담액은 다음과 같다

표 10-4 외래진료 등의 요양급여비용 총액에 관한 조건 및 본인부담액

기관 종류	요양급여비용 총액에 관한 조건	본인부담액
의원 · 치과의원 (의약분업 예외지역은 제외한다) 및 보건의료원 (한방과는 제외한다)	요양급여비용 총액이 15,000원을 넘지 않는 경우	1,500원
	요양급여비용 총액이 15,000원을 넘고 20,000원을 넘지 않는 경우	요양급여비용 총액 × 10/100
	요양급여비용 총액이 20,000원을 넘고 25,000원을 넘지 않는 경우	요양급여비용 총액 × 20/100

의원 · 치과의원 (의약분업 예외지역만 해당한다), 보건의료원 (한방과만 해당한다) 및 한의원	투약 처방을 하는 경우	요양급여비용 총액이 15,000원을 넘지 않는 경우	1,500원
		요양급여비용 총액이 15,000원을 넘고 25,000원을 넘지 않는 경우	요양급여비용 총액 × 10/100
		요양급여비용 총액이 25,000원을 넘고 30,000원을 넘지 않는 경우	요양급여비용 총액 × 20/100
	투약 처방을 하지 않는 경우	요양급여비용 총액이 15,000원을 넘지 않는 경우	1,500원
		요양급여비용 총액이 15,000원을 넘고 20,000원을 넘지 않는 경우	요양급여비용 총액 × 10/100
		요양급여비용 총액이 20,000원을 넘고 25,000원을 넘지 않는 경우	요양급여비용 총액 × 20/100

수행 Tip!

• 요양기관의 분류와 의료전달체계 및 의료수가에 대하여 의료법과 국민건강보험법을 참고한다.

10-2 고객서비스 활동

학습 목표

1 | 요양시설의 수급자에게 고객서비스 활동을 수행할 수 있다.

1. 고객응대 및 상담

1) 고객

고객(顧客)은 경제에서 창출된 재화와 용역을 구매하는 개인이나 가구를 일컫는다. 따라서 요양시설의 내부고객은 의사, 간호사, 간호조무사, 물리치료사, 사회복지사, 사무직원, 요양보호사, 주차지원요원, 지원요원 등 내부직원으로 경영활동에 영향을 미치는 모든 사람, 조직이 포함되며 나 이외의 사람을 고객으로 명명할 수 있다. 요양시설의 외부고객은 수급자, 수급자의 보호자인 가족, 요양시설을 선택하는 데 조언한 이웃, 친지, 지역사회, 협력업체나 기관 등이 있다.

2) 고객만족

고객만족(customer satisfaction : CS)의 개념은 "제공한 상품과 용역 서비스에 대한 고객의 기대에 부응함으로써 그것이 고객의 사회적, 심리적, 물질적 만족감을 주고, 고객의 지속적인 재구매활동과 수평적 인간관계를 형성하는 커뮤니케이션 사이클(cycle)"이라고 정의할 수 있다. 순간의 만족으로 끝나는 것이 아니라 그것이 지속적으로 유지될 때 비로소 진정한 고객만족이라고 할 수 있다. 고객만족을 실현하기 위해서는 기본적으로 3요소가 필요하다. 이 있다. 고객만족(CS)의 3요소에는 제품, 서비스, 기업이미지 및 신뢰성 요소가 있다.

3) 고객만족경영(Customer Satisfaction Management)

요양시설이 제공하는 요양서비스 등에 대하여 고객의 만족을 얻기 위해 정기적, 정량적으로 수급자 또는 가족에게 만족도를 조사를 실시하고 그 결과에 기초해서 불만족스러운 점을 신속히 개선하여 고객의 만족을 제고하는 경영활동을 말한다. 고객만족경영의 실체는 요양시설이 실현하고자 하는 제품의 가치에 대하여 고객이 만족하는 상태를 만들어 충성고객의 확보를 추구하는 경영방식 및 전략이다.

4) 고객관리의 목표

고객관리의 목표는 첫째 요양시설을 이용하는 수급자 및 가족에게 편리함을 주는 것이며, 편리함이란 직원이 밝고 명랑한 표정으로 친절한 응대와 상담 및 품격높은 요양서비스(돌봄) 등을 제공하는 것이다. 또한 업무프로세스는 요양시설위주보다 수급자위주의 프로세스가 되어야 한다.

둘째, 수급자 및 가족에게 신뢰감을 주어야 하며, 수급자로 하여금 그 자신이 돌봄서비스에 대한 신뢰감을 가질 수 있도록 만족스런 요양서비스가 충분히 제공하여야 한다.

셋째, 쾌적한 시설과 청결한 환경을 유자하고 감염관리와 안전관리가 잘 이루어져야 한다.

넷째, 수급자 및 가족의 요양시설의 이용절차가 편리하여야 함은 식사의 질이 높아 질 수 있도록 하여야 한다.

5) 요양서비스의 특성

요양서비스의 특성에는 무형성, 가변성, 소멸성, 비분리성이 있다.

① 무형성(Intangibility) : 서비스의 특징 중 가장 대표적인 것으로 눈으로 보거나 만질 수 없다는 것이다.

② 가변성(Variability) : 서비스의 수준이나 질이 항상 같지는 않다는 것이다.

③ 소멸성(Perishability) : 일반제품과 달리 요양서비스는 재고를 저장 할 수 없다는 것이다.

④ 비분리성(Inseparability) : 요양서비스의 생산과 동시에 소비가 이루어지며 동시성 혹은 불가분성이라고 한다.

2. 고객관리 서비스활동

요양시설에서 주로 행하여지는 고객관리 서비스활동은 다음과 같은 활동 등이 있다.

1) CRM(Customer Relation Management : 고객관계관리 활동)

수급자의 고객정보를 효과적으로 이용하여 고객과의 관계를 유지. 확대, 개선함으로써 고객의 만족과 충성도를 제고하고 요양시설의 지속적인 질향상과 품격높은 서비스를 촉구하고 수급자의 제반 프로세스 및 돌봄서비스을 개선하고 수급자를 만족시키는 경영기법이다. 즉, 관리운영의 모든 부문을 수급자의 입장에서 생각하고 수급자와 가족을 만족시켜 요양시설을 도약.발전하는 신경영기법이다.

CRM 구축과정
① 현황평가 → ② CRM전략수립 → ③ CRM인프라 구축 → ④ 고객분석 및 CRM시행 → ⑤ CRM 프로그램활용 → ⑥ 결과평가 및 피드백

2) CEM(Customer Experience Management : 고객경험관리)

기업이나 재품과 관련된 경험을 전략적으로 관리해 고객 경험을 이해를 바탕으로 기업 내부를 고객 중심적으로 혁신해 나가는 경영전략을 말하며, 고객 경험관리는 고객관계관리(CRM)의 다음단계로 고객과의 관계를 중심으로 데이터베이스를 구축하는 CRM과 달리 고객이 어떻게 생각하고 느끼는지 파악하기 위해 매장 방문, 구매, 후 이동 등 거래 단계별로 고객이 무엇을 보고 느끼는지 파악해 이를 토대로 고객 경험 데이터베이스를 구축하는 것이 핵심이다. CEM 범위는 ① 고객 세분화와 타겟 고객 선정 ② 혁신 ③ 포지셔닝 ④ 브랜딩 전략 ⑤ 서비스 등 다양한 영역에서 적용이 가능하며, 이 이론은 콜롬비아 비즈니스 스쿨의 번드 슈미트 교수(Bernd.Schmitt)가 그의 저서《CRM을 넘어 CEM으로》에서 처음 소개하였다.

3) CS(Customer Satisfaction) 활동

고객의 욕구(Needs)와 기대(Expect)에 부응하여 그 결과로서 상품과 서비스의 재구입이 이루어지고 아울러 고객의 신뢰감이 연속적으로 이루어지는 고객만족을 의미한다. 그리고 제공한 상품과 용역서비스에 대한 고객의 기대에 부응함으로써 그것이 고객에게 사회적, 심리적, 물질적 만족감을 주고, 고객의 지속적인 재 구매활동과 수평적 인간관계를 형성하는 커뮤니케이션 사이클이라고 할 수 있다. 고객만족을 결정하는 3가지요소는 제품, 서비스, 시설의 이미지이다.

그림 10-5 CS교육

4) MOT(Moments of Truth)

요양서비스에 대한 고객의 인식은 짧은 순간에 이루어지며, 따라서 직원과 고객이 대면하는 순간, 상호작용이 이루어지는 순간에 의료의 질이 인식되는 것을 MOT라 한다. MOT는 "Moments of Truth"의 약자로 진실의 순간 또는 결정적 순간을 의미하며, 즉 고객이 기업의 종업원 또는 특정 자원과 접촉하는 순간으로 그 서비스의 품질에 대한 인식에 영향을 미치는 상황으로 정의할 수 있다. MOT는 스페인의 투우 용어에서 비롯된 것으로 투우사가 급소를 찌르는 순간을 의미하여 "피하려고 해도 피할 수 없는 순간, 실패가 허용되지 않는 순간"을 의미한다. 고객이 조직의 어떤 일면과 접촉하는 접점으로 서비스를 제공하는 조직과 그 품질에 대해 어떤 인상을 받는 순간을 말한다. 즉 고객과 서비스 요원이 만나는 15초 동안의 짧은 순간에 만족과 불만족이 결정된다는 것이다. MOT는 스칸디나비아(SAS)항공사의 얀 칼슨(Jan Carlson)사장에 의해서 도입되었으며, 그는 승객의 만족도를 향상시키기 위해 비행기에 탑승때부터 내릴 때 까지 승무원과 승객이 만나는 접점을 분류하여 승객들이 만족감과 불편감에 대해서 분석을 하여 서비스 품질경영의 신화를 이루었으며, SAS항공에 MOT를 도입하여 1년 만에 적자에서 흑자로 전환시켰다.

5) QI 경진대회

QI경진대회는 돌봄서비스의 활동과 업무개선활동의 일환으로 QI실이 주관하여 매년 정기적으로 경진대회를 실시하여 우수부서와 직원을 시상하고 있으며, 실제적으로 요양서비스의 질 향상에 많은 기여를 할 수 있다.

그림 10-6 QI 경진대회

6) 고객만족도조사

요양시설 이용고객을 대상으로 이용절차, 편의성, 돌봄서비스(요양서비스), 시설 및 환경, 감염 및 안전관리, 직원의 친절성 등을 조사하는 것이다.

7) 전화응대 모니터링

전화응대 서비스의 문제점을 파악하고 개선방안을 수립하고자 고객 접점부서를 대상으로 전화응대 모니터링을 실시하는 것을 말한다. 전화응대의 3원칙은 신속성, 정확성, 친절성이다.

8) 고객 소리함(VOC) 운영

고객의 의견(칭찬카드 및 제안. 불편. 건의카드)에 대한 피드백을 통하여 서비스향상과 업무프로세스 개선에 목적을 두고 실시하고 있다. 업무처리 절차 및 흐름도는 ① 고객소리함 설치 운영 → ② 수거 → ③ 관련부서 분석 및 보고 → ④ 불편, 불만사항 개선 및 서비스향상 → ⑤ 감사카드 발송 및 친절직원 시상 등이다.

9) 직원실명제

직원실명제(實名制)는 사람들이 특정한 공간에서 활동할 경우에 자신의 실제 이름을 드러내게 하는 제도로서, 병원에서는 주로 직원실명제, 서비스실명제, 간호실명제 등이 있다. 따라서 업무처리의 투명성과 신뢰성을 높이기 위해 직원들의 사진 및 이름을 각실 앞에 부착하여 수급자 및 가족으로 하여금 신원을 확인 할 수 있도록 하고 있으며, 또한 내원고객에 대한 편안함과 친절도를 높이기 위해 서비스 및 직원 실명제를 실시하고 있다. (예 : 정성을 다하겠습니다. 김승현)

그림 10-7 직원실명제

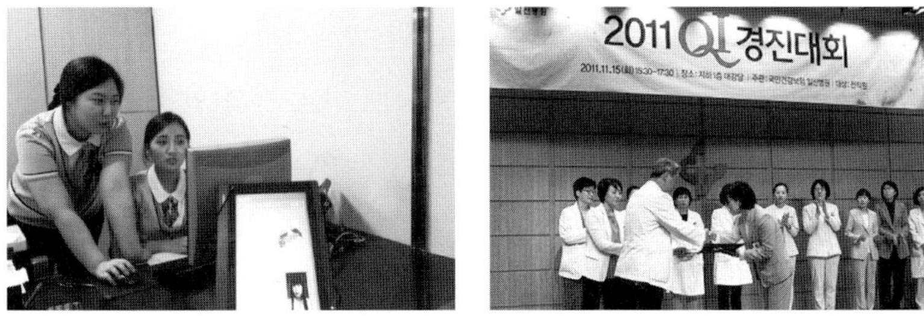

3. 고객유지

고객유지는 고객만족을 통하여 이룰 수 있다. 서비스에 대한 만족은 반복적인 구매행동에 중요한 요인으로 제시된다. 고객만족은 요양시설을 이용하는 고객들이 계속적으로 이용할 수 있게 하여 지속적인 경쟁우위를 유지하기 위한 필수적인 요인이다. 따라서 요양시설에서 고객에게 가치를 증대시키지 않는 요소는 모두 제거하고 가치를 증대시킬 수 있는 요소를 제공하여야 한다. 기존고객과의 관계마케팅을 이용 지속적인 고객가치의 증대를 위하여 물리적 상호작용에서 전화중심의 콜센터, 더 나아가 인터넷 상담을 시행한다. 최근에는 자체정보시스템과 웹기능을 이용하여 보다 발전된 고객센터를 설치하여 고객서비스개선을 통한 충성고객을 확보하기 위한 전략을 마련하고 있다.

4. 협력병원

1) 협력병원협약서

협력병원협약서(Cooperation hospital agreement)란 병원 간에 협력병원 결연을 체결하고, 이에 따른 협약 내용을 구체적으로 명시한 문서를 말한다. 협력병원협약서에는 협약의 목적을 비롯하여 협진 및 환자교류, 의학정보교류, 교육 교류 등에 관한 세부 내용을 기재해야 한다. 또한 협력기간을 명시하고, 병원명과 주소, 원장명 등을 빠짐없이 작성하도록 한다. 협약서에 명시하지 않은 중요한 사항이 필요할 시에는 상호 협의에 따라 결정한다.

2) 양해각서(MOU)

MOU(memorandum of understanding)란 양해각서라는 의미를 지니고 있으며, 기업 간의 사업 협정 또는 기술적으로 제휴를 맺을 때 상호 간의 약정을 맺는 것을 의미한다. 또한 MOU는 정식 계약을 체결하기 전에 작성하는 문서를 말하며 계약서의 역할을 지니고 있다. 그러나 양해각서는 법적 문서로 효력을 가지고 있지만 그 효력의 범위는 제한적이다. 본 계약서에는 양해각서를 작성하는 과정에서 지정한 약정과는 다르게 체결될 수도 있다.

그림 10-8 협력병원 협약(MOU)

3) 협력병원 진료의뢰

상호간 협약이 체결되어 해당 병원으로 환자의 진료의뢰가 필요할 경우는 진료의뢰센터를 통하여 환자진료를 의뢰하고, 의뢰를 받은 의료기관은 입원, 수술 및 특수검사 등이 완료되고 의뢰한 기관에서 내원진료가 가능한 경우는 회송서 등을 작성하여 보내도록 한다.

5. 고객만족도 조사

1) 고객만족도조사

고객이 어느 상품을 구입했을 때 구입한 상품과 서비스에 어느 정도 만족하고 있는가를 중요시하는 마케팅 수법. 상품에 대한 고객의 만족도, 또는 소비자만족도라고 한다. 상품의 품질과 성능만이 아니라 점원의 서비스, 애프터서비스 등도 포함된다. 종합적인 의미로는 상품의 공급부터 고객이 기대한 만족도, 실제로 느낀 만족이 어느 정도 높은가 하는 것이다. CST가 높다면 고객에 의한 동일 상품의 구매율도 높아진다. 미국에서는 고객만족의 정도를 수치화해서 CST(고객만족도)라고 하는 형태로 복수의 상품비교가 행해지고 있다.

2) 고객만족도지수

(1) NCSI(National Customer Satisfaction Index : 국가고객만족지수)

국내외에서 생산, 국내 최종소비자에게 판매되고 있는 제품 및 서비스에 대해 해당제품을 직접 사용한 경험이 있는 고객이 직접 평가한 만족수준의 정도를 모델링에 근거하여 측정, 계량화한 지표를 의미한다. 참고적으로 말하면 기업 및 병원의 고객만족도 조사에는 한국생산성본부에서 시행하고 있는 NCSI와 한국능률협회에서 시행하고 있는 KCSI 등이 있다.

(2) 고객만족지수(CSI : Customer Satisfaction Index)

고객만족지수는 현재 생산, 판매되고 있는 제품 및 서비스 품질에 대해 해당제품을 직접 사용해보고 이 제품과 관련된 서비스를 받아 본 고객이 직접 평가한 만족수준의 정도를 모델링에 근거하여 측정, 계량화한 것이다.

3) 수급자 만족도조사

요양서비스를 포함하여 시설이 제공한 상품 및 서비스에 대하여 이용고객에게 만족도를 조사하는 것으로서 조사방법으로는 면접조사와 전화조사 및 우편설문 등이 있다. 조사항목은 요양(돌봄)서비스, 직원서비스(간호사, 간호조무사, 요양보호사, 물리치료사,사회복지사), 이용절차의 편리성, 시설과 환경, 감염예방 및 안전관리, 일반서비스 등의 항목으로 이루어진다.

▣ 수급자만족 측정 시 이용할 수 있는 항목

만족 측정 시 이용할 수 있는 항목
① 접근성 및 편리성 ② 자원의 활용가능성 ③ 서비스의 지속성 ④ 요양서비의 효과 및 결과 ⑤ 재정 ⑥ 인간적인 태도 ⑦ 정보의 수집 및 제공 ⑧ 주변의 쾌적함 ⑨ 서비스의 의 질

(1) 수급자 만족도 조사의 목적

고객의 요구를 파악하고 도출된 문제점들에 대한 개선(안)을 마련하여 대고객서비스 향상을 도모하고자 수급자를 대상으로 만족도 조사를 실시한다.

(2) 업무절차 및 흐름도

업무절차 및 흐름도
① 수급자만족도 설문조사계획 수립 ② 설문조사요원 모집 및 사전교육 ③ 수급자 및 가족만족도 설문조사 실시 ④ 설문결과 코딩 및 통계분석 ⑤ 조사결과 보고서 작성 및 책자제작 ⑥ 설문내용 통보 및 개선안 마련 시행

4) 만족도 조사방법

환자만족도 조사는 보통 면담조사, 전화조사, 우편설문 등으로 실시하며, 이러한 세사지 방법을 혼합하여 만족도를 평가한다.

(1) 면담조사(interviewing method)

면담원이 조사 대상자를 직접 방문하여 조사를 실시하는 기법으로 응답자를 직접 방문하여 현장에서 내용을 묻고 대답하는 여론 조사 방법이다. 면담조사는 정확하고 믿을 수 있는 조사 방법이지만 훈련된 면담원 확보가 필요하고 비용과 시간이 많이 들며, 소득이 높은 층이나 소득이 낮은 층에 접근하기 어렵거나 집에 없어 대표로 할 표본 유지가 어렵다. 즉 면담조사는 미리 훈련된 조사원이 지정된 조사내용을 방문하거나 면담하여 설문지를 작성하는 방법이다. 따라서 유능한 조사원을 확보하여 충분한 훈련을 실시한 경우에는 가장 좋은 조사법이다. 면접조사법에는 자기식과 타기식이 있다.

(2) 전화조사(telephone survey)

전화를 이용한 조사 방법. 질문과 응답을 전화를 통해 주고받아 결과를 설문지에 동시 기입하는 것. 면접조사법에 비해 시간과 비용을 크게 절감할 수 있고, 신속하고 효율적으로 정보를 획득할 수 있으며 면접이 어려운 경우도 조사할 수 있을 뿐만 아니라 전화와 컴퓨터를 이용하면 전화 걸기와 질문, 응답을 자동화할 수 있다는 장점이 있다. 이 방법의 커다란 한계는 표본 추출 때에 나타나는 모집단의 불완전성이다. 전화를 갖고 있지 않는 가구도 있으며, 전화 소유자라도 중복 혹은 누락될 수 있고, 이사를 한 경우 전화번호가 바뀌는 등의 문제가 있다.

(3) 우편조사(mail survey)

설문지를 조사 대상자에게 우송하고 응답된 설문지의 우송을 요청하는 조사 방법. 조사 대상은 대개 전화번호부, 주소록, 납세자 명부, 자동차 구입자 명부 등과 같은 목록을 통해 선택되므로 응답자 분포가 넓고, 편중되지 않는다는 장점이 있다. 그 외에도 면접자가 존재하지 않고 서면으로 질문이 제시되므로 주관적인 편견이 제거된다는 점, 조사 규모가 클수록 경비가 절약된다는 점도 이 방법의 장점이다. 그러나 목록이 없거나 새로 작성하는 데 비용이 많이 들면 이 조사를 실시할 수 없으며, 조사를 하더라도 불완전하여 효용이 떨어지고, 일반적으로 회수율이 낮다는 점이 이 방법의 한계이다.

그림 10-9 고객만족도조사

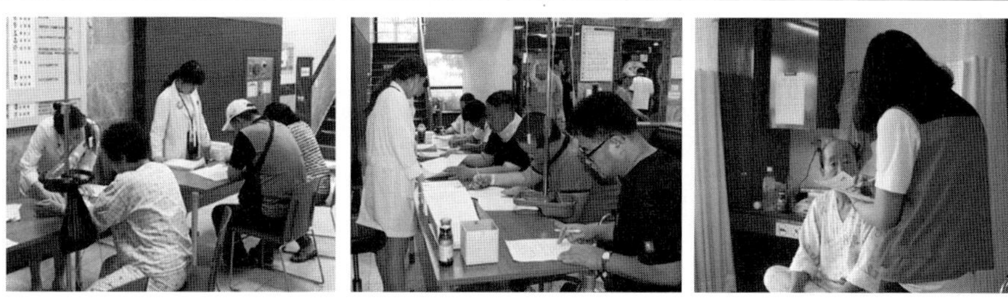

5) 고객만족도 조사 결과

활용고객만족도 조사 결과 활용은 첫째, 요양서비스 질의 간접적인 평가지표로 사용되며, 둘째,질의 개선이 필요한 영역을 발견하여 CQI 팀을 구성하고 질 향상 활동을 하도록 하며, 셋째, 병원의 전 직원들에게 고객만족도 조사 결과를 공유하여 각 부서 및 직원들이 각자의 위치에서 질 개선 활동을 하도록 동기 부여를 하도록 하며, 넷째, 고객지향적(customer-focused) 조직문화 정착에 활용하도록 한다.

6. 고객만족도 평가시스템

1) 고객만족도 평가시스템(Customer Satisfaction Evaluation System)

CS 평가 시스템은 고객만족에 기여한 내부 경영활동의 과정(Process)과 결과(Result)를 고객관점에서 평가하는 기법이다. 또한 CS 평가시스템은 고객이 만족한 정도를 측정함은 물론, 평소의 업무 속에서 고객만족을 위해 노력한 내부 활동에 대해서도 평가할 수 있는 균형 잡힌 평가방식을 의미한다.

2) 고객만족도의 효과

① 고객의 충성도를 높여 재 내원(구매) 고객을 확보할 수 있다.

② 비용을 절감할 수 있고, 최대의 광고효과를 가져온다.

③ 시장우위를 가져와 타 기업의 진입을 막을 수 있다.

④ 불만족한 고객도 잘 활용하면 기업의 성장에 큰 도움이 된다.

수행 Tip!

- 의료기관 및 요양시설의 CS활동자료를 수집 분석하여 활용한다.

10-3 고객응대 및 요령

학습 목표

1 | 고객을 친절하게 응대하고 불편함이 없도록 한다.

1. 창구직원의 고객응대 예절 및 요령

1) 창구직원의 고객응대 예절

접수창구는 내원 고객과의 첫 만남의 장소로서 고객과의 접점은 대부분 창구에서 이루어지므로 창구의 이미지가 병원에 미치는 영향은 매우 크다. 따라서 창구를 관리하는 관리자는 적합한 인력을 배치하여 적절한 권한을 부여함으로써 고객응대시 빠른 의사결정이 이루어 질 수 있도록 도와주며, 물적시스템적 자원을 적극적으로 지원하는 것이 필요하다. 또한 구조적인 시스템적 원인으로 인해 비효율이 발생하거나 고객응대에 애로사항이 없는지를 수시로 점검하고 개선하는 데 노력을 기울여야 한다. 창구의 업무에는 접수(등록) 및 수납(외래, 응급실, 입원), 자격관리, 진료수가계산, 입 · 퇴원 수속, 제증명서 발급, 진료상담 등으로 분류될 수 있다.

2) 고객응대 요령

창구업무를 효율적으로 수행하고 내원객에게 좋은 인상을 주기위하여 창구에서는 다음과 같은 자세로 내원객을 응대하여야 한다.

① 고객의 심리상태를 이해하고 고객의 입장에서 배려하고 응대한다.

② 창구업무는 신속하고도 정확하게 처리한다.

③ 친절한 태도와 인품을 갖추고 성의있게 설명한다.

④ 단정한 몸가짐과 상냥한 표정으로 응대한다.

⑤ 민원인과 언쟁발생이 없도록 차분하고 성실하게 응대한다.

⑥ 창구의 번잡을 피하기 위하여 상황에 맞게 적절하게 응대한다.

⑦ 진료비 등 환자의 궁금증에 대해서는 확실한 답변이 필요하다.

⑧ 대기시간 단축을 위하여 환자의 시간적 가치를 존중한다.

3) 안내시 유의사항

내원객들의 문의에 답변하거나 안내활동을 할 때는 항상 다음사항을 염두에 두고 업무에 임하여야 한다.

① 환자의 심리상태를 이해하고 성의 것 응대하여야 한다.

② 밝은 표정과 부드러운 말씨로 친절하고, 상냥하게 응답하고 안내하여야 한다.

③ 항상 경어를 사용하고 몸가짐과 복장을 단정히 하여야 한다.

④ 질문에 대한 핵심을 파악하고 정확하게 안내하여야 한다.

⑤ 필요한 경우 관련부서와 협의하거나 확인하여 안내하고 불만 등 민원사항은 해당부서에 즉시 통보하여야 한다.

⑥ 다양한 질문에 대비하여 많은 지식과 정보를 습득하여야 한다.

⑦ 안내에 필요한 물품이나 자료를 준비하여야 한다.

⑧ 민원인과의 언쟁이 발생되지 않도록 유의하여야 한다.

⑨ 감정적이거나 환자의 사생활을 간섭하는 내용의 대화가 되지 않도록 주의한다.

⑩ 고객을 차별하지 않고 순서대로 한 사람씩 안내한다.

⑪ 응대가 길어지게 될 경우는 다음고객을 위하여 적절하게 대처하도록 한다.

4) 인사 및 대화예절

(1) 인사

사람들 사이에 지켜야할 예의로서 또는 그러한 예의를 지키기 위한 행동이며, 만나거나 헤어질 때 예를 갖추는 일이다. 또는 그러한 말이나 행동으로 만나는 사람끼리 서로 이름을 주고받으며 자기를 소개하는 일이다.

(2) 대화

서로 마주하여 주고받는 행위로서 겸손한 예의를 갖추고 부드러운 말씨로 시선을 상대방의 눈과 입 주위를 바라보며 상대방에게 호감을 가지도록 하여야 한다.

그림 10-10 친절다짐운동 및 인사

아침 친절다짐운동 및 인사

5) 용모와 복장예절

직원들이 단정한 복장과 용모를 갖추게 함으로써 소속감과 일체감의 제고하고, 내원객에 대한 병원의 이미지를 고양시키도록 한다. 복장 및 용모에 관한 참고사항은 아래와 같다.

① 근무 중에는 반드시 병원에서 지정하는 복장(피복, 신발 등)을 착용하여야 한다.

② 원내에서는 자신의 소속과 성명을 타인이 인지할 수 있도록 항시 좌측 가슴에 사원증(또는 사원증 목걸이)을 패용하여야 한다.

③ 머리는 항시 청결하고 단정하게 보일 수 있도록 관리하여야 한다(남직원은 귀를 덮지 않도록 옆머리와 뒷머리를 짧게 유지한다)

④ 긴머리의 여직원은 머리 뒷부분을 단정히 묶거나 망을 이용하여 관리한다(지나친 부분염색과 모발 색조 변형은 피한다)

⑤ 지나친 색조화장은 피하고 립스틱은 근무시 복장과 잘 어울릴 수 있는 무난한 색상으로 한다.

⑥ 손톱은 짧게 유지하고 매니큐어를 바를 경우에는 환자나 보호자 등의 내원객에게 좋은 인상을 줄 수 있도록 가급적 연한 색상을 사용토록 한다.

⑦ 길게 늘어지는 형태의 목걸이나 귀밑으로 늘어지는 형태의 귀걸이 등 업무에 지장을 초래할 수 있을 정도의 장신구 착용을 피한다.

⑧ 근무 중 껌을 씹는 행위, 팔짱을 끼고 다니는 행위, 주머니에 손을 넣고 다니는 행위, 삼삼오오 짝을 지어 길을 막고 다니는 행위, 엘리베이터 내에서 크게 웃거나 잡담을 하는 행위 등을 금한다.

수행 Tip!

- 의료기관 및 요양시설의 CS활동에 관한 자료를 수집 분석하여 고객관리에 참고한다.

참고문헌

1. 직업능력개발원/교육부(2014). NCS 병원경영기획. 직업능력개발원/교육부
2. 대한병원협회(2021). 건강보험 요양급여비용. 대한병원협회
3. 보건복지부(2021). 의료법, 의료법시행령, 의료법 시행규칙. 보건복지부
4. 보건복지부(2021). 노인장기요양보험법, 시행령, 시행규칙. 보건복지부
5. 보건복지부(2021). 노인장기요양보험 급여관리기준 및 지침. 보건복지부
6. 보건복지부(2021). 2020년 보건복지백서. 보건복지부
7. 보건복지부(2021). 2020년 보건복지통계연보. 보건복지부
8. 국민건강보험공단(2018). 노인장기요양보험 민원상담사례집. 국민건강보험공단
9. 유정원 외 2인(2016). 노인장기요양시설인증지표 개발 및 활용방안. 경기복지재단
10. 국민건강보험공단(2021). 2020 국민건강보험통계. 국민건강보험공단
11. 국민건강보험공단(2021). 2020 노인장기요양보험통계. 국민건강보험공단
12. 김회창(2014). 최신 의료보험실무. 장솔출판사
13. 김회창(2021). NCS를 기반 건강보험이론과 실제. 보문각
14. 김회창(2014). NCS를 기반 병원경영실무. 보문각
15. 김회창(2017). NCS 기반 병원경영기획. 장솔출판사
16. 김회창(2021). 병원경영평가(제2판). 보문각
17. 김회창(2021). 공중보건학(제4판). 보문각
18. 김회창(2017). NCS를 기반 건강보험관리. 장솔출판사
19. 김회창(2021). 의료의 질 관리(제2판). 보문각
20. 김회창(2021). NCS를 기반 원무관리(제3판). 보문각
21. 김회창(2019). NCS를 기반 건강보험심사청구(제3판). 보문각
22. 김회창(2019). NCS를 기반 건강보험실무(제4판). 보문각
23. 김회창(2021). 산재보험 및 자동차보험관리(제2판). 보문각
24. 김회창(2018). 건강검진관리. 보문각
25. 김회창, 임배만(2012~2013).병원경영진단 및 컨설팅 보고서. HM & Company
26. 강공언, 김회창 외 6인(2014). NEW 건강보험론. 메디시언/지구문화사
27. 김회창. 노인장기요양보험관리(제판). 보문각
28. 김회창(2004). 종합건강진단을 통한 암발견 수진자의 특성분석
29. 이재홍, 유은영, 석경휴 외(2013). 사회보장과 건강보험. 수학사
30. 김수배, 이도연(2019). 원무관리론, 에듀팩토리
31. 김영훈(2014), 원무관리론. 수문사

32. 김회창(2020) 병원경영과 기획. 보문각
33. 의료행정연구회(2012). 원무관리. 현문사
34. 강신묵, 김성우(2013). 건강보험의 이론과 실제. 계축문화사
35. 이수연(2018), 건강보험심사관리(1.2.3.4). 한국보험심사평가사협회
36. 보건복지부(2021). 건강보험 행위급여 및 급여 상대가치점수. 보건복지부
37. 김회창, 임배만(2013). S병원 및 J병원 컨설팅. 교육지원사업보고서
38. 이한기, 김한겸 외 6인(2014). 최신병리학, 수문사
39. 국민건강보험공단(2018). 장기요양보험 질의응답(민원사례). 국민건강보험공단
40. 통계청(2021). 2020년 사망사인분류. 통계청
41. 김회창,임배만(2012). B병원 · G병원 컨설팅.교육지원사업보고서. HM&Company
42. 대한병원행정관리자협회(2019). 원무.보험관리. 대한병원행정관리자협회
43. 조현,고준기(2018). 치매노인과 장기요양보험. 계축문화사
44. 정재욱(2017). 고령화시대 노인장기요양보험제도. 대영문화사
45. 선우덕,김찬우(2012). 노인장기요양보험제도 현황과 과제. 노인연구정보센터a

사이트

1. 국가직무능력표준: www.ncs.go.kr
2. 서울아산병원: www.amc.seoul.kr
3. 대한병원협회: www.kha.or.kr
4. 보건복지부: www.mw.go.kr
5. 국민건강보험공단: www.nhis.or.kr
6. 건강보험심사평가원: www.hira.or.kr
7. 서울시 복지재단: www.welfare.seoul.kr
8. 부산복지개발원: www.bswdi.re.kr/
9. 한국사회복지사협회: www.welfare.net/
10. 서울특별시 사회복지사협회: www.sasw.or.kr
11. 한국요양보호협회: www.silvercare.org
12. 한국누가요양보호사협회: www.lukecare.or.kr
13. 전국요양보호사협회: yoyangcare.co.kr
14. 네이버 지식 IN:www.naver.com
15. 다음: www.daum.net

찾아보기

ㄷ

ㄹ

ㅁ

ㅂ

ㅅ

ㅇ

ㅈ

ㅊ

ㅌ

ㅍ

ㅎ

A

▣ 저자약력 ▣

김 회 창(金 會 昌)

- 경남 하동출생
- 한양대학교 행정대학원 의료행정학과(병원행정 전공)졸업
- 대구한의대학교 일반대학원 보건학과(보건학 전공) 졸업/보건학박사
- (연수) 미국 시카코 Governors University(Health care 과정)
- 한림대의료원 한강성심병원 보험계장. 강동성심병원 보험심사과장
- 서울아산병원 보험과장, 원무차장, 건강증진센터 운영팀장(부장)
- 보령아산병원 관리부장. 다보스병원 행정원장, 강원삼성병원 행정원장
- 동원대학교 보건의료행정과 교수 역임(현 명예교수)

■ 연구논문

- 병원의 의료보험 교육실태에 관한 조사연구
- 종합병원 원무관리의 효율적 운영방안
- 종합건강진단을 통한 암 발견 수진자의 특성분석 연구
- 건강진단관리 교과목개설 필요성에 관한 조사연구
- 진료비심사청구관리의 효율적 운영방안 외 5편

■ 연구보고서

- 중소병원 2개 기관 컨설팅 및 교육지원사업 보고서(2011년, 보건복지부 주관)
- 중소병원 3개 기관 컨설팅 및 교육지원사업 보고서(2012년, 보건복지부 주관)
- 종합병원 경영진단 및 컨설팅 보고서(2010~2013년 6개 기관, HM & Company)
- NCS 학습모듈개발 병원행정/병원경영기획(2013, 한국직업능력개발원)
- 강원도 지방의료원 발전방안 연구/강원도 의료원 경영진단보고서(2014,한국보건산업진흥원)
- 산재병원 경영정상화를 위한 의료전달체계 제도화 등 개선방안(2014,고용노동부/HM & Company
- 지방거점공공병원 운영진단연구보고서(2016년, 보건복지부 주관/HM & Company)
- 강원도의료원 경영진단 및 자문(2020년. 강원도공공의료지원단)

■ 저서

건강보험청구실무(2013.보문각),의료보험실무(2014.장솔),공중보건학(2014.보문각),병원경영실무(2014.보문각),건강보험심사청구 실무(2015.보문각), NCS 병원경영기획(제3판 2017.장솔),전략적 병원경영(2015, 장솔),건강진단관리(2015.보문각), NCS 건강보험실무(제4판 2020. 보문각), 원무관리실무(2016.보문각), NCS병원경영평가(제2판2021.보문각), NCS건강보험심사청구(제3판2020.보문각), 건강보험관리(2017, 장솔), 최신공중보건학(제3판 2019.보문각), 건강보험론(2015.메디시언), 병원행정사(2017.보문각), 의료의 질 관리(제2판 2020.보문각), 산재보험 및 자동차보험관리(2018.보문각), 장기요양보험관리(2018.장솔), 건강보험실무 동영상(2020. 에스에이치이러닝). 건강검진관리(2018.보문각), 병원경영과 기획(2020. 보문각). NCS 원무관리(제3판 2021.보문각). 실무중심원무관리(제2판 2021. 보문각). 건강보험의 이론과 실제 (2021. 보문각)외 다수

■ 자격 및 면허

병원행정사, 병원경영진단사, 보험심사평가사 1급, 사회복지사, 요양보호사, 안경사, 병원코디네이터 등

(E-mail) hck0407@hanmail.net